GOLDMANN

W0200909

Buch

Aufgrund ihrer direkten Beziehung zum Körper, den elementaren Lebensvorgängen und den intuitiven Fähigkeiten eher zur Bewahrung heilkundlichen Wissens prädestiniert als der Mann, spielte die Frau über Jahrtausende die führende Rolle in der Medizin. Doch im Laufe einer Entwicklung hin zu einer von männlichen Werten dominierten Gesellschaft wurde die Frau aus dieser Rolle verdrängt.

Erst heute beginnt man einzusehen, daß der von den «Göttern in Weiß» beherrschten akademischen Schulmedizin für die Heilung des ganzen Menschen wesentliche Elemente fehlen. Es wird deutlich, daß die Medizin auf dem Weg zu einer Körper, Geist und Seele umfassenden ganzheitlichen Methodik die besonderen heilenden Kräfte der Frau wiederentdecken und dem weiblichen Element in der Heilkunst neue Geltung verschaffen muß.

Autorin

Dr. med. Jeanne Achterberg hat sich mit einem Grundlagenwerk zur Heilkraft der Imagination einen Namen gemacht. Sie lehrt und forscht am Health Science Center der Universität von Texas.

JEANNE ACHTERBERG

Die Frau als Heilerin

Die schöpferische Rolle der heilkundigen Frau in Geschichte und Gegenwart

Aus dem Amerikanischen übersetzt
von Susanne Kahn-Ackermann

GOLDMANN VERLAG

Die Originalausgabe erschien unter dem Titel
Woman as Healer
bei Shambala Publications, Boston

Für Frank,
den geduldigen und mitfühlenden Heiler

Umwelthinweis:
Alle bedruckten Materialien dieses Taschenbuchs
sind chlorfrei und umweltschonend.
Das Papier enthält Recycling-Anteile

Der Goldmann Verlag
ist ein Unternehmen der Verlagsgruppe Bertelsmann

Genehmigte Taschenbuchausgabe 1994
© der Originalausgabe 1990 by Jeanne Achterberg
© der deutschsprachigen Ausgabe 1993
by Scherz Verlag, Bern/München/Wien
Umschlaggestaltung: Design Team München
Druck: Presse-Druck Augsburg
Verlagsnummer: 13766
Ba · Herstellung: Sebastian Strohmaier
Made in Germany
ISBN 3-442-13766-7

1 3 5 7 9 10 8 6 4 2

Inhalt

Einleitung 7

TEIL I
Medizinfrau: Die uralte kosmische Verbindung 15

1 Am Anfang war ... 16
2 Sumer: Geburt und Tod einer Kultur 23
3 Dänemark: Die Frau als Schamanin 32
4 Das heilkundliche Erbe des alten Griechenland 45
5 Die Frauen von Rom 52
6 Frühchristliche Blütezeit 58
7 Mittelalterliche christliche Kosmologie 62

TEIL II
Die Frau und die Entwicklung wissenschaftlichen Denkens 91

8 Die Heilerinnen als Ketzerinnen 94
9 Das Schicksal der Weisen Frauen 109
10 Die Geburt der modernen Medizin – ohne Heilerinnen 143

TEIL III
Die Frauen und die Professionalisierung der Heilkünste 163

11 Die Hebamme und ihr geheimnisvolles Wirken 167
12 Jede Frau ihre eigene Ärztin – die allgemeine Gesundheitsbewegung 189
13 Die Kriegerinnen: Ärztinnen, Krankenschwestern und weibliche Geistliche 205

TEIL IV
Die Frauen des 20. Jahrhunderts und der Stand der Heilkünste und Wissenschaften 243

14 Die Frau und die Realitäten des Gesundheitsmarktes 244
15 Leben im Gleichgewicht 267

Dank 287
Anmerkungen 289
Bibliographie 303
Personen- und Sachregister 314

Einleitung

Frauen waren schon immer Heilerinnen. In allen Kulturen der Welt gibt es Mythen, die eine Zeit beschreiben, in der nur die Frauen um die Geheimnisse von Leben und Tod wußten und von daher auch nur sie fähig waren, die magische Kunst des Heilens auszuüben. Dann, so heißt es in einigen Erzählungen, wurde in Phasen von Krisen und Katastrophen den Frauen diese hochgeachtete Stellung als Hüterinnen geheiligter Weisheit mit voller Absicht gewaltsam entrissen. An anderen Orten zu anderen Zeiten wurde das angestammte Recht der Frauen, in Heilberufen tätig zu sein, durch sich verändernde Sitten und neue religiöse Dogmen allmählich unterminiert.

In den USA sind heute über 80 Prozent der im Gesundheitswesen arbeitenden Personen Frauen, und ohne sie wären Krankenhäuser, Labors und soziale Einrichtungen funktionsunfähig. Trotzdem werden sie im allgemeinen in ihrer beruflichen Unabhängigkeit und Autorität beschnitten und in einigen Fällen durch Gesetze daran gehindert, ihr im Zuge der Ausbildung erworbenes Wissen und Können auch praktisch anzuwenden. Fast immer im Laufe der Geschichte des Westens waren Frauen, die sich das Recht nahmen, als Heilerinnen zu arbeiten, außergewöhnliche Persönlichkeiten, die sich den herrschenden Sitten und Normen widersetzten, um ihre kreativen und intellektuellen Fähigkeiten einzubringen. Weitaus häufiger aber schlossen sich die im Heilbereich tätigen Frauen einfach dem riesigen und ausgebeuteten Heer der «Dienstmägde» und Gehilfinnen an.

Diese Diskrepanz zwischen den Talenten der Frau und ihrem

kollektiven Schicksal verdient besondere Aufmerksamkeit, da sich an diesem Punkt die Entwicklung und Verbreitung von Institutionen, in denen die weibliche Stimme fehlt, widerspiegelt. Die mangelnde Ausgewogenheit in diesen Institutionen hat zu einer Krise geführt, die sich nun auf alle Ebenen der Gesundheit erstreckt – von der Gesundheit der Zellen, des Gewebes, des Geistes, der Beziehungen bis hin zur Gesundheit der Umwelt, von der das Leben selbst abhängt.

In diesem Buch wird die Rolle des Weiblichen innerhalb der westlichen Heiltraditionen untersucht. Und bei allem Respekt vor jenen mitfühlenden und sanften Männern, die sich mit so vielen Aspekten der weiblichen Heilkundigen identifizieren – und auch vor den mit dem Geschlecht an sich verbundenen komplexen Zusammenhängen –, habe ich doch vor allem auch als Frau über Frauen geschrieben. Die Tatsache, daß ich einen weiblichen Körper habe, mit zahllosen gesellschaftlichen und biologisch begründeten Einschränkungen wie auch großartigen mit diesem Körper verbundenen Fähigkeiten konfrontiert bin, stellt eine einzigartige Gegebenheit dar, die weder verallgemeinert noch verwässert zu werden braucht.

Als Heiler haben wir den Wunsch nach Sanktionierung durch Tradition. Doch uns Frauen ist diese Vergangenheit weitgehend vorenthalten worden – und das aus guten Gründen. Frauen war es oft verboten, Latein zu sprechen oder zu schreiben, die Sprache der Gelehrten und Berufsstände. Die hier präsentierten Informationen mußten sorgsam aus den wenigen erhalten gebliebenen von Frauen verfaßten Werken herausgefiltert werden, aus Funden und Kunstgegenständen, aus Mythen und Liedern, und aus dem, was über Frauen geschrieben worden ist. Die Erfahrungen der Heilerinnen sind, wie die Erfahrungen von Frauen im allgemeinen, nur schemenhaft in den Aufzeichnungen des Weltgeschehens zu erkennen und müssen an den Schnittstellen vieler Disziplinen aufgespürt werden: der Geschichte, Anthropologie, Botanik, Archäologie und der Verhaltensforschung.

In diesem Buch konzentriere ich mich auf die Rolle der Frau im Rahmen der westlichen Zivilisation und die Ereignisse und Ideen, die eine direkte Auswirkung auf die Heilerinnen von heute haben. Östliche Heilsysteme und auch die Stammesbräuche nordamerikanischer Indianer spiegeln die positiven Merkmale weiblicher Heilpraxis oft auf angemessenere Weise wider, hatten aber nur wenig Auswirkung auf die innerhalb der kulturellen Schranken nordamerikanischer Institutionen arbeitenden Frauen. Auch habe ich mich, um die Thematik auf ein handhabbares Maß einzugrenzen, auf Frauen in jenen Berufen konzentriert, die üblicherweise mit der Wiederherstellung und Erhaltung der physischen Gesundheit zu tun haben.

Uns zugängliche Informationen über die der westlichen Tradition zugehörigen Heilerinnen umfassen mehrere tausend Jahre und reichen bis weit in eine Vorgeschichte zurück, in der die gesellschaftlichen Umstände eher dazu angetan waren, Frauen als unabhängige und geachtete Heilerinnen zu unterstützen. In dieser sehr frühen Zeit und auch noch etwas später war die Rolle der Heilerin untrennbar mit ökologischen, wirtschaftlichen und politischen Veränderungen innerhalb ihres jeweiligen sozialen Umfelds verbunden. Eine Untersuchung der Verhältnisse der Vergangenheit läßt zwei Dinge deutlich hervortreten: *die äußerst enge Verbindung zwischen den Heilerinnen und der herrschenden Kosmologie* und *ein bestimmter Bewußtseinsstrang,* der die mit dem Heilen verbundenen weiblichen Aspekte miteinander verknüpft.

Die Heilerinnen und die Kosmologie

Die Kosmologie einer Kultur ist ihr Glaubenssystem, das die Natur des Universums, Schöpfungsmythen eingeschlossen, definiert. Sie schreibt dem Leben eine Bedeutung zu und erklärt, was sich in den unsichtbaren Räumen jenseits des menschlichen Wahrnehmungsbereichs verbirgt. Sie bestimmt die (und wird bestimmt von den) Beziehungen zwischen den Menschen wie auch die Achtung, die diese den lebendigen und nichtlebendigen Dingen auf Erden entgegenbringen.

Es ist eine Geschichte, die von Priestern, Schamanen, Wissenschaftlern, Politikern, Philosophen, Poeten und all jenen erzählt und ausgeschmückt wird, denen die Macht verliehen ist, unsichtbare Welten zu sehen und mit ihnen umzugehen. Eine Geschichte, geboren aus Beobachtung, Intuition, göttlicher Offenbarung und aus um bestimmter Zwecke willen ersonnenen Ideen und Vorstellungen: Was gut ist und was böse – die Gesichter von Göttern und Dämonen –, geht aus der jeweiligen Kosmologie hervor.

Die Kosmologie einer Kultur bestimmt, wer Führungspositionen und Stellungen von Rang und Ehre einnimmt. Fast immer müssen solche Persönlichkeiten das Antlitz Gottes (bzw. von Göttern) tragen. Da die Berufung zum Heilen in besonderem Maße mit dem Heiligen verknüpft ist und die mit dem Heilen verbundenen Glaubensvorstellungen und Überzeugungen jeder Kultur direkt das Wesen der Götter widerspiegeln, konnten Frauen nur in jenen Zeiten die Heilkünste in aller Freiheit und ausgestattet mit aller Machtbefugnis ausüben, in denen die herrschende Gottheit weiblicher, bisexueller oder androgyner Natur war.

Die Kosmologie, auf der die Fundamente der westlichen Welt ruhen, entwickelte sich vor Tausenden von Jahren. Die Große Mutter oder Große Göttin wurde zugunsten eines einzigen männlichen Gottes entthront, der außerhalb und weit über der Erde residierte. Ihren wesentlichen Gehalt bezog diese neue Kosmologie aus den religiösen Überlieferungen des Nahen Ostens, den Mythologien des alten Europa und aus den Wissenschaften, die auf den theologischen Lehren des Christentums basierten.

Die Kosmologie des Westens postuliert eine hierarchische Ordnung, nach der ganz allgemein der Mann der Frau überlegen, die Frau allerdings enger mit der Erde verbunden ist. Aus diesen und anderen komplexen Gründen sind es in erster Linie die Frauen und das, was man als typisch weibliche Perspektive betrachtet, die der ganzen Wucht ökologischer Krisen und Belastungen ausgesetzt sind. Das Schicksal der Frau und das Schicksal der Erde sind über die Metaphern, die Frau und Natur gleichsetzen und die Natur als weiblich definieren, untrennbar und dauerhaft miteinander verknüpft.

Die «Frau als Heilerin» steht zu der die westliche Welt prägenden kosmologischen Struktur im Widerspruch. Im Laufe der kulturellen Entwicklungen haben wissenschaftliche, bürgerliche und kirchliche Institutionen die Aktivitäten der Heilerinnen stets mit Argusaugen verfolgt. Dieser äußersten Wachsamkeit folgten per Erlaß verfügte Einschränkungen, Verfolgungen und schließlich eine Gesetzgebung und Konvention, die Frauen das öffentliche

Praktizieren verbot. Eine Entwicklung, die sich, ausgehend vom europäischen Erbe, bis in die nordamerikanische, allopathische medizinische Tradition verfolgen läßt. Frauen und die mit dem Weiblichen assoziierten Werte wurden ganz bewußt aus den gesellschaftlichen Institutionen vertrieben und getilgt. Echter Fortschritt – wahre Heilung im umfassenden Sinn – kann nur durch eine Veränderung der westlichen Kosmologie erreicht werden. Frauen dürfen nicht länger als Problem, sondern müssen als Teil der Lösung für die gegenwärtige weltweite Gesundheitskrise betrachtet werden.

Der mit der Frau als Heilerin verbundene Bewußtseinsstrang

Ein Bewußtseinsstrang zieht sich durch die Jahrhunderte hindurch und verbindet eine Ära von Heilerinnen mit der nächsten. Er steht in Beziehung zum Weiblichkeitsmythos – Verhaltensweisen, Fähigkeiten und Glaubensmuster, die traditionellerweise mit der Frau assoziiert werden. Ob dieser Mythos kulturell oder biologisch bestimmt ist, ist strittig und ziemlich irrelevant – er existiert nun einmal. Was das Heilen angeht, so bezieht sich dieser Mythos auf Eigenschaften wie Intuition, Fürsorglichkeit und Mitgefühl. Findet er seinen Ausdruck in der beruflichen Praxis, dann werden hier die Vorzüge der Natur als Quelle von Heilung und Heilmitteln und die heilsamen Aspekte des Pflegens und der Zuwendung unterstrichen.

Frauen demonstrieren den Weiblichkeitsmythos in ihrer Wahl von Heilmethoden und Heilmitteln. Sie neigen zu einer empiristischen Vorgehensweise, zur Beobachtung am Krankenbett, um herauszufinden, was lindernde und heilende Wirkung hat und was nicht. Ihre Berufswahl basiert auf diesen Beobachtungen; sie neigen zu Bereichen, in denen Vorsorge und sanftere Pflanzenheilmittel (im Gegensatz zu aggressiven Therapien) sowie die Bedürfnisse anderer Frauen und ihrer Kinder Vorrang haben. Der Weiblichkeitsmythos befürwortet das Ritual im Zusammenhang mit den kardinalen Ereignissen des Lebens, den Übergängen von einem Lebensabschnitt zum nächsten, um den menschlichen Bindungen und der unendlich komplexen Kontinuität des Lebens Respekt und Anerkennung zu zollen.

Hin und wieder fließt dieser Mythos weiblicher Heilkraft, dieser Bewußtseinsstrom der Frau als Heilerin leuchtend und ungehindert in die Welt ein und berührt und verwandelt und heilt die Räume und Sphären der Menschheit in sich ständig erweiternden Kreisen. Dann, durch die Macht perverser Verführung von menschlichen Wesen in verquerer Logik und in Urängsten gefangen, zieht er sich wieder zurück. Dieses Buch zeichnet diese im Entwicklungsverlauf der westlichen Zivilisation wechselnden Gezeiten nach – bis in die Gegenwart hinein, eine Zeit des kritischen Umbruchs.

In den letzten Jahren hat der Mythos weiblicher Heilkraft zunehmend stärkeren und deutlicheren Ausdruck gefunden und neue Dimensionen erlangt. Tatkräftige Frauen – meist gutausgebildete Fachkräfte – treten mehr und mehr auf den Plan.

Man begegnet ihnen in den Notaufnahmen der Krankenhäuser, in Kinderkliniken und Hospizen. Sie arbeiten in den Häusern für geschlagene Frauen und Vergewaltigungsopfer. Sie erfüllen ein geistliches Amt, und sie lehren an den Universitäten. Sie sind überall zu finden – in der Kunst, in den Sozialwissenschaften, in psychotherapeutischen Berufen. Sie heilen mit ihren Händen und ihren Worten und ihrer tiefen Überzeugung, daß sie über ein Wissen oder eine Begabung verfügen, mit der sie anderen auf die eine oder andere Weise helfen können.

In ihrer Arbeit spiegelt sich ein tiefes Gefühl für das Heilen wider, sie sind sich der Ganzheit oder inneren Harmonie des Selbst, der Familie und der Gemeinschaft dieses Planeten bewußt. Sie betrachten Körper, Geist und Seele als eine untrennbare Einheit menschlicher Wesensnatur; sie glauben, daß jede heilende Handlung Auswirkung auf alle Elemente dieser dreifaltigen Natur hat. Sie betrachten Krankheit unter anderem als einen potentiellen Katalysator für emotionales und spirituelles Wachstum. Diese Heilerinnen haben sich dafür entschieden, anderen nach Ganzheit strebenden Menschen zu helfen, sie zu begleiten, zu führen, zu lehren und für sie zu sorgen.

Sie betrachten das Heilen nicht als etwas, das ein Mensch für einen anderen tut, sondern als einen Prozeß, der im Rahmen der

Beziehung zwischen Heilerin und Heilung suchender Person stattfindet. Es sind hier weniger die Heiltechniken von Bedeutung als vielmehr bestimmte philosophische und spirituelle Grundlagen. Die Bindung, die zwischen einer Heilerin dieser Art und der Heilung suchenden Person entsteht, ist für beide lebensspendend und existenziell bereichernd. Es handelt sich um eine Beziehung, die auf Vertrauen, Liebe und Hoffnung basiert. Die Heilerinnen versichern, daß sie in der Tat in geheiligtem Raum arbeiten.

Das Auftreten dieser Frauen ist das herausragendste und vielversprechendste Ereignis im Bereich der Gesundheitsfürsorge, denn der Mangel an weiblicher Perspektive in den nordamerikanischen (wie europäischen) Institutionen ist die schlimmste Unterlassungssünde und der Kernpunkt der Probleme der modernen Medizin. Die Manifestation weiblicher Werte im medizinischen Bereich ist unabdingbar für die Gesundheit dieses Planeten.

Die Heilerinnen, die Teil dieses Bewußtseinsstrangs oder Bewußtseinsstroms sind, haben einen großen Sprung nach vorn getan. Sie wissen, daß der Weiblichkeitsmythos die heutige Technologie und vernünftige wissenschaftliche Hilfs- und Heilstrategien auf allen Ebenen – physisch, geistig und spirituell – zwar nicht ersetzen kann und soll, aber beeinflussen muß. Eine alles andere ausschließende Rückkehr zum Weiblichkeitsmythos des Heilens wäre eine Rückkehr ins Dunkle Zeitalter. Wir können also davon ausgehen, daß sich diesen Heilerinnen mitfühlende, fürsorgliche und intuitive Männer anschließen werden, die in ihrem Leben und Beruf nach einem harmonischen Gleichgewicht streben.

Die Geschichte der Frau als Heilerin soll in vier größeren Teilen erzählt werden: 1. die uralte und noch immer bestehende Beziehung zwischen westlichen Kosmologien und Heilerinnen; 2. das Aufkommen der Wissenschaft und historische Ereignisse, die eine Rechtfertigung für die Verfolgung der Heilerinnen lieferten; 3. die Entwicklung der weiblichen Heilberufe, unter anderem die der Hebamme und der Krankenschwester; 4. Beobachtungen aus unserer Zeit und Postulate im Hinblick auf die weitere Zukunft von Frauen, die auf dem Gesundheitssektor tätig sind.

Ich bringe die Informationen in chronologischer Reihenfolge, da ich davon ausgehe, daß eine Betrachtung sowohl der Vergangenheit wie der Gegenwart notwendig ist, wenn wir neue, die wesentlichen Belange und Anliegen der Menschheit berücksichtigende Institutionen schaffen wollen. Mit Fakten und Weisheit ausgerüstet, können Frauen damit beginnen, sich selbst und ihre Berufe von der Jahrhunderte währenden Verzweiflung zu heilen und erfolgreich für einen Wandel einzutreten. Elizabeth Blackwell, die erste Frau, der in den USA ein medizinischer Doktortitel verliehen wurde, erklärte 1889, daß «Methoden und Schlußfolgerungen, die nur von einer Hälfte der Menschheit formuliert werden, notwendigerweise einer Überprüfung unterzogen werden müssen, wenn die andere Hälfte der Menschheit zu bewußter Verantwortung gelangt«.[1] Mit der Arbeit an diesem Buch verfolgte ich das Ziel, zu einer Informationsgrundlage für all jene beizutragen, die bereit sind, aktiv «bewußte Verantwortung» für ein effektives, ausgewogenes und humanes Heilsystem zu übernehmen.

TEIL I

Medizinfrau: Die uralte kosmische Verbindung

1 Am Anfang war …

Die Erde hat für eine Fülle von Heilmitteln gesorgt. In allen Teilen der Welt finden wir zum Beispiel antiseptische, schmerzlindernde, harntreibende und Brechreiz verursachende Pflanzen. Es wachsen blutstillende und fiebersenkende Kräuter. Die Natur stellt Instrumente für chirurgische Zwecke und zur Behandlung von Brüchen und Zerrungen zur Verfügung: Zangen, Lanzetten, Nadeln, Materialien zum Nähen und Schienen.

Vor allem aber ist der menschliche Geist fähig, Beobachtungen anzustellen und Schlußfolgerungen zu ziehen, wie wir füreinander sorgen, das Leben erhalten und das Wohlergehen fördern können. Schöpferische Energieströme fließen in Heilrituale ein. Die Heilkünste in vorgeschichtlicher Zeit verbanden alle diese Aspekte miteinander – Pharmazie, Körperbehandlung und Ritual. Und es war, wie noch heute in den Stammeskulturen, die Aufgabe der Frau, für die Kranken zu sorgen, Hebammendienste zu leisten und geliebten Menschen in ihrer Sterbestunde beizustehen. Sie erforschte die Heilmittel der Erde und die überlieferte Heilmagie. Der Medizinmann trat erst später auf, als eine lautere Stimme oder eine stärkere Hand gefragt war.

In den Anfängen der Menschheitsgeschichte betrachtete man die Frau als wunderbare und erstaunliche Quelle der Weisheit und Macht. Sie konnte Leben geben und retten, und deshalb war sie es, die kranke Körper und irrende Seelen heilte. Sie besaß aber auch die Macht, zu verstümmeln und Leben zu nehmen, und so bildete sie das Tor zu Träumen und Visionen und der Welt jenseits des Wahrnehmungsbereichs physischer Sinne. Die Frau, vor allem die

Frau, die Leben schenkte und die kleinen Lebewesen durch ihren eigenen Körper ernährte, war geheimnisvoll und mächtig.

In vielen sehr unterschiedlichen und geographisch weit voneinander entfernten Kulturen (so etwa im Amazonasgebiet, im alten Kreta und in Osteuropa) gibt es Mythen oder Artefakte aus frühester Zeit, als die Frau die alleinige Hüterin der magischen Künste war. Dies läßt meiner Ansicht nach deutlich darauf schließen, daß Frauen die hochgeachtete Stellung von Heilerinnen und Priesterinnen einnahmen, nicht aber unbedingt auch die von Stammesführern. Ich habe keine überzeugenden Beweise gefunden, die für die Existenz eines Matriarchats zu irgendeiner Zeit oder an irgendeinem Ort sprechen. Die Geschichte der Göttin und ihrer irdischen Vertreterinnen hingegen ist eine sehr lange Geschichte, deren Spuren auf dem ganzen Planeten zu entdecken sind.

Tausende von korpulenten weiblichen Figuren, deren Ursprung bis weit ins Steinzeitalter zurückreicht, wurden auf dem europäischen und asiatischen Kontinent ausgegraben. Aus Stein, Elfenbein oder Knochen gearbeitet, sind sie der früheste sichtbare Ausdruck dafür, daß die Frau als Verkörperung des Beginns und der Kontinuität des Lebens betrachtet wurde und ein Symbol für Unsterblichkeit war.[1] Diese «Venus»-Figuren hatten ihren Platz auf Hausaltären und in Schreinen und waren eindeutig Bestandteil des rituellen Lebens der Menschen der Frühzeit. Der Frau, nicht dem Mann, oblagen die Funktionen im sakralen Bereich. Jahrtausendelang, sogar noch bis in die Zeit griechischer Mythologie hinein, wird die Frau in Zusammenhang mit entsprechenden, weitverbreiteten Motiven dargestellt, wie etwa Tiere der verschiedensten Art, Schlangen und einem in die Erde führenden Labyrinth. Diese Motive symbolisieren die Verbindung der Frau mit dem Leben, der Erneuerung, der Weisheit und den Mysterien ihres inneren Wesens.

Dann, ziemlich abrupt und zu unterschiedlichen Zeiten, wurde auf dem Planeten der Penis, nicht länger die Vagina, zum geheiligten und verehrten Gegenstand. Die Magie der Frau wurde usurpiert. Einige weibliche Kultgegenstände aus der Steinzeit weisen eindeutig Spuren absichtlicher Zerstörung auf. Warum? Ökologische und ökonomische Veränderungen wie auch Invasionen fremder Völker spielten hier eine wesentliche Rolle. Zudem wurde nun den Frauen und den Produkten ihrer Arbeit eine geringere Bedeutung beigemessen, da sich die Menschen auf eine Ernährungsweise umstellten, die den Beitrag der Männer als wertvoller erscheinen ließ. Während der Steinzeit ernährten sich die Menschen hauptsächlich von dem, was gesammelt und von den Frauen mit primitiven Anbaumethoden gepflanzt und geerntet wurde. Die Jagd mit einfachsten Mitteln konnte keinen kontinuierlichen Nahrungsbeitrag garantieren. Geht man davon aus, daß auch die männliche Rolle bei der Zeugung der Nachkommenschaft nicht ganz klar war, so läßt sich vermuten, daß die Männer im Hinblick auf Gesundheit und Fortbestand der Spezies als im Grunde überflüssig betrachtet wurden. Als sie sich aber der Viehzucht und Herdenhaltung zuwandten, steigerte das ihren Wert beträchtlich. Und als ihnen schließlich ihr Anteil an der Zeugung der Nachkommenschaft bewußt wurde, hielten sie sich möglicherweise allmählich selbst für die schöpferische, zeugende Kraft des Universums.

Im Zusammenhang mit dieser Vorstellung spielte die Etablierung von Männerbünden oder geheimen Kulten eine grundlegende Rolle, deren bewußt angestrebtes Ziel es war, durch Unterwerfung und Terrorisierung der Frau Macht zu erlangen.[2] Mitglied in diesen kultischen Bünden wurde man durch Wahl oder per Aufforderung; sie standen keineswegs allen Männern offen. Aus diesen geschlossenen Bruderschaften gingen neue und sehr spitzfindige Kosmologien oder Schöpfungsgeschichten hervor, die schließlich zu patriarchalen Religionen ausgebaut wurden, für die man bis weit über die Grenzen der lokalen Stämme hinaus Propaganda machte. Jene Religionen entwickelten Mythen über den Ursprung der Menschheit und die Vorstellung von einem Schöpfergott nach dem Bilde des Mannes.

Die Überlegenheit des Mannes wurde zur in allen Lebensbereichen geltenden Maxime. Die Männerbünde oder Kulte breiteten sich zunehmend aus, auch auf die alten hebräischen Stämme, die für unsere heutigen Schöpfungsmythen verantwortlich zeichnen. Einige Stämme, wie etwa die Ona in Tierra del Fuego, kennen Legenden über ein von Angehörigen des Männerbundes veranstaltetes Massaker, das dem Zeitalter der Magie der Frauen ein Ende setzte. Die wenigen Relikte an weiblichen Figuren in den steinzeitlichen Höhlentempeln Südfrankreichs und anderswo in

Europa lassen auf einen ähnlich gewalttätigen Umsturz schließen. In anderen Fällen vollzog sich der kulturelle Wandel in gemäßigterer Form. Die Legenden erzählen von den Wendepunkten in der Urzeit. Doch handelt es sich bei diesen Ereignissen nicht nur um längst Vergangenes, sondern auch um ein modernes Drama, das im Laufe der Menschheitsgeschichte wieder und wieder ausagiert wurde und wird. Die Gottheiten der alten Glaubensvorstellungen wurden unweigerlich zu den Dämonen und Teufeln der neuen Religion. Die Frau als oberste Repräsentantin der alten Lebensform hatte die leidvollen Folgen zu tragen, als die Gestalt der alten Muttergöttin für den Sündenfall des Menschen verantwortlich gemacht wurde. Sogar die Wehenschmerzen wurden nun nicht mehr als Begleiterscheinung des göttlichen Akts der Vollbringung eines Wunders begriffen, sondern als gerechte Strafe für die Frau betrachtet. Leben, Zeugung, sinnliche Liebe zwischen Mann und Frau – das alles wird zutiefst herabgewürdigt, wenn eine Kosmologie die Göttlichkeit des Weiblichen ausschließt. Frauen gelten dann als dunkle Bedrohung für die etablierte Ordnung, und innerhalb eines solchen kosmologischen Kontexts können sie nicht länger die heiligen Künste des Heilens ausüben.

Nachdem die Verehrung der Erdgöttin ein Ende hatte, sahen sich die Menschen nach Beistand aus den himmlischen Regionen um. Die männlichen Götter waren den Himmelselementen wie Luft, Sturm und Donner zugeordnet. Selbst die Megalithbauten auf den Britischen Inseln – Stätten wie Stonehenge, die Tausende von Jahren lang allen aufeinanderfolgenden Kulturen als heilig galten – zeigen Spuren dieses Wandels. Sie wurden immer wieder umgestaltet, um sie den jeweils dominanten Göttern anzupassen. Erdlöcher und Höhlen wichen Steinaufbauten, ausgerichtet auf das Licht der Sonne und die Bahn der Sterne. Die Gottheiten hatten ihren Sitz nicht länger im Bauch der Erde und in Frauen, sondern im Himmel und im Herzen der Männer.

Die bekannte Mythenforscherin J. E. Harrison glaubt, daß die Macht der männlichen Götter – Zeus, Apollo oder Jahwe – eine stärkere Kraft reflektiert als die einer erdorientierten und erdbezogenen Gottheit.

Sie stehen vor allem und in erster Linie für den Protest gegen die Verehrung der Erde und der Fruchtbarkeitsgeister der Erde. Eine Verehrung der Mächte der Fruchtbarkeit, die alles pflanzliche und animalische Leben mit einschließt, ist in ihrer Umfassendheit klug und gesund, doch als sich der Mensch mehr und mehr auf seine eigene menschliche Natur konzentrierte, wurde eine solche Verehrung offensichtlich zu einer Quelle von Gefahr und Aufruhr.[3]

Joseph Campbell hat vier Typen oder Stadien von Kosmologien bzw. Schöpfungsgeschichten herausgearbeitet, die den meisten Kulturen zugrunde liegen: 1. der Glaube an eine Welt, geboren aus einer Göttin ohne männlichen Partner; 2. der Glaube an eine Welt, geboren aus einer Göttin, die von einem das männliche Prinzip vertretenden Partner geschwängert wurde; 3. der Glaube an eine Welt, die von einem männlichen Kriegsgott aus dem Körper einer Göttin geformt wurde; 4. der Glaube an eine Welt, die ohne weitere Hilfe von einem männlichen Gott erschaffen wurde.[4]

Als die Kulturen schließlich das Stadium des Monotheismus erreichten, nahm jede gesellschaftliche Institution eine patriarchale Form an. Schon in den frühesten Gesetzestexten wurde die Unterordnung legalisiert. Das war notwendig zur Sicherung der patrilinearen Erbfolge, da die Männer sonst nicht sicher sein konnten, ob ihre Kinder auch wirklich von ihnen gezeugt worden waren.

Die im Verhältnis zu den Männern geringere Körperkraft der Frauen, ihre physische Gebundenheit durch das ständige Gebären und Aufziehen von Kindern sowie ihr enormer Wert als Tauschware machten sie zum vorrangigen Objekt der Herrschaft und Kontrolle. Es sollten 3500 Jahre vergehen, bis Frauen in größerer Zahl ihre untergeordnete gesellschaftliche Position in Frage stellten.

Ihrer eigenen Vergangenheit beraubt und von der Interpretation der Geschichte ausgeschlossen, wurden sie durch den herrschenden Männlichkeitsmythos zum Schweigen gebracht. «Wo es keine anderen Beispiele gibt, kann man sich auch keine Alternativen zu den existierenden Bedingungen vorstellen.»[5]

Im ersten Teil dieses Buches werde ich sechs Kulturen vorstellen, die die Beziehung zwischen Heilerinnen und Kosmologie aufzeigen. Die ersten beiden Beispiele aus alter Zeit, im Gebiet des alten Sumer und des heutigen Dänemark angesiedelt, sind aufgrund kürzlich gemachter archäologischer Funde von besonderer Bedeutung. Es gibt keinen Grund zu der Annahme, daß die dortigen Ereignisse Einzelfälle in der westlichen Welt darstellen, doch wegen spezieller geographischer Gegebenheiten haben sich dort Hinweise erhalten, die die Situation der Heilerinnen deutlicher belegen als an anderen prähistorischen Kulturstätten.

Ich werde auch auf die Kultur des alten Griechenland eingehen, auf die Kultur um die Zeit um Christi Geburt, die frühchristliche Kultur und die des christianisierten Europa des Mittelalters. Die Kosmologien aus diesen Zeiten bilden die ideologische Grundlage der Heilkünste unserer westlichen Zivilisation. Sie bestimmten die Rolle der Frau als Heilerin und prägen sie sogar bis in unsere Zeit.

Im Rahmen dieses Kontexts werde ich mich mit den entscheidenden kulturellen Prozessen befassen, die einen tiefgreifenden Einfluß auf die Heilerinnen hatten und die Entwicklung der westlichen Zivilisation diktierten. Unter anderem sollen folgende Themen zur Sprache kommen:

1. In allen Kulturen waren die Frauen mit der Natur assoziiert, ein Faktor, der ihnen ursprünglich einen göttlichen Status verlieh und dann zur Basis ihrer Verdammung wurde.
2. Das Heilen wird überall und zu jeder Zeit als göttliches Wirken angesehen. Nur jene, die nach dem Bilde der Hauptgottheit(en) geschaffen sind, sind befugt und von der Gesellschaft beauftragt, als Heiler/innen zu dienen.
3. Die Tatsache, daß sich das Gottesbild von der nährenden, heilenden Mutter zu dem eines männlichen monotheistischen Gottes wandelte, hat viele Ursachen und Gründe: Invasionen, Hungersnöte, Krankheiten, Naturkatastrophen sowie die ganz bewußte Produktion neuer Kosmologien, um an die Macht zu gelangen.
4. Der Wunsch nach Macht und Vorherrschaft war die treibende Kraft, als sich die Gesellschaften von einer Jäger/Sammler-Kultur zu einer stabilen agrarischen und schließlich technologischen Zivilisation entwickelten. Frauen wurden – den jeweili-

gen Machtbedürfnissen entsprechend – in unterschiedlichem Maße unterdrückt.

Alle diese Entwicklungen führten schließlich ganz allgemein dazu, daß den Frauen der Zugang zu den sich herausbildenden Heilinstitutionen verwehrt wurde. Die Sicht von der Welt wurde starr und bestimmt dadurch, daß «alle Polaritäten – männlich und weiblich, Leben und Tod, wahr und falsch, gut und böse – als voneinander getrennte Dinge begriffen wurden, so als seien sie Absoluta und nicht lediglich Aspekte des Lebensganzen».[6] Wenn andererseits die Große Mutter dominiert, dann «löst sich die Dualität von Leben und Tod in der ekstatischen Entrücktheit ihrer Tröstlichkeit auf. Die Welten von Natur und Geist sind nicht voneinander getrennt ... und es herrscht allgemein ein implizites Vertrauen in die Spontaneität der Natur, sowohl im Hinblick auf ihre negativen Aspekte wie die des Tötens und des Opfers ... als auch hinsichtlich ihrer produktiven und reproduktiven Aspekte.»[7]

2 Sumer: Geburt und Tod einer Kultur

Der bedeutendste Stadtstaat Mesopotamiens war Sumer, das bereits vor über sechstausend Jahren einen bemerkenswerten Entwicklungsstand erreichte. Hier kam es relativ früh zu zwei einschneidenden Neuerungen, die den Lauf der Menschheitsgeschichte entscheidend beeinflußten: Um 7500 v. Chr. begann man – zum Zwecke der Nahrungsgewinnung – systematisch mit der Viehzucht und dem Pflanzenanbau, und um 3500 v. Chr. entstanden die für alle höheren Kulturen grundlegenden Techniken und Künste, nämlich die Schreibkunst, die Mathematik, die Architektur, die Himmelsbeobachtung, der Tempeldienst und das Staatswesen.[1]

Das alte Sumer, etwa im Gebiet des heutigen Irak anzusiedeln, lag unter vielen Erdschichten verborgen, bis es vor nicht ganz hundert Jahren bei Ausgrabungsarbeiten entdeckt wurde. Allerdings war die Stimme der Sumerer nie ganz verstummt. Ihre Mythen beeinflußten die nachfolgenden, dort seßhaft werdenden Völker (die Babylonier, Assyrer und Chaldäer) in entscheidendem Maße. Und die Sumerer – nicht die Griechen und Römer – sind auch die Ahnen unserer westlichen Heilsysteme.

Frauen nahmen bis etwa 2000 v. Chr. uneingeschränkt an allen sakralen Aktivitäten teil, sie hatten eigenen Besitz und eigene Geschäfte, und sie konnten, sofern sie unverheiratet waren, das Amt einer Priesterin und Ärztin ausüben. Bei der Untersuchung des Wendepunkts dieser relativ fortgeschrittenen Zivilisation stoßen wir auf eine einschneidende Veränderung im sumerischen Weiblichkeitsmythos: den Verlust der Assoziierung der Frau mit

Göttlichkeit und damit den Verlust der Anerkennung ihrer natürlichen Begabung auf dem Gebiet des Heilens.

Nach göttlichem Bilde geschaffen

Das Götterpantheon des alten Sumer war vielgestaltig und der Geist von Göttern und Göttinnen der unterschiedlichsten Wesensart beeinflußte das Alltagsleben. Als die späteren Landesbewohner mit jenen Gottheiten in Berührung kamen und sie in ihr Weltbild integrierten, veränderten sich deren Namen und Aktivitäten. Mit der Zeit kristallisierte sich aus dieser Vielfalt ein einziger männlicher Gott heraus, dessen Göttlichkeit sich allein in seinen Söhnen widerspiegeln konnte. Aber auf dem Höhepunkt der sumerischen Kultur genossen sowohl die Göttinnen wie auch die Heilerinnen Anerkennung und Respekt und in einigen Fällen tiefste Verehrung.

Die Geschichte vom Aufstieg und Fall der Göttlichkeit der Frau läßt sich am besten durch eine kurze Skizzierung des Mythos von Inanna oder Ischtar (wie sie später bei den Assyrern hieß) darstellen. Von allen Göttern und Göttinnen wurde Inanna am höchsten verehrt und am meisten besungen. Als Königin des Himmels, Herrin des Abend- und des Morgensterns galt sie als die kosmische Kraft, die diesem fortgeschrittenen Volk Ordnung und Kultur gebracht hatte. Ihr Tempel, das Haus des Himmels, maß dreißig mal achtzig Meter – ein für damalige Verhältnisse sehr großes Gebäude. Inanna verkörperte die Trinität von Liebe, Heilen und Geburt, was auf die natürliche Verbindung dieser drei Aspekte verweist. Ihr Mitgefühl für die leidenden Massen war sprichwörtlich.

In Mesopotamien waren die biologischen Vorgänge bei der Zeugung bekannt, man wußte, daß ohne Beteiligung des Mannes kein Kind entstehen konnte. Dieses Wissen kam auch im Schöpfungsmythos zum Ausdruck – beide Geschlechter hatten Anteil daran, wobei der Vorstellung nach die Welt vom weiblichen Aspekt geboren worden war. Hier stand Inanna in der Tradition der Mitschöpferinnen des Universums. Erst in sehr viel späteren kosmogonischen Auslegungen galt das Universum als allein von einem männlichen Gott geschaffen – ein Gedanke, der durch die seltsame Logik der Philosophen postuliert wurde und wird, von Aristoteles über Thomas von Aquin bis hin zu den Theologen unserer Zeit.

Das Fest für die heiligste aller Handlungen, die sexuelle Vereinigung, wurde in Sumer zur Frühlingszeit gefeiert, wenn die grünen Triebe an die Erdoberfläche drängten und von einer künftigen Ernte kündeten. Die Vereinigung des Männlichen und Weiblichen wurde vollzogen, um die Geburt und das Wachstum all dessen, was das Leben erhält, zu stimulieren. Es war in der Tat ein Akt, der Liebe, Heilung und Geburt bedeutete, die dreifaltige Domäne der Inanna.

Inanna nahm unter ihren verschiedenen Namen und durch ihre irdischen Vertreterinnen an diesen Riten heiliger Hochzeit selbst teil. Ihre Anhängerinnen wählten sich ihren männlichen Partner und vollzogen mit ihm ganz bewußt, aktiv und äußerst kunstfertig den Liebesakt. Hymnen und Gedichte aus dieser Zeit sind ein erotischer Tribut an diese Riten.[2]

Inanna ruft ihren «Mann, süß wie Honig», der, wie sie sagt, «mich stets mit Süße erfüllt». Und der König nähert sich erhobenen Haupts ihrem heiligen Schoß und breitet vor der Priesterin des Himmels weit die Arme aus.

Er umfaßte meine Hüften mit seinen schönen Händen,
Der Hirte Dumuzi füllte meinen Schoß mit Sahne und Milch,
Er streichelte mein Schamhaar,
Er wässerte meinen Schoß.
Er legte seine Hände auf meine heilige Vulva,
Er glättete mein schwarzes Boot mit Sahne,
Er belebte mein schmales Boot mit Milch,
Er liebkoste mich auf dem Bett.
Nun will ich meinen Hohepriester auf dem Bett liebkosen,
Ich will liebkosen den getreuen Hirten Dumuzi,
Ich will streicheln seine Lenden, das Hirtentum des Landes,
Ich will ein süßes Schicksal ihm bereiten.[3]

Wir können uns kaum vorstellen, wieviel Kraft und Selbstbewußtsein ein solcher Mythos mit seiner erotischen, bilderreichen Sprache der Frau von heute vermitteln würde. Eine Frau ist die oberste Gottheit, die sich ihrem Vergnügen hingibt, voller Freude gebiert, deren Körper in Einklang mit den Zyklen des Mondes tanzt. Sterbliche Frauen werden Heilerinnen genannt, weil auch sie diese Geheimnisse kennen und voller Weisheit Ebbe und Flut des Lebens betrachten können.

Eine der ältesten Geschichten erzählt davon, wie Inanna in die Unterwelt hinabsteigt und dort, beim Durchschreiten der Tore, ihrer göttlichen Kräfte beraubt wird. Nach den Gesetzen der Unterwelt kann sie nun nicht mehr in das Land der Lebenden zurückkehren. Oder sie muß jemanden bestimmen, der stellvertretend ihren Platz in der Unterwelt einnimmt. Es war ein Fluch über die ganze Menschheit. Enki, der Gott der Weisheit, deutet das Geschehen so: Sollte Inanna nicht zurückkehren, würde jeder zivilisatorische Fortschritt zunichte und der Mensch wieder auf sein primitivstes Stadium zurückgeworfen werden.[4] Ein prophetischer Mythos. Die Zivilisation verfiel, als der weibliche Geist gewaltsam in die Unterwelt verbannt wurde.

Gula, die bei den Assyrern einige Aspekte der Inanna verkörperte, galt als die oberste Göttin der Heilkunst sowie als Göttin des Todes und der Auferstehung. Ihr zu Ehren wurden Tempel erbaut und zum Lob ihrer Heilungen Litaneien gesungen. Gula kannte alle Pflanzen, die oft zugleich heilkräftig und giftig waren. Auf ihr Geheiß hin nutzte man die Träume zu Prophezeiungen und Diagnosen. Sie, Ischtar und der Sonnengott Ea wurden als ein Heilerteam betrachtet, bei dem die Frauen in die Lehre gehen konnten.

Auch Ischtar wurde als himmlische Herrscherin hoch in Ehren gehalten. Ihr verdankte der König seine säkulare Macht. Ischtar-Tempel fand man praktisch in jeder Ausgrabungsschicht. Und auch sie war eine mitfühlende, heilende Gottheit. Hier ein Lied an sie:

> Wo dein Blick hinfällt, erwachen die Toten, erheben sich die Kranken;
> Die Verwirrten, sehen sie dein Antlitz, finden den richtigen Weg.
> Ich erscheine vor dir, armselig und verzweifelt,
> Von Schmerz gepeinigt, dein/e Diener/in,

Hab Erbarmen und höre mein Gebet.[5]

Als (etwa um das 3. Jahrtausend v. Chr.) das Land Sumer zum ständigen Schlachtfeld wurde, richteten sich die Gebete und Bitten an Ischtar. Sie wurde zur Göttin des Kriegs und des Schicksals, und langsam, schleichend pries man sie zunehmend für ihre sexuelle Potenz und immer weniger für ihre heilende Kraft.

Im Gilgamesch-Epos (etwa 2000 v. Chr. entstanden) wird beschrieben, was eine unvermeidliche Konsequenz der Verehrung göttlicher Weiblichkeit zu sein scheint. Hier nennt König Gilgamesch Ischtar ein gieriges und promiskuitives Weib und weist ihre Avancen zurück. Ischtar droht, als Vergeltung dafür den Himmelsstier loszulassen, damit er die Stadt zerstöre. Die Göttin aller lichten und dunklen Dinge wird zur zügellosen Göttin des Schrecklichen.

Die Ischtaritu waren heilige Tempelpriesterinnen, Ischtars Stellvertreterinnen beim Akt der heiligen Hochzeit. In frühen Zeiten verkörperten sie das Wesen der Göttin und spendeten allen Männern, die sie aufsuchten, reichlich Segen. Als man Ischtar mehr und mehr unter einem rein sexuellen und promiskuitiven Aspekt betrachtete, wurden diese Frauen zu Huren, die man mit ausschweifenden Orgien assoziierte und denen keinerlei heilige Bedeutung mehr zuerkannt wurde. Alles das orchestrierte das Sterben der sumerischen Zivilisation.

Sie endete um 1000 v. Chr. und ging, wie die meisten Kulturen, unter in Chaos, Unrecht und Gewalt sowie einer völlig aus dem Gleichgewicht geratenen Ökologie.

Das heilkundliche Vermächtnis

Das sumerische Erbe in bezug auf die Heilkünste jedoch war von großem Wert und erfuhr eine weite Verbreitung. Theorien über Körperfunktionen und Körperstörungen fanden über die Handelsrouten ihren Weg zu den Phöniziern, Ägyptern und Griechen. Die Sumerer dachten, daß Krankheiten entweder durch eine Sünde, einen Wurm oder ein Insekt verursacht wurden – Vorstellungen, von denen die jüdisch-christlichen Lehren geprägt sind und die auch der in dieser Region weitverbreiteten Malaria und den von Parasiten übertragenen Krankheiten Rechnung trugen.

In der Grabstätte der Königin Schubad von Ur (3500 v. Chr.) fand man auf Tontafeln eingravierte Rezepte zur Linderung von Schmerzen, Instrumente aus Feuerstein und Bronze, die möglicherweise chirurgischen Zwecken dienten, sowie Talismane und Amulette. In einem anderen Grab, das in die Zeit um 5500 v. Chr. zurückreicht, entdeckte man ein Tongefäß, in dem sehr wahrscheinlich Kräuteressenzen zu Medizin destilliert wurden.

Mehr als achthundert alte Heilrezepte sind bislang in dieser Region der Welt aufgefunden und von Assyrologen übersetzt worden. Auf zwei Tontafeln aus der sumerischen Periode entdeckte man ein Dokument, das bislang als der älteste bekannte medizinische Text gilt.

Weit über zweitausend Jahre lang – zumindest bis zur Zeit der semitischen Invasion um 2600 v. Chr. – konnten Frauen praktisch ungehindert die Heilkünste ausüben. Frauen waren unter anderem als Ärztinnen, Schreiberinnen, Barbiere und Köchinnen tätig. Daß sie auch Schreiberinnen sein durften, war von großer Bedeutung und sehr ungewöhnlich, denn es zeigt, daß Frauen die Macht hatten, aktiv an der Vermittlung von Kultur mitzuwirken.[6]

Um 1000 v. Chr., als die Gesellschaft mehr und mehr verfiel, wurde das weibliche Geschlecht von jeder formalen Ausbildung ausgeschlossen. Um 700 v. Chr. war eine Tätigkeit als Schreiberin oder Ärztin nicht mehr unter den für Frauen zugelassenen Metiers verzeichnet. Zu den diversen ihnen zugänglichen Beschäftigungen gehörten verschiedene Sparten der Unterhaltung, die Arbeit als Hebamme, Krankenschwester, Zauberin, Amme und zwei Arten von Prostitution. Im Bereich der Heilkunst waren sie rasch auf bloße Dienstleistungsberufe zurückgestuft worden. Und wenn sie auch noch als Hebammen arbeiteten, so hatte diese Aufgabe wahrscheinlich an Ansehen verloren, da Zeugung und Geburt nicht mehr als Wunder, sondern eher als anstößige und entehrende Aktivitäten galten.

In der Zeit, in der die Frauen relativ ungehindert im Heilbereich arbeiten konnten, gab es zwei Kategorien von Praktizierenden: die Aschipu und die Asu. Die Aschipu waren mit dem unsichtbaren (oder magischen) Bereich vertraut und behandelten diese Aspekte von Krankheit. Die Asu kannten die pflanzlichen Heilmittel und all die anderen Dinge, die auf den physischen Aspekt der Gesundheit Einfluß hatten.

In den meisten Stammeskulturen existiert eine Hierarchie unter den Heilern, wobei jene, die eine den sumerischen Aschipu ähnliche Funktion ausüben, die höchste Achtung genießen. Die, die eine einfachere, mechanischere medizinische Praxis, so wie die Asu, ausüben, haben einen niedrigeren Status.

In Sumer galten die Heilmethoden für die unsichtbaren wie die sichtbaren Aspekte der Krankheit gleich viel – beide werden gelegentlich auf ein und derselben Tontafel erwähnt. Zur Heilung einer Augenentzündung zum Beispiel wurde folgender Rat gegeben: Führe eine heiße Antimonnadel in die Kornea ein oder träufle erwärmtes Rizinusöl ins Auge. Die korrekte Anrufung dabei lautet:

> Oh, klares Auge, oh, doppelt klares Auge, oh, Auge klarer Sicht!
> Oh, verdunkeltes Auge, oh, doppelt verdunkeltes Auge, oh, Auge verdunkelter Sicht!
> Wie ein ausgegossener Becher sauren Weins,
> Gula, führe rasch die Heilung herbei, dein Geschenk.[7]

In heutiger Zeit tendiert man dazu, die hierarchische Ordnung dieser beiden Arten von Heilern umzukehren. «Magie» wird demnach mit schlechter Medizin und die Praxis nach Art einer «Erste-Hilfe-Leistung» mit «guter» oder zumindest «besserer» Medizin gleichgesetzt. Entsprechend dieser Anschauung gelten die Aschipu als des Lesens und Schreibens unkundig, schmutzig, unwissend und abergläubisch.[8]

Mehrere hundert Heilpflanzen sind in der sumerischen Pharmakopöe verzeichnet. Viele davon enthalten, wie man festgestellt hat, schmerzlindernde, die Heilung fördernde und desinfizierende Substanzen. Die Sumerer kannten zum Beispiel den Gebrauch von Opium und bildeten den Mohn auf Kunstgegenständen ab.

Das Verschwinden der Heilerinnen

Die Stellung der Frau war und ist gewöhnlich ein Gradmesser für den kulturellen Entwicklungsstand einer Gesellschaft. In Sumer erreichte das Ansehen der Frau seinen Höhepunkt, als auch die Kultur dieses Landes in ihrem Zenit stand – und es sank parallel zu deren Verfall. In der Rolle der Frau als Heilerin spiegelte sich getreulich die in Sumer vorherrschende Kosmologie wider – eine an allen Orten zu allen Zeiten nachweisbare Verbindung.

Frauen wurden von ihrem angestammten Platz im Heilwesen auch durch die sumerischen Schreiber vertrieben. Der Assyrologe Samuel Noah Kramer ist der Ansicht, daß die Priester und Schreiber von Sumer ganz bewußt die Mythen ihren eigenen politischen Zielen entsprechend auswählten und bewahrten. So ist zum Beispiel um 3000 v. Chr. in den schriftlichen Überlieferungen des Nahen Ostens die Muttergöttin durch einen männlichen Gott ersetzt worden, gewöhnlich durch einen Sturm-, Luft- oder Donnergott. Aus den Göttinnen waren Ehefrauen oder Töchter geworden. Die Muttergöttin Namu, die vormals als die Schöpferin des Universums und Mutter aller Götter verehrt wurde, kommt in den Auflistungen überhaupt nicht mehr vor.[9]

Den Schreibern unserer Zeit muß angelastet werden, daß sie bei ihrer Darstellung der Medizingeschichte, nicht minder selektiv, den Beitrag der Frauen verschweigen. Was hier über Sumer berichtet wird, ist durch die sumerische Literatur wohldokumentiert. Doch in zwei der (in den USA) bekanntesten Büchern über die Geschichte der Medizin kommt die Frau bezeichnenderweise kaum vor. Lyons und Petrucelli beschwören in ihrem Buch *Medicine: An Illustrated History* die sumerische «kosmische Ahnenschaft» der heutigen Ärzte und beziehen sich dabei auf den Sonnengott Ea.[10] Sie ignorieren die weiblichen Gottheiten der Heilkunst, obwohl diese Göttinnen ganz allgemein die Schirmherrinnen des Heilens waren. Sie erwähnen nirgendwo die Heilkunst der Frauen und widmen in ihrem Buch von sechshundert Seiten den Frauen überhaupt nur ein schmales Kapitel. Dessen ungeachtet führen sie in ihrer Bibliographie Autorinnen auf wie Dr. Kate Campbell Hurd-Mead und andere, die die Arbeit von Tausenden von Heilerinnen sorgfältig dokumentiert haben.[11]

Guido Majno erwähnt in seinem Buch *The Healing Hand: Man and Wound in the Ancient World* die Göttinnen des alten Sumer nur flüchtig, obwohl er auf das Heilwesen dieser Zeit im Detail eingeht.[12] Zwar zitiert er einen Hinweis auf die Priesterinnen, und zwar im Zusammenhang mit einer akkadischen Abhandlung über die medizinische Prognose: «Wenn seine Hoden entzündet sind, wenn sein Penis mit Wunden bedeckt ist, dann ist er zur Hohepriesterin seines Gottes gegangen.» Im Anschluß daran meint Majno jedoch bemerken zu müssen, daß der Leser diesen Hinweis auf die «Hohepriesterin» ignorieren solle, da deren Funktion nicht weit entfernt von der einer Prostituierten gewesen sei.[13]

Die schriftlichen Überlieferungen sind also vage und geprägt von Projektionen und selektiver Wahrnehmung. Aber trotz aller Ungereimtheiten in diesen Geschichtsklitterungen wird die enge Verbindung zwischen den Heilerinnen und den religiösen Glaubensvorstellungen der Sumerer deutlich.

In der Kultur des alten Dänemark, der wir uns im folgenden Kapitel zuwenden wollen, gab es keine Schreiber, die uns Aufzeichnungen hätten hinterlassen können. Hier finden wir statt dessen Artefakte und gut erhaltene Relikte menschlicher Körper, aus denen wir Schlußfolgerungen über die Beziehung zwischen den Gottheiten und der Frau als Heilerin ziehen können.

3 Dänemark: Die Frau als Schamanin

So nach und nach geben die Torfmoore und Marschen des heutigen Dänemark ihre versunkenen Schätze preis. Ähnlich wie die Überreste des alten Sumer unter Erdschichten geschützt begraben lagen, hat die Gerbsäure des Torfs und das stark säurehaltige Grundwasser die Geschichte des Lebens in dieser Region bis zu einem gewissen Grad bewahrt.

Inzwischen wurden ungefähr zweitausend Gräber und siebenhundert menschliche Körper in bemerkenswert gut erhaltenem Zustand samt Grabbeigaben entdeckt. Die in den großen Hügelgräbern beerdigten Menschen waren reiche oder hochgeachtete Persönlichkeiten gewesen und offensichtlich eines natürlichen Todes gestorben. Die in den Torfmooren aufgefundenen Menschen hingegen waren vermutlich bei Opferritualen zu Ehren der Göttin getötet oder umgebracht worden, weil sie Zauberei praktiziert, Ehebruch oder uns unbekannte Verbrechen begangen hatten.[1]

Einige dieser Leichen sind von Archäologen, Historikern, Ärzten und Ernährungswissenschaftlern untersucht worden; auch Pflanzenkundler, Gerichtsmediziner, Radiologen, Parasitologen, Anthropologen und andere steuerten wertvolle Erkenntnisse über das damalige Leben bei. Haare, Augen, Hirn, Haut, Kleidung, die halbverdaute letzte Mahlzeit, ja sogar der Gesichtsausdruck der Leichen geben uns ein Bild von den Lebensbedingungen jener Zeit. Aus diesen menschlichen Relikten, den wiederentdeckten Gegenständen und den Legenden über diese Zeit können wir schließen, daß damals eine mächtige weibliche Gottheit verehrt wurde.

Die Frau im alten Dänemark und ihr Heilwissen

Nur die vornehmsten Vertreterinnen der Weiblichkeit, denen ein Begräbnis im Hügelgrab zuteil wurde, haben Spuren von ihrer Erscheinung und ihrem Leben in der Bronzezeit hinterlassen. Vom einfachen Volk damals ist, wie immer, wenig oder gar nichts auf die Nachwelt gekommen. Die vermögenden Frauen jener frühen Zeit waren kunstvoll frisiert und mit Schmuck behangen, sie hatten sorgfältig manikürte Hände und wurden mit wertvollen Grabbeigaben bestattet.

Hier die Beschreibung einer jungen Frau, die man in einem Hügelgrab in der Nähe von Skrydstrup gefunden hat:

> Ihr Haar war, gestützt auf ein Haarpolster, hoch über ihrer Stirn aufgekämmt ... und mit einem Haarnetz bedeckt ... festgehalten durch mehrmals um den Kopf geschlungene Bänder ... (Es war) blond mit einem rötlichen Schimmer ... Eine kunstvoll gewobene Haube ... lag zusammengefaltet unter ihrer rechten Wange ... aus Golddraht spiralig geflochtene Ringe schmiegten sich an ihre Ohren ... (Sie hatte) außergewöhnlich schöne Zähne, mit starkem Zahnschmelz überzogen, die kein Anzeichen von Karies oder einer anderen Infektion aufwiesen ... sie war groß und schmal gebaut, etwas über ein Meter siebzig.[2]

Diese elegante Frau – ungefähr achtzehn Jahre alt – hatte ein «wohlgeformtes Gesicht, lang und schmal, von nordischem Typus» und trug eine bestickte Tunika über einem mit einem Gürtel versehenen langen Rock, an dem ein durchbrochener Hornkamm befestigt war. Aus diesen und ähnlichen Grabfunden können wir schließen, daß die Frau der Bronzezeit die Muße und Fähigkeit hatte, schöne Dinge herzustellen, und daß, zumindest für einige, das Leben nicht nur aus Plackerei bestand.

Zu jener Zeit heilten die Frauen mit Hilfe von Heilkräutern. In ihren Gräbern fand man oft bekanntermaßen heilkräftige Pflanzen wie Schafgarbe, Kamille, Kerbel, Farn etc. Im Grab einer Frau, das man auf einer Burg bei Fyrkat entdeckte, lag Bilsenkraut. Im alten Dänemark wußten die Frauen – wie praktisch in allen Agrargesellschaften, in denen das Sammeln und der Anbau von Pflanzen zu ihren Aufgaben zählten –, wie und unter welchen Bedingungen die verschiedenen Pflanzen wachsen und welche nährenden und heilenden Eigenschaften sie besitzen.

In diesem Land gibt es über sechshundert Quellen, die seit alters her zu Heilzwecken aufgesucht wurden. In ihrem aus dem Bauch von Mutter Erde kommenden Wasser wohnten der Vorstellung nach weibliche Geister, und stets wurden diese Quellen auch mit Fruchtbarkeit assoziiert. Mit der Bitte um eine leichte Geburt oder um Gesundheit oder auch als Danksagung warf man Opfergaben ins Wasser oder legte sie neben die Quelle.[3]

Wir können davon ausgehen, daß die Frauen im alten Dänemark Geburts- und Sterbehilfe und ganz allgemein die üblichen Pflegedienste leisteten. Allerdings gibt es keine Hinweise darauf, daß sie vor 500 v. Chr. als Schamaninnen oder Priesterinnen fungierten. Die Medizinbeutel, Amulette und andere bei Heilritualen verwendeten Gegenstände, die man in den vielen Gräbern aus der Zeit vor 500 v. Chr. fand, stammen alle aus Grabstätten männlicher Häuptlinge oder Priester. Einer dieser Särge enthielt ein Instrument, das wohl chirurgischen Zwecken diente, ein anderer «Medizin-Gegenstände», wie man sie bei Ritualen in Stammeskulturen auf der ganzen Welt verwendet: Bernsteinperlen, eine Muschel, einen kleinen Holzwürfel, ein paar getrocknete Wurzeln, Rinde, den Schwanz einer Grasschlange, eine Falkenklaue und den Kiefer eines Eichhörnchens.[4]

Medizin für den Geist

Pflanzen mit einem hohen Alkaloidgehalt, wie zum Beispiel das Bilsenkraut, spielten in der Heilkunde der Frauen schon immer eine wichtige Rolle und waren auch den alten Dänen bekannt. Solche Pflanzen besitzen die Psyche stimulierende sowie narkotisierende Eigenschaften. Sorgfältig dosiert, sind sie bei Schmerzen und Leiden sehr hilfreich, in stärkeren Dosen verabreicht, sind sie giftig und können zum Delirium oder sogar zum Tod führen.

Und wie vielen Stämmen der nördlichen Hemisphäre war auch den alten Dänen die Wirkung des Fliegenpilzes bekannt. Er wurde bei Heilritualen sowie von jenen benutzt, die mit dem Übernatürlichen in Kontakt treten wollten. Manche dänische Soldaten haben ihn möglicherweise vor der Schlacht gegessen.[5] Das Ungestüm, mit dem diese furchtlosen Truppen voranstürmten, trug ihnen den Namen «Berserker» oder «Berserker des Odin» ein (Odin stand ja auch in dem Ruf, sich in ein Tier verwandeln zu können).[6]

Krankheiten und Todesursachen

Das Trauma war eine weitverbreitete Todesursache, vor allem bei den Menschen, die man in den Torfmooren fand. Schwangerschaft und Geburt stellten schon immer eine für Gesundheit und Leben der Frauen risikoreiche Angelegenheit dar, aber die Frauen damals waren groß, stark und relativ gut genährt und haben von daher die Geburten wohl besser überstanden als manche Frauen in anderen Zeiten. Eine junge Frau fand man neben den Überresten eines neugeborenen Kindes bestattet. Es ist jedoch unwahrscheinlich, daß sie im Kindbett gestorben ist. Ihr Haar war wie bei einer Ehebrecherin sehr kurz geschnitten, und wahrscheinlich hatte man sie, nachdem ihr Geheimnis entdeckt worden war, ins Moor geworfen.[7]

Die in den Torfmooren entdeckten Leichen wiesen Spuren verschiedener Parasitenarten auf, Probleme, wie sie auch bei unzulänglicher Ernährung auftreten, Rachitis zum Beispiel, und kleinere, wahrscheinlich unsymptomatische Deformationen. Viele müssen von Schmerzen in der unteren Rückenpartie geplagt gewesen sein, ein ja auch heute weitverbreitetes Leiden. Bei einigen Rückgratuntersuchungen zeigten sich degenerative Veränderungen der Wirbelsäule und andere biomechanische Probleme. Auch stellte man verschiedene Formen von Arthritis fest sowie Deformationen an einzelnen Gliedern und dem Schädel, die von einem Geburtstrauma herrühren mochten. Hämatome oder andere Gehirnverletzungen, Kopfschmerzen, Geisteskrankheit oder auch Besessenheit behandelte man in vielen Fällen mit einer Trepanation, das heißt, man schnitt oder bohrte ein Loch in den Kopf.[8]

Etwa um 1200 v. Chr. gingen die Dänen plötzlich von der Erd- zur Feuerbestattung über. Dieser Wechsel deutet auf eine entscheidende Veränderung der Glaubensvorstellungen hin: Bei einer Feuerbestattung konnte die Seele sich leichter vom Körper befreien und gen Himmel fliegen. Mit Asche bestreute Vogelschwingen als Grabbeigabe sollten diesen Vorgang unterstützen.[9]

Eine neue Gottheit war in den Norden gelangt. Sie hieß Nerthus und leitete sich von Inanna und Ischtar ab. Auf den Darstellungen – Bronzefiguren und Ritzbilder an den Felswänden und auf Klingen – steht sie in einer Barke, die eine Hand grüßend ausgestreckt, in der anderen eine zusammengerollte Schlange haltend. An Festtagen nahmen ihre irdischen Vertreterinnen die gleiche Haltung ein, wenn sie auf einem von einem Ochsenpaar gezogenen Wagen durch das Dorf fuhren. Nerthus war eine der frühesten Göttinnen im nordischen Mythos und galt als die Mutter der Erde.

Doch sie überlagert in dieser Gestalt nur eine schon sehr viel länger existierende Gottheit. Die große Erdmutter nämlich wurde schon im Paläolithikum verehrt und überall in Nordeuropa auf den Tonwaren jener Zeit abgebildet. Gegen Ende der Steinzeit trug man sie im alten Dänemark als Amulett bei sich, und zwar in Form eines aus feinem Schiefer gearbeiteten Anhängers.[10]

Nerthus starke Ähnlichkeiten mit den sumerischen Göttinnen war kein Zufall. Die Dänen waren ein seefahrendes Volk und kamen als Handeltreibende mit den Kulturen des Nahen Ostens in Berührung, wo man die Toten verbrannte und wo die Erinnerung an Inanna und ihre Nachfolgerinnen noch lebendig war. Und die indoeuropäischen Stämme waren ruhelose Wanderer und konnten die alten Mythen ohne weiteres in den Norden gebracht haben. Wie Inanna und Ischtar war auch Nerthus eine Heilerin, die ihre Fähigkeiten den nach ihrem Bilde geschaffenen Sterblichen, also den Frauen, verlieh. Auch sie wählte sich ihren Geliebten und feierte mit ihm die heilige Hochzeit, jenes Ritual, das den Beginn allen Lebens imitieren sollte. Der Vollzug der Hochzeit zwischen Nerthus in ihrer irdischen Gestalt und dem Mann ihrer Wahl sollte sicherstellen, daß die Gaben der Erde zur entsprechenden Jahreszeit geerntet werden konnten.

Zu Frühlingsanfang kamen verschiedene Stämme aus den skandinavischen Ländern und aus dem Norden Deutschlands zusammen, um bei reichlich Speis und Trank die heilige Hochzeit zu feiern. Die Waffen schwiegen in dieser Zeit der Hoffnung und des Friedens. Der Auserwählte aß ein heiliges Mahl, zubereitet aus den verschiedensten Körnern und Samen, um so sicherzustellen, daß in den kurzen, dunklen Tagen des Winters genügend Nahrung vorhanden sein würde. Wenn dann der Zeugungsritus vollzogen worden war, wurde der Mann zeremoniell der Erdmutter geopfert, und das Torfmoor wurde zu seiner ewigen Ruhestätte.

Nach dieser Zeremonie wurden der Wagen, die Kleider und auch die Stellvertreterin der Göttin in einem abgeschieden liegenden See gereinigt – ein Dienst, versehen von Sklaven, die unmittelbar danach ertränkt wurden.

Die frühesten schriftlichen Zeugnisse über diese dänischen Bräuche stammen von dem um 100 n. Chr. lebenden Römer Tacitus, der seine ausführlichen Reisebeschreibungen in dem mehrbändigen Werk *Germania* veröffentlicht hat.[11] Sein Bericht über die mächtige Göttin Nerthus und ihre Rituale wird durch die Moorleichen-Funde bestätigt. Ein Beispiel hierfür ist der dänische Tollund-Mann, der um 200 v. Chr. gestorben war – mit einem sanften und zufriedenen Gesichtsausdruck. Der Analyse seines Mageninhalts konnte man entnehmen, daß sein letztes Mahl in einem Brei bestanden hatte, der fünfundsechzig verschiedene Samen der allgemein als Nahrung dienenden Pflanzen enthielt. Um seinen Hals trug er den Reif, der in Form eines Schmuckstücks normalerweise mit der Göttin assoziiert wird, hier möglicherweise aber auch als Garrotte gedient hatte. Dieser gutaussehende Mann war kein Arbeiter gewesen, der sich im Moor verirrt hatte; Hände und Füße wiesen kaum Schwielen auf, und seine Nägel waren sehr gepflegt.[12]

Der kürzlich in Norddeutschland entdeckte Lindow-Mann (300 v. Chr.) zeugt ebenfalls von einem rituellen Opfertod. Sein letztes Mahl bestand unter anderem aus Mistelpollen und verbranntem Brot. Die Druiden zum Beispiel haben die Mistel, die einem weitverbreiteten Glauben zufolge magische Eigenschaften besitzt, bei zeremoniellen Anlässen verwendet. Bei den alten Beltane-Festen wurde ein besonderes Brot gebacken und verteilt. Der

Mann, der das verbrannte Stück erhielt, war der «Geweihte» und wurde den Göttern geopfert. Ob jene norddeutschen Stämme ähnliche Riten praktizierten, ist nicht bekannt, aber einige Hinweise lassen es vermuten.[13]

Der Aderlaß gehörte zu den wesentlichen Bestandteilen des Rituals, durch das ein Mann der Göttin geweiht wurde. Die Arterien des Lindow-Mannes und anderer sind geöffnet worden, und ihr Blut versickerte in der Erde. Bei einem nahe Schleswig entdeckten Toten hatte man nicht nur die Kehle durchschnitten, sondern auch die Genitalien entfernt, das heißt, seine Zeugungskraft war «verstreut» worden. Die Entmannung stellte zudem sicher, daß sein Same allein der Göttin zukam. Sein feines blondes Haar war sorgfältig zu einem kunstvollen Knoten geschlungen, und Hände und Füße wirkten sehr gepflegt – wie beim Tollund-Mann.

Die Frau als Schamanin

Der Einfluß der weiblichen Gottheiten wuchs mit Beginn der Feuerbestattungsperiode stetig, und um 500 v. Chr. beherrschten sie die religiösen Ausdrucksformen. Grabfunde lassen darauf schließen, daß zur selben Zeit die Medizinmänner von Medizinfrauen abgelöst wurden.

In einem Sarg fand man neben den verkohlten Überresten einer weiblichen Leiche eine Gürteltasche, ein Messer und eine Bronzespange sowie ein mit Sternen verziertes Bronzekästchen samt Inhalt: zwei Pferdezähne, Wieselknochen, das Gelenk einer Katzenpfote, die Luftröhre eines Vogels, Teile eines Schlangengerippes, Zweige einer Eberesche, verkohltes Espenholz, Quarzkristalle, Ton, Pyrit, und einen zum Haken gebogenen Bronzedraht – die Ausstattung einer Medizinfrau oder Schamanin.[14]

Überall auf der Welt dienen Schamaninnen und Schamanen als verehrte Heiler/innen und Weise dem Wohl der Gemeinschaft. Als «Techniker/innen» des Heiligen sind sie imstande, mit dem Reich des Übernatürlichen in Kontakt zu treten und Probleme höchst schwieriger oder spiritueller Natur zu beheben.[15] Die im gerade erwähnten Sarg entdeckten Gegenstände haben spirituelle Bedeutung, man schrieb ihnen eine aktivierende Kraft zur Divination, zur Heilung und zum Schutz zu, und sie fanden Verwendung bei Heilritualen. Tieren zugehörige Teile, wie in diesem Fall die Wieselknochen oder Pferdezähne, repräsentierten im allgemeinen das entsprechende Tiertotem oder den Geisthelfer, der die Arbeit unterstützte.

Die Tatsache, daß Frauen zu dieser Zeit als Schamaninnen wirkten, deutet darauf hin, daß sie in den geachteten und mit höchster Autorität versehenen Rang von Heilerinnen aufgestiegen waren. Schamaninnen und Schamanen standen in den alten Kulturen (oder auch in den heutigen Stammeskulturen) an der Spitze der Heilerhierarchie und galten oder gelten mit ihren Fähigkeiten als höherentwickelt als etwa die einfachen Kräuterkundigen oder Knocheneinrichter.

Der mit dem Wandel in der Kosmologie einhergehende gesellschaftliche Aufstieg der Frauen wird durch eine Auflistung der in heiligen Quellen, in Gräbern und in den Torfmooren gefundenen sakralen Gegenstände dokumentiert. In der ersten Periode der Bronzezeit (die in Dänemark um 1500 v. Chr. begann) sind alle Opfergaben männlichen Göttern gewidmet. In der zweiten und dritten Periode aber waren sechzig Prozent der Opfergaben für weibliche Gottheiten bestimmt. In der vierten und fünften Periode waren es fünfundsiebzig und gegen Ende der Bronzezeit (um 500 v. Chr.) neunzig Prozent. Schmuck, verzierte Gefäße, Kochtöpfe, Teile von Webgeräten und andere Haushaltsgegenstände waren Gaben an die Göttin; Waffen, Schiffe und Klingen waren typische Opfergaben für einen männlichen Gott.[16]

Der Verrat von Mutter Erde – Auftritt der Kriegsgötter

Der Beginn von Nerthus' Herrschaft zeichnete sich durch eine Zeit des Friedens und des Wohlstands aus, in der sich eine Kultur der schöpferischen Künste entfalten konnte. Auch der mit ihrer Ankunft verbundene plötzliche Wandel in kosmologischer Hinsicht scheint keinen kulturellen Aufruhr verursacht zu haben.

Um 500 v. Chr. kam es zu katastrophalen geologischen Veränderungen. Die Durchschnittstemperatur sank, und die skandinavischen Gletscher waren auf dem Vormarsch. Um 300 v. Chr. stieg das Grundwasser und machte wesentliche Teile des fruchtbaren Bodens unbrauchbar. Meerwasser überschwemmte die Ufer, zerstörte Häfen und drängte ufernahe Inseldörfer auf höher gelegenes Gelände zurück, bis diese schließlich für Jahrhunderte ganz aufgegeben werden mußten. Nur ganz zähe Pflanzen und widerstandsfähiges Getreide überlebten die kurzen Sommer und langen, dunklen Winter, und die Knochen der Kinder deformierten sich infolge von Ernährungsmängeln. Viele Dänen verließen ihr Land und suchten freundlichere Gefilde in Frankreich und in der Schweiz.

Die, die blieben, brachten Nerthus viele Opfergaben dar, damit sie das Meer beruhigte und die wärmende Sonne zurückbrachte. Die Torfmoore haben nun die einfachen Metallschmuckstücke der Bauern wie auch die Juwelen der Könige und Königinnen preisgegeben. Bernstein – die kostbarste Handelsware im alten Dänemark – wie auch Gegenstände aus Bronze und Gold wurden, begleitet von ständigen Ritualen, in Hülle und Fülle gespendet. Der silberne Gundestrup-Kessel, einer von mehreren Gefäßen im Wettbewerb um die Anerkennung als Heiliger Gral, wurde in dieser Zeit der Prüfung geopfert, zerlegt und seine Bestandteile ordentlich aufgeschichtet.

Nerthus war nicht zu besänftigen, und die so geprüfte Gesellschaft sah sich mittlerweile auch mit Invasionen plündernder Stämme konfrontiert. Mit dem Ende der Eisenzeit nahmen die Opfergaben an einen oder mehrere männliche Kriegsgötter auf bedeutsame Weise zu. Es wurden Gruben von beträchtlichen Ausmaßen entdeckt, die massenhaft Waffen und Kriegsbeute enthielten – römische Münzen, Silberhelme, Harnische, Speerspitzen, ein etwa zwanzig Meter langes Kriegsschiff, voll mit Schwertern und Schilden, und sogar einen kastrierten Hengst. Dies alles weist auf äußerst problematische Zeiten und ein zunehmend «kriegerisch» geprägtes Bewußtsein der Menschen hin. Odin und Thor, die Götter des Donners und der Zerstörung, rissen die Herrschaft an sich, und selbst der durch Nerthus vertretene Fruchtbarkeitsaspekt wurde von der männlichen Gottheit Njörd übernommen.

Die nur schwer überwindbaren natürlichen Hindernisse, die Land und See boten, sowie der Unabhängigkeitsdrang der nordischen Männer und Frauen verhinderten, daß diese Gebiete je dem römischen Reich einverleibt wurden. Und ihre relative Isoliertheit sorgte dafür, daß sie auch nicht vor 980 n. Chr. offiziell christianisiert waren. Die heilenden Quellen, die alten Gottheiten und die heiligen Steine durften noch in den ersten Jahren des zweiten Jahrtausends aufgesucht werden, bis Knut der Große (≈ 995–1035) es schließlich verbot. In der Tat läßt einiges darauf schließen, daß der strafende Gott der Israeliten sich mit der Persönlichkeit nordischer Götter vermischte: Sakrale Gegenstände wiesen sowohl das Kreuz wie den Hammer auf.

Das bunte nordische Pantheon wurde nicht so ohne weiteres aufgegeben, und auch noch im 12. Jahrhundert war ein Interesse an «heidnischen» Legenden vorhanden. Ein sensibler isländischer Gelehrter, Snorri Sturluson, spürte jedoch, daß diese alten Geschichten über kurz oder lang verlorengehen würden, wenn man sie nicht auf irgendeine Weise dem Vergessen entriß. Also verfaßte er um 1220 n. Chr. die sogenannte *Jüngere Edda* in Prosa, in der uns berichtet wird, daß Nerthus in Gestalt der Göttin Freyja wiederauferstanden und die berühmteste aller Göttinnen war und daß von allen Göttern nur sie noch lebte.[17]

Freyja stand an der Spitze der Wanen, einer Gruppe von agrikulturellen, matriarchalen Göttinnen, deren irdische Vertreterinnen eine *seidhr* genannte Art von Schamanismus praktizierten. Diese Frauen zogen in ihren Wagen und in Begleitung einer großen Musiktruppe von Dorf zu Dorf. Prächtig gekleidet thronten sie in herrscherlicher Pose auf mit Hühnerfedern gepolsterten großen Kissen. Beim Absingen bestimmter Lieder und Rezitationen verließ ihre Seele den Körper und reiste in Gestalt eines Tieres durch den Raum. In diesem Trancezustand vermochten sie dann Kranke zu heilen und die Zukunft vorherzusagen. Gelegentlich wurden die Wanen als Rivalinnen des Odinkults beschrieben, als Zauberinnen, die Schwarze Magie betrieben.[18]

Ihre Praktiken und Zeremonien haben Eingang in die nordischen Sagen gefunden und wurden kürzlich durch Grabfunde bestätigt. Bei Oseberg entdeckte man in einem Schiff eine offensichtlich hochrangige Frau, vermutlich eine Wanenpriesterin, die in einem aufwendig geschnitzten sakralen Wagen beigesetzt worden war. Der Fund – etwa aus der Zeit um 800 n. Chr. stammend – umfaßte auch Wandteppiche und kunstvolle Gegenstände aus Holz. Wie lange diese schamanistischen Praktiken von den Frauen Dänemarks danach noch im geheimen fortgeführt wurden, ist nicht bekannt.[19]

Der Platz der Frau

Was geschah mit den Frauen, als sich die Götter wandelten? Es erging ihnen – wie wir auch aus der Tatsache, daß die Erdmutter zeitweilig wiederauftauchte, schließen können – überraschend gut. Tacitus berichtet, daß sie Eigentum besitzen, Berufe ausüben und sich sogar scheiden lassen durften – ungewöhnlich für Frauen zu allen Zeiten.

Sowohl Tacitus wie auch Julius Cäsar machten die Beobachtung, daß diese Menschen es mit der Ehe nicht eilig hatten, sie relativ spät im Leben schlossen und nur nachdem ein angemessener Austausch von Morgengaben (gewöhnlich Kriegswaffen) stattgefunden hatte. Die große Energie, das jugendliche Aussehen und die Kraft, über die Männer wie Frauen gleichermaßen verfügten, wurden darauf zurückgeführt, daß sie bis weit über zwanzig ein keusches Leben führten. Die Männer begnügten sich mit einer Frau, eine Tatsache, die Tacitus als unter den «Barbaren» einzigartig erwähnt.

Er berichtet auch, daß diese Nordstämme glauben, daß den Frauen ein Element der Heiligkeit innewohnt und sie die Gabe der Prophetie besitzen, weshalb sie es nicht verschmähen, sie um Rat zu fragen, und sich auch nicht leichtfertig über diesen hinwegsetzen.[20] Strabo vermerkte in seiner um die Zeit von Christi Geburt verfaßten *Geographica,* daß unter den Frauen, die die Männer in den Kampf begleiteten, Prophetinnen und Priesterinnen waren. Ihr Haar war bereits grau, sie trugen ein weißes Gewand, einen Mantel aus feinem Leinen, einen Metallgürtel, und sie gingen barfuß. Betraten sie mit dem Schwert in der Hand das Feldlager, schritten sie auf die Gefangenen zu, bekränzten sie und führten sie zu einem Bronzekessel. Eine der Frauen stieg dann eine Stufe hinauf, schnitt dem über den Kesselrand gebeugten Gefangenen die Kehle durch und ließ das Blut in den Kessel rinnen. Andere schnitten seinen Körper auf und betrachteten seine Eingeweide, um anhand bestimmter Zeichen die Strategie der Armee vorauszusagen.[21] Diese Form der Divination ist bei Eingeborenenvölkern nicht ungewöhnlich, und die sie praktizierenden Personen diagnostizierten im allgemeinen auch Krankheiten. Ob diese Frauen hier einer in ihrer Kultur allgemein verbreiteten Praxis folgten oder eher eine Ausnahmeerscheinung waren, ist strittig.

Noch im 18. Jahrhundert beklagte der Arzt und Historiker William Alexander die Verehrung der Dänen für ihre Zauberinnen. Er stellte fest, daß Dichtung und Divination in diesen nordischen Gegenden einen besonders geheiligten Platz einnähmen und daß diese Menschen «abergläubische Einfaltspinsel» seien, die jede Frau, die mit Zauberei und Divination zu tun hat, achteten. Daß Frauen der Zauberei so sehr anhingen, hätte vermutlich unter anderem mit ihrer vegetarischen Ernährung zu tun. Er erwähnt Thorbioga, eine besonders verehrte Dänin, die mit dem Adel verkehrte, ausgefallene Gewänder und Kopfbedeckungen trug und schon zu ihrer Zeit zur Legende wurde[22]:

> Sie trug ein Kleid aus grünem Stoff, von oben bis unten geknöpft, hatte eine Glasperlenkette um den Hals, und ihr Kopf war von einem mit weißem Katzenfell besetzten schwarzen Lammfell umhüllt; ihre Schuhe waren aus Kalbsleder, das Fell noch daran, und mit an Messingknöpfen befestigten Riemen geschnürt; über die Hände hatte sie Handschuhe aus nach innen gewendetem weißen Katzenfell gestreift; sie trug einen hunländischen Gürtel, an dem ein Beutel mit ihren magischen Instrumenten hing, und sie stützte ihre gebrechliche Gestalt auf einen mit vielen Messingknöpfen besetzten Stab.[23]

Alexander berichtet schließlich weiterhin, daß sich, wenn Thorbioga den Raum betrat, alle Anwesenden zum Gruß erhoben. Sie war weithin berühmt für ihre prophetische Gabe und übte durch ihre Vorhersagen viel Einfluß aus.

Obwohl die Stimme der Göttin allmählich verstummte, lebte sie in den Herzen der nordischen Frauen weitaus länger fort als bei deren Schwestern in anderen Ländern. Und so stoßen wir auch immer wieder auf entsprechende Spuren. Wie ein führender Erforscher des alten Dänemark schreibt: «Immer noch leuchten die Sommersonnwendfeuer auf den Höhen und längs den Küsten, in dieser Nacht, in der einst alle Mächte der Hexenkunst entfesselt wurden, in der aber auch die Kräuter der Natur und das Wasser der heiligen Quellen ihre wundersame und stärkste Heilkraft erlangten.»[24]

Die Zeiten des Umbruchs

Ich habe diese beiden Beispiele aus der Vorgeschichte ausgewählt zur Beschreibung einer Zeit, in der die Frauen vom Mythos her allmächtig waren, wegen ihrer engen Verbindung zur Natur geachtet wurden, als Heilerinnen galten und der Vorstellung nach über Macht im Reich des Unsichtbaren verfügten.

Was sich in diesen beiden Kulturen ereignete, war sehr komplex: Ein die Göttin verehrendes, friedliches und blühendes Volk wurde von allen Seiten von Katastrophen heimgesucht. Die klimatischen Bedingungen veränderten sich, die Erde selbst schien in Aufruhr, es gab Hungersnöte und Krankheit, und Plünderer suchten das Land heim. Die Verehrung der Großen Mutter als Heilerin und Schöpferin nahm an Intensität zu. Als die Umstände sich aber nicht änderten, verlieh man ihr zunächst kriegerische Charakterzüge (in der Hoffnung, sie würde in die Kämpfe eingreifen), um sie schließlich durch andere Götter – männliche, zornige, kriegerische Götter, die reihum je nach Kriegsglück verehrt wurden – und letzten Endes durch einen einzigen männlichen Gott zu ersetzen. Im Verlauf dieses Prozesses wurden die von den Frauen praktizierten magischen Künste, einschließlich der Heilkunst, geächtet und gebannt.

4 Das heilkundliche Erbe des alten Griechenland

Aus den Heiltraditionen des klassischen Griechenland entwickelte sich im Laufe der Jahrhunderte das, was als Inbegriff westlicher Heilpraxis verstanden wurde und wird. Wenn auch die Wurzeln moderner Heilpraktiken bis ins alte Sumer zurückreichen, gelten doch die griechischen Ärzte allgemein als die Väter der westlichen Medizin. Und was ist mit den Müttern? Welche Rolle spielte die Frau als Heilerin im alten Griechenland? Wobei wir hier vor allem an die Zeit um 2000 v. Chr. bis 146 v. Chr. (Fall von Korinth) denken.

Die griechischen Frauen hatten in Helena, Königin von Sparta, um derentwillen später angeblich der Trojanische Krieg entbrannte und die vielleicht um 2000 v. Chr. lebte, eine Ahnherrin der Heilkunst. Sie war eine Schülerin von Polydamna, Ärztin und Königin in Ägypten. Dem vierten Buch von Homers *Odyssee* zufolge machten Telemach und seine Begleiter, zutiefst betroffen über das Schicksal von Telemachs verschwundenem Vater Odysseus, bei Helena in Sparta halt. Angerührt von ihrem Elend mischte sie eine Droge in ihren Wein, die Schmerz und Zorn und alles Leid vergessen läßt.[1] Diese Droge war das sagenhafte Nepenthes, das Plutarch für eine Verbindung von Verbene, Frauenhaarfarn und Wein hielt; Dioscordes und Galen glaubten, es bestünde aus dem Extrakt einer Oinopia genannten Wurzel; andere wiederum meinen, es könnte Stechapfel, Mohn (Opium) oder Nachtkerze gewesen sein.

Helena und andere heroische Gestalten Homers verfügten über eine verläßliche Pharmakopöe, vor allem was schmerzlindernde und auf die Psyche einwirkende Mittel anging. Erwähnt werden Nieswurz, Schwefelpulver, Alraune und Mohnsaft (der als Dampf, aus einem Schwamm aufsteigend, inhaliert wurde).

Vermutlich standen die Heilerinnen zu jener Zeit auf dem Gipfel ihres Ansehens. Einige Forscher meinen, daß sie weitgehend für die Einführung und Entwicklung chirurgischer und therapeutischer Methoden und Maßnahmen verantwortlich sind, die die griechische Medizin zur fortgeschrittensten in der alten Welt machten.[2]

Die griechische Kosmologie weist eine Fülle von heilenden Göttinnen auf. Um 1000 v. Chr. aber haben die weiblichen Gottheiten bereits bedeutend weniger Macht als die männlichen Götter, denen ein zorniges, rachsüchtiges und oft grausames Naturell zugeschrieben wurde. Unter den heilenden Göttinnen finden wir Demeter, die sich der Frauen und Kinder annahm; Persephone, die kranke Zähne und Augen heilen konnte; Genetyllis, die bei Unfruchtbarkeit angerufen wurde; Hekate, Spezialistin für Kinderkrankheiten; Athene, die von Blindheit befreite; Medea und Circe, die sich besonders gut mit Giften und Gegenmitteln auskannten; Leto, die Chirurgin; Eileithyia, die Hebamme der Götter. Hera war die oberste Heilgottheit in Argos; und Isis galt, obwohl sie eine fremde Göttin war, bei den Griechen in Korinth als eine der mächtigsten Heilerinnen.[3]

Die Legende von Äskulap und den Frauen seiner Familie ist in der westlichen medizinischen Tradition noch immer lebendig. Diese «in den Heiligenstand erhobenen Sterblichen» lebten vermutlich um 900 v. Chr. und werden im Eid des Hippokrates, dem ethischen Ehrenkodex, dem sich noch heute jeder Arzt verpflichtet fühlt, zitiert. Der Eid beginnt mit den Worten: «Ich schwöre, Apollon den Arzt und Asklepios und Hygieia und Panakeia und alle Götter und Göttinnen zu Zeugen anrufend, daß ich nach bestem Vermögen und Urteil diesen Eid und diese Verpflichtung erfüllen werde.» Äskulaps Töchter, Hygieia und Panakeia, repräsentierten lange die Aspekte der Vorsorge bzw. Genesung, und seine Frau Epione war die Schutzpatronin aller, die Schmerzen litten.

Man hat mittlerweile über dreihundert dieser Familie gewidmete, architektonisch beeindruckende und wunderschön gelegene

Tempel oder Heilstätten ausgemacht. Das Zentrum des Heilbezirks war das Abaton, ein großer Raum, in dem die Patienten in eine Art Dämmer- oder Tempelschlaf (von den Christen später «Inkubationsschlaf» genannt) versanken. Und während sie sich in diesem veränderten Bewußtseinszustand befanden, trat ein Gefolge von Göttern und Göttinnen (oder deren irdische männliche und weibliche Stellvertreter) auf und nannte das Heilmittel oder nahm eine Heilbehandlung vor.

Jede Frau der Äskulapschen Familie hatte ihren eigenen *caduceus,* den von einer Schlange umringelten Stab, der bis in unsere Zeit das Symbol des Arztberufs ist. Auf Abbildungen sieht man die griechischen Heilerinnen oft – wie übrigens auch die Frauen auf Kreta, in Kanaan, Ägypten sowie in Deutschland und Skandinavien – als Hüterinnen von Schlangen dargestellt. Man entdeckte auch zahlreiche Statuen der Hygieia (eine schöne und bescheiden anmutende Gestalt), die eine Schale in Händen hält, aus der sie eine zusammengerollte neben ihr liegende Schlange füttert. Immer wieder taucht also das Schlangenmotiv als Symbol der weiblichen Heilenergie auf.

Eine spezielle Art von gelber Schlange (wahrscheinlich heute ausgestorben) galt als besonders heilig, und als vor Italiens Küste einige Exemplare von einem griechischen Schiff entwichen und sich in einer nahe dem Ufer gelegenen Höhle verkrochen, errichtete man an dieser Stelle sofort einen dem Äskulap geweihten Tempel. Die Schlangen wurden darauf trainiert, bei den Heilzeremonien die Augenlider und Wunden der Patienten zu lecken. Das Schlangengift verwendete man vermutlich, um im Patienten während des Tempelschlafs heilende Vorstellungsbilder zu wecken. Das Gift von vielen sehr giftigen Schlangen (Kobras, Kraits, vermutlich auch Klapperschlangen) besitzt halluzinogene Eigenschaften. Menschen, die einmal gebissen wurden, überlebten und so immun geworden waren, berichten von euphorischen Empfindungen und Visionen.[4] Auch die Heilerinnen und Heiler ließen sich möglicherweise beißen, um im veränderten Bewußtseinszustand Zugang zu den übernatürlichen Bereichen zu erhalten, wo, wie praktisch alle alten Völker glaubten, Heilinformationen zu bekommen sind.

Vor dem 7. Jahrhundert v. Chr. wurden die Frauen dieser Heilerfamilie auf Gefäßen, als Statuen und auf Fresken in Ausübung ihrer Heilkunst oft allein dargestellt. Danach sind sie kaum noch zu sehen und wenn, dann nur zusammen mit ihrem Vater. Ihre Rolle war nur noch die der Gehilfin; sie tragen Kräuterkörbe und stellen Äskulap dem Patienten vor oder arbeiten unter seiner Anleitung. Gleichzeitig sank der Respekt vor den Heilerinnen rapide. Die Degradierung der Hygieia spiegelt sich in der westlichen Medizin bis auf den heutigen Tag wider. Die Prinzipien, die sie repräsentierte – Vorbeugung, Hygiene, richtige Ernährung und allgemeine Richtlinien für ein gesundes Leben –, wurden nicht als primäres medizinisches Instrumentarium betrachtet. Vielmehr identifizierte sich die westliche Heiltradition mit den aktiven Interventionsmethoden – wie Chirurgie und Verabreichung von starken Medikamenten –, die von den griechischen Vätern der Medizin befürwortet wurden.

In Delphi, malerisch auf einem Hügel über den blauen Wassern der Bucht von Korinth gelegen, steht ein weiterer Tempel, der vom Glauben der alten Griechen an die weiblichen Heilfähigkeiten zeugt. In frühesten Zeiten wurde dieser Ort mit Gaia, der Erdgöttin, assoziiert, und er galt schon immer als eine mit Divinationskräften verbundene Stätte. Die Orakel verkündete eine Frau, die man die Pythia nannte. Sie saß auf einem Dreifuß, um den sich eine Schlange ringelte: die Python. Das Gemurmel der Pythia war nicht allen Sterblichen verständlich und bedurfte der Deutung, erst durch die Priesterinnen, später durch die Priester. Die Verehrer dieser Orakelstätte kamen in Prozessionen von weit her, um hier eine Heilbehandlung oder eine Prophezeiung zu erhalten. Im wesentlichen wurden die gleichen Behandlungsmethoden wie in den Tempeln des Äskulap angewandt: Im Trancezustand des Dämmer- oder Tempelschlafs erhielt man die Diagnose, erfuhr die möglichen Therapien, und gelegentlich ereigneten sich auch spontane Heilungen. Die Behandlung mit Heilkräutern, Bädern, Körperübungen, Wasser aus heiligen Quellen, Abführmitteln, Aderlaß und vielleicht auch chirurgischen Eingriffen sowie Spiele und Unterhaltung zur Entspannung der Kranken fanden in Nebengebäuden statt.

Der Tempel wurde schließlich dem Apollon neu geweiht, der es der Legende nach für nötig hielt, die Python zu töten. Zahlreiche

Skulpturen und Tempelreliefs von Frauen, die mit Männern kämpfen – die «Amazonen» –, sollen möglicherweise an diese Eroberung des Tempels erinnern.[5] Hier wurde, wie auch andernorts geschehen und in den Legenden primitiver Kulturen berichtet (z. B. der von Tierra del Fuego), die Magie der Frauen gewaltsam vereinnahmt.

Zur Zeit des Aristoteles (geboren um 384 v. Chr.) und des Hippokrates (geboren um 460 v. Chr.) – die Väter der Medizin – waren die griechischen Frauen kaum mehr als bessere Sklavinnen. Verglichen mit den legendären Tagen der Helena oder der Priesterinnen von Delphi waren sie an der Ausübung der Heilkünste nur minimal beteiligt. Trotzdem leisteten sie einen, wenn auch vergessenen Beitrag zur westlichen medizinischen Wissenschaft. Pythias zum Beispiel arbeitete an der Seite ihres Mannes Aristoteles. Er bezeichnete sie als seine «Assistentin». Sie verbrachten ihre Flitterwochen auf Sapphos Insel – Lesbos –, studierten das Leben der Pflanzen und Tiere und faßten ihre Beobachtungen in einer Enzyklopädie zusammen. Pythias beschäftigte sich besonders mit Gewebestudien und der Reproduktionsforschung, vor allem anhand von Hühnern und menschlichen Embryos.

Plinius, Strabo und Theophrastus rühmten die heilerischen Fähigkeiten der griechischen Königin Artemisia (um 350 v. Chr.). Ihr wird die Entdeckung von Wermut als Heilmittel für eine Vielfalt von Krankheiten zugeschrieben. Verschiedene Blumenarten, die man nach ihr benannte, fanden bei speziellen Frauenleiden und -problemen Anwendung, unter anderem bei verzögerter Menstruation und zur Verhinderung einer Fehlgeburt. (Die Göttin Artemis besaß angeblich die Fähigkeit, ähnliches zu bewirken.)

Plinius, der etwa um 50 n. Chr. lebte, erwähnt mehrere Frauen, die medizinische Bücher schrieben. Seiner Aussage nach war eine von ihnen, Elephantis, so schön, daß sie hinter einem Vorhang verborgen lehren mußte, um nicht die Aufmerksamkeit ihrer Studenten abzulenken. Eine Zeitgenossin des Plinius, Lais, schrieb über Abtreibung und war berühmt für ihre Heilungen von Malaria mit Hilfe von Menstruationsblut.[6]

Eine der berühmtesten Ärztinnen aller Zeiten, die von ihren Patientinnen hochgeschätzt wurde, hieß Agnodice. Sie trug Männerkleidung, vermutlich um ihre Zugehörigkeit zum weiblichen

Geschlecht zu verbergen. Zu jener Zeit (im 4. und 3. Jahrhundert v. Chr.) waren Frauen als Heilerinnen bereits verpönt, und in ihrer Verkleidung konnte sie möglicherweise ungehinderter praktizieren. Als ihre List schließlich entdeckt wurde, machte man ihr den Prozeß. Die Frauen von Athen eilten mit stürmischen Loyalitätsbekundungen zum Tribunal. Der Legende zufolge drohten sie damit, ihre Männer zu verdammen und ihnen eine gewisse Gunst zu verweigern, sollte Agnodice nicht auf der Stelle freigelassen werden. Die Taktik erwies sich als erfolgreich. Agnodice kam frei, durfte weiterpraktizieren und sich kleiden, wie sie wollte.

Es wird berichtet, daß sie nach ihrer Freilassung den Rock hob und stolz ihre Weiblichkeit dokumentierte. Wenn auch die Anekdoten über sie nicht ganz authentisch sein mögen, ist man sich doch allgemein einig, daß sie in der Tradition des Meisterlehrers Herophilos exzellent ausgebildet war. Von ihm lernte sie den Kaiserschnitt, die Embryotomie und andere ärztliche Verfahren.

Noch viele weitere griechische Frauen aus dieser Zeit werden erwähnt.[7] Selbst Seneca (4 v. Chr.–65 n. Chr.) rühmte die geschickten Hände seiner Ärztin; der Apostel Paulus und Plinius erkannten die Meisterschaft der Hebammen an. Allerdings sind die Namen dieser Frauen schon bald in Vergessenheit geraten.

Man nimmt allgemein an, daß die Aristoteles, Hippokrates, Galen und anderen zugeschriebenen umfangreichen Werke nicht von ihnen allein verfaßt wurden, sondern Sammelwerke von Arbeiten vieler Autoren waren. Frauen wie Pythias mögen sehr wohl ausführliche Beiträge zu den Kompendien der Väter der Medizin geliefert haben, doch finden sich dafür leider kaum Belege.

Einige Hinweise lassen auch darauf schließen, daß manche Frauen ganz eigenständig Werke verfaßt haben, was aber in den Jahrhunderten des Plagiats und der Verwirrung über die Urheberschaft unterging. Zum Beispiel schrieb eine Frau namens Kleopatra ein Buch über Gynäkologie, auf das man sich fast sechzehn Jahrhunderte lang bezog. Sie war eine Heilerin, die von Historikern oft verwechselt wurde mit anderen Kleopatras (einschließlich der berühmten Königin, die allerdings einiges über Gifte wußte), einigen Heilerinnen zu Galens Zeit und sogar mit einer Autorin, die in späteren Jahrhunderten über Magie schrieb. Im 6. Jahrhundert n. Chr. wurde ihr Werk fälschlicherweise einem männlichen

Autor namens Moschion zugeschrieben, und erst im 16. Jahrhundert wurde Kleopatra die Urheberschaft wieder zuerkannt.

Eine Griechin namens Metrodora verfaßte um das 1. Jahrhundert n. Chr. eine Abhandlung über Krankheiten des Uterus, des Magens und der Nieren. Ihr Manuskript, das heute in Florenz aufbewahrt wird, erlitt dann sofort das zu jener Zeit übliche Schicksal: Es wurde einem Mann zugeschrieben, in diesem Falle einem Herrn namens Metrodorus. Das vorherrschende Glaubenssystem ließ ganz einfach die Vorstellung nicht zu, daß eine Frau imstande sein könnte, eine medizinische Abhandlung von Wert zu verfassen.

Solche sporadischen Hinweise lassen jedoch darauf schließen, daß die Heilerinnen, trotz der männlichen Vorherrschaft in den aufstrebenden medizinischen Wissenschaften und der gegen sie dekretierten Verbote, eine nicht unwichtige Rolle bei der Entwicklung der westlichen Medizin spielten.

5 Die Frauen von Rom

Mythen und Geschichten über den heilkundlichen Beitrag der römischen Frauen entstanden während der zweihundert Jahre vor Christi Geburt. Die Historiker des alten Rom hielten wenig von der ärztlichen Kunst bzw. jenen, die sie praktizierten. Für Cato (234–149 v. Chr.) waren sie allesamt Quacksalber und Banditen; und ganz besonders die Heilerinnen wurden als Giftmischerinnen oder Kurpfuscherinnen abqualifiziert. Plinius meinte, Rom sei sechshundert Jahre lang ohne Ärzte ausgekommen, und es sei die Pflicht der Familienoberhäupter, sich um ihre kranken Angehörigen zu kümmern.

So überrascht es nicht, daß 146 n. Chr., als Korinth an Rom fiel, Männer und Frauen mit heilerischen Fähigkeiten auf dem Sklavenmarkt hohe Preise erzielten. Ab da an wurden griechische Methoden rasch übernommen, und das Heilen wurde zu einer griechisch-römischen Angelegenheit. Betrachten wir nun einige Aspekte des römischen Heilwesens vor dieser Zeit etwas genauer.

Mythologie weiblicher Heilkunst

Die Römer hatten noch nie Probleme damit, Gottheiten aus anderen Ländern zu «adoptieren» und sich gewogen zu machen. Äskulap zum Beispiel wurde während einer verheerenden Seuche um 300 v. Chr. zu Hilfe gerufen. Das Heiligenpantheon, mit dem die griechischen Praktiken später identifiziert wurden, umfaßte viele Göttinnen, die nach den Krankheiten, die sie heilten, benannt wurden. Darunter waren Scabies, Angina, Genitamana und Nascia sowie Fecunditas (Fruchtbarkeit), die angeblich bei der Geburt Neros zugegen war. Diana war ebenfalls eine bevorzugte Göttin in Sachen Schwangerschaft und Geburt, Minerva wurde ganz allgemein als Heilerin und Beschützerin verehrt. Mater Matuta war eine uralte und schon lange verehrte Göttin, deren Aufgabe es war, den Gebärmuttermund zu öffnen, damit die Kinder auf die Welt kommen konnten.[1]

Kybele oder Magna Mater, die Große Mutter des Römischen Reichs, war vom selben Schlag wie Inanna und Nerthus. Ihr Aufstieg in Rom begann um 200 v. Chr., als das Reich sich permanentem Druck ausgesetzt sah durch innere politische Auseinandersetzungen und durch Armeen von außen. Häufige Steinschauer (Hagel?) hielt man für übernatürliche Attacken, und die verängstigten Menschen zogen die Sibyllinischen Bücher, eine alte römische Form des Orakels, zu Rate. Ihnen wurde beschieden, die Magna Mater aus Anatolien herbeizuschaffen – ein Spruch, der auch vom Orakel in Delphi bestätigt wurde. Die Göttin wurde in Gestalt eines heiligen schwarzen Steins per Schiff nach Rom geholt.

Die Geschichte ähnelt der «Einführung» von Nerthus in Nordeuropa. Man huldigte der Göttin, die Macht über Leben und Tod hatte, in Frühlingsritualen. Ihr männlicher Partner Attis wurde bald selbst zum Mittelpunkt eines starken Kults. An seinem Festtag ehrte und feierte man (seinen) Tod und (seine) Wiederauferstehung, physische und spirituelle Erneuerung. Über sieben Jahrhunderte hielt die Verehrung von Kybele und Attis an – sehr zum Unmut der damaligen Christen.[2]

Die Gestalt der Kybele, wie auch das gesamte weibliche Heilerpantheon, verweist auf die Bedeutung der Frau in der Kosmologie römischer Denkart. Im wesentlichen bestand das Heilwesen in der Verehrung dieser Gottheiten, bis die griechischen Methoden eingeführt wurden, und selbst dann noch hielten die Bürger und Bürgerinnen Roms zäh an ihnen fest.

Im Gegensatz zu den Frauen Griechenlands genossen die Römerinnen einiges Ansehen und besaßen gewisse Freiheiten. Vor dem 1. Jahrhundert n. Chr. durften Frauen, wenn sie wollten, Heilberufe ausüben, aber über ihre Arbeit ist wenig bekannt. In den ersten Jahrhunderten n. Chr. waren viele Frauen nicht nur als Hebamme, sondern auch in den verschiedensten therapeutischen Bereichen tätig. Ihre Arbeit schien durchaus geschätzt zu werden, doch wurden sie ermahnt, die ihnen zukommende Stellung bescheidener Dienstbarkeit zu wahren. Plinius der Ältere schrieb, daß die Frauen sich bei ihrer Heiltätigkeit so unauffällig wie möglich verhalten sollten, damit nach ihrem Tod niemand mehr wüßte, daß sie überhaupt gelebt haben.[3]

Soranus (98–138 n. Chr.), der Jahrhunderte lang als Autorität in Sachen Geburtshilfe und Frauenkrankheiten galt, schrieb über die Ausbildung von Frauen zu Geburtshelferinnen und Heilerinnen auf gynäkologischem Gebiet. Die Geburtshelferin, so empfahl er, solle des Lesens und Schreibens kundig sein, über gesunde Sinne verfügen, Kenntnisse über Anatomie, Hygiene und Heilmethoden besitzen, ihre Arbeit lieben und diskret sein. Idealerweise verfüge sie über ein umfangreiches Wissen in bezug auf Heilverfahren, Diätkunde, chirurgische Eingriffe und Drogen. Und in Krisensituationen bewahrt sie einen kühlen Kopf.[4]

Celsus, der als der Oberschreiber des frühen Roms gilt, schilderte die verschiedenen Tätigkeiten der Heilerinnen: Sie untersuchten den Urin, setzten Blutegel an, verabreichten Mohnsaft vor chirurgischen Eingriffen – alles Aktivitäten auf der höchsten Ebene der medizinischen Praxis jener Zeit.[5]

Die meisten Frauen, die die Heilkünste studierten und praktizierten, stammten aus Patrizierfamilien und genossen ein unübliches Maß an beruflicher Freiheit. Octavia, die erste Frau von Mark Anton, schrieb ein Buch über Heilrezepte. Bei Zahnschmerzen empfahl sie Gerstenmehl, Honig, Essig und Salz, alles verbacken und, mit Kohle vermischt, pulverisiert und mit Blüten parfümiert. Bei eitriger Halsentzündung verschrieb sie Lavendelöl und Honig mit Myrrhe, Safran, Alaun, Kümmelkörner, Sellerie und Anis. Ein Pflaster, um Tiergifte aus dem Körper zu ziehen, enthielt

Iriswurzel, das Fett von einem Hundehirn, die Milch wilder Feigen, Hundeblut, Terpentin, Ammoniak, Wachs, Öl und Zwiebeln. Ihr Rezept zur Linderung von Schmerzen sah Schweine- oder Gänseschmalz, Wein, Kardamomsamen, Rosenblätter, Lavendelöl und Zimt vor. Eine Salbe zur Linderung von Wehenschmerzen bestand aus Schweinefett und Rosenblättern, Zypresse und Wintergrün.

Octavias Heilrezepte wurden von Scribonius Largus, dem Arzt und Reisebegleiter des Kaisers Claudius, im 1. Jahrhundert n. Chr. wiedergegeben.[6] Er erwähnte auch Trankmixturen, die Messalina, die Frau des Kaisers, anwandte, ebenso wie Livia, die Frau des Augustus, und Antonia, Octavias Tochter. Seiner Darstellung nach «pfuschten» diese Frauen allerdings nur ein wenig herum und benutzten ihre Familienangehörigen als Versuchskaninchen. Daraus könnten wir schließen, daß die heilkundlichen Bemühungen dieser Frauen nicht sehr ernst genommen wurden bzw. ihre Mittel nicht besonders wirksam waren, da sie sich eher wie kosmetische Mixturen denn wie Pharmazeutika ausnehmen. Vergleichen wir nur Octavias Schmerzmittel mit den Mitteln der Helena! Andererseits berücksichtigte Octavia viele widerliche Substanzen der volkstümlichen Heilmittel, die die Ärzte ihrer Zeit verwendeten, nicht – etwa Kot in jeder erdenklichen Form, Blut und Eingeweide.

Der Niedergang Roms begann in jenen Jahren, in denen Scribonius Heilrezepte in ganz Europa sammelte. Die Stadtbevölkerung war zur Jahrhundertwende sprunghaft angewachsen, die hygienischen Zustände waren schauerlich, und Krankheiten griffen um sich. Wegen der Sümpfe im Umland war die Malaria allgegenwärtig.

Dies waren die ungesunden Umstände, mit denen sich Galen im 2. Jahrhundert konfrontiert sah. Galen soll über fünfhundert Bücher geschrieben haben, deren Aussagen bis ins 17. Jahrhundert unangefochtenes Dogma blieben. Wie zu den Kompendien seiner griechischen Vorgänger mögen auch zu seinem Werk Frauen wesentliche Beiträge geliefert haben.

Galen rühmte Origenias Heilrezepte gegen Durchfall und Eugerasias Mittel, Nierenentzündungen zu heilen, bei dem Meerzwiebeln, Zaunrübenwurzeln, weißer Pfeffer, Zedernbeeren, Iriswurzel, Myrrhe und Wein zur Anwendung kamen. Er erwähnt eine Frau namens Margareta, die den ungewöhnlichen Beruf einer Armeechirurgin ausübte. Seine gefeierte Kollegin Antiochis hatte sich auf Krankheiten der Milz, auf Arthritis, Ischias und auf die Erhaltung der Schönheit spezialisiert. Er übernahm viele ihrer Heilverfahren, unter anderem jene, deren Anwendung sie bei Brustschmerzen und Gicht empfahl.[7]

Eine andere Zeitgenossin, Aspasia, wurde später ausführlich von Alletius paraphrasiert und zitiert, einem um das 6. Jahrhundert n. Chr. in Mesopotamien lebenden Autor. Seine zweitausend Seiten umfassende medizinische Abhandlung *Tetrabiblion* enthält alles, was wir über ihre Arbeit wissen.[8] Sie empfahl folgende Maßnahmen, um einer Fehlgeburt vorzubeugen: Vermeide Fahrten im Wagen, unnötige Sorgen und größere Körperanstrengungen. Sie riet zu milden Abführmitteln wie Rhabarber und Salat. Bei einem außergewöhnlich engen Geburtskanal verschrieb sie zur Behandlung der Vulva eine heiße flüssige Mixtur aus Olivenöl, Malve, Leinsamen und einem aus einem Schwalbennest gewonnenen Öl. Zur Schwangerschaftsverhütung (nur im Fall von gesundheitlichen Problemen) empfahl sie mit einer Mixtur aus Kräutern, Pinienrinde, Myrrhe, Wein und anderen relativ milden Ingredienzen durchtränkte Tampons aus Wolle.

Was Abtreibungen anging, gab Aspasia wohl außerordentlich wirksame Anweisungen: Die Patientin sollte am 13. Tag nach Ausbleiben der Periode gerüttelt und geschüttelt und gestoßen werden; sie mußte schwere Lasten heben; die Vagina mit starken Kräuteressenzen ausspülen; heiße Bäder nehmen und einen Trank aus Gartenraute, Beifuß, Ochsengalle, Elettaria und Wermut einnehmen. (Gartenraute und Wermut haben in großen Dosen eine stark toxische Wirkung.)

Bei Verlagerung der Gebärmutter riet sie zu mit Teer oder mit Bitumen getränkten Tampons. Sie gab detaillierte Anweisungen für Operationen zur Entfernung eines Tumors und zur Schaffung einer künstlichen Öffnung bei blockierter Blase. Bei uterinen Blutungen riet sie zunächst zu einem chirurgischen Eingriff, dann zur Einführung von Tampons, die mit einer Mixtur aus Malve, Erde, Schierlingssaft und Mandragora getränkt waren. Sie gab Anweisungen zu chirurgischen Eingriffen bei Eingeweidebrüchen. Verglichen mit den ignoranten Praktiken der folgenden sechzehnhundert Jahre war ihre ärztliche Kunst hochentwickelt.

Die Frauen übten das Heilen neben vielen anderen Aktivitäten und Pflichten aus und waren stets der «Doppelbelastung» von Haushalt und Berufsarbeit ausgesetzt. Der Dichter Horaz meinte, daß sie zwar gut entlohnt würden, aber um den Preis ständiger Müdigkeit.[9] Außerdem verloren sie als professionelle Heilerinnen an Terrain, als sich zur Zeit Galens immer mehr Männer dem Heilberuf zuwandten. Und wie stets in solchen Fällen wurden die Frauen in die weniger lukrativen Bereiche abgedrängt und behandelten nun jene Menschen, bei denen keine der gängigen Therapien anschlug oder die sich den Arzt nicht leisten konnten.

6 Frühchristliche Blütezeit

In den ersten Jahrhunderten nach Christi Geburt machten die Bestrebungen und Bemühungen vieler Heilerinnen Geschichte. Eine wiederbelebte Kraft und Würde, eine hohe, auf die Pflege und Heilung der Kranken konzentrierte Energie zeigt sich in ihrer Arbeit. Dieser Erfolg ist weitgehend dem Einfluß und der Einstellung der frühen Christen zuzuschreiben, die dem Intellekt der Frauen und ihrem Beitrag zur religiösen Bewegung mit Respekt begegneten.

Jesus selbst griff mit einer direkten Attacke auf das Patriarchat die religiösen und sozialen Institutionen seiner Zeit an[1] und schokkierte seine Zeitgenossen durch seinen offenen Umgang mit Frauen und seine Achtung vor ihnen. Alle vier Evangelien des Neuen Testaments berichten davon, daß sich unter der Anhängerschaft Jesu Frauen befanden, die zudem die mutigsten seiner Jünger waren.[2] Maria Magdalena scheint die Frauen angeführt zu haben und nahm, den apokryphen Evangelien zufolge, in der «frühen Kirche» eine dem Petrus gleichrangige Position ein – jenem «Fels», auf den die Kirche sich gründet. Die Frauen besaßen die Gabe der Prophezeiung, wie Lukas in der Apostelgeschichte (2,17) anerkennt, und ihre Missionsarbeit wurde geschätzt. Paulus erwähnt hier Maria, Tryphäna, Tryphosa und Persis (Römer, 16,6), Aphia (Philemon 2) und viele andere Frauen, die «für den Herrn viel Mühe auf sich nehmen».

Jesus entnahm der jüdischen Tradition die mitfühlendsten und mütterlichsten Aspekte und Elemente des Numinosen und schuf einen christlichen Gott, der seinem Charakter nach so androgyn war, wie es ein männlicher Gott nur je sein konnte. In diesen frühen Jahren betonte man ein weiblich-männliches Vorstellungsbild. Einige frühe Sekten begriffen Gott sogar als Paarwesen (Mutter-Vater) und nicht als Trinität (Vater-Sohn-Heiliger Geist).

Die Evangelien, die sich am ausführlichsten mit dem Mutteraspekt Gottes und der Arbeit und Rolle der christlichen Frau befaßten, wurden mit voller Absicht nicht in den Kanon der uns bekannten (sechsundzwanzig) Bücher des Neuen Testaments aufgenommen. Dieses Auswahlverfahren wurde von verschiedenen christlichen Gemeinden vorgenommen und war etwa um 200 n. Chr. abgeschlossen. Zu diesem Zeitpunkt war praktisch jede Symbolik und jede Vorstellung, die mit dem weiblichen Aspekt Gottes verbunden war (wie auch jeglicher Hinweis auf einen ursprünglich androgyn erschaffenen Menschen), aus der «orthodoxen» christlichen Lehre getilgt.[3] Die dem Ausschlußverfahren zum Opfer gefallenen Bücher, bekannt als die «geheimen», «häretischen» oder «gnostischen» Bücher – darunter das *Evangelium der Maria,* die *Weisheit des Glaubens,* das *Evangelium des Thomas,* das *Evangelium des Philipp* und das *Geheime Evangelium des Johannes* –, entwerfen ein völlig anderes Bild von der christlichen Kosmologie.

In ihnen kristallisieren sich drei «weibliche» Hauptmerkmale des Göttlichen heraus.[4] Erstens wird dieses weibliche Element Gottes, als Mutter aller Dinge – die eine Hälfte der Zweiheit – in schöpferischer, polarer Beziehung zu einer männlichen Urquelle gesehen, eine Metapher, die Verwandtschaft mit der Vorstellung von Yin und Yang aufweist. Zweitens wird der Mutter-Gott als Heiliger Geist definiert – das mütterliche Element innerhalb der Trinität. Im *Evangelium des Philipp* wird er als Mutter und Jungfrau und als Gegenstück zum Heiligen Vater beschrieben. Die dritte Eigenschaft von Gott als Mutter ist die Weisheit oder Sophia, die in diesem Zusammenhang die schöpferische Macht, die der Menschheit Weisheit verleiht, darstellt.

Somit war im frühchristlichen Glauben die Voraussetzung gegeben, die es der Frau ermöglicht, ihrem Potential als Heilerin umfassend Ausdruck zu verleihen: Sie war nach dem göttlichen Bilde geschaffen. Diese günstigen Umstände boten einen fruchtbaren Boden für die natürliche weibliche Verbindung zwischen

Spiritualität und heilerischer Berufung. Darüber hinaus spiegelt sich in der Arbeit der Heilerinnen jener Zeit die frühe kirchliche Lehre, daß nämlich der klarste und deutlichste Ausdruck von Liebe darin liegt, sich der physischen und spirituellen Bedürfnisse aller Menschen, egal ob reich oder arm, anzunehmen.

Die stets wache Spiritualität der Frauen fand im christlichen Dienst ein Ventil. Eine der bekanntesten und geliebtesten Heilerinnen war Fabiola, die lebenslange Freundin, Briefpartnerin und Anhängerin des heiligen Hieronymus. Diese reiche Patrizierin widmete ihr Leben karitativen Aufgaben, um für ihre Jugendsünden zu büßen und über die Enttäuschung von zwei gescheiterten Ehen hinwegzukommen. Sie gründete 394 n. Chr. das erste öffentliche Gemeindehospital, das lange in ganz Europa als das beste seiner Art galt. Ihre Patienten sammelte sie aus der Gosse auf, wo sie oft schon im Sterben lagen, mit Wunden bedeckt, blind oder verstümmelt und einen infernalischen Gestank um sich verbreitend. Fabiola arbeitete als Heilerin oder Ärztin – keineswegs als bloße Krankenschwester. Ihre Freundin und christliche Kollegin Paula gründete ein Hospital für die Juden; sie badete und pflegte sie und kümmerte sich um ihre materiellen Bedürfnisse, während sie selbst in Sack und Asche ging.

Mit der steigenden Zahl und dem sich ausbreitenden Ruhm der christlichen Heilerinnen und Heiler im Römischen Reich war aber auch zunehmend ihr Leben bedroht. Während der blutigen Herrschaft von Diokletian, die 284 n. Chr. begann, fanden viele den Tod, unter ihnen Theodosia, Nicerato, Thekla, Cosmas und Damian – Heiler und Heilerinnen, die heute als Heilige verehrt werden. Denn ihre Heilkräfte blieben den Menschen in Erinnerung, und immer wieder ereigneten sich an den ihnen geweihten Stätten Wunder.

Doch den Frauen erwuchs nun auch eine Bedrohung von «innen». Hieronymus, der so leidenschaftlich von seiner hohen Achtung für Fabiola und viele andere in den Heilkünsten tätigen Frauen sprach, könnte gut als der Schutzheilige aller Frauenfeinde gelten. Berüchtigt ist seine oft zitierte Bemerkung, wonach «die Frau die Pforte des Teufels, der Weg der Bosheit, der Stachel des Skorpions, mit einem Wort ein gefährlich Ding» ist.[5] Seine Worte läuteten das Ende der Toleranz ein, die im frühen Christentum gegenüber manchen feministischen Tendenzen einzelner Sekten geübt worden war.

Dennoch gilt die erste Hälfte des ersten Jahrtausends nach Christi Geburt oft als eine Periode der «Ruhe vor dem Sturm», als das Vorspiel zum dunklen Zeitalter. Es war eine Zeit, in der viel im Fluß war, und die Religion eine befriedigende und exotische Mischung aus Ingredienzen darstellte, die man aus vorchristlichen, paganen und Volksreligionen übernommen hatte.

7 Mittelalterliche christliche Kosmologie

In diesem Kapitel wollen wir über die Rolle der Heilerinnen im mittelalterlichen Europa sprechen, von Beginn der «dunklen» Zeit an (einschneidendes Ereignis: der Fall Roms 476 n. Chr.) bis zum Ende des Hochmittelalters um 1300. Die christliche Kosmologie dieser Epoche ist einem Fluß vergleichbar, der «die Frau als Heilerin» auf einem sehr kurvenreichen Kurs dahinträgt. Im Hochmittelalter wird der Fluß dann träge und schließlich zum geradlinigen und gefrorenen Kanal. Diese letztgenannte Periode ist geprägt durch eine allmähliche Erstarrung des christlichen Glaubenssystems.[1]

Das dunkle Zeitalter

Das dunkle Zeitalter begann mit einer verheerenden Seuche, der Beulenpest, die von den Goten, Hunnen und anderen plündernd umherziehenden Stämmen in Europa verbreitet wurde. Diese Form der Pest, die von im Blut von Flöhen lebenden Bazillen übertragen wird, verursacht Blutungen, schwarze Flecken auf der Haut, eine schwarze Zunge und Karbunkel in den Lymphknoten. Einige Opfer überlebten, aber die meisten starben innerhalb von drei Tagen nach Auftreten der ersten Symptome. Andere Opfer bekamen den Berichten zufolge linsengroße schwarze Blasen, was heutige Wissenschaftler vermuten läßt, daß die Pocken gleichzeitig mit der Pest auftraten.[2]

Die Angst vor dieser schrecklichen Krankheit verlangsamte den

Vormarsch der einfallenden Stämme und hat vielleicht die Hunnen und andere zum Rückzug bewogen. Auf dem vom Krieg zerrissenen, von Seuchen heimgesuchten europäischen Kontinent verfielen die Städte und Gemeinden. Unschätzbares Wissen auf allen handwerklichen Gebieten ging verloren und mußte später neu entdeckt werden, da es ja keine Handbücher gab, die das berufsständische Know-how hätten weitervermitteln können. Die Bevölkerung Europas bestand zu über achtzig Prozent aus Bauern, die von ein paar das Land besitzenden Feudalherren beherrscht wurden.[3]

Die Frauen, gleich ob adliger oder niedriger Herkunft, sahen sich der Gesundheit höchst unzuträglichen Bedingungen ausgesetzt. Sowohl auf den Schlössern und Burgen wie in den bäuerlichen Behausungen war es schmutzig, und sanitäre Anlagen gab es praktisch nicht. Die zunehmend an Einfluß gewinnende christliche Doktrin führte einen unerbittlichen Krieg gegen alles Fleischliche. Und so kümmerten sich die Menschen nicht um physische Notwendigkeiten, vor allem nicht um Sauberkeit. Sie waren von übelriechenden Hautausschlägen befallen, die durch die grobe Wollkleidung, den ständigen Dreck, die Flöhe und anderes Ungeziefer noch zusätzlich gereizt wurden. Die Nahrung war oft unzulänglich und vergiftet. Schmutz, beengte Wohnverhältnisse und schwere Arbeit forderten ihren üblichen Tribut, und die Bevölkerung war anfällig für Krankheiten, ständig übermüdet und geistig abgestumpft.

Einigermaßen gesunde und fruchtbare Frauen mußten damit rechnen, den überwiegenden Teil ihres Ehelebens schwanger zu sein und im Schnitt sechs Kinder auf die Welt zu bringen, von denen die Hälfte gestorben sein würde, bevor sie das Alter von zwanzig Jahren erreicht hatten. Und wie in jeder verfallenden Kultur wurden Frauen herabgewürdigt. Kindstötung, «Aussetzung» oder Vernachlässigung der weiblichen Babys (zum Beispiel eine kürzere Stillzeit als bei den Söhnen) waren gängige Praktiken. Aus Unterlagen der Grundherren und Kirchengemeinden geht hervor, daß in Zeiten von Pest und Hungersnot das männliche Geschlecht gegenüber dem weiblichen weit in der Überzahl war. Je ärmer die Familie und ihre Lebensbedingungen, um so höher der prozentuale Anteil der männlichen Personen im Haushalt. In

Zeiten relativen Wohlstands war das Geburtenverhältnis zwischen männlichen und weiblichen Kindern normal – etwa 105:100.[4]

Was die Heilerinnen anging, so verbrachten sie, unabhängig von ihrer Klassenzugehörigkeit, die meiste Zeit mit der Betreuung von schwangeren Frauen, waren bei Beginn und Ende des Lebens zugegen und kümmerten sich um kränkliche Kinder. Sie bedienten sich der Kräutermedizin und gingen empirisch vor, und das Heilwissen wurde durch mündliche Überlieferung im Rahmen einer Lehrzeit weitergegeben. Sie taten, was Frauen immer tun: Sie saßen am Bett der Patienten und arbeiteten mit den Mitteln und Ritualen, die ihnen zur Verfügung standen, um Schmerzen und Leid zu lindern.

In fast allen Orten gab es auch Weise Frauen, deren Medikamente und Riten man für besonders heilkräftig hielt. Diese Frauen kannten jene Kräfte von Kräutern, die von der Tageszeit, der Jahreszeit und dem Ort, an dem sie gepflückt wurden, abhingen. Da sie nur in Krisensituationen aufgesucht wurden, also wenn die herkömmlichen Hausmittel versagten, können wir davon ausgehen, daß sie sich der gefährlicheren, zum Beispiel einen hohen Alkaloidgehalt aufweisenden Pflanzen bedienten. Sie wußten sicherlich auch einiges über Pflanzen und Prozeduren, die Kontraktionen der Gebärmutter auslösen. Von daher ist die Assoziation der Weisen Frauen mit Giftmischerei und Abtreibung in gewisser Hinsicht verständlich. Oft wurden ihre Dienste heimlich in Anspruch genommen, was wohl bedeutet, daß ihre Aktivitäten nicht immer heilender Natur waren. Die sie umgebende Aura des Geheimnisvollen steigerte außerdem die Erwartung und Hoffnung auf Heilung oder Linderung – wir würden heute von einem «Placebo-Effekt» sprechen.

Es ist unwahrscheinlich, daß irgendwelche schriftlichen Überlieferungen des medizinischen Wissensgutes, über das Fabiola oder andere kompetente Heilkundige verfügten, je in die Hände der europäischen Frauen des dunklen Zeitalters gelangten. Medizinische Aufzeichnungen konnten nur weitergegeben werden, indem sie wieder und wieder kopiert wurden. Die häufige Zerstörung – durch Brand und Plünderung – der Bibliotheken der großen Städte hat daher die Informationen über die Heilpraktiken jener Zeiten auf ein Minimum reduziert.

Wir wissen allerdings, daß nach der Zeit der griechisch-römischen Heilkunst (etwa ab 340 n. Chr.) die Heilmethoden komplexer und durch eine Mischung aus paganen und christlichen Ritualen ergänzt wurden. Der Kontakt mit dem Nahen Osten weckte zudem ein Interesse an exotischen Ingredienzen, zum Beispiel Mumienstaub.

Theriak, oder Mithridat, ist hier das beste Beispiel für solche phantastischen Mixturen. Die Zahl seiner Ingredienzen wuchs von zwanzig oder dreißig zu Galens Zeit verwendeten auf gut zweihundert an, bis dieses Präparat schließlich vor nicht ganz hundert Jahren aus den Regalen verschwand. Ursprünglich als Gegenmittel bei einer Vergiftung gedacht, wurde es später als Tonikum zur Abwendung der Pest und als Universalheilmittel benutzt. Zu seiner Herstellung griff man auf den größeren Teil der gesamten existierenden Pharmakopöe zurück – in den Mengenverhältnissen, die sich der Patient jeweils leisten konnte. Dazu kamen meist Wein und Opium, was die so lange anhaltende Beliebtheit dieses Präparats erklären mag. Viele undiagnostizierte, aber häufig auftretende Beschwerden – Übelkeit, Krämpfe, Delirium, Zuckungen usw. – schienen Vergiftungserscheinungen zu sein, von daher wird die hohe Wertschätzung von Theriak oder irgendeinem sonst üblichen Gegengift, das unter anderem eine emetische oder reinigende Wirkung hatte, verständlich.

Die Heilpräparate, die im ersten Jahrtausend n. Chr. in Europa verwendet wurden, enthielten Sexualorgane von Tieren, Exkremente von Igeln und Riesenschlangen, das Blut von flügge werdenden Schwalben, Spucke, Knochen, Urin, Ambra von Walen und andere organische Materialien unbekannten Ursprungs. In Essig aufgelöste Perlen wurden bei Hautkrankheiten angewendet, bei Impetigo (pustelartigem Hautausschlag) mischte man Schwefel mit menschlicher Spucke, und Quecksilber und Muschelsaft sollten bei Geschlechtskrankheiten helfen.[5] Eine Adlerzunge heilte angeblich Husten. Bei einem Gerstenkorn wurde empfohlen, ein paar Fliegen einzufangen, ihnen den Kopf abzuschneiden und das befallene Augenlid mit den Fliegenkörpern einzureiben. Fünfzehn auf Binsen aufgespießte Frösche sollten vor Kahlheit schützen, und wenn eine schwangere Frau eine Ratte verzehrte, würde sie mit Sicherheit ein schwarzäugiges Baby bekommen.

Die meisten dieser Rezepte haben nur äußerst wenig mit vernünftigen Pflanzenheilmitteln zu tun. Es sind Arzneien der Verzweiflung. Wenn Menschen sehr krank sind und keine wirksame Therapie in Sicht ist, geht man zu aggressiveren Methoden über und sucht sich zur Abwehr der Krankheit ganz willkürliche und abwegige Substanzen und Methoden aus.

Das intuitive Wissen, das man durch genaue Beobachtung der Jahreszeiten, ein bodenständiges Leben und eine sensible Wahrnehmung der Beziehung zwischen allen lebendigen Dingen erwirbt, war nicht länger Bestandteil des Allgemeinwissens. (Wie schon erwähnt, können wir nur vermuten, daß etwas von diesem Wissen durch mündliche Überlieferung von den Weisen Frauen bewahrt wurde.) Die Grundlage eines empirischen Vorgehens, nämlich die Beobachtung von Ursache und Wirkung bei Heilbehandlungen, sowie die Verbindung von Vernunft und Intuition, die für die Weiterentwicklung des Heilwesens so entscheidend ist, wurden zerstört. Die mit Hygieia assoziierten Praktiken wie Hygiene und Vorbeugung waren weitgehend vergessen. Auch die medizinischen Instrumente, die in Pompeji unter der Vulkanasche begraben lagen, wurden in den nächsten sechshundert Jahren nicht wieder neu erfunden.

Die symbolischen und heiligen Aspekte der Bestandteile von Heilpräparaten veränderten sich. Tausende von Jahren glaubte man, daß verschiedene organische und anorganische Items eine unsichtbare Macht und Kraft besitzen, die den Heilern bei der Divination, der Diagnose oder beim Heilen helfen. Ihre «Medizinbündel» enthielten oft Steine, Rasseln und Teile von Tieren, die in ihrer Kultur eine besondere Bedeutung besaßen. Es war aber der pantheistische Aspekt der Kosmologie, der diesen heilerischen Hilfsmitteln Kraft und Macht verlieh. Wenn man glaubt, daß Götter oder Geister in allen Dingen wohnen, dann können diese Dinge auch dazu benutzt werden, diesen Geist oder die unsichtbare Präsenz oder die heilende Weisheit zu beschwören. Wohnt der Geist diesen Dingen nicht inne, gelten sie als unbelebt oder unbeseelt, dann können sie auch nicht als greifbares Produkt des Übernatürlichen dienen. Als das Christentum zum vorherrschenden Religionssystem wurde, gab man den Glauben an die Präsenz eines Geistes in allen Dingen allmählich auf.

Seit der Steinzeit hatten die Menschen Amulette getragen, die Götter und Göttinnen repräsentierten und eine Heilfunktion besaßen. Es war nicht so, daß sie die Gottheit symbolisierten, sie *enthielten* sie. Diese Gestalten der großen alten Religionen waren im Gedächtnis des Volkes kaum auszulöschen, und Frauen trugen noch bis weit in die christliche Zeit hinein Idole vor allem der Diana und Minerva, obwohl die Kirche dies verbot. Das Christentum, das die pagane Idee von einer beseelten Erde verwarf, hielt jedoch in einigen Fällen die Vorstellung eines heiligen und heilenden Aspekts von unbelebten Gegenständen aufrecht: etwa im Hinblick auf Heiligenfiguren, Reliquien und Altären. In ihnen steckten, wie bei den Diana- und Minerva-Amuletten, angeblich heilende Geister. Und sie wurden in den nächsten Jahrhunderten zum am höchsten geachteten Heilmittel und dienten als heilige und greifbare Projektionen des Unsichtbaren.

Das Hochmittelalter (1000–1300)

Eine Reihe von Ereignissen löste den Übergang vom dunklen Zeitalter zu einer moderneren Ära aus. Das Plündern und Rauben in Europa ließ nach. Die für eine ständige Verteidigung benötigten Energien und Ressourcen wurden für andere Zwecke freigesetzt. Landrodungen schufen Platz für größere Städte, was den Wettbewerb unter den Gewerbetreibenden – Müller, Schmiede, Weber usw. – förderte. Dies wiederum ließ sie, im Gegensatz zu jenen, die im Dienst der Gutsherren standen, effizienter arbeiten. Eine neue Agrartechnologie führte zu höherer Nahrungsmittelproduktion und einer gesünderen Bevölkerung. Der Bergbau förderte die Geldwirtschaft und den Handel. Der Adel, die Kirchenfürsten und das neue Bürgertum konnten Reichtümer erwerben und lebten in einem gewissen Komfort, und der aufkommende Materialismus bewirkte einen neuen Geist des Optimismus.[6]

In dieser Zeit kulturellen Wandels gab es keine starre Reglementierung der gesellschaftlichen Rolle der Frau. In der Tat standen manchen Frauen viele Möglichkeiten in allen gesellschaftlichen Bereichen, die Heilkünste eingeschlossen, offen.

Das Leben der Frauen

Die Frauen des Landadels waren in diesen drei Jahrhunderten (um 1000–1300) außerordentlich gebildet und genossen eine gute Erziehung. Das Ansehen der Frau zeigt sich zum Beispiel am Leben von Herrscherinnen wie Blanca von Kastilien, Königin von Frankreich, Kaiserin Mathilde von England, Eleonore von Aquitanien, die politisch und kulturell kräftig mitmischten.[7]

Töchter und Ehefrauen erlernten das Familiengewerbe und arbeiteten als Brauerinnen, Lehrerinnen, Hebammen, Weberinnen, Walkerinnen, Barbiere, Zimmermeister, Sattlerinnen, Ziegelbrennerinnen, Wäscherinnen, Spitzenklöpplerinnen und Näherinnen, um nur einige Berufe zu nennen. Sie entwickelten sich von unbezahlten, im Haushalt schuftenden Kräften zu angesehenen Mitgliedern der Gesellschaft. Natürlich arbeiteten sie noch immer für weniger Geld als ihre männlichen Kollegen. Ein englisches Handbuch über Viehzucht rät zum Beispiel: «Hat dieses Gut keine Meierei, dann ist es immer günstig, dort eine Frau zu haben, da sie sehr viel weniger kostet als ein Mann.»[8] Von Gleichberechtigung also keine Rede, aber die Frauen waren besser dran als zuvor oder als sie es in den folgenden Jahrhunderten sein sollten.

Der Bevölkerungsanteil der Frauen überstieg allmählich den der Männer, und man schätzt, daß gegen Ende des Mittelalters auf tausend Männer eintausendzweihundert Frauen kamen. Auf dem Höhepunkt der Kreuzzüge soll in Gegenden, die den «heiligen Kriegen» die höchsten Tribute zollten, ein Verhältnis von eins zu sieben bestanden haben. Dieser Frauenüberschuß ließ schon allein durch seine zahlenmäßige Überlegenheit das weibliche Geschlecht wieder erstarken. Er zeugt auch von besseren Überlebenschancen bei der Geburt.

Allgemeine Lebensbedingungen und Volksgesundheit

Im Mittelalter bildeten sich auch die einzelnen Stände heraus: der Adel, die Gewerbetreibenden, die Kirchenhierarchie und die Bauern oder Leibeigenen. Für letztere hatten sich die Lebensbedingungen kaum geändert. Der Alltag der oberen Schichten wies jedoch eine Menge neuer Bequemlichkeiten auf, und bei den sehr Reichen – Kirchenfürsten und Adligen – zierten nie dagewesene Luxusgegenstände Heim und Körper. Auf die Fußböden wurde noch immer Binsenstroh gestreut, und die Fenster waren kaum mehr als mit grob geblasenem, dickem und unregelmäßigem Glas oder mit gewachstem Pergament versehene Schlitze. Doch Wandteppiche schmückten die Wände, die großen Hallen wurden in kleinere Räume mit mehr Privatsphäre unterteilt, und die zentralen, ewig qualmenden Feuerstellen wurden durch riesige Herde ersetzt, deren Rauch nach draußen abzog.

Wenn sich auch die meisten Städte nur einer einzigen öffentlichen Badeanstalt rühmen konnten, waren Badezuber in reichen Haushalten nichts Ungewöhnliches. Und das Baden selbst kam aus Gründen der Gesundheit und Entspannung geradezu in Mode. Bei den vielen Menschen, die in den Städten lebten, mußte man sich um den Müll und Abfall kümmern, um den Gestank auf ein erträgliches Maß zu reduzieren. Die Häuser verfügten über Außentoiletten oder Wasserklosetts, die an Abwässergräben (die in die Flüsse mündeten) oder an Senkgruben angeschlossen waren, die in bestimmten Abständen entleert wurden.

Obwohl man offensichtlich nicht wußte, welche Rolle Bakterien und Ungeziefer bei der Verursachung von Krankheiten spielten, begannen sich die Menschen doch mehr und mehr mit den Neuerungen auf sanitärem Gebiet anzufreunden, die das enge Miteinanderleben erträglicher gestalteten.

Die Säuglingssterblichkeit war erschreckend hoch; die meisten Babys erlebten nicht einmal ihren zweiten Geburtstag. Hatte man jedoch die mörderischen Kinderkrankheiten überlebt, später nicht an einem der Kreuzzüge teilgenommen oder war man, sofern weiblichen Geschlechts, nicht im Kindbett gestorben, dann standen die Aussichten, ein hohes Alter zu erreichen, auch nicht viel schlechter als heute.

Die allgemein verbreitete Völlerei unter den Adligen und dem Klerus zog neue Gesundheitsprobleme nach sich: Zahnverfall, Verdauungsprobleme, Gicht, Herzkrankheiten, Bluthochdruck und Fettsucht. Sie alle gelten heute als «Zivilisationskrankheiten». Das Allheilmittel bei übermäßiger Körperfülle und bei Herzbeschwerden hieß: fünf- bis sechsmaliger Aderlaß pro Jahr.

Auch die Bauern hatten ihre Leiden, aber es waren jene, mit denen die Armen und Ausgebeuteten immer geschlagen sind: Erschöpfungskrankheiten, Auswirkungen der zermürbenden, harten Arbeit und körperliche Deformationen. Letztere waren oft die Folge einer unzulänglichen Geburtshilfe. Die Hebammen renkten oft ein Körperglied aus oder entfernten es sogar, um eine schwierige Geburt zu erleichtern. Augenkrankheiten waren sehr verbreitet und heilten nur langsam. Allerdings ernährte sich das Bauernvolk von Dingen, die in der Nahrungskette weiter unten angesiedelt sind, und in Zeiten einer guten Ernte mag sein allgemeiner Gesundheits- und Ernährungszustand besser gewesen sein als der des Adels. Ruhr kannte keine Klassenschranken, was angesichts der meist verunreinigten Wasservorräte und der unzulänglichen Konservierungsmethoden nicht verwundert. Es gibt Berichte über Epilepsie, Malaria, Grippe, Diphtherie und Typhus. Das «Antoniusfeuer», das auch die stärksten und gesündesten Menschen niederzwang, griff zu dieser Zeit um sich. Dabei wurden einzelne Körperteile, am häufigsten aber Hände und Füße vom Brand befallen, das Fleisch wurde schwarz und fiel von den Knochen, und die wenigsten Menschen überlebten – und wenn, dann grauenhaft verstümmelt. Und plötzlich verschwand diese Epidemie für immer. Sie wurde wohl durch mutterkornverseuchtes Getreide ausgelöst und mag ganze Dörfer ausgelöscht haben. Gelegentlich wüteten auch die Pocken; leichtere Hautkrankheiten wie Krätze, Skrofulose und Impetigo waren an der Tagesordnung, gefördert durch schmutzige Kleidung und rauhes Gewebe. Lokal tauchte im frühen Mittelalter die Lepra auf, verschwand dann aber und kehrte im 12. und 13. Jahrhundert mit voller Wucht zurück. In dieser Zeit gab es allein in Frankreich zweitausend Leprakolonien – eine erstaunlich hohe Zahl angesichts der Tatsache, daß man die damalige Bevölkerung des Landes auf insgesamt nur zweiundzwanzig Millionen schätzte.[9]

Die Heilkünste

Bei ihrer heilerischen Arbeit erfuhren die Frauen wenig Hilfe. In fast allen Berichten wird erwähnt, daß «qualifizierte» Ärzte und Chirurgen rar waren und ihre Dienste nur jenen zukommen ließen, die zahlen konnten. Was unter einem *qualifizierten Arzt* zu verstehen war, variierte von Zeit zu Zeit und Land zu Land, aber im allgemeinen war damit ein Mann gemeint, der irgendeinem offiziellen Kriterium zum Praktizieren entsprach.

Man hat inzwischen in den verschiedensten Gemeinden alte Listen der jeweils zugelassenen Ärzte entdeckt. In Frankreich und in Italien tauchten darin gelegentlich auch Frauen auf, aber ihre Zahl ist kaum der Rede wert. In England war den Frauen jede medizinische Ausbildung verwehrt. Chirurgen, die praktisch immer Männer waren, hatten einen niedrigen gesellschaftlichen Status und wurden fast mit den Barbieren gleichgesetzt. Zahnprobleme wurden meist von den «Zahnziehern» auf den Jahrmärkten behandelt oder von einem der wenigen *dentatores,* die mit der fortgeschrittenen arabischen Zahnmedizin vertraut waren.

Die Dame des Hauses wurde zur Ärztin und Apothekerin. Kräuterbüschel hingen von den Deckenbalken ihrer Vorratskammer. Die häusliche medizinische Betreuung verlangte einiges Wissen über Sepsis – Wunden wurden mit altem Wein und keimfreiem Eiweiß behandelt – und Grundkenntnisse in Erster Hilfe. Hebammendienste leisteten ausschließlich Frauen. Im Hinblick auf die Wehen verfügten die Hebammen über einige Fertigkeiten, aber die Kunst, das Kind im Mutterleib zu drehen, eine Embryotomie oder einen Kaiserschnitt vorzunehmen, war weitgehend in Vergessenheit geraten.

Während der Wehen und bei der Entbindung, sofern diese normal verlief, rieb die Hebamme den Bauch der Mutter mit schmerzlindernden Salben ein und beschwor die Magie von Zaubermitteln wie getrocknetem Kranichblut, Blutstein und Wasser, in dem sich ein Mörder die Hände gewaschen hatte. Nach der Geburt des Babys wurde die Nabelschnur durchtrennt, das Kind mit einer Paste aus Salz und Honig eingerieben und dann in ein Bett aus Salz und zerdrückten Rosenblättern gelegt. Die Hebamme tauchte einen Finger in Honig und reinigte den Gaumen und das Zahnfleisch des Neugeborenen. Sie nahm einen Schluck Wein und träufelte ein paar Tropfen in den kleinen Mund. Das Baby wurde, wenn möglich, noch am selben Tag getauft, um sicherzugehen, daß es in den Himmel kam, falls, wie so häufig, seine Lebensspanne nur nach Tagen bemessen war.

In England war den Frauen, die lesen konnten, das *Leech Book of Bald* zugänglich. Dieses Buch eines unbekannten Autors war in der Umgangssprache geschrieben und als medizinischer Ratgeber für die einfachen Leute gedacht. Im allgemeinen wurden milde, nichttoxische Kräuter und christliche Litaneien empfohlen. Es gab Anweisungen für eine Vielzahl von Trank- und Kräutermixturen, Verhaltensmaßregeln und Anrufungen im Falle einer Krankheit. Zum Beispiel empfahl es bei einem großen Furunkel, Ampfer *(Rumex)* auszugraben, dabei ein Vaterunser anzustimmen, dann fünf Teile davon mit sieben Pfefferkörnern zu vermischen und dabei zwölfmal das Miserere, Gloria und Vaterunser zu singen, schließlich alles mit Wein zu übergießen, das Gebräu um Mitternacht zu trinken und sich warm einzupacken.

Bislang haben wir über die allgemein gebräuchlichen, häuslichen Heilmethoden gesprochen, die über siebenhundert Jahre lang ziemlich unverändert beibehalten wurden. Doch es gab auch Entwicklungen, die einer kleinen Schar von Heilerinnen zu Ruhm verhalfen, deren Wissen und Autorität von ihren Zeitgenossen unangefochten anerkannt wurden.

Trotula von Salerno

Im Nahen Osten übersetzten die Araber im 11. Jahrhundert Galen, Aristoteles und Hippokrates. Über Umwege gelangten diese medizinischen Texte dann wieder in den Westen, wobei die Juden, die Arabisch verstanden und dies somit ins Lateinische übersetzen konnten, eine wesentliche Rolle spielten. Die Christen brachten dieses Latein dann in eine Form, die zur allgemeinen Verbreitung der Textinhalte geeignet war. Wie immer hatten die Schreiber dabei Gelegenheit, ihre eigene Meinung hinzuzufügen oder Passagen wegzulassen, die nicht in ihr Weltbild paßten.

Aber es bildete sich wieder eine Grundlage für die ärztliche

Praxis heraus. Das wissenschaftliche Interesse wurde geweckt, und man schuf Institutionen zur Ausbildung von Ärzten, deren berühmteste die Schule in Salerno war. Sie wurde um 1000 n. Chr. gegründet und existierte bis 1811, als sie aufgrund einer Verfügung Napoleons geschlossen wurde. Salerno war berühmt für seine Heilbäder und bekannt als Hafen für die aus Palästina zurückkehrenden Pilger. An dieser frühen Akademie studierten und lehrten Griechen, Juden, Araber und Römer, Männer wie Frauen. Sie galt als christliche Institution, aber das Lehrmaterial war paganen Ursprungs.

Die herausragende Lehrerin an dieser medizinischen Universität des Mittelalters war Trotula. In Kinderversen taucht sie als Dame Trot auf, in der Kunst wird sie als Göttin des Heilens dargestellt, und in der Geschichte hat sie ihren Platz als Autorin der weltweit am längsten gültigen Abhandlung über Gynäkologie und Geburtshilfe. Ganz gewiß war sie eine ungewöhnliche Frau, obwohl sich Salerno rühmen konnte, viele hervorragende Frauen zu seinen Fakultätsmitgliedern zu zählen.

Trotulas Leben und Heilpraxis wurden gründlich erforscht. Besonders wichtig sind in diesem Zusammenhang die klassischen Texte des Salvatore de Renzi, die 1852–1859 in Neapel veröffentlicht wurden.[10] Teile von Trotulas Manuskripten befinden sich in verschiedenen Museen Europas. Ihre Existenz wurde bis 1566 angezweifelt; dann wurde ein Band ihrer Werke einem Mann namens Eros, der zur Zeit von Kaiser Augustus lebte, zugeschrieben, Trotulas Urheberschaft im 17. Jahrhundert aber wieder anerkannt. 1773 sprach ihr erneut ein Historiker, Christian Godfred Gruner, die Autorenschaft ab, da er einfach nicht glauben konnte, daß eine Frau des 11. Jahrhunderts über soviel Wissen verfügte, wie Trotulas Bücher erkennen lassen.

Bis heute sind sich die Wissenschaftler über Trotulas Identität nicht einig, aber die Berichte über ihre Arbeit als *magistra medicinae* sind lückenlos und in sich schlüssig. Praktische Informationen zum Umgang mit spezifisch weiblichen Krankheiten und Beschwerden sowie die Darlegung allgemeiner Grundprinzipien für die Behandlung von Gesundheitsproblemen bilden den herausragenden medizinhistorischen Beitrag des ihr zugeschriebenen Werkes. Offensichtlich hatte sie Zugang zu den Werken von

Hippokrates und Kleopatra und anderen, schien aber von dem Hokuspokus einiger früher Heilverfahren wenig angetan gewesen zu sein. Trotzdem schrieb sie ausgeklügelte Rituale beim Pflücken und Zubereiten von Pflanzen vor, empfahl uns merkwürdig anmutende Medikamente, wie das pulverisierte Herz eines Hirsches, und vor der Anwendung jeder Medizin stand stets der obligatorische Kniefall vor den jeweils zuständigen christlichen Heiligen.

Trotula war eine äußerst geschickte Diagnostikerin, die sich dabei aller ihrer Sinne bediente. Das war notwendig, da Kenntnisse über die inneren Mechanismen des menschlichen Körpers eine Sache der Imagination waren; das Sezieren war nicht oder nur sehr selten möglich. Sie sprach über Puls- und Urindiagnose wie auch über die Notwendigkeit, sehr sorgfältig auf Charakterzüge und Worte des Patienten zu achten.

Einige ihrer Heilmethoden waren sehr fortschrittlich. Zum Beispiel empfahl sie bei einem Abszeß in der Vulva das Anstechen, Erweitern, Dränieren sowie die Anwendung von lindernden und die Heilung unterstützenden Ölpräparaten. Bei einem Gebärmuttervorfall riet sie, die Gebärmutter wieder in die richtige Lage zu bringen und sie dort mit von adstringierenden Mitteln durchtränkten Schwämmen oder Tampons festzuhalten.

Sie schrieb auch unter anderem über den Kaiserschnitt und über Schönheitspräparate. Sie war die erste, die die dermatologischen Phänomene der Syphilis schilderte. Bei Schmerzen verabreichte sie Opiate und anästhetische Inhalationspräparate aus Hyoscyamus, Schierling und Alraune. Aloe, Mandelöl, Iriswurzel, Silber und Merkur wurden bei Hautproblemen verschrieben – Mittel, die auch heute noch gebräuchlich sind.

Allerdings erscheinen nicht alle ihre Rezepte so modern. Im Hinblick auf den Aderlaß hatte sie sehr genaue Vorstellungen, wann, wie und bei wem er vorgenommen werden sollte. Sie stellte eine Reihe von in den Bereich des Aberglaubens gehörenden Verhaltensregeln auf zur Vorherbestimmung des Geschlechts eines Kindes und zur Behebung von Unfruchtbarkeit. Fürchtete eine Frau die Schwangerschaft, so riet sie ihr, einen Stein mit einer Tierhaut zu umwickeln und ihn zusammen mit den Hoden eines Schweins und einem Gerstenkorn so lange bei sich zu tragen, wie sie nicht empfangen wollte.[11]

Sie äußerte sich sehr deutlich über die Notwendigkeit von Hygiene und verschrieb Bäder und Reinigungsmittel mit antiseptischer Wirkung. Bei chirurgischen Eingriffen, so glaubte sie, sollte außerordentlich sorgfältig auf Sauberkeit geachtet und jegliche Verseuchungsgefahr vermieden werden. Sie nannte auch die für eine Amme nötigen Eigenschaften, wobei sie Gesundheit, einen reinlichen Körper und einen guten Charakter hervorhob.

Hier sind ihre Empfehlungen zur Vortäuschung von Jungfräulichkeit, basierend auf der Übersetzung von de Renzi:

> Dieses Mittel wird jedes Mädchen brauchen, das sich dazu hat verleiten lassen, die Beine breit zu machen und durch die Torheiten der Leidenschaft, heimliche Liebe und Versprechungen ihre Jungfräulichkeit verloren hat... Sie soll fein gemahlenen Zucker und Eiweiß mit Regenwasser vermischen, in dem Alaun, Flohkraut und das trockene Holz einer Weinrebe zusammen mit anderen ähnlichen Kräutern gekocht worden ist. Mit dieser Lösung soll sie ein weiches und poröses Tuch durchtränken und damit ihre Geschlechtsorgane baden. Die Vagina soll ganz und gar ausgespült werden. Oder sie soll Regenwasser mit gut gemahlener frischer Eichenrinde vermischen und daraus ein Zäpfchen machen, das sie kurz vor dem zu erwartenden Geschlechtsverkehr in die Vagina einführt. Oder wie folgt: Wegerich, Sumach, Ochsengalle, großes schwarzes Zehrkraut und Alaun in Regenwasser gekocht, und darin die Geschlechtsorgane warm gespült wie oben... Aber das beste Mittel zur Täuschung ist dieses: Am Tag vor ihrer Hochzeit soll sie sehr behutsam einen Blutegel an die Schamlippen setzen und aufpassen, daß er nicht aus Versehen abrutscht; dann soll sie Blut heraustropfen und es vor der Öffnung verkrusten lassen; das austretende Blut wird den Eingang verengen. So kann eine falsche Jungfrau einen Mann beim Geschlechtsverkehr täuschen.[12]

Trotulas Rezepte waren wahrscheinlich recht effektiv. Sie enthalten verschiedene adstringierende Mittel, um schlaffes Gewebe zu straffen; etwas Sterileres als abgekochtes Regenwasser läßt sich kaum finden. Der zuletzt gegebene Ratschlag – allerdings nichts für Feiglinge – hat sicherlich jeden feurigen Ehemann von der Jungfräulichkeit seines jungen Weibes überzeugt.

Auf ihre Weise und zu ihrer Zeit repräsentierte Trotula die Heilerin einer in weiter Ferne liegenden Zukunft: Sie besaß die notwendigen wissenschaftlichen Kenntnisse, schenkte der dem menschlichen Bewußtsein innewohnenden Magie Beachtung, hatte den Wunsch zu dienen, ein offenes Ohr und Auge für das Leiden und die Gabe des Mitgefühls. Und sie hatte den Mut, mit Überzeugung zu sprechen, zu schreiben und zu lehren. Aber Trotula war die letzte jener «akademisch» ausgebildeten Heilerinnen. Es wurden zwar noch weitere medizinische Schulen von Absolventen der Universität von Salerno gegründet, aber nur an wenigen davon durften auch Frauen studieren. Frauen, die einen Beruf auf dem Heilsektor anstrebten, liefen dabei in die offenen Arme der Kirche, die während der Kreuzzüge einen großen Bedarf an fähigen Dienerinnen hatte.

Die Kreuzzüge

Mit verstärktem Eifer widmete man sich während des Hochmittelalters der hehren Pflicht der Wiedereroberung des Heiligen Landes. Es waren blutige Abenteuer, die unheilbare Krankheiten mit sich brachten, aber das scheint die Masse der Leute, die daran teilnehmen wollten, nicht abgehalten zu haben. Auch Frauen schlossen sich hochgemut und neugierig auf die exotischen Länder den Kreuzzügen an.

Nach konservativen Schätzungen haben im Zusammenhang mit den Kreuzzügen Millionen den Tod gefunden. Allein der erste Kreuzzug kostete auf beiden Seiten 800000 Menschen das Leben; viele, die sich auf den Weg machten, starben, bevor sie ihr Ziel überhaupt erreichten. Das Versprechen des Papstes: Absolution für alle, die sich ins Heilige Land aufmachen, beflügelte trotzdem immer wieder neue Massen.

Da den Verwundeten und Sterbenden geholfen werden mußte, gründete die Kirche Orden zur medizinischen Betreuung: 1099 den Orden der Ritter des Hospitals von Johannes von Jerusalem (Hospitaliter oder Johanniter), im 12. Jahrhundert den Orden des

Lazarus (der sich der Pflege der Leprakranken widmete) und den Orden der Ritter des Tempels von Salomon (Templer).

In den improvisierten Lazaretten und Hospitälern, die in Jerusalem selbst und in Europa entlang der Kreuzzugsroute eingerichtet wurden, waren die Dienste der Frauen sehr willkommen. Es gibt viele Geschichten über die Güte der in diesen Orden arbeitenden Frauen, wie etwa über Agnes, die dem Johanniterorden angehörte, oder Schwester Ubaldina von den Templern. Aber Frauen konnten nur in untergeordneter Stellung dienen, und ihre Dienste waren denen der heutigen Krankenschwestern vergleichbar, die unter Anleitung eines (männlichen) Arztes arbeiten.

In den in jenem Jahrhundert in Europa existierenden Hospitälern bildete sich ein Pflegemodell heraus. Sehr bekannt war das Hôtel Dieu in Paris, in dem Augustinerinnen Dienst taten, die nie mehr als Sklavinnen eines Systems waren. Trotzdem entstand hier eindeutig ein Krankenpflegeberuf für Frauen, der die vollkommene Hingabe an die schlimmste Form von Plackerei verlangte. Die Bedingungen in den Lazaretten, Ambulanzen und Hospitälern waren sehr unterschiedlich, und in einigen konnte man die Kranken, Sterbenden und Toten auf einem einzigen Matratzenlager versammelt finden. Obwohl die medizinischen Kenntnisse zu jener Zeit sehr ungenügend waren, wurde einiges an finanziellen Mitteln und religiös motivierter Energie in den Aufbau und die Organisation von medizinischen Einrichtungen gesteckt. In Frankreich waren die von König Ludwig dem Heiligen und seiner Schwester, Marguerite von Bourgogne, erbauten Hospitäler große gotische Bauten, die mit einem zureichenden Belüftungs- und Abwassersystem ausgestattet waren. Auf den Leprastationen in ganz Europa taten Krankenschwestern Dienst. Diese Hospitäler waren so sauber und bequem und die Fürsorge so gütig und sanft, daß sich manche Menschen eiternde und faulende Wunden zufügten, um Lepra vorzutäuschen und darin aufgenommen zu werden.

Gegen Ende des 13. Jahrhunderts arbeiteten schätzungsweise 200000 Frauen als Krankenschwestern in den Orden der Kirche. Adelaide Nutting und Lavinia Dock, die im frühen 20. Jahrhundert eine Geschichte der Krankenpflege schrieben, sahen darin die Vorhut der Frauenemanzipation.[13] Aus moderner Sicht scheint es sich jedoch eher um die Vorhut der Sklaverei der Frauen in einem männlich dominierten System des Gesundheitswesens gehandelt zu haben.

Alle Rollen im Bereich des Heilwesens, nicht nur die der Frau als Krankenschwester, wurden allmählich klarer definiert. Die Männer, die sich aufgrund der Instrumente ihres Gewerbes – Lanzetten, Pillen, Sägen und Pinzetten – deutlicher von der Masse der Pflegerinnen abhoben, begannen mit der Bildung von Gilden.

Wie Kriege und Katastrophen oft medizinische Fortschritte zur Folge haben, schufen auch die Kreuzzüge und ihre Nachwirkungen ein Klima, das eine Konsolidierung der ärztlichen Berufe sowie das erste umfassendere System einer Betreuung in Krankenhäusern förderte.

Instrumentarium des Heilens: Reliquien und Quellen

Durch die Kreuzzüge erfuhr das Sammeln von Reliquien einen beträchtlichen Aufschwung, und die Kirche gelangte durch deren Verkauf zu ebenso beträchtlichem Reichtum. Die Körperteile und Exudationen der Märtyrer der Kreuzzüge und der biblischen Helden wurden zur Kriegsbeute. Gallonen von Christi Blut und Tränen, Eimer voll Milch aus Marias Brüsten, Splitter des Kreuzes, Staub, den heilige Füße getreten hatten, wurden mit dem Versprechen auf Wunder verkauft. Beinknochen, Armknochen, Schädel, verschrumpelte Herzen und ganze mit Juwelenkronen geschmückte Skelette von einer Schar von Heiligen und Fastheiligen wurden ehrfürchtig verwahrt.[14]

Alle Reliquien versprachen potentiell Heilwunder. Einige waren, in der Tradition der Idole der alten paganen Welt Griechenlands und Roms, für spezifische Krankheiten zuständig. Die Reliquien der heiligen Lucia versprachen die Heilung von Augenkrankheiten, die der heiligen Teresa wurden bei Herzkrankheiten verehrt, und die heilige Apollonia war besonders effektiv bei Zahnschmerzen. Zahlreiche Persönlichkeiten wurden bei Fruchtbarkeits- und Geburtsproblemen, bei Problemen mit Kindern und bei Lepra angerufen.

Unter den «mächtigsten» Heilmitteln jener Zeit befand sich auch

«Material», das man von den Grabsteinen der heiligen Männer und Frauen abgekratzt hatte, sowie Wasser aus Quellen, die in der Nähe ihrer Heiligtümer lagen. Brunnen und Quellen waren schon immer Orte der Anbetung, Verehrung und Opferung gewesen. Das Wasser aus eben diesen Quellen hatte in vorchristlicher Zeit schon mancher, meist weiblicher Volksgottheit gedient. Das heilende Wasser der Gralsquelle im englischen Galstonbury wurde von Christen, Druiden, Kelten und Anhängern früherer Religionen der Erdmutter getrunken und zum Baden benutzt. Es fließt sprudelnd aus dem Innern eines Hügels und färbt alles, womit es in Berührung kommt, rot. Daß von dieser heiligen Stätte, wie auch von vielen anderen, Heilkräfte ausgehen sollen, zeugt von dem festen Glauben, daß zwischen dem Heilen, dem Göttlichen und ganz besonderen Orten ein Zusammenhang besteht. Wird das Wasser dieser Quellen in Labors analysiert, so weist es normalerweise keine besonderen physikalischen Eigenschaften auf.

Es zeigt sich also, daß das Wesen des Heilens in der christlichen Kosmologie des Hochmittelalters starke Ähnlichkeit mit der schon angesprochenen Mythologie in römischer Zeit aufweist. In beiden Fällen glaubte man, daß eine Vielzahl von Gottheiten oder zu Heiligen erhobenen Sterblichen, deren Reliquien und die Pilgerfahrten zu heiligen Stätten der Schlüssel zur Gesundheit waren. Mit Frauen assoziierte Gegenstände oder Reliquien wurden eher mit allgemeiner Heilkraft in Verbindung gebracht als die von Männern. Im Fall von Frauen- und Kinderkrankheiten und bei Schwangerschaft und Geburt wandte man sich vor allem an weibliche Gottheiten oder Heilige. Und in beiden Epochen galten Reliquien und heilige Stätten als die wirkungsvollsten aller zur Verfügung stehenden Heilmittel.

Höfischer Liebesmythos und Marienverehrung

Das romantische Ideal von der Frau als Heilerin fand seine Fortsetzung und Bekräftigung in den für das Hochmittelalter typischen höfischen Liebesgeschichten, Epen und Liedern. Diese Abenteuergeschichten wurden von den Minnesängern und Troubadouren im ganzen Land verbreitet. Im germanischen *Gudrun*-Epos wird eine wilde, weise Frau beschrieben, die alles über Heilpflanzen weiß. In *Tristan und Isolde* besitzt Isolde ein Kästchen mit Giften und Drogen und weiß diese auch anzuwenden. In den *Canterbury Tales* schildert Chaucer Frauen, die Kräuter anpflanzen und sich um die Kranken kümmern, und in den vielen Geschichten von heroischen Taten und Leidenschaften rettet die holde Dame das schwindende Leben eines Ritters mit Hilfe von Kompressen, Umschlägen, Bandagen, Bädern, Wässerchen und auch Edelsteinen. In der *Edda,* dem in Prosa und in lyrischer Form abgefaßten skandinavischen Epos, werden Frauen erwähnt, die um die Heilkraft der mit Inschriften versehenen Runensteine wußten. Und in der *Edda* wird auch von Frauen berichtet, die von Geistern das Wissen erhalten haben, wie man Wunden behandelt und wo man nach Wurzeln gräbt und nach Kräutern sucht. Ganz allgemein läßt die höfische Literatur aus dieser Zeit darauf schließen, daß Frauen als Heilerinnen galten und daß dies eine tiefe Berufung war, die einen Teil ihres Zaubers ausmachte.

Diese höfische Tradition der Liebeskultur verband sich im beginnenden 13. Jahrhundert mit einem vehementen Aufschwung der Marienanbetung. Die Verehrung der jungfräulichen Mutter von Jesus Christus erfüllte das Bedürfnis nach einem Gegengewicht zur patriarchalen Religion und nach einer zugänglicheren, menschlicheren Gestalt. Auch die Sehnsucht nach der verlorenen Göttin, der Mutter der Erde, wurde bis zu einem gewissen Grad gestillt durch die Figur eines weiblichen menschlichen Wesens, das den Sohn einer Gottheit geboren hatte.

Das in jenen Zeiten entworfene Bild von Maria hatte aber auch seine Schattenseiten. Wie Simone de Beauvoir feststellte: «Zum ersten Mal in der Geschichte der Menschheit kniet die Mutter vor dem Sohn und erkennt aus freien Stücken ihre Unterlegenheit an. Der höchste Sieg der Männlichkeit vollendet sich im Marienkult: Er bedeutet die Rehabilitierung der Frau durch die Vollkommenheit ihrer Niederlage.»[15]

Frauen im religiösen Leben

Im Kontext dieses mittelalterlichen Weltbildes bot sich für Frauen, die den Weg des Heilens gehen wollten, offensichtlich eine Möglichkeit innerhalb der Kirche. Diese hatte die Jungfräulichkeit und ein Leben im Dienste anderer zur populären Option gemacht, den Fluch der Ursünde Evas abzumildern. Töchter vermögender Grundbesitzer waren besonders willkommen, da sie mit ihrem Eintritt ins Kloster der Kirche eine reiche Mitgift bescherten, denn was die Nonnen oder «Bräute Christi» besaßen, fiel nach ihrem Tod der «Gemeinschaft» zu. Gegen Ende des Mittelalters hatte die Kirche durch diese und andere Praktiken über ein Drittel der Ländereien Europas in ihren Besitz gebracht.

Die «Klosterfrauen» genossen jedoch auch Vorteile, die den Frauen außerhalb der Kirche nicht zugänglich waren. Sie blieben von den Zwängen eines häuslichen Lebens und vom Streß ewiger Schwangerschaften verschont. Sie hatten Zeit für Handarbeiten, Lesen und Reisen, ihnen standen Bücher und Lehrer zur Verfügung, und oft waren sie selbst Schreiberinnen. Nur wenige Orden schränkten die Bewegungsfreiheit ihrer Mitglieder auf das Kloster ein, und meistens durfte man kommen und gehen, wie man wollte.

Diese Frauen konnten sich auch nach Wunsch fast allen Aspekten der Heilkünste widmen. Abgesehen von den Hospitalitern und anderen Orden, die sich vor allem der medizinischen Betreuung verschrieben hatten, war das religiöse Leben ganz allgemein mit Fürsorge und mit der Pflege der körperlich Leidenden verknüpft.

Uns sind auch heute noch die Namen und Werke einiger großer Äbtissinnen bekannt: Die heilige Petronilla, die erste Äbtissin von Fontevrault, beherbergte zum Beispiel in ihrer Abtei Leprakranke, Prostituierte und schwangere Frauen. Der Jurisdiktion von Matilda, der sechsten Äbtissin dieses Klosters, unterstanden über fünftausend Menschen. Die berühmte Heloise lehrte und praktizierte nach ihrer unglückseligen Beziehung zu Abälard zwanzig Jahre lang ihre Heilkünste im Kloster Paraklet. Herrad, Äbtissin von Hohenburg im Elsaß, schrieb ein Kompendium, «Garten des Entzückens», über Pflanzen und deren medizinische Anwendung. Die heilige Hilda von Whitby soll um die Heilkraft der Runensteine gewußt haben. Elisabeth von Schönau, eine Mystikerin, gründete ein benediktinisches Nonnenkloster in Trier; und Hedwig von Schlesien, die Schutzheilige Polens, baute Klöster und kümmerte sich auch selbst um Kranke. Sie alle und noch viele andere Frauen waren bemerkenswerte Gestalten des 12. Jahrhunderts.

Hildegard von Bingen (1098–1179)

Hildegard, die berühmteste Äbtissin des Mittelalters, die «Sibylle vom Rhein» ,wäre auch in jeder anderen Epoche ein ungewöhnliches Phänomen gewesen. In der Tat halten sie einige heutige Theologen für eine der größten Mystikerinnen aller Zeiten.[16] Ihre medizinischen Abhandlungen gelten als der wichtigste wissenschaftliche Beitrag jener Zeit.[17] Ein kurzer Überblick kann ihrer komplexen Persönlichkeit, den außergewöhnlichen Produkten ihres immensen Verstands, ihrem Mut und ihrer Intuition unmöglich gerecht werden.[18]

Hildegard besaß die Gabe der Prophezeiung, nach eigener Aussage hatte sie schon als Kind Visionen vom Heiligen Geist. Aus diesem Grund oder vielleicht auch, weil sie das jüngste von zehn Kindern war, wurde sie mit acht Jahren der Kirche übergeben. Sie kam in ein Benediktinerkloster, ein Mönchskloster mit dazugehöriger Klause für Benediktinerinnen, wo sie der erzieherischen Obhut der Jutta von Spanheim anvertraut wurde, die ihre Talente förderte. Hildegard, die sich im Laufe der Jahre durch ihr Charisma eine große Anhängerschaft erwarb, gründete und leitete später ein eigenes Kloster.

Als sie zweiundvierzig war, sah sie sich durch ihre Visionen dazu gedrängt, das aufzuschreiben, was ihr in ihren «himmlischen Gesichten» offenbart wurde. So verbrachte sie die zweite Hälfte ihres langen Lebens mit der Arbeit an drei größeren Werken (zwei theologischen, einem medizinischen), außerdem verfaßte sie eine ganze Reihe von Stücken und Liedern und führte eine ausgedehnte Korrespondenz mit ihren Bewunderern, die ihren Rat suchten.

Viele Aspekte von Hildegards Werk blieben bis heute ein Rätsel. Bemerkenswert ist, daß sie sich überhaupt bereit fand, zu schreiben, da sie nach mittelalterlichem Gelehrtenstandard nicht sehr gebildet war und sich selbst als *indocta,* als ungelehrt, bezeichnete. Ihre Kenntnisse des Latein waren mangelhaft, und doch verfaßte sie ihre Texte in dieser Sprache der gebildeten Elite. Sie muß sich zudem der frauenfeindlichen Einstellung der Kirche stark bewußt gewesen sein, da sie selbst die Frau als schwach in Geist und Seele herabwürdigte. Und doch beschloß sie, öffentlich aufzutreten, im ganzen Land vor großen Massen zu predigen, mutig und entschieden ihre Meinung zu vertreten und über alle gelehrten Themen ihrer Zeit zu schreiben.

Hildegard zog die Aufmerksamkeit der höheren Kircheninstanzen auf sich, die ihr Werk einer scharfen Prüfung unterzogen. Sie kamen zu dem Schluß, daß ihr theologisches Wissen von der Stimme Gottes diktiert war, die durch Hildegard sprach. Diese Entscheidung bewahrte sie vor einer schwerwiegenden Anklage wegen Ketzerei und schenkte ihr in der Tat für jeden Angehörigen der mittelalterlichen Kirche, egal ob Mann oder Frau, ungewöhnliche Freiheit und Macht.

Die Informationsquellen für ihr medizinisches Werk *Causae et Curae* sind unbekannt. Anders als bei ihren theologischen Schriften behauptete sie nicht, ihr Wissen in Visionen erhalten zu haben, wenn sie auch einräumte, daß diese sie zu ihrer Arbeit inspiriert hätten. Möglicherweise besaß sie Zugang zu den klassischen Werken, wie sie zum Beispiel in Salerno benutzt wurden, wie auch zu allgemein in Umlauf befindlichen Kräuterhandbüchern. Doch unterscheiden sich ihre Theorien und Methoden von allen anderen Werken, und ihre Vier-Temperamente-Theorie über Gesundheit und Krankheit zum Beispiel ist eine ganz andere als die Galens oder eines anderen der Väter der Medizin. Sie gab eine überraschend leidenschaftliche und genaue Beschreibung der biologischen Aspekte des weiblichen Orgasmus, etwas, das sich nirgendwo sonst in den mittelalterlichen Schriften findet. Auch Hildegards Gründe, überhaupt über medizinische Themen zu schreiben, sind unklar. Ihre Biographen fanden keine stichhaltigen Hinweise darauf, daß sie ihre heilkundlichen Theorien auch in die Praxis umsetzte. Sie soll allerdings durch Gebete Heilungen bewirkt haben, und ihr Kloster verfügte vermutlich über ein Hospital, in dem die üblichen Leiden behandelt wurden.

Was Hildegards praktisches heilkundliches Wissen angeht, so kannte sie die Wirkungsweise von 485 Pflanzen, die ihrem Glauben nach alle von Gott gegebene Heilmittel waren. Ihre empfohlene Dosierung war so gering, daß sie schon fast homöopathisch genannt werden konnte, dazu verschrieb sie häufig eine Diät und Körperübungen. Es handelte sich um die übliche Kollektion pflanzlicher Heilmittel, die wahrscheinlich ein paar aktive Substanzen enthielten und, wie subtil auch immer, die entsprechende Krankheit beeinflußten. Andere Heilmittel (wie etwa ein auf dem Nabel plaziertes Löwenherz bei einer schwierigen Geburt oder nasser Lehm bei paralysierten Gliedern) scheinen eher der reinen Phantasie entsprungen zu sein. Sie schrieb wenig über Chirurgie und Geburtshilfe; man kann wohl davon ausgehen, daß ihr auf beiden Gebieten das Klosterleben wenig Anschauungsunterricht bot.

Hildegard hatte viele für ihre Zeit außerordentlich fortschrittliche Ideen. Bei Diabetes empfahl sie, weder Süßigkeiten noch Nüsse zu essen. Ihre Abhandlung über den Blutkreislauf nahm das von Harvey im 17. Jahrhundert vorgestellte Modell vorweg. Ihr Werk kann sich in seiner Bandbreite mit dem der Väter der Medizin und auch der Väter der Wissenschaft, auf die wir noch zu sprechen kommen, sehr wohl messen.

Mit der für sie charakteristischen Eloquenz schrieb sie über die sichtbaren und unsichtbaren Einflüsse böser Geister auf die Natur und die Heilmittel. Teufel und Drachen und andere übernatürliche Gestalten dringen im positiven wie im negativen Sinne in Heilpräparate ein. Dem Teufel liegen einige mehr und andere weniger. Zum Beispiel war ihrer Ansicht nach der Einfluß des Teufels bei der Alraunwurzel, die ja die Sinneswahrnehmungen verändern kann, stärker als bei anderen Pflanzen. Sie glaubte, daß die immergrüne Eiche Luftgeister abwehren und daß die Menschen, die unter ihren Zweigen schliefen oder damit ihr Haus ausräucherten, von bösen Geistern oder teuflischen Einbildungen befreit würden. Auch Steine und Metalle hatten klar definierte Beziehungen zur dunklen oder lichten Seite des Übernatürlichen. So schützte Blutstein, wenn man ihn während der Geburt in der Hand hielt, wie auch die Berührung von rotglühendem Stahl vor übelwollenden Geistern. Ihrer Lehre nach sind im Osten gesammelte Kräuter voller Tugend und besitzen heilende Eigenschaften, während im Westen gesammelte Kräuter über eine starke Magie verfügen und nicht viel zur Gesundheit des menschlichen Körpers beitragen.

Sie schrieb häufig darüber, daß mit Hilfe der Magie Einfluß auf Körper und Seele genommen werden könnte. Als böser Aspekt aller Künste manifestiere sie sich in Gestalt von Drachen und Tieren mit dem Körper eines Hundes, dem Kopf eines Wolfs und dem Schwanz eines Löwen sowie in einigen Pflanzen und in bestimmten menschlichen Gesichtszügen. Die Anhänger der Magie strebten nach dem Bösen und bezeichneten Dämonen als ihre Götter. Allerdings gab es Möglichkeiten der Gegenmagie, zum Beispiel an Orten, wo Tannen wuchsen. Auch konnte man Pulver gegen Gift und gegen Zaubersprüche mischen, wie es in *Causae et Curae* heißt – Pulver, die Gesundheit, Kraft und Wohlergehen bringen. Zu diesem Zweck empfiehlt sie den Lesern:

> Nimm vom Storchschnabel eine Wurzel mit den Blättern, zwei Malvenwurzeln mit ihren Blättern und sieben Wegerichwurzeln mit den Blättern, ziehe diese Pflanzen mit ihren Wurzeln in der Mitte des Monats April zur Mittagszeit aus, lege sie auf feuchte Erde und begieße sie mit wenig Wasser, damit sie eine Zeitlang grün bleiben. Neigt sich der Tag dann zum Abend hin, so lege die Kräuter an das Licht der Sonne, bis die Sonne untergeht. Beim Untergang der Sonne aber nimm die Kräuter von ihrem Platz weg, lege sie in der nachfolgenden Nacht wieder auf feuchte Erde und besprenge sie mit wenig Wasser, damit sie nicht zu schnell vertrocknen. Beim ersten Morgengrauen des folgenden Tages, wenn die Morgenröte sich erhebt, lege die Kräuter in den Schein des Morgenrots bis zur dritten Stunde des Tages wieder auf den feuchten Boden, ohne sie mit Wasser zu besprengen, bis zur Tagesmitte, wenn die Sonne sich nach Süden wendet. Dann nimm die Kräuter... fort und lege sie nach Süden in das volle Sonnenlicht bis zur neunten Stunde desselben Tages. Darauf nimm sie und leg sie auf ein Tuch, das auf einen hölzernen Rahmen gespannt ist so, daß dabei die Kräuter nicht geknickt oder beschädigt werden, und lasse sie so bis kurz vor Mitternacht liegen. Wenn dann das Rad des Nordens wie ein Mühlrad sich dreht und wieder zur Finsternis sich wendet, weil

es kein Licht bekommen kann und weil dann alle finsteren und nächtlichen Übel fliehen, weil die Nacht sich jetzt wieder dem Tage zuwenden muß, also: ganz kurz vor Mitternacht lege die Kräuter in ein hohes Fenster oder auf den Türbalken oder in irgendeinen Garten, damit sie die mäßig warme Luft haben und von der Luft berührt werden können. Da müssen sie liegenbleiben bis gleich nach Mitternacht. Ist die Mitternacht nun vorüber, so nimm die Kräuter weg... zerreibe sie vorsichtig mit den Fingern, tue sie in ein neues feines Leinentuch und gib ein wenig Bisam dazu, aber nur so viel, daß der Geruch der Kräuter nicht... verdrängt wird. Der Bisam erhält die Kräuter eine Zeitlang so, daß sie nicht faul werden. Dann aber soll jedermann die so zubereiteten Kräuter zur Abwehr von Krankheit und zur Erhaltung der Gesundheit täglich vor seine Augen, Ohren, Nase und Mund halten, damit er deren Geruch aufnehmen kann. Ist der Geschlechtstrieb bei einem Manne stark, so soll er die Kräuter in ein Tuch gebunden von den Lenden herab bis zum Glied auflegen. Eine Frau dagegen soll sie auf den Nabel legen und wird die Abkühlung merken. Hat jemand etwas gegessen, wonach er Schmerz empfindet, soll er die Kräuter oben in den Hals eines engen, mit Wein gefüllten Gefäßes stecken, aber so, daß sie nicht vom Wein berührt werden, sondern nur so weit, daß der Wein ihren Duft aufnehmen kann. Von diesem Wein bereite man einen kleinen Frühtrunk... und trinke ihn so. Hat aber jemand Gift genommen oder wird er von einem Zauber heimgesucht, so soll er den duftgetränkten Wein trinken, und es wird ihm besser werden. Wer die genannten Kräuter, nach Vorschrift behandelt, bei sich trägt, wird Gesundheit und Kraft behalten, weil diese Kräuter zu allen Stunden und bei jeder Temperatur, sowohl des Tages wie der Nacht, zubereitet worden sind.[19]

Astrologie, Gemmologie und das Hellsehen in Träumen hatten ebenfalls einen Platz in Hildegards Psychopharmakopöe, obwohl sie sich gegen solche Künste als Künste des Teufels verwahrt. Dazu schreibt Thorndike:

Wenn Hildegard zu ihrer eigenen Form von Magie Zuflucht nimmt, um den teuflischen Künsten entgegenzuwirken, und wenn sie bei aller Kritik ein gewisses Maß astrologischer Doktrin akzeptiert, dann überrascht es nicht, wenn sie in ihrem *Causae et Curae* ein Wort zugunsten der naturgegebenen Fähigkeit des Hellsehens im Traum einlegt, obwohl sie die Wahrsagerei und derartige Künste ablehnt.[20]

Es ist leicht, den Werken, in denen man der Denkweise der modernen Medizin begegnet, Beifall zu zollen und sich über das Seltsame und Bizarre lustig zu machen. Doch damit geht man am Kern der Sache vorbei. Hildegard bleibt, was sie war: die tiefgründigste Wissenschaftlerin ihrer Zeit, die den damaligen Stand der Heilkünste repräsentierte. Jene Spaltung, die sie vornimmt und so entschieden zum Ausdruck bringt, die Spaltung zwischen dem, was als göttlich und was als des Teufels zu betrachten ist, die Trennung zwischen einer heiligen Dreifaltigkeit von Theologie – Wissenschaft – Medizin einerseits und Magie andererseits sollte der Menschheit in Fleisch und Blut übergehen. Gleichzeitig wechselte die Definition von Magie und wer sie ausübte ständig. Dieser Wechsel, der sich oft auf ein und dieselben Quellen stützte, bestimmte auch indirekt darüber, wer in der medizinischen Praxis «in» und wer «out» war.

Ganze Gelehrtengenerationen ignorierten Hildegards Werke, begrüßten aber feierlich die abgekupferten Bemühungen der mittelalterlichen Väter der Wissenschaft – Bacon, Thomas von Aquin, Albertus Magnus usw. –, die alles taten, um die Frau aus ihrem angestammten Gebiet in den magischen Bereichen des Heilens zu vertreiben. Hildegard selbst wanderte auf einem gefährlich schmalen Grat zwischen mittelalterlicher Ketzerei und Göttlichkeit. Jedes ihrer Werke hätte verbrannt oder kanonisiert werden können, was aber beides nicht geschah. Und obwohl sie in der nachfolgenden Zeit vergessen schien, war es die von ihr vertretene Denk- und Argumentationsweise, die die Inquisition auf den Plan rief und eine Hexenjagd entfachte, die die hingebungsvollsten und fähigsten Heilerinnen unter den Frauen umbrachte. Hildegard war die letzte ihrer Art. Die Macht, die andere Äbtissinnen ausübten, wurde vereinnahmt, als die Kirche mit ihren Dogmen in denselben dunklen Abgrund stagnierenden Elends taumelte, wie er sich auch sonst überall im Mittelalter auftat. Spirituell gesinnte Frauen suchten weiterhin einen Platz in der Kirche, selbst wenn ihnen als einziger Weg des Dienstes nur das Putzen oder das Sticken gestattet war. Eine mit irgendeiner Form von Autorität verbundene Position wurde ihnen nach dem 12. Jahrhundert nur äußerst selten und widerwillig zugestanden; ein starkes religiöses Interesse von seiten einer Frau wurde mit Argwohn beobachtet.

Epilog zum Hochmittelalter

Für Heilerinnen waren das 11., 12. und 13. Jahrhundert eine aufregende und abwechslungsreiche Zeit. Die häusliche Krankenpflege wurde weiterhin praktiziert, wenn auch die das dunkle Zeitalter überlebenden Methoden von zweifelhaftem Wert waren. Die gesellschaftspolitischen Entwicklungen und die noch nicht erstarrte religiöse Atmosphäre räumten den in den Heilkünsten tätigen Frauen, im Vergleich zur unmittelbaren Vergangenheit und Zukunft, einen außergewöhnlich großen Spielraum ein. Die Kultur dieser Zeit brachte erstaunlich viele Ärztinnen und bedeutende Äbtissinnen hervor.

Die kulturelle Vielfalt des 12. Jahrhunderts drückte sich auch in der Dichtung und Philosophie jener Männer aus, die in der Kathedralsschule von Chartres studierten, einer Stätte, die die intellektuellen Leistungen jener Zeit symbolisierte. Hier tritt uns in «leuchtender, verführerischer Macht zum estenmal im Denken und Dichten Westeuropas» die «Natur als kosmische Potenz, als ‹Göttin Natur› (im Sinne Goethes), als dämonisch-göttlicher Mutterschoß aller Dinge» entgegen.[21] Ein Denken, das ein oder zwei Generationen später bereits unmöglich gewesen wäre und unter Umständen die Todesstrafe zur Folge gehabt hätte.

Abälard, der letzte der großen Wanderlehrer und unter anderem berühmt wegen seiner Beziehung zu und seines Briefwechsels mit Héloise, war ein eloquenter Fürsprecher des «neuen Menschen», womit er nicht nur den Mann, sondern auch die Frau meinte. Sein Werk war eine geistige Quelle für Humanisten, die sich im Laufe der Jahrhunderte immer wieder um Macht, Krieg und Gewalt transzendierende Werte bemühten. Er erklärte, daß die Frau von ihrem Wesen her eine höhere Form der Männlichkeit sei, seelisch und geistig verfeinert, die im Inneren Reich des Geistes und der Seele mit dem Gott-Geist auf der Ebene innigster Freundschaft zu kommunizieren imstande sei. Er rief die Jugend und die Frauen Europas auf, kühner zu denken und leidenschaftlicher zu lieben – so, wie es dem neuen Menschen zukomme.

Abälard wurde zum Ketzer erklärt, dessen Gedanken für die Kirche eine extreme Gefahr darstellten, seine Bücher wurden verbrannt und er selbst für einige Zeit in die Isolation eines Klosters verbannt. Trotz aller Bemühungen der Humanisten war gegen Mitte des 13. Jahrhunderts die Zeit vorbei, in der weibliche Herrscherinnen, Äbtissinnen, Schirmherrinnen, Dichterinnen und Mystikerinnen der Gesellschaft ihren Stempel aufdrücken konnten. Das Mittelalter hatte das Problem der sozialen Stellung der Frau ganz offensichtlich nicht lösen können. Und derart «ungelöst, bildet die Frauenfrage eine schwere Hypothek für die Zukunft Europas».[22]

Im nächsten Teil des Buches gehen wir auf die sich weiter dogmatisierende kirchliche Doktrin und die philosophischen Grundlagen der experimentellen Wissenschaft ein. Beide Denkrichtungen wurden als Waffen gegen die Frau eingesetzt, wurden genutzt, um die Frau aus dem Reich der Heilkünste zu verdrängen.

TEIL II

Die Frau und die Entwicklung wissenschaftlichen Denkens

In den folgenden Kapiteln geht es um eine Epoche, in der sich das kosmologische System der westlichen Zivilisation erweitert und sowohl Naturwissenschaft wie Theologie und religiöse Mythologie umfaßt.

Wie immer entstand auch diese neue Kosmologie während einer Krisensituation und dazu in einer Zeit, in der die Natur als lebensfeindlich betrachtet wurde. Anders als bei ähnlichen Krisen in Sumer und in anderen Kulturen wandelten sich jedoch hier die Götter nicht. Vielmehr wurde die Vorstellung entwickelt, daß Gottes Schöpfung von ihrem Wesen und ihrer Intention her eine natürliche Ordnung innewohnt, die dem Menschen offenbart und, erst einmal verstanden, dazu benutzt werden kann, dem widerspenstigen und bedrohlichen Lauf der Natur die Zügel anzulegen. Weder wurde Gott weiblicher, noch veränderte sich die Stellung der Frau in der gesellschaftlichen Hierarchie; sie wurde der Natur zu- und dem Manne untergeordnet.[1] Durch diese Neuordnung der Schöpfungsgeschichte bekamen die Gesetze zur Regelung der Heilverfahren einen wissenschaftlichen Anstrich und wurden zur Domäne männlichen Denkens. Frauen, so meinte man, konnten nicht hoffen, sie je zu begreifen.

Im folgenden werden wir uns mit drei Phasen dieser Geschichte beschäftigen, die den Zeitraum vom 13. bis zum 18. Jahrhundert umfassen. Zunächst sprechen wir über die Religion, die Philosophie und die ideologischen Fundamente des frühen wissenschaftlichen Denkens, die den Weg zur Verfolgung der heilkundigen Frauen frei machten. Dann folgt eine Skizzierung der mit dem «Hexen»-Holocaust verbundenen größeren historischen Ereignisse. Dem schließt sich ein Abriß der Entstehungsgeschichte der modernen wissenschaftlichen Medizin und deren Verhältnis zu weiblichen Prinzipien der Heilkunst an. Außerdem werden wir zeigen, wie sich die Wissenschaft zu einem Studiengebiet entwikkelte, das sich angeblich von der Religion unterschied, aber dafür andere – allerdings keineswegs weniger – Gründe hatte, die Heilerinnen mit Sanktionen zu belegen.

In diesen Jahrhunderten ist die Stimme der Heilerinnen kaum zu vernehmen, wenngleich einige andere Frauen die Zeiten überdauernde Beiträge zur Literatur leisteten: Christine de Pisan, eine frühe Feministin; Margery Kempe, eine selbsternannte «heilige

Frau», die eine der ersten Autobiographien Europas diktierte; Dame Julian, eine Anachoretin, die Lyrik über die «Mutter Jesu» verfaßte. Informationen von Frauen über Frauen bzw. deren Heiltätigkeit sind rar. Der größte Teil des hier präsentierten Materials wurde Dokumenten der Kirche, Prozeßunterlagen und wissenschaftlichen Werken männlicher Autoren entnommen.

Man schrieb viel *über* Frauen, da man sie ja direkt attackierte, hauptsächlich aus Gründen, die mit dem Mythos weiblicher Heilkunst zusammenhingen. Die Männer fürchteten die Intuition der Frau wie auch ihren starken Sinn für die natürliche Verbindung zwischen Mensch und Erde und bemühten sich, alles das aus ihrer neuen wissenschaftlichen Weltanschauung herauszuhalten. Wußte doch schon Cato der Ältere (2. Jahrhundert v. Chr.): «Sobald die Weiber uns gleichgestellt sind, sind sie uns überlegen.»

8 Die Heilerinnen als Ketzerinnen

Verschiedene Ereignisse kamen im 13. Jahrhundert zusammen, die die Zukunft der Frau als Heilerin bestimmen sollten. Vorstellungen der Vergangenheit und Gegenwart kollidierten, vermischten, veränderten und entwickelten sich zu einem weltanschaulichen Muster, das weibliche Werte etwa siebenhundert Jahre lang zum Verstummen brachte.

Zu diesem Zeitpunkt existierte nur noch eine schwache Erinnerung an die herausragenden Heilerinnen früherer Generationen. Und gleichzeitig fielen die Behandlungsmethoden der Chirurgie, Geburtshilfe und Pharmazie (hier waren besonders die Betäubungsmittel betroffen) der Vergessenheit anheim. Die lebenspendende und spirituelle Energie der Kirche, die die heilende Kraft von Hoffnung und Vergebung angeboten hatte, wurde geschwächt durch ihre wachsende Gier und ihr ungezügeltes Machtstreben. Trotzdem verfügten die Männer, die in dieser Epoche herrliche gotische Kathedralen entworfen und erbaut hatten, über Institutionen und theologische Lehrgebäude, die ebenso komplex und machtvoll waren wie ihre Architektur. Die Tragödie, die nun auf die Frauen zukaum, war kein zufälliges ideologisches Nebenprodukt. Sie wurde auf allen Ebenen der Kirche und des Staatswesens von gebildeten Männern herbeigeführt, auf deren Dogmen die ab dem 14. Jahrhundert an Frauen ganz bewußt begangenen fürchterlichen Verbrechen basierten. Wir werden hier sowohl über die mit der erstarrenden kirchlichen Doktrin verknüpften Vorstellungen wie auch über die Ideen sprechen, die jene Männer vertraten, die als Vorläufer der experimentellen Wissenschaft gelten.

Übergänge und Übergriffe der christlichen Kosmologie

In den vorangegangenen Kapiteln habe ich historische Koordinaten geliefert für die Tatsache, daß Frauen immer nur dann als autonome und unabhängige Heilerinnen – bzw. ohne die Oberaufsicht einer anerkannten männlichen Autorität – arbeiten konnten, wenn in der entsprechenden Kultur die Hauptgottheit weiblicher Natur oder von stark androgynem oder bisexuellem Wesen war.

Mit der Ausbreitung des Christentums verlor die Frau zunehmend an Würde und Autorität. Einige berühmte Äbtissinnen oder Hospital- und Ordensgründerinnen bilden die Ausnahme von der Regel. Die große Mehrheit der Frauen versah lediglich Pflegedienste im häuslichen Rahmen. Doch nach dem 13. Jahrhundert wurde auch diesen zurückgezogen arbeitenden Heilerinnen – vor allem jenen, deren Fähigkeiten ihnen einen gewissen Bekanntheitsgrad eingetragen hatten – die Ausübung ihrer Tätigkeit untersagt; andernfalls drohte ihnen Exkommunikation, Gefängnis oder gar der Tod.

Drei wesentliche theologische Kernpunkte besiegelten das Schicksal der Frauen: die postulierte Männlichkeit Gottes und des Gottessohns, die Festschreibung der Konsequenzen der Erbsünde und vor allem die Anschuldigungen der Teufelsanbetung.

Alle die religiösen Fragen waren nur vorgeschoben, in erster Linie ging es darum, die Doktrin von der naturgegebenen untergeordneten Stellung der Frau ideologisch zu zementieren, um sich die ökonomische und politische Herrschaft zu sichern.

Die Doktrin von der Erbsünde

Die Behauptung, daß die Frau die Urheberin der Erbsünde sei, wurde als Hauptmunition eingesetzt, um Frauen unter die Herrschaft der Kirche, des Staates und der Männer zu zwingen. Die Idee der Erbsünde war eine ungewöhnliche Interpretation von Schöpfungsmythen, die um mindestens siebentausend Jahre älter sind als das Buch Genesis im Alten Testament und die in jenen Ländern des Nahen Ostens ihren Ursprung hatten, in welche die hebräischen Stämme eingefallen waren. Dort finden wir die Symbole des mythischen Gartens des Lebens: die Schlange, die für Wiedergeburt steht, den «Weltenbaum», die «Sonne aller Ewigkeit» und die «Wasser allen Lebens». In allen Variationen dieses Mythos konnte die Gottheit in männlicher wie in weiblicher Gestalt repräsentiert werden. Mit diesem Garten des Lebens ist kein Zorn, keine Schuld, nichts Böses, nichts Unerfreuliches assoziiert. «Die Frucht der Erkenntnis des Lebens befindet sich dort im innersten Heiligtum der Welt, um gepflückt zu werden. Und bereitwillig wird sie jedem Sterblichen, männlich oder weiblich, zugestanden, der mit dem rechten Willen und der Bereitschaft zu empfangen, nach ihr greift.»[1]

Im jüdisch-christlichen Mythos verführt die Schlange (nicht länger ein Symbol der Weisheit, Wiedergeburt und des Heilens, sondern des Teufels), die Frau (nun nicht mehr die menschliche Form der Mutter allen Lebens, sondern die Inkarnation menschlicher Schwachheit) dazu, «von der Frucht des Baumes zu essen» (was nicht mehr für Weisheit steht, sondern einen Akt des Ungehorsams gegen den einen Gott darstellt). Und ebenso verführt die Frau ihren Gefährten. Als Strafe dafür soll sie auf ewig Kinder unter Schmerzen gebären und dem Mann untertan sein. Die Annehmlichkeiten des Lebens in einem Paradies auf Erden weichen nun der Scham über Nacktheit, Empfängnis, Geburt, ja das Leben selbst.

Die Dogmen des 13. Jahrhunderts stützen sich auf die Philosophie des heiligen Augustinus, der behauptete, nur die Kirche könne von dieser Sünde lossprechen. Es war ein geniales Spiel der Macht, das die Menschen an die Institution kettete, die ihnen Vergebung und ewiges Leben garantierte.

Frauen verloren dabei in jeder Hinsicht. Um die dem kirchlichen Griff nach der Macht zugrunde liegende Logik aufrechtzuerhalten, mußte auch die Behauptung von der angeborenen Sündhaftigkeit der Frau festgeschrieben werden. Denn ohne die böse Verführerin gäbe es keine Sünde, und ohne Sünde kein Versprechen auf Erlösung, mittels dessen man Kontrolle über die Massen ausüben konnte. Die Doktrin von der Erbsünde war der entscheidende Punkt: Jede etablierte Kirche, die von einer auf unhinterfragtem Gehorsam begründeten ökonomischen Machtbasis abhängt, bricht zusammen, wenn sie nicht von einer größeren Anzahl Menschen als Tor zum Himmel betrachtet wird.

Später diente die Doktrin auch der Rechtfertigung, Frauen ohne ersichtlichen Grund zu verprügeln – außer dem einen, daß sie von Natur aus böse waren und das brauchten. Frauen, die anderen Frauen bei der Geburt mit lindernden Mitteln beizustehen wagten, wurden streng bestraft, da die Wehen die Frau an ihre ursprünglich sündige Natur erinnern sollten, die Strafe für Evas Fehltritt. Diese Ursünde Evas diente schließlich auch als Entschuldigung für die Folterung und Ermordung von Hunderttausenden von Frauen während der Inquisition und den Hexenjagden.

Da Jesu Geburt von der Sünde Evas nicht befleckt sein durfte, schlugen die Theologen geradezu logische Purzelbäume. «Durch eine monströse Ideenperversion betrachtete das Mittelalter das Fleisch in seinem (seit Eva verfluchten) Repräsentanten *Weib* als unrein. Maria, gepriesen als *Jungfrau* und nicht so sehr als Unsere Liebe Frau, war weit entfernt davon, die wirkliche Frau aufzuwerten, ja erniedrigte sie sogar, indem sie den Menschen auf den Weg eines scholastischen Ideals der Reinheit führte, der sich auf immer groteskere Weise verstieg.»[2] So wurde im Laufe der Jahrhunderte dekretiert, daß Maria gar keine wirkliche Frau war, sondern ein Wesen, das selbst unbefleckt empfangen worden und bei seinem Tod leiblich in den Himmel aufgestiegen war.

Angesichts all der auf die Frau niederprasselnden Proklamationen von Päpsten, Mönchen, Priestern und Gesetzesverfassern hielt sie sich allmählich selbst für unrein und sündig. Voller Scham verbarg sie ihr Gesicht, vor allem während der Zeit der Menstruation, der Schwangerschaft und der Geburt. Sie sollte beim Liebesakt nicht länger Vergnügen empfinden, sondern ihn vielmehr nur erdulden, um in Sünde Kinder zu empfangen. Der weibliche Anteil an der Schöpfung war nicht mehr segensreich, sondern mit Fluch beladen.

Vielleicht zur Beruhigung des Gewissens und Rechtfertigung dessen, was um des Machterhalts der Kirche willen den Frauen angetan wurde, mußte außerdem bewiesen werden, daß die Frau an sich ein niedrigeres Geschöpf ist. Das stellte kein großes theologisches Problem dar, da die Frau schließlich aus der Rippe des Mannes und nicht nach dem Bilde Gottes geschaffen worden war.

Thomas von Aquin zufolge sollte man sich der Frau wie eines notwendigen Dings bedienen, das man zur Erhaltung der Spezies brauche oder zur Versorgung mit Speis und Trank. «Es war notwendig, daß das Weib ins Dasein trat, wie die Schrift sagt, als die Gehilfin des Mannes; allerdings nicht als Gehilfin zu einem (anderen) Werke (als dem) der Zeugung..., da ja der Mann zu jedem sonstigen Werke eine bessere Hilfe in einem anderen Manne findet als im Weibe.»[3] Auch diese eine der Frau zugestandene Rolle bei der Zeugung schränkt Thomas von Aquin noch ein, denn seiner Ansicht nach steuert die Frau bloß eine formlose Körpermaterie bei, die erst durch die formgebende Kraft des männlichen Samens Gestalt annehmen kann.

Derartige Gedankengänge, die die Unterlegenheit der Frau beweisen sollten, waren schon in früheren theologischen Schriften aufgetaucht, doch sie verfestigten sich erst im späten Mittelalter zur Doktrin. Nichts aber, auch nicht die Reformation, befreite die Eva von der Erbsünde und ihrem niedrigeren menschlichen und gesellschaftlichen Status. Denn mit Hilfe dieser Lehre ließen sich noch ganz andere Ziele verfolgen als bloß kirchliche.

Monismus versus Dualismus

Die ausgearbeitete Doktrin von der Erbsünde reichte zur Rechtfertigung der Verbrechen gegen die Frauen. Doch sah sich die Kirche zunehmend mit einer Opposition in den eigenen Reihen konfrontiert. Die aufmüpfigen Gruppen der Häretiker oder sogenannten Ketzer versuchte man mundtot zu machen, indem man sie des Dualismus bezichtigte, das heißt der gleichzeitigen Verehrung sowohl einer bösen Gottheit wie des christlichen Gotts. Aus diesen Anschuldigungen entwickelten sich zunächst die Aktivitäten der Inquisition und dann die Hexenjagden.[4]

Wie aber kann es sein, daß ein allmächtiger und durch und durch guter Gott wie der christliche eine Welt erschaffen hat, in der Krebs, Hunger und Folter an der Tagesordnung sind? Eine Antwort darauf ist, daß das Böse zumindest zum Teil von einem bösen, sehr mächtigen Geist verursacht wird.[5] Im Hebräischen hieß dieser Geist Satan, unser «Teufel», dessen Ikonographie auf pagane Götter zurückgeht, zum Beispiel die Gestalt des gehörnten und bocksfüßigen Pan.

In den frühen Erdmutter-Religionen war die Existenz des Bösen kein logisches Problem. Die Große Göttin verkörperte die dunklen und die lichten Kräfte, und ihre Verehrung basierte auf einer monistischen Theologie, die das Gute und das Böse in einer einzigen Gottheit vereinte. Die meisten Ausformungen des christlichen Glaubens, vor allem aber die mittelalterlichen und heutigen Versionen des Fundamentalismus sind – *ohne dies zuzugeben* – sehr stark dualistisch ausgerichtet, indem sie dem Teufel einen einzigartigen Status als gefallenem Engel oder gefallener Gottheit zuweisen. Um den damit verbundenen Problemen auszuweichen, schwächte das Christentum die Macht des Teufels ab und grenzte sein Reich ein.

Den Häretikern und später vielen Frauen warf man vor, den Teufel als ihre oberste Gottheit anzubeten. Diese Anschuldigungen waren wahrscheinlich ganz bewußte Verleumdungen. Es gibt keine Beweise dafür, daß irgendwelche Sekten tatsächlich den Teufel statt des Christengottes anbeteten oder verehrten. Aber die Häretiker machten sich nicht nur des Vergehens schuldig, gewisse Punkte des katholischen Dogmas, sondern auch den Lebenswandel des Klerus in Frage zu stellen. Es bestand ein echtes und weitverbreitetes Bedürfnis nach einer moralischen Reform. Von Anfang an standen die meisten Splittergruppen und der ganz linke wie der ganz rechte Flügel der Kirche der aktiven Teilnahme der Frauen weitaus offener gegenüber als die Masse des Klerus und der christlichen Institutionen.

Der Anfang vom Ende

Um sich vor den desillusionierten Sekten zu schützen, ging die Kirche zum Angriff über. Zur Wahrung ihrer Interessen belebte sie wieder die Heilige Inquisition, eine Einrichtung, die mit dem ersten Ketzerprozeß in Orléans 1022 gegründet worden war und siebenhundert Jahre lang in ganz Europa und Südamerika ihr Unwesen trieb.

In all der Zeit veränderten sich die Anklagen kaum, egal ob der oder die Angeklagte ein Jude war, ein Katholik, ein Gnostiker, eine Heilerin oder was auch immer gerade als ketzerisch erachtet wurde. Sie schienen einem dumpfen und fauligen Geist zu entspringen, der wußte, wo das menschliche Empfinden am tiefsten getroffen werden kann: Töten und Verspeisen von kleinen Kindern, Geschlechtsverkehr mit den Mächten des Bösen, orgiastische und blutige Rituale oder lebensbedrohliche okkulte Kenntnisse – so lauteten die Hauptanklagepunkte.

Die «Ketzer» wurden nach ihrer Gruppenzugehörigkeit benannt: Paulicianer, Bogomilen, Waldenser, der Orden der Armen Ritter Christi, die Templer, Katharer usw. Als zum Beispiel Ruhm und Macht der einst so geschätzten Kreuzzugshelden, der Templer, den Monarchen Europas und den Kirchenfürsten in Rom bedrohlich zu werden schienen, ging die Inquisition zum Angriff über. Sie beschuldigte die Templer, wie alle «Ketzer», über okkultes Wissen zu verfügen und sich der Mächte des Teufels zu bedienen. Die mystische Tradition dieses Ordens lebt noch heute, wie man sagt, in den esoterischen Praktiken der Rosenkreuzer und in den Ritualen der Freimaurer fort.

Die Katharer vertraten einen stark dualistischen Glauben, wonach alle physischen Manifestationen vom Teufel geschaffen waren, um die Menschheit zu prüfen und zu versuchen. Darüber hinaus gaben sie auch dem weiblichen Prinzip in der Religion Raum und gestatteten den Frauen, zu predigen und zu lehren.

1208 beginnt auf Veranlassung von Papst Innozenz III. der Albigenserkreuzzug und die gnadenlose Verfolgung und Ausmerzung der Katharer, bei der weder Frauen noch Kinder verschont werden. 1235 sitzt die päpstliche Inquisition fest im Sattel. 1252 erläßt Papst Innozenz die Bulle *Ad extirpanda,* die schon beim geringsten Verdacht zur Einkerkerung, Folterung und Hinrichtung von Ketzern autorisiert sowie zum Einzug von deren weltlichen Gütern. Ketzern konnte auch noch nach ihrem Tod der Prozeß gemacht werden, und ihre Erben mußten alles wieder rausrücken. Die Konfiszierung wurde so enthusiastisch betrieben, daß in nicht ganz hundert Jahren diese Goldmine so gut wie erschöpft war. 1360 beklagte sich der Inquisitor Eymeric, daß es keine reichen Ketzer mehr gäbe und das Interesse an dieser Praxis erlahme: «Es ist bedauerlich, daß eine so segensreiche Institution wie die unsere einer so ungewissen Zukunft entgegensieht.»[6]

Die mit jeder neuen Verurteilung gestärkte juristische Handhabung wurde immer schärfer, und bald verwischte sich die Trennung zwischen Zauberei und Ketzerei – alle Angeklagten (auch jene, die man der Hexerei bezichtigte) waren der Teufelsanbetung schuldig.

Der Zugriff der Inquisition erstreckte sich zunächst vor allem auf die Angehörigen der irrgläubigen religiösen Sekten. Die Paranoia in bezug auf «die Frau als Zauberin» – und somit die «Frau als Hexe und Heilerin» – breitete sich anfänglich nur langsam aus. Erst im 15. Jahrhundert brach sie, ausgelöst durch bestimmte historische Ereignisse, voll aus.

Die Entstehung der experimentellen Wissenschaft

Was waren das für Männer, die die philosophische Grundlage zur Frauenverfolgung schufen? Wer waren Roger Bacon, Thomas von Aquin, Arnald von Villanova, Albertus Magnus und Michael Scot? Da irgendwelche von der Kirche unabhängige Studien und Forschungen nicht erlaubt waren, konnte sich die Wissenschaft nur auf dem Boden der Theologie entwickeln. Wissenschaftliche Theoretiker waren Ekklesiasten. Roger Bacon war Franziskaner, Thomas von Aquin und Albertus Magnus waren Dominikaner. Michael Scot war ein hochrangiger Geistlicher, Arzt und Hofastrologe, Arnald Arzt, Alchimist und Ratgeber der spirituellen Franziskaner und Päpste.[7]

Diese Männer hatten sich nicht unbedingt bewußt vorgenommen, mit ihrer Arbeit den gegen die Frauen gerichteten Holocaust zu ermöglichen. Es waren aber ihre Schriften, durch die er Jahre nach ihrem Tod seine Dynamik gewann. Sie alle erwähnen in ihren Werken Kolleginnen, die in einer von ihnen gebilligten Weise die Heilkunst praktizierten. Arnald vermerkt, daß es Frauen waren, die ihn über die richtige Zeit des Kräutersammelns und über Zauber und magische Steine unterrichtet hatten, aber auch darüber, wie man Blutungen stillt und welche Umschläge bei Halsentzündungen nützlich sind. Albertus Magnus befürwortete die Ausbildung von Frauen und glaubte, daß sogar die Jungfrau Maria mit den sieben freien Künsten vertraut gewesen war. Michael Scot unterwies die Hebammen in der Kunst der Astrologie, vor allem im Zusammenhang mit Aspekten des Zeitpunkts von Empfängnis und Geburt.

Überhaupt schrieben alle diese Männer – auch der Kirchenlehrer Thomas von Aquin, dem vorrangig die intellektuelle Dogmatisierung in der Theologie anzulasten ist – über Heilmittel, obwohl anscheinend nur Michael Scot und Arnald von Villanova wirklich als Ärzte praktizierten. Ihre Rezepte füllten viele Seiten mit der Beschreibung der rituellen Zubereitung eines Medikamentes, wozu eine breitgestreute Mischung von Arzneien, Pflanzen, die Einbeziehung von Magie oder Zauberei, Astrologie, Gemmologie, Religion, Alchimie, Traumdeutung, Geomantie, Nekromantie und Divination gehörten.

Als unabdingbar erachteten diese Männer, festzustellen, welche Praktiken der Naturwissenschaft und welche dem Reich des Übernatürlichen, also welche der experimentellen Wissenschaft im Gegensatz zur Magie zuzuordnen waren. Da entweder göttliche oder dämonische Kräfte die Manifestationen der experimentellen Naturwissenschaft, der übernatürlichen Ereignisse oder der Magie bestimmen konnten, mußten sie irgendwie identifiziert werden können, das heißt es mußte festgestellt werden können, ob etwas von Gott, mit Gott erfüllt und von daher korrekt war; ob es Magie und Zauberei war, die wahrscheinlich nicht von Gott kamen, doch auch nicht unbedingt Teufelswerk sein mußten; oder ob Ketzerei, ganz zweifellos ein Werk des Teufels, zu diagnostizieren war. Im Klartext heißt das: Waren die Praktiken ketzerischer Natur, dann war es rechtens, sie unter Strafe zu stellen; sie unterlagen im Endeffekt der Jurisdiktion der Inquisition.

Nach dem Mittelalter fielen Magie oder Zauberei – sowieso immer schwer zu definieren – ganz einfach in die Kategorie von Ketzerei. Im Prinzip blieben nur zwei Kategorien übrig: das, was von Gott, und das, was des Teufels war. Die folgenden Passagen zeigen die verquere Logik, mit der man ein Heilmittel oder Ritual entsprechend einordnete. Es läßt sich daraus ersehen, wie hart diese Männer an den Kriterien für eine gute bzw. schlechte Medizin arbeiteten. Ihre Entscheidungen beherrschten das medizinische Denken vieler Jahrhunderte. Ihre Bemühungen ließen ihre Nachfolger auf eine Lösung kommen, die ihrer Ansicht nach am besten geeignet war, die anstehenden Probleme in den Griff zu bekommen: Frauen und ihre Heilmethoden und Heilmittel mußten verdammt werden.

Hier nun eine Passage aus Arnald von Villanovas *Antidotarium:*

> Im Namen des lebendigen Vaters und unseres Herrn Jesus Christus, nimm das reinste Gold und schmelze es, wenn die Sonne in den Widder eintritt. Dann forme daraus ein rundes Siegel und sprich dabei: «Erstehe Jesus, Licht der Welt, der du in Wahrheit bist das Lamm, das hinwegnimmt die Sünden der Welt und unsere Dunkelheit erhellt.» Und wiederhole den Psalm *Domine dominus noster.* Danach lege das Siegel beiseite und graviere später, wenn der Mond im Krebs oder Löwen und die Sonne noch im Widder steht, auf die eine Seite die Gestalt eines Widders ein und am Rand die Worte *arahel tribus juda v et vii* und an anderer Stelle die heiligen Worte: «Das Wort ist Fleisch geworden und wohnte unter uns», und in der Mitte: «Alpha und Omega und heiliger Petrus».

Seiner Behauptung nach bewirkt die Kraft dieses Siegels unter anderem folgendes:

> Wirkt gegen alle Dämonen und Erzfeinde und gegen Hexerei, erwirbt Gewinn und Gunst und hilft bei allen Gefahren und finanziellen Schwierigkeiten *(vectigalibus),* gegen Blitz, Donner, Sturm und Überschwemmungen sowie gegen die Kräfte der Winde und der Pestilenz in der Luft. Kein Leid kann das Haus oder die Bewohner eines Hauses treffen, in dem es ist. Es hilft den vom Teufel Besessenen, jenen, die an einer Gehirnentzündung leiden, Tobsüchtigen, bei Mandelentzündung, Halsentzündung und allen Krankheiten des Kopfes und der Augen sowie bei Schnupfen. Und ganz allgemein kann ich sagen, daß es alle Übel abwehrt und Gutes bewirkt; und der, der das Siegel trägt, soll sich so weit als möglich von Unreinheit und Luxus und anderen Todsünden fernhalten, und er soll es auf seinem Kopf tragen und in Ehren halten.[8]

Solche Ungereimtheiten der wissenschaftlichen Methodik tauchen auch in seinem Werk *De epilepsia* auf. Er mißbilligt die Verwendung von Geheimzeichen und abergläubischen Praktiken in der Medizin und verbietet sogar, beim Kräutersammeln das Kreuz zu schlagen oder das Vaterunser zu sprechen. Er zieht gegen Zauberer und Geisterbeschwörer, Hellseher und Auguren, die die Heilkünste ausüben, zu Felde und hält sie für einen gottlosen Haufen, der dem Teufel dient.

Ein weiteres Beispiel solcher Widersprüchlichkeit findet sich in Arnalds *Breviarium*. Er verdammt die Anrufungen, wie sie bei den «alten Weibern» von Salerno während der Geburt eines Kindes üblich waren. (Man fragt sich, wer diese «alten Weiber» wohl waren und ob es sich nicht um die hervorragenden Frauen zu Trotulas Zeiten handelte.) Sie nahmen drei Pfefferkörner, die «Zauberin» sprach über jedem ein Vaterunser, «Erlöse uns vom Übel», und bat: «Erlöse diese Frau von den Schmerzen der Geburt.» Dann wurden die Körner nacheinander in Wein oder Wasser der Frau verabreicht, und zwar so, daß sie nicht deren Zähne berührten. Dann wiederholte das «alte Weib» die Anrufung dreimal, jeweils begleitet von einem Vaterunser.[9]

Dies bezeichnet Arnald als «teuflische Praktiken». Und doch spricht er im gleichen Werk über eine ganz ähnliche Methode, die ihn innerhalb von zehn Tagen von über hundert Warzen befreite. Der Heiler berührte die Warzen, schlug das Kreuz darüber und wandte sich dann einem Busch zu. Kniend sprach er wiederholt das Vaterunser und ersetzte die Worte «Erlöse uns vom Übel» durch «Erlöse Meister Arnald von den Geschwulsten und Warzen an seinen Händen.» Dann nahm er drei Zweigspitzen des Busches, wobei er drei Vaterunser sprach, und steckte sie in den feuchten Boden eines abgelegenen Ortes. Arnald versichert, daß die Warzen verschwanden, während die Zweige verwelkten. Worin besteht der Unterschied? In letzterem Fall war der Heiler ein Priester. Aus diesem Beispiel läßt sich ersehen, daß es bei der Entscheidung darüber, ob das Heilen in den teuflischen oder den göttlichen Bereich fiel, nicht darum ging, *was* getan wurde, sondern *wer* es tat.

Michael Scot brachte den Magiern oder Zauberern wenig Sympathie entgegen. Er betrachtete sie als üble Gauner, die aber doch insofern klug waren, als sie die Geheimnisse der Natur kannten und die Zukunft voraussagen konnten. Er zählte achtundzwanzig

Variationen der Divination auf, alles wirksame Instrumente der Zukunftsvorhersage, alle des Teufels. Dann beschreibt er in seinem Werk *Physionomia* sehr detailliert, wie Träume gedeutet werden können, wie man zu prophetischen Träumen kommt usw.[10] Für ihn, das hebt er hervor, sind Träume diagnostische Hilfsmittel, vor allem was den Zustand der Körpersäfte angeht. In seinem *Liber introductorius* beschreibt er die ihm bekannten Heilmittel – Kräuter, Steine, Worte, astrologische Einflüsse – und rät, der Patient solle, wenn kein Mittel anschlägt, zu einer Zauberin oder Hellseherin geschickt werden.[11]

Albertus Magnus, der als der klügste Kopf seines Jahrhunderts und als früher Verfechter von wissenschaftlichen Experimenten gilt, glaubte, daß vor allem Träume eine magische Angelegenheit seien. Aber er vertrat die Ansicht, daß Magie gut oder schlecht sein könne und in jedem Fall ein Zweig der Wissenschaft sei. In seinem Werk *Vom Schlafen und Wachen* sagt er, der Fehler sei nicht in der Wissenschaft, sondern im Menschen zu suchen, der das Unwesentliche nicht vom Wesentlichen unterscheiden könne.[12]

Von allen Heilmittelchen, Divinationsmethoden und Anrufungen, die in den fragwürdigen Bereich der ärztlichen Kunst gehörten, überlebten nur die Alchimie und Astrologie als Gebiete, da nicht unbedingt mit Magie und Dämonen assoziiert; die Ausübung dieser Künste wurde weiterhin von der Kirche unterstützt. Frauen wurden mit beiden Bereichen nur selten in Verbindung gebracht, sie blieben vielmehr über fünfhundert Jahre lang die exklusive Domäne der zugelassenen Ärzte.

Andere Heilmittel und -methoden waren weniger deutlich definiert. Pflanzen, Teile von Tieren und Edelsteine wurden von allen Heilern benutzt – wie konnte also ihr Gebrauch dazu dienen, jemanden der Ausübung teuflischer medizinischer Praktiken zu bezichtigen? Bestimmte Substanzen hatten medizinische Effekte und konnten zudem «magische» Wirkungen haben oder auch nicht. Albertus Magnus glaubte, daß Zehrkraut hellseherische Kräfte verlieh, Verbene als Liebeszauber benutzt werden konnte, manche Kräuter lusttötend wirkten und manche Dämonen herbeiriefen. In anderen Zusammenhängen besitzen die gleichen Kräuter medizinische Eigenschaften. Deshalb war hier im Sinne von

Absicht, nicht *Gehalt* zwischen *Göttlichem* und *Dämonischem* zu unterscheiden. Seinen Aussagen zufolge konnten auch Steine und Teile von Tieren töten oder heilen, verhexen oder segnen. Die Trennungslinie zwischen der Medizin als mit einer vom Atem Gottes beseelten Naturwissenschaft und einer teuflischen Kunst verwischt sich mehr und mehr.[13]

Roger Bacon, der die Basis für die sorgfältigen Beobachtungsmethoden der Wissenschaft legte, hatte das Gefühl, daß Magie und Wissenschaft einander zu ähnlich seien, um voneinander unterschieden werden zu können. Er kannte die okkulte Literatur und die magischen Praktiken seiner Zeit, wobei er bei letzteren vieles als falsch, betrügerisch und fruchtlos bezeichnete. Trotzdem erkennt er in seinem Werk *Opus tertium* die Macht der Magie an und spricht davon, daß sie mit der Hilfe von Dämonen Wunder bewirken könne.[14]

Wer waren nun die Personen, die Magie praktizierten, wenn doch ihre Praktiken so schwer von der Medizin und der Wissenschaft jener Zeit zu trennen waren? Bacon bezeichnet sie als Zauberer, Hexen, «alte Weiber» und Magier. Sie waren, wie er betont, keine Astronomen und Philosophen.

Er assoziiert Magie und «alte Weiber» mit dem Begriff der «Faszination», mit der Fähigkeit eines Menschen, auf das Bewußtsein eines anderen durch Worte oder Zaubermittel einzuwirken, ganz ähnlich der in vielen Kulturen verbreiteten Vorstellung vom bösen Blick. Seiner Ansicht nach besitzen Worte, Zaubersprüche oder Anrufungen, derer man sich bedient, um zu «faszinieren», keine Macht *per se*. Wenn sie funktionieren, dann wegen der Dämonen. Der Glaube an die den Zaubermitteln innewohnende Macht sei eine etwas simple Vorstellung von Philosophen, versichert er. Auffällig ist, daß er nicht bestreitet, daß sie funktionieren, er sagt nur, daß sie nicht aus den von den Leuten angenommenen Gründen wirksam sind.

Thomas von Aquin war im Gegensatz zu Bacon und Albertus Magnus der Ansicht, die magischen Praktiken seien unmoralisch und des Teufels und sollten – außer um sie widerlegen zu können – unter keinen Umständen studiert werden.

Er ging von einer unleugbaren Realität und Gefahr der Magie oder Zauberei aus und verdammte die Divination, unterschied sie aber sorgfältig von göttlicher Prophetie. Auch hier richteten sich die Unterscheidungskriterien nicht gegen die Methode an sich, sondern bezogen sich auf die Personen, die sich ihrer mit «guter» oder «böser» Absicht bedienten. Er beschwor die Realität der Hexerei und erklärte, wenn Männer die Existenz von Hexen leugneten, so leugneten sie auch die Existenz von Dämonen, was eine Verletzung der kirchlichen Lehre darstellte. Er gestand den Hexen die Fähigkeit zu, den sexuellen Akt jederzeit abbrechen zu können – eine Beschuldigung, die sich impotente Männer jahrhundertelang merken sollten.[15]

Auch Thomas von Aquin ging von einer realen Macht des «Faszinierens» oder des bösen Blicks aus. Er glaubte, das Auge werde von der starken Einbildungskraft der Seele beeinflußt. Es könne die Atmosphäre vergiften und zarte Körper, die damit in Berührung kamen, schädigen. Auf diese Weise taten bösartige alte Frauen Kindern ein Leid an.[16]

Wie die anderen Vorläufer der Wissenschaft hatte auch er an der Alchimie oder Astrologie nichts auszusetzen. Kräuter und Worte hingegen gehörten zum Rüstzeug der Magie wie der Medizin und waren von daher immer verdächtig.[17]

Zusammenfassung

Die Argumente, mit denen den Frauen ein Praktizieren der Heilkünste verwehrt werden sollte, besaßen eine anerkannte theologische und wissenschaftliche Basis. Niemals wurde angedeutet, den Frauen mangle es hier an Kenntnissen oder Weisheit, im Gegenteil: Den Frauen wurde bestätigt, ihr Handwerk zu verstehen, über wirkungsvolle geheime Heilmittel zu verfügen und sowohl auf der Ebene des Physischen wie des Übernatürlichen eingreifen zu können. Aber da sie Frauen waren – keine Männer, keine Philosophen, Priester, Ärzte –, wurde jede Manifestation ihrer Heilpraktiken als Werk der Dämonen betrachtet.

Der Einfluß der Kirche und der Werke der gelehrten Männer dieser Zeit ist keinesfalls zu unterschätzen. Sie lieferten der Bevölkerung eine scheinbar rationale und notwendige Rechtfertigung für Unterdrückung und Mord. Frauen saßen durch das Votum dieser Männer und der auf ihren Schriften basierenden kirchlichen Doktrin über das, was im Bereich der Heilpraxis von Gott und was des Teufels war, in der Falle. Im Endeffekt hieß das: War die, gleich welche, Heilmethode eine von Frauen geübte Praxis, dann standen beide (Frauen und Methode) in Verbindung mit den Mächten des Bösen. So hatte man (= Mann) am Ende des 13. Jahrhunderts eine scheinbar zufriedenstellende und endgültige Antwort auf das «quälende» Problem der heilkundigen Frauen gefunden.

9 Das Schicksal der Weisen Frauen

Mit dem ausklingenden Mittelalter verschwanden die sanfteren Seiten des Lebens. Die Zeiten waren gekennzeichnet von Leidenschaft und Gewalt, Dekadenz und Frömmigkeit, der Agonie des Todes inmitten des Tanzes.[1] Elend und Not brachen über Europa herein. Die Ökologie war in einer Krise, Seuchen und Kriege wüteten. In diesem Kapitel untersuchen wir, wie diese Situation zur Brutalität gegen Frauen, zu strengen Sanktionen hinsichtlich der Heilerinnen und zur Ermordung jener, die die Heilkünste ausübten, führten. Diese Entwicklung beginnt um 1300 n. Chr. und endet mit dem 17. Jahrhundert.

Im 14. Jahrhundert wurde in der nördlichen Hemisphäre das Klima kälter. Die Gletscher befanden sich auf dem Vormarsch, und die Winter wurden sehr viel strenger. Das empfindliche Gleichgewicht zwischen Mensch und Umwelt war gestört. Ganz Europa war auf die eine oder andere Weise davon betroffen. Die Bevölkerung des Kontinents war weitgehend bäuerlich und hatte schwer darunter zu leiden, daß sie trotz größter Anstrengungen ihren ohnehin mageren Lebensunterhalt nicht mehr verdienen konnte. Doch Umweltbedingungen wirken sich auf alle aus – Bauern, Bürger und Könige. Veränderungen des Luftdrucks, der Temperatur und häufige Regenfälle beeinträchtigen das Wachstum von Bäumen und Kindern. In einem Zeitalter, das wenig Wandel erlebt hatte und keine Alternativen zu seinen Traditionen kannte, waren, als das Gleichgewicht zwischen Mensch und Natur gestört wurde, die Chancen für Panik und Chaos besonders groß.[2]

Zwischen 1308 und 1317 führte das ungewöhnliche Klima zu einer verheerenden Situation, die im hohen Norden ihren Anfang nahm und sich über ganz Europa ausbreitete. Es gab kein soziales Auffangnetz – Müller horteten ihr Getreide, um die Preise in die Höhe zu treiben, und die Menschen verhungerten. In den vorangegangenen dreihundert Jahren hatte sich die Bevölkerung Europas verdreifacht. Die Gleichung von mehr Menschen und weniger Nahrung war tödlich.

Seuchen, Pocken und Krieg

Mehrere Jahre fiel die Ernte aus, das heißt, es gab nicht ausreichend Nahrung, was zusammen mit dem allgegenwärtigen Schmutz in den übervölkerten großen und kleineren Städten Krankheiten Tür und Tor öffnete, die sich so verheerend auswirken sollten wie nie zuvor oder danach.

Im Oktober 1347 legten zwölf Genueser Galeeren, die, wie man glaubte, aus der Krimgegend kamen, im Hafen von Messina an. Ein Augenzeuge berichtete, daß die Männer der Besatzung «eine so heftige Krankheit in ihrem Körper trugen, daß jedermann, der auch nur mit ihnen sprach, sofort tödlich erkrankte und auf keine Weise dem Tod entkommen konnte».[3] Die Schiffe mußten den Hafen verlassen, aber die Männer waren bereits mit so vielen Menschen in Berührung gekommen, daß die Krankheit von Sizilien aus über Frankreich auf den Rest Europas übergriff.

Diese Seuche war die Pest, bekannt als Schwarzer Tod. Die Infektionskrankheit manifestierte sich auf dreierlei Art: als Beulenpest mit eitriger Lymphdrüsenentzündung, als Lungenpest mit tödlicher Lungenentzündung und als Blutvergiftung. Die meisten Opfer starben innerhalb von drei Tagen. Mehr als ein Drittel, fast die Hälfte der Bevölkerung Europas, kam um. Aus kirchlichen Aufzeichnungen geht hervor, daß in Avignon innerhalb von drei Tagen 1500 Leute starben. Allein der Franziskanerorden hatte 124 434 Opfer zu beklagen. Ganze Dörfer wurden ausgelöscht; 1350 hatte sich die Bevölkerung Londons um die Hälfte reduziert.

Frauen überlebten die Seuche besser als Männer, und in einigen Gegenden war ihre Genesungsrate siebenmal höher. Viele Menschen glaubten, daß sie sich der Magie bedienten, um zu überleben, und sogar den Tod von Männern verursachten.[4]

Die einzige anerkannte Behandlungsmethode für diese Krankheit war ein Anstechen der Bubonen in den Lymphknoten, was eine gewisse Erleichterung verschaffte und in einigen Fällen einen positiven Effekt auf den Heilungsprozeß zu haben schien. Johannes von Burgund, ein Arzt aus Lüttich, empfahl als Vorbeugungsmaßnahme, bei geschlossenen Fenstern im Haus zu bleiben, sich nicht der verseuchten Luft auszusetzen und auf dem Herd ständig Wacholder zu verbrennen. Er ermahnte dazu, sich die Hände zu waschen, aber nicht zu baden, weil das die Poren öffnen würde. Einmal im Monat sollte man einen Aderlaß vornehmen lassen. Wenn diese Maßnahmen fehlschlugen, sollte die Seuche mit Tees aus Dictamnus, Skabiose, Rosenblüten und Veilchen behandelt und die Abszesse angestochen werden.

Die Menschen, die die Möglichkeit dazu hatten, begaben sich beim ersten Anzeichen der Seuche aufs Land oder an einen Ort, den die Seuche noch nicht erreicht hatte. Die wenigen Ärzte blieben, um die Opfer zu behandeln, aber da die Mehrzahl von ihnen Astrologen oder Spezialisten der Urindiagnose waren, konnten sie den Sterbenden kaum helfen.

Die meisten Berichte aus dieser Zeit sprechen davon, daß die Kranken und Sterbenden den «Quacksalbern», Barbieren und «unwissenden» Frauen überlassen blieben. Wir haben keine Unterlagen über die Behandlungsmethoden, derer sich die Frauen bedienten, vermuten aber, daß sie die üblichen Schlafmittel und Sedativa verabreichten, die sicher mehr Erleichterung verschafften als die von Johannes von Burgund verordneten Blütentees.

Wieder und wieder kehrte der Schwarze Tod zurück. 1478 wütete er ganz besonders heftig, und ein Drittel der noch verbleibenden Bevölkerung kam um. Die Überlebenden hatten wahrscheinlich eine gewisse Immunität erworben, zumal diese Seuche nur eine von vielen Krankheiten war, die in jener Zeit ihren Tribut forderten. Im selben Jahr, in dem der Schwarze Tod zu wüten begann, brach auch eine tödliche Form von Syphilis aus. Andere Krankheiten in dieser Zeit waren Wundrose, Lepra, Pocken, Masern und der Veitstanz. Eine Plage, die Schwitzkrankheit genannt wurde, wütete von 1486 bis 1551 in England, gelangte dann über den Kanal aufs Festland und verschwand schließlich wieder. Sie griff Herz und Lungen an, war von Schüttelfrost und starken Schweißausbrüchen begleitet, und ihre Opfer starben oft binnen Stunden.

Zusätzlich zur Pest herrschte Krieg. Der hundertjährige Krieg zwischen Frankreich und England brach aus, als marodierende Banden 1346 in französische Städte einfielen. Bis zum Ende des Jahrhunderts befand sich Italien im Aufruhr; man kämpfte untereinander um staatlichen und kirchlichen Landbesitz; Frankreich kämpfte gegen Italien, und England focht erst im eigenen Land den Rosenkrieg aus und machte dann Front gegen Schottland.

«Man möchte meinen, diese allumfassende Zerstörung hätte den Blutdurst der Herrscher gestillt. Aber lädt man den Tod zum Tanz ein, dann verläßt er ihn als letzter.»[5]

Die sich über mehrere Jahrhunderte hinziehenden ständigen Kriege kosteten die Länder Europas und die Kirche enorme Summen. Der murrenden Bauernschaft wurden gnadenlos Gelder abgepreßt, die ihrerseits rebellierte, kämpfte und Forderungen stellte wie nie zuvor. Der Klerus wurde zur Zielscheibe des Spotts; Nachbildungen von Papst und Kardinälen wurden öffentlich verbrannt. In relativ kurzer Zeit verfielen die Besitztümer der Kirche, das Land lag brach, und der Kirchenzehnte wurde nicht mehr eingetrieben.

Gesetzgebung und die Heilberufe

Heilerinnen mußten in dieser desolaten Situation unter ständiger Beobachtung von seiten der Kirche und des Staates arbeiten. Mehrere französische Heilerinnen wurden im frühen 14. Jahrhundert vom Abt von Saint Geneviève exkommuniziert und mit einem Bann belegt, weil sie ohne entsprechende Lizenz ihrer Tätigkeit nachgegangen waren. Wie viele Frauen noch exkommuniziert und wie viele übersehen wurden und deshalb praktizieren durften, ist unbekannt. Um in Frankreich, wie auch in anderen Ländern, eine Lizenz zu erhalten, mußte man sich normalerweise von einem selbsternannten Meister der Chirurgie oder Medizin examinieren lassen. Meist wurden aber diese Lizenzforderungen von Männern wie von Frauen ganz einfach ignoriert. Paris, das Ende des 14. Jahrhunderts etwa 200 000 Einwohner hatte, verfügte nur über zehn lizenzierte Ärzte. Achtunddreißig (darunter fünf Frauen) praktizierten «irregulär» und wurden hoch besteuert, was bedeutet, daß ihr Einkommen nicht unbeträchtlich gewesen sein kann.

Ende des 14. Jahrhunderts durften Frauen in Frankreich und England nur selten an einer Zulassungsprüfung teilnehmen. Guy de Chauliac, der geachtetste Chirurg des Mittelalters, wandte sich dagegen, sie in die Ärzteschaft aufzunehmen, und bezeichnete sie als Idiotinnen, die Kräuter sammelten und religiösen Unsinn praktizierten. (Guys eigene Medizin basierte auf reichlich ungewöhnlichen Mixturen, zu deren Ingredienzen Drachenblut und Mumienstaub gehörten.)

In England und anderswo formierten sich die Gilden. Sie bestimmten, wer was mit wem tun durfte, und aus ihnen entwickelten sich schließlich die modernen Facharztberufe. Henker durften Knochen einrichten, Barbiere schröpfen, zur Ader lassen und Klistiere verabreichen. Die Chirurgen bildeten 1435 ihre eigene Gilde, denen sich 1439 die Barbiere anschlossen – ein kunterbunter, wenig respektabler Haufen.

Frauen konnten als Hebammen arbeiten, doch dieser Beruf hatte einen schlechten Ruf. Die Hebammen wurden häufig mit Geldstrafen belegt, ins Gefängnis geworfen oder sogar zum Tode verurteilt, wenn sie einem einflußreichen Patienten mißfielen oder bei der Geburt eines totgeborenen oder deformierten Kindes Hilfe geleistet hatten.

Einige Frauen praktizierten trotz der gegen sie verhängten Sanktionen weiter. Der bekannteste Fall ist der von Jacoba (oder Jacobina) Felicie in Paris, die immer wieder zu Geldstrafen verurteilt wurde, weil sie ohne die erforderlichen Zeugnisse heilte. Sie wurde 1322 vom Dekan der Universität und den Herren der medizinischen Fakultät vor Gericht gebracht. Die Anklagen gegen sie lauteten:

> 1. daß besagte Jacoba viele leidende Leute, die unter schwerer Krankheit litten, in Paris und den Vororten aufsuchte, den Urin untersuchte, Körper und Gliedmaßen berührte, befühlte und den Puls nahm; 2. daß sie nach dieser Untersuchung zu besagten

kranken Leuten sagte: «Ich will dich, so Gott will, heilen, wenn du mir vertraust», und mit ihnen einen Pakt schloß, wonach sie Geld erhalten sollte; 3. daß nach besagtem Pakt zwischen besagter Partei und den kranken Leuten oder deren Freunden sie diese von ihrer inneren Krankheit oder von Wunden an ihrem äußeren Leib heilte und die vorgenannte Partei sie mehrmals aufsuchte und sie weiterhin deren Urin untersuchte und deren Gliedmaßen befühlte und berührte; 4. und daß sie danach den vorgenannten Leuten Sirup zu trinken gab und gibt als konformes, laxatives oder digestives Mittel, flüssig und nichtflüssig, und aromatisch, und andere Tränke, die diese oft in ihrer Gegenwart und auf ihr Geheiß getrunken haben und trinken; 5. und daß sie weiterhin so verfährt, obwohl sie sich nicht auf den Schulen von Paris qualifiziert hat und sie nicht vom Kanzler der Universität von Paris und dem Dekan des Magistrats lizenziert wurde; 6. daß sie gewarnt wurde und man es ihr untersagt hat, daß sie aber 7. fortfährt wie vordem.[6]

Die Anklage rief Zeugen auf, die gegen Jacoba aussagen sollten. Sie alle bestätigten, daß die Anklagen weitgehend zuträfen, sie sagten aber auch, daß sie eine weise und erfahrene Ärztin sei, die sie geheilt hätte. Einige erwähnten auch, sehr zum Verdruß der medizinischen Fakultät, die Namen von «richtigen» Ärzten, die ihnen keine Linderung oder Heilung hatten verschaffen können. Laut Aussage der Zeugen hatte Jacoba auch keine finanziellen Vereinbarungen mit ihnen getroffen, sondern vorgeschlagen, sie sollten ihr, nachdem sie geheilt waren, geben, was sie für angemessen hielten.

Jacoba meinte, man solle sie nach ihren Erfolgen beurteilen. Dann trat sie für die Notwendigkeit weiblicher Ärzte ein:

Es ist besser und ziemlicher, daß eine weise, in der Kunst erfahrene Frau eine kranke Frau aufsucht und die Geheimnisse ihrer Natur und ihrer verborgenen Körperteile erforscht, als daß ein Mann dies tut, dem es rechtmäßig nicht gestattet ist, besagte Körperteile zu sehen und zu untersuchen oder mit seinen Händen ihre Brüste, ihren Bauch und ihre Füße zu betasten ... Eine Frau würde lieber sterben, als die Geheimnisse ihrer Krankheit einem Mann zu entdecken, um der Ehre des weiblichen Geschlechts willen und der Scham, die sie empfinden würde. Und aus diesen Gründen sind viele Frauen und auch Männer an ihren Krankheiten gestorben, weil sie nicht wollten, daß Ärzte ihre verborgenen Körperteile sehen.[7]

Jacobas Aussage wurde ignoriert. Die Ankläger argumentierten, da sie von der Fakultät nicht «zugelassen» worden sei, könne sie auch keine Kenntnisse von der ärztlichen Kunst haben. Sie ließen ihre Heilerfolge nicht gelten und stellten fest, daß «mit Sicherheit ein in besagter Kunst zugelassener Mann die Kranken besser heilen könne als eine Frau».[8] Schließlich entschieden sie, daß Frauen, da sie vor Gericht keinen Erwachsenenstatus hatten, auch nicht den Arztberuf ausüben sollten.

Jacoba wurde verwarnt und durfte in beschränktem Maße weiterpraktizieren, aber keinen Lohn für ihre Dienste annehmen. Möglicherweise war sie zudem Jüdin, ein anderer Punkt, der gegen sie sprach, denn die Kirche schloß Juden von der Ausübung der Heilkünste aus. Sie standen aber in dem Ruf, außerordentlich geschickt zu sein, so daß sie von den Aristokraten und dem Klerus unter Eingehung gewisser Risiken und mit hohem Kostenaufwand dennoch engagiert wurden. Unter den wenigen Frauen, die in den Registern der größeren Städte Europas als Ärztinnen eingetragen sind, befinden sich überraschend viele Jüdinnen, oft Angehörige einer Heilerfamilie, die sich auf die Behandlung von Augenkrankheiten spezialisiert hatte. In Frankfurt waren zum Beispiel zwischen 1389 und 1497 fünfzehn Ärztinnen verzeichnet, darunter vier Jüdinnen.[9] Die Jüdinnen waren in der Regel durch einen Mentor – wie auch Jacoba Felicie – oder in Salerno ausgebildet worden, die einzige Schule, die weiterhin Frauen zum Studium zuließ.

Im 16. Jahrhundert entbrannte zwischen den staatlichen Behörden und den privaten Unternehmern ein Kampf um die Lizenzierung. 1518 wurde in England das College of Physicians gegründet und stellte gleich klar, daß nur seine Angehörigen die Heilkunst auszuüben befugt waren. In der Gründungsakte stand zu lesen, daß «Quacksalberei» von ignoranten Personen ausgeübt wurde, von denen ein großer Teil weder über Wissen noch Ausbildung verfügte, ja noch nicht einmal lesen konnte, so daß ganz gewöhnliche Handwerker wie Schmiede, Weber und auch Frauen sich unverfroren anmaßten, schwierige Heilungen vorzunehmen, wobei sie sich zum Teil der Zauberei und Hexerei, zum Teil ärgerlicher, nicht angemessener Heilmittel bedienten, sehr zum Mißfallen Gottes.[10] Man beachte, daß Frauen hier besonders erwähnt wurden. Dies war «in der Tat ein Freibrief zur Diffamierung, ohne jedes natürliche Gerechtigkeitsgefühl, und Ausdruck der Intoleranz einer Priesterklasse gegenüber einer häretischen Sekte».[11]

Erstens hatten die Barbier-Chirurgen nicht die Absicht, arme Patienten – und davon gab es viele – zu behandeln, sie gingen außerdem gegen die Frauen und andere Volksheiler vor, die karitative Arbeit leisteten. Der König von England erließ darum die «Quack's Charter», in der er einige der Monopole, die die Barbier-Chirurgen vordem innehatten, aufhob, damit auch die Armen betreut wurden. Die Volksheiler durften, da sie Kenntnisse über «Heilpflanzen und -wasser» hatten, äußerliche Krankheiten und Hautleiden mit Pflastern, Umschlägen und Salben behandeln.

Die frisch etablierten Berufsmediziner schäumten über diesen Erlaß des Königs. Erstens wollten sie sich nicht um die notleidenden Armen kümmern, und zweitens wollten sie auch nicht, daß andere es taten. Thomas Gale, der Chirurg von Königin Elisabeth, beklagte sich bitter:

> Ich sah in den Hospitälern von London, St. Thomas und St. Bartholomew's, bis zu dreihundert und mehr arme Menschen, die an Armen, Beinen, Füßen und anderen Körperteilen so schwere Wunden hatten, daß 120 von ihnen ohne den Verlust eines Körperglieds nicht am Leben erhalten werden konnten. All dieses Unheil war von Hexen angerichtet worden, von Frauen, durch die Betrügerei nichtsnutziger Gesellen, die eine Kunst daraus machen, diese Leute nicht nur ihres Geldes, sondern auch ihrer Gliedmaßen und Gesundheit zu berauben.[12]

In dieser Zeit des ausklingenden Mittelalters richtete sich das Augenmerk auf die Frauen. Alles Versagen der Menschheit und die Verstimmung der Natur waren wieder einmal die Schuld der Frau: Es war Hexerei. Diese Anklage wurde zum effektivsten

Mittel, sich das Monopol auf die Heilberufe zu sichern. Wie bewußt spielte sich das ab? «Angesichts der vielen Fälle, in denen die Kirche in Übereinstimmung mit verschiedenen, ökonomischen Interessen verfolgenden Gruppierungen, von den Ärzten über die Rechtsanwälte bis hin zu den gewerblichen Gilden, nicht nur Urteile über die Unfähigkeit von Frauen fällte, sondern oft auch mittels Hexen- und Ketzerprozessen die physische Liquidierung der Frauen durchsetzte, kann man kaum davon sprechen, daß dies alles unabsichtlich geschah.»[13]

Hexenjagd/Frauenjagd

Es wurde den Frauen nicht in toto eine Befähigung zum Heilen abgesprochen. Aber da sie offiziell nicht Medizin studieren durften, konnten sie ihr Wissen doch wohl nur vom Teufel haben. Die Kirche erklärte, «daß, wenn eine Frau, *ohne studiert zu haben*, zu kurieren wagt, sie eine Hexe ist und sterben muß».[14] Die Maschinerie von Kirche und Staat arbeitete Hand in Hand, um einen «grauenhaften Alptraum, das schändlichste Verbrechen und die tiefste Schande der westlichen Zivilisation» zu produzieren, «die Tilgung all dessen, wofür der Homo sapiens, der vernunftbegabte Mensch, je eingetreten ist».[15]

Die der Hexerei angeklagten Frauen hatten nichts mit den Hexen aus den Märchen gemein. Dieses falsche Bild hatte man sich aber bis vor hundert Jahren von der Hexe gemacht, was eine ernsthafte Untersuchung des größten Verbrechens der westlichen Zivilisation stark beeinträchtigte. Und doch steht noch heute, wie damals, die «Hexe» für die Verkörperung der dunkelsten Gedanken der menschlichen Psyche.

Der moralische und ethische Kernpunkt dieser Verfolgungen war die Tatsache, daß «Hexenjagd Frauenjagd bedeutet oder zumindest die Jagd auf Frauen, die der männlichen Ansicht, wie Frauen sich zu verhalten haben, nicht entsprechen».[16] Die meisten Untersuchungen über diese Zeit sind peinlich bemüht, diesen umfassenderen Kontext zu übersehen, und konzentrieren sich statt dessen auf bestimmte Details der Prozesse, der Verfolgungen und der gesellschaftspolitischen Umstände. Erst seit kurzem ist durch die Forschungen von feministischen Historikerinnen, Anthropologinnen und Schriftstellerinnen – unter ihnen Christine Larner, Barbara Walker, Barbara Ehrenreich und Deidre English und Mary Daly – das ganze Ausmaß dieser Tragödie ans Licht gekommen.[17]

In einigen Gegenden kam ein verurteilter Mann auf zehn verurteilte Frauen. In Schottland, wo besonders viele Männer auf den Scheiterhaufen geschickt wurden, kamen immer noch fünf Frauen auf einen Mann. Im Rußland des 12. Jahrhunderts wurden, als die Behörden auf das Hexen-Phänomen aufmerksam wurden, einfach alle Frauen aus einer bestimmten Gegend eingesammelt. Die typische Hexe war und ist nicht männlichen Geschlechts. Die gerne aufgestellte Behauptung, wonach die Hexenjagd ein Verbrechen gegen die Menschheit darstellte, geht am Kern der Sache vorbei. Diese Verbrechen wurden an der einen Hälfte der Menschheit begangen und stellten sicher, daß alle Frauen, die das Heilen zu ihrem Beruf gemacht hatten, verdächtig waren. Die Kirchenväter hatten schon sehr viel früher bestimmt, daß die Hexenkunst ein Verbrechen des weiblichen Geschlechts war.

Zwar wurden auch Männer angeklagt, aber nur sporadisch und in ganz bestimmten Gegenden, wo Hexerei und Ketzerei nicht klar voneinander unterschieden wurden. Während der Regierungszeit von Königin Elisabeth I. von England machte man Jagd auf Politiker, und in Deutschland eine Zeitlang auf hochrangige Kleriker. Männer, die unabhängig zu denken wagten, wie Giordano Bruno und Galileo Galilei, riskierten immer, der Ketzerei angeklagt zu werden, aber weitaus häufiger wurden Männer aus rein politischen Gründen verbrannt oder aufgehängt. Männliche Heiler (d. h. jene, die praktizierten, ohne «studiert» zu haben) waren nie diesen Pauschalanklagen ausgesetzt, auch nicht im 17. Jahrhundert, als die «Quacksalberei» zum allgemeinen Thema wurde.

Anklagen, Prozesse und Verbrennungen

Die Einzelheiten der Hexenprozesse, der Beschuldigungen und Urteilsvollstreckungen – die oft protokolliert wurden – sind in den letzten hundert Jahren immer wieder von vielen Autoren zitiert worden. Die Heilerinnen zählten dabei zur umstrittensten Gruppe.

Die von der Kirche vertretene und von den staatlichen Behörden sanktionierte Position, daß Heilerinnen, die, ohne studiert zu haben, praktizieren, sterben müssen, war natürlich eine Falle. Abgesehen von den wenigen Frauen, die in Salerno studieren konnten, war ihnen der Zugang zu einem Studium verwehrt. Somit waren alle Heilerinnen suspekt. Jede Frau mit außergewöhnlichem Talent war suspekt; jede Frau, die ihr Wissen durch mündliche Überlieferung im Rahmen der weiblichen Tradition häuslicher Krankenpflege erhalten hatte, war suspekt; jede Frau, die freiwillig bei einem Heiler (auch wenn er ein Mann war) studiert hatte, war suspekt. Und jede Frau, die das Unglück hatte, irgendwie mit einem Mißerfolg eines Arztes, der seinen Patienten nicht heilen konnte, in Verbindung gebracht zu werden, war suspekt.

Es wurden durchaus nicht alle Frauen, die die Heilkunst praktizierten, der Hexerei angeklagt. Das Heilen war ein *hinreichender*, aber kein *unerläßlicher* Grund für eine Verurteilung. Und zu der Zeit, da den Frauen schließlich der Prozeß gemacht wurde, spielte der ursprüngliche Anlaß für die Anklage im Rahmen des Prozeßablaufs, der ungefähr dreihundert Jahre lang konstant blieb, bereits eine untergeordnete Rolle. War der Anklagepunkt das «Heilen«, so war nicht das Heilen *per se* das Verbrechen. Vielmehr argumentierte man, daß diese Frau, da sie eine Kunst ausübte, die sie nicht studiert haben konnte, einen Pakt mit dem Teufel geschlossen haben mußte.

Von Anfang an machte die Heilige Inquisition (erst die Dominikaner, dann die Jesuiten) die Verdächtigen ausfindig, folterte sie und urteilte sie in Prozessen ab. Sie besaß oder mietete das geeignete Folterwerkzeug und die Folterkammern. Strafverfolgung und Vollstreckung des Urteils war den staatlichen Behörden überlassen, die sich ihrer Aufgabe mit heiligem Eifer widmeten – übrigens auch die Protestanten, die sich ansonsten dem Katholizismus nicht sonderlich verpflichtet fühlten.

Eine Frau konnte schon beim geringsten Hinweis verhaftet werden. Sie mußte nicht einmal über die ihr zur Last gelegten Verbrechen informiert werden, und man brauchte auch keine Beweise beizubringen. Ohne ihr Wissen und ohne Zeugenaussagen konnte ihr der Prozeß gemacht, sie schuldig gesprochen und anschließend verbrannt werden.

War sie erst einmal verhaftet, dann stellten die brutalen Folterungen, mit denen ein «Geständnis» erzwungen wurde, sicher, daß sie sich so gut wie niemals als unschuldig erwies. Eine Verhaftung war also gleichbedeutend mit dem Tod. Zahlreiche Prozeßprotokolle sind an verschiedenen Orten veröffentlicht worden, jedes ein Zeugnis für den Wahnsinn und den Sadismus der Ankläger.

Die folgende Schilderung basiert auf einem Bericht über den ersten Tag der Folterung, der eine der Hexerei angeklagte Frau 1629 im deutschen Prossneck unterworfen wurde.[18] Erst schnallte man sie auf die «Leiter», übergoß ihren Kopf mit Alkohol und zündete ihr Haar an. Danach fesselte der Folterknecht ihre Hände auf dem Rücken zusammen und hievte sie an die Decke, wo sie vier Stunden hing, während er frühstücken ging. Nach seiner Rückkehr übergoß er ihren Rücken mit Alkohol und zündete ihn an. Er beschwerte ihren Körper mit schweren Gewichten und zog sie wieder zur Decke hoch. Dann steckte er ihre Daumen und großen Zehen in den Schraubstock, zog ihre Fesseln mit einem Stock fester an und ließ sie wieder hängen, bis sie ohnmächtig wurde. Danach peitschte er sie aus. Noch einmal der Schraubstock, dann ging er zum Mittagessen. Anschließend peitschte er sie, bis das Blut durch ihr Hemd sickerte. Am nächsten Tag die gleiche Prozedur, so wird berichtet, wenn auch nicht ganz so «extrem».

Hier wird eine relativ typische Vorgehensweise beschrieben, nur daß sich einige Folterer noch ausgeklügelterer und grausamerer Foltermethoden bedienten. In England fiel die Folter etwas milder aus, und die Frauen wurden im allgemeinen gehängt und nicht verbrannt. Manchmal erwies man den Frauen die Gnade, sie zu erdrosseln, bevor sie in einem Teerfaß verbrannt wurden. Auf dem europäischen Festland wurden sie häufiger «schnell» (bei lebendigem Leibe) verbrannt. In den meisten Fällen mußte die Frau für ihren Kerkeraufenthalt, die Folterungen, die Kosten für die Folterinstrumente und für das Bier, die Mahlzeiten und Bankette der Folterknechte, Richter, Geistlichen und der anderen mit ihrer Gefangennahme befaßten Personen bezahlen. Vollständige Kostenaufstellungen wurden veröffentlicht.[19] Der Besitz der Angeklagten wurde konfisziert. Schließlich mußten alle Kosten ihrer Ermordung von ihren Erben bezahlt werden. Wenn sie in heißem Öl gekocht wurde – sehr beliebt in einigen Gegenden Frankreichs –, war das besonders teuer.

Das Foltern und die Hinrichtungen waren ein lukratives Geschäft, an dem viele Bürger verdienten. Auch jene, die die Hexen ausfindig machten, wurden reichlich belohnt. Überall war das Entdecken eines «Hexenmals» ein ausreichender Beweis, der zur Verurteilung führte. Dieses Mal konnte ein Leberfleck, eine Geschwulst, eine Hautanomalie oder irgendeine Körperstelle sein, die nicht blutete oder schmerzte, wenn man mit einer Nadel hineinstach. (Solche Instrumente waren oft «Trick-Nadeln», deren Spitze bei Druck ganz einfach zurückglitt.) Die Frauen wurden nackt ausgezogen, ihr Schamhaar rasiert und ihre Genitalien auf irgendwelche Besonderheiten hin untersucht – irgendeine auffällige Stelle, an der «die Dämonen saugen» konnten. War das Hexenmal gefunden (was natürlich unweigerlich geschah), dann galt dies als Bestätigung eines rechtmäßigen Vorgehens gegen die Frau.

An diesem Punkt wurde sie aufgefordert zu gestehen, und erklärte vermutlich, wenn sie noch nicht mit härterer Folter Bekanntschaft gemacht hatte, ihre Unschuld. Dann warf man sie in den Kerker und folterte sie so erfindungsreich wie nur möglich. Irgendwann gestanden dann die meisten irgend etwas, wohl wissend, daß es ihren Tod bedeutete – ein Tod, der in ihrer Lage dem Leben vorzuziehen war. Die Frau mußte sich allerdings in die Psyche ihres Anklägers versetzen und die Sorte Schmutz erfinden, die er hören wollte. Danach wurde sie aufgefordert, Namen von Komplizen zu nennen, und so lange gefoltert, bis sie genügend Personen benannt hatte und die perversen Bedürfnisse der Inquisitoren befriedigt waren. Nach dem Geständnis hatte eine gut christliche Frau gewöhnlich Gewissensbisse und widerrief, was sie sofort in die Folterkammer zurückbrachte. Gestand sie nicht, dann wurde sie gefoltert, bis sie starb. Ihr Tod rechtfertigte den Prozeß, denn er bewies, daß sie der angeklagten Verbrechen schuldig war.

Hunderte von Kindern deuteten mit dem Finger anklagend auf Erwachsene und behaupteten, sie seien von ihnen verhext oder mißbraucht worden, oder diese hätten ihr Eigentum beschädigt.

Das waren nicht unbedingt Kinder, die zuvor selbst der Hexerei beschuldigt worden waren, obwohl auch dergleichen vorkam.[20] Einige ihrer Schilderungen von körperlichem und sexuellem Mißbrauch sind durchaus nachvollziehbar, aber andere von ihnen vorgebrachte Anschuldigungen – etwa, daß die «Hexen» durch die Lüfte geflogen wären oder sich in Tiere verwandelt hätten – entsprachen wohl kaum der Realität.

Zu den Punkten, die der Ankläger im allgemeinen in einem Geständnis zu hören wünschte, gehörten folgende: 1. ein Pakt mit dem Teufel; 2. nächtliche Reisen durch die Lüfte; 3. eine formelle Ablehnung des Christentums; 4. heimliche nächtliche Treffen; 5. die Entweihung der Hostie und des Kreuzes; 6. Orgien; 7. Kindsmord zu Opferzwecken; 8. Kannibalismus und 9. das Beschwören von Unwettern oder Stürmen.[21] Die Beklagte gestand schließlich so viele Punkte, wie ihre Ankläger von ihr forderten. Ein weiterer Anklagepunkt, der oft dazu benutzt wurde, Heilerinnen zu belasten, war der Besitz von Salben oder Giften.

Der Umfang der Verbrechen

Die tatsächliche Zahl der ermordeten Frauen werden wir nie erfahren, obwohl uns, vor allem aus der Zeit nach 1600, zahlreiche Berichte vorliegen. Die Inquisition und die staatlichen Behörden fertigten gelegentlich Protokolle an, deren Genauigkeit aber bezweifelt werden muß. Die Zahl der verbrannten Opfer bildete eine Quelle kirchlichen Stolzes, und an den Prozeduren war nichts, dessen man sich, so meinten Kirche und Staat, zu schämen gehabt hätte. In den meisten Berichten ist einfach vermerkt, daß «viele» Hexen verbrannt wurden. Schätzungen schwanken zwischen zweihunderttausend und neun Millionen. Allein in Deutschland sind hunderttausend Hexenverfolgungen sorgfältig dokumentiert worden.[22]

Die Feuer brannten in ganz Europa. Um 1600 berichtet ein Zeitgenosse: «Deutschland ist fast ausschließlich damit beschäftigt, Scheiterhaufen für die Hexen zu errichten. Die Schweiz sah sich gezwungen, aus diesem Grund viele ihrer Dörfer auszulöschen. Reisende können in Lothringen Tausende und Abertausende von Scheiterhaufen sehen, auf denen Hexen gefesselt stehen.»[23] Die Inquisition bestätigte die Verbrennung von 30000 Hexen innerhalb von 150 Jahren. Aus Unterlagen geht hervor, daß 1583 in Osnabrück 121 und 133 Hexen im Jahr 1589 verbrannt wurden. 1523 wurden in Como nach dem Bericht eines vatikanischen Beamten 1000 Hexen verbrannt. In drei kleinen deutschen Dörfern – Rheinbach, Meckenheim und Flerzheim – wurden zwischen 1631 und 1636 aus 300 Haushalten 125 bis 150 Personen hingerichtet. Ein anderes deutsches Dorf, Riezler, durfte 1000 bis 2000 Verbrennungen verzeichnen. Zwischen 1515 und 1635 wurden in Straßburg 5000 Menschen als Hexen getötet. In Lothringen rühmte sich der oberste Prozeßbevollmächtigte, zwischen 1581 und 1591 neunhundert Hexen verbrannt zu haben. Man schätzt offiziell, daß in England während der gesamten Zeit der Hexenverfolgung 1000 Hexen gehängt wurden. In Trier kamen nach Berichten 7000 ums Leben, und in Genf wurden in einem einzigen Monat 500 hingerichtet. In einigen Ortschaften blieb nur eine Frau übrig oder gar keine mehr.[24]

Das größte Ausmaß nahmen diese Verbrechen in Deutschland an. Würzburg und Bamberg, die von zwei Vettern in der Rolle von Fürstbischöfen regiert wurden, waren besonders eifrig bei der Sache. Die Inquisitoren ließen extra Öfen bauen, um mit den Massenmorden besser fertig zu werden (ähnlich wie in der Nazizeit).

Der Fürstbischof von Würzburg meinte, das größte Unglück des Mannes sei, daß er aus den stinkenden Geschlechtsteilen der Frau geboren würde. In Würzburg, wie auch in vielen anderen Teilen Deutschlands, wurden den Berichten zufolge die tugendsamsten, schönsten und sittsamsten Mädchen verbrannt. Und es kamen dreihundert Kinder auf den Scheiterhaufen, von denen man viele beschuldigte, Geschlechtsverkehr mit dem Teufel gehabt zu haben. Die Mörder in diesem Teil Deutschlands wüteten in allen Gesellschaftsschichten und unter allen Altersklassen.

Wir haben es hier mit einer Dimension des Bösen zu tun, die jedes rationale Verständnis übersteigt. Es war in der Tat die wohl schlimmste Verirrung der Menschheit.

Papst Innozenz VIII., der das Schlüsseldokument zur Sanktionierung der Hexenverfolgung verfaßte, besaß eine außerordentlich makabre Mentalität. Ihn erfüllte die Sorge, der Inquisition könne es im Volk an enthusiastischer Unterstützung fehlen, was vielerorts auch der Fall war. Jeder aber, der sich erkühnen sollte, seine Gebote und Verordnungen zu übertreten oder ihnen entgegenzuhandeln, «der soll wissen, daß er den Zorn des allmächtigen Gottes und Seiner Heiligen Apostel Petrus und Paulus auf sich laden werde», so schrieb er. Seine Bulle wurde dem *Malleus maleficarum* hinzugefügt, dem «Hexenhammer», der zum detaillierten Handbuch im Umgang mit dem «Hexenproblem» wurde.[25] Als er im Sterben lag, versuchte er durch die Milch aus Frauenbrüsten wieder zu Kräften zu kommen. Außerdem forderte er das Blut von drei Knaben an, die in der Folge an dem Blutverlust starben.

Der Malleus maleficarum (der Hexenhammer)

1487 wurde der von den beiden dominikanischen Inquisitoren Heinrich Institoris (Kraemer) und Jakob Sprenger verfaßte *Malleus maleficarum* veröffentlicht, ein Kompendium, dessen man sich bediente, um Frauen anzuklagen und die Foltermethoden festzulegen. Es war das einflußreichste Buch in dieser frühen Zeit des Buchdruckes und hatte vor 1669 bereits dreißig Auflagen erreicht. Es gab eine englische, deutsche, französische und italienische Ausgabe, und das Werk wurde sogar von den Protestanten akzeptiert, die ansonsten gegen die Inquisition Front machten.

Die Autoren des *Malleus maleficarum* warfen um ihrer theologischen Intention willen alle rationalen Argumente und jeglichen gesunden Menschenverstand über Bord. Von Angehörigen des Klerus vorgetragene vernunftgemäße humanistische Einwände wurden ignoriert oder man bedrohte diese Männer mit dem Tod.

Dieses bösartige Machwerk ist ausgesprochen sexistisch. Frauen neigen demnach mehr zur Hexerei, so wurde verkündet, weil sie dümmer, schwächer, abergläubischer und wankelmütiger sind als Männer. Darüber hinaus seien sie sinnenhaft und hoffnungslos und unersättlich der Fleischeslust verfallen. Die beiden Dominikaner behaupten auch, dies beweise schon das Wort *femina* (lateinisch für Frau, Weib), da es sich zusammensetzte aus *fe* (Glaube) und *minus* (weniger). Dieses Buch «zeigt auf unübertreffliche

Weise die im Herzen eines jeden Mannes lauernden Urängste vor der Frau auf. Die einzigen uns verfügbaren, in dieser Hinsicht vergleichbaren Dokumente sind die griechischen Mythen, in denen sich Spuren von der Angst des Mannes vor der Macht und dem Bösen in der Frau erhalten haben.»[26]

Die Frau als Hüterin der Geheimnisse der Fortpflanzung wurde explizit angeklagt:

> ... und zwar aus siebenfacher Hexerei, wie in der Bulle (*Summis desiderantes*) berührt wird, indem sie den Liebesakt und die Empfängnis im Mutterleib mit verschiedenen Behexungen infizieren: *erstens*, daß sie die Herzen der Menschen zu außergewöhnlicher Liebe etc. verändern; *zweitens*, daß sie die Zeugungskraft hemmen; *drittens*, die zu diesem Akt gehörigen Glieder entfernen; *viertens*, die Menschen durch Gaukelkunst in Tiergestalt verwandeln; *fünftens*, die Zeugungskraft seitens der weiblichen Wesen vernichten; *sechstens*, Frühgeburten bewirken; *siebentens*, die Kinder den Dämonen opfern; abgesehen von den vielfachen Schädigungen, die sie anderen, Tieren und Feldfrüchten, zufügen.[27]

Es folgt eine Erläuterung, was an Unheil ein Dämon alles bewirken kann, wie etwa die Verursachung von Krankheiten in jeglichem menschlichen Organ, den Tod und die Verdunkelung des Verstandes.[28]

Vor allem Hebammen wurden gefürchtet und bezichtigt, die Kinder, denen sie auf die Welt geholfen hatten, den Dämonen zu opfern. Die Hebammen übertreffen alle anderen an Schlechtigkeit, vermerken die Inquisitoren.

Was nun die Frage angeht, auf welche Weise die Frauen die Zeugungskraft hemmen, wird erklärt: «Äußerlich bewirken sie bisweilen Hinderungen durch Zauberbilder oder durch den Genuß von Kräutern, auch durch äußerliche Mittel, wie Testikeln der Hähne.»[29] Auch hier wieder macht ihr botanisches Wissen die Frauen verdächtig.

Zwischen den sadistischen Kommentaren findet sich auch Lächerliches, hier eine Passage als Beispiel:

Was endlich von denjenigen Hexen zu halten sei, welche bisweilen solche Glieder in namhafter Menge, zwanzig bis dreißig Glieder auf einmal, in ein Vogelnest oder einen Schrank einschließen, wo sie sich wie lebende Glieder bewegen, Körner und Futter nehmen, wie es von Vielen gesehen ist und allgemein erzählt wird, so ist zu sagen, daß alles dies durch teuflische Handlung und Täuschung geschieht; denn also werden in der angegebenen Weise die Sinne der Sehenden getäuscht. Es hat nämlich einer berichtet, daß, als er das Glied verloren und er sich zur Wiedererlangung seiner Gesundheit an eine Hexe gewandt hatte, die dem Kranken befahl, auf einen Baum zu steigen, und ihm erlaubte, aus dem (dort befindlichen) Neste, in welchem sehr viele Glieder lagen, sich eines zu nehmen. Als er ein großes nehmen wollte, sagte die Hexe: «Nein, nimm das nicht»; und fügte hinzu, es gehöre einem Weltgeistlichen.[30]

Die hinter diesem bösartigsten Buch der Geschichte stehenden Regungen und Gefühle waren auch im 20. Jahrhundert noch keineswegs verschwunden. Reverend Montague Summers, der 1928 eine englische Ausgabe des *Malleus* herausbrachte, schrieb in seinem Vorwort über die Inquisition: «Es kann kein Zweifel bestehen, daß sich die Welt heute ganz allgemein in einem weitaus glücklicheren und geordneteren Zustand befände, wenn dieses exzellente Tribunal weiterhin all seine Privilegien hätte genießen und seine heilsame Tätigkeit in vollem Umfange hätte ausüben können.»[31] Im Anschluß daran vergleicht er die Hexen und Häretiker mit den Anarchisten, Nihilisten und Bolschewiken.

Wer waren diese Frauen, und was taten sie wirklich?

Im Aufruhr und in der Unsicherheit der letzten Jahre des Mittelalters und während der Renaissance wurden die Frauen zum Sündenbock für alles Mißgeschick. Gibt man anderen für etwas die Schuld, so vermittelt das ein Gefühl der Voraussagbarkeit und Kontrolle über das eigene Leben. Gab eine Kuh keine Milch, war es leicht, eine Hexe dafür verantwortlich zu machen. Wer war die Hexe? Eine Person, der man nicht traute oder die man nicht mochte, die ein ungewöhnliches Aussehen hatte oder einfach in der Nähe der Kuh gesehen worden war. Die Identifizierung und Verurteilung oder Vernichtung der Hexe würde die unerwünschten Umstände ins Gegenteil verkehren, so glaubte man.

Auch die Impotenz eines Mannes ließ sich heilen, wenn die Person, die man der Verursachung dieses Problems verdächtigte, ausfindig gemacht und bestraft oder getötet wurde. Thomas von Aquin hatte schon früher behauptet, daß vermutlich eine Hexe dahinterstünde, wenn eines Mannes Zeugungsorgan versagte.[32] Anschuldigungen dieser Art erwiesen sich als gute Gelegenheit, eine lästige Ehefrau oder Schwiegermutter loszuwerden.

Wohlhabende Frauen und jene, die über beneidenswerte Heilfähigkeiten verfügten, wurden ebenfalls gern der Hexerei verdächtigt. Andere Frauen wiederum wurden angeklagt, weil sie unbeliebt, bedürftig, ganz einfach alt, verkrüppelt oder geistig behindert waren.

In mehreren soziologischen Untersuchungen, die sich mit der Hexenverfolgung in England befassen, wurde festgestellt, daß die Anschuldigungen am häufigsten dann erhoben wurden, wenn eine Frau abgewiesen oder beleidigt worden war, oder wenn sie Nahrung oder eine Gunst verweigerte. Die Person, die der Frau etwas abgeschlagen hatte, beschuldigte diese dann, eine Hexe zu sein.[33] Das heißt, daß jede Frau mit magerem Lebensunterhalt zur Zielscheibe werden konnte – dem Opfer gab man die Schuld, ein häufiges Phänomen.

Hebammendienste und Volksheilkunde – riskante Beschäftigungen, die zu einer doppelten Verurteilung führen konnten – waren für viele Frauen, vor allem ältere, die einzigen Alternativen zum Hungertod. Versagte die Heilerin (oder war sie besonders gut), dann wurde sie sehr schnell zur «Hexe». Viele Babys kamen schon tot auf die Welt oder starben bald nach der Geburt. Auch die Mütter starben oft am Kindbettfieber. Die Hebamme wurde dafür verantwortlich gemacht.

Die gute Hexe/Heilerin

Auch Heilerinnen, die aus echter Überzeugung ihrem Beruf nachgingen und außerordentlich fähig waren – die man «gute» oder «segensreiche» Hexen nannte und die das praktizierten, was man offiziell als «weiße Magie» bezeichnet – entkamen den paranoiden Wahnvorstellungen der Hexenverfolger nicht. Sie, die man auch die Weisen Frauen (*femina saga*) nannte, wurden des «Verbrechens» angeklagt, den Kranken zu helfen, Kindern auf die Welt zu verhelfen und für die Sterbenden zu sorgen. Dort, wo der aufstrebende männliche Ärztestand den größten Einfluß hatte, wurden viele dieser Frauen der Hexerei angeklagt.

Der Dominikaner Johann Herolt schrieb, daß «die meisten Frauen ihren katholischen Glauben mit Zaubermitteln und -sprüchen nach Art der Eva verraten ... Jede Frau weiß mehr über solche abergläubischen Praktiken und Zaubermittel als hundert Männer zusammen.»[34] Abergläubische Praktiken, Zaubermittel und Zaubersprüche waren natürlich Bestandteil der medizinischen Praxis jener Zeit.

Nicht nur wurden die Weisen Frauen angeklagt, zu heilen, ohne studiert zu haben, man bezichtigte sie außerdem der Fähigkeit, «Heilungen zu bewirken oder auch zu verhindern» – Leiden von einer Person auf eine andere oder von einer Person auf ein Tier übertragen zu können.

William Perkins, ein schottischer Geistlicher und führender Hexenjäger, gab der vorherrschenden protestantischen Ansicht über die Heilkünste der Weisen Frauen Ausdruck: Die «gute Hexe ist ein größeres Ungeheuer als die schlechte ... Wenn irgendeine den Tod verdient ... dann verdient die gute Hexe den tausendfachen Tod». Es sei besser, so fuhr er fort, wenn alle Hexen, aber ganz besonders die segensreich wirkenden Hexen stürben. Denn «obgleich die Hexe in vieler Hinsicht von Nutzen ist und niemandem ein Leid zufügt, sondern viel Gutes bewirkt, ist, da sie Gott, dem König und Herrscher abgeschworen hat, der Tod ihr von Gott verfügter gerechter Lohn: Sie soll nicht leben.»[35] Der protestantische Geistliche George Gifford vertrat die Meinung, daß die Heilerin nicht aufgrund dessen, was sie tat, verurteilt werden sollte, sondern, weil «sie mit dem Teufel Umgang hat».[36]

Was die englischen Behörden anging, so waren sie sich in ihrer Verurteilung einig. Gleichzeitig räumten sie ein, daß es «gute» Hexen gäbe und daß man sie konsultieren sollte, falls ein Arzt eine Krankheit nicht zu heilen vermochte.

Auch die Menschen allgemein glaubten, daß die Weisen Frauen über besondere Fähigkeiten verfügten. Ihre Einstellung gegenüber deren Verfolgung war aber wohl eine andere, da sie ja von dieser Heilkunst profitierten. Es wird erzählt, daß ein Kerkermeister in Canterbury Castle 1570 eine Hexe freiließ, weil er der Ansicht war, sie bewirke mehr Gutes für die Kranken als alle Gebete und Teufelsaustreibungen der Priester zusammen.[37]

Die Tatsache, daß die Weisen Frauen mit Kräutern arbeiteten, war problematisch, da man allgemein glaubte, der Einsatz von Kräutern als Heilmitteln bedeute, daß die betreffende Person implizit oder explizit einen Pakt mit dem Teufel geschlossen habe. Wie wir bereits im vorangegangenen Kapitel sahen, beschäftigten sich auch die großen Geister des Mittelalters mit Fragen der Pflanzenheilkunde. Wie wir später noch eingehender darlegen werden, bestand das Hauptproblem darin, daß den Pflanzen an und für sich keine wesentlich wirksamen Eigenschaften zugestanden werden konnten. Ihre Wirkungen, stets verbunden mit Anrufungen, Zaubersprüchen oder Gebeten, mußten entweder von Gott oder vom Teufel kommen. Die am stärksten wirkenden Pflanzen, wie etwa die bewußtseinsverändernden Alkaloide, waren zumeist des Teufels.

In Deutschland konnten Frauen schon der Hexerei angeklagt werden, wenn sich Öl, Salben, Gefäße mit Gewürm oder menschliche Knochen im ihrem Besitz befanden. Alles das waren übliche Heilmittel jener Zeit – auf einem Regal eines Apothekers, in jeder Pharmakopöe einer Frau zu finden. Öl und Salben hatten möglicherweise noch eine andere Bedeutung, auf die wir im übernächsten Abschnitt dieses Kapitels zu sprechen kommen werden.

Jede Krankheit, die sich nicht heilen ließ, wurde von den lizenzierten Ärzten flugs der Hexerei zugeschrieben. In einigen Fällen gingen dann die mit der Hexenverfolgung befaßten Behörden der Sache nach. Und stellte sich ihnen dann die Frage, wie sich denn herausfinden ließ, ob eine Krankheit durch Hexerei oder einen natürlichen physischen Defekt verursacht war, dann antwortete ihnen der *Malleus maleficarum*, daß ersteres durch das Urteil der Ärzte festgestellt werden konnte.[38]

Es gibt viele Berichte von Fällen, in denen Weise Frauen der Hexerei angeklagt wurden. So hatte zum Beispiel Alison Peirsoun aus Byrehill sich den Ruf einer begabten Heilerin erworben, und deshalb schickte der Erzbischof von St. Andrews nach ihr. Er hatte verschiedene Leiden, die wir als «psychosomatisch» bezeichnen würden. Alison kurierte ihn (mit welchen Mitteln auch immer). Anschließend weigerte er sich nicht nur, ihre Rechnung zu bezahlen, sondern ließ sie gleich verhaften. Sie wurde der Hexerei angeklagt und hingerichtet.

Eine Weise Frau, deren Fall einigen Aufruhr verursachte, war Gilly Duncan, eine junge Magd in Diensten von David Seaton, einem Amtmann in einer kleinen Stadt nahe Edinburgh. Gilly hatte sich einen Ruf als Heilerin erworben und heilte alle, die zu ihr kamen. Seaton hatte das Gefühl, daß ihre außergewöhnliche Gabe unnatürlich sei. Er behauptete auch, gesehen zu haben, daß sie bei Nacht nicht näher bezeichnete «Orte» aufsuchte. Er beschaffte sich Folterwerkzeuge und begann, sie zu befragen. Er stieß sie herum, legte die Daumenschrauben an und suchte nach einem Hexenmal. Sie gestand schließlich, den bösen Verlockungen und Verführungen des Teufels erlegen zu sein. Seaton, zufrieden mit seiner Arbeit, übergab sie den Behörden. Diese zwangen sie mit den ihnen eigenen Methoden, ihre Komplizen zu nennen. Den so beschuldigten Frauen, den sogenannten Hexen von North Berwick, wurde der Prozeß gemacht, und sie wurden um 1592 gehängt.

Diese Hexenaktivitäten schürten die Ängste von König James IV. (James I. von England), der sein Leben durch Verschwörungen und übernatürliche Kräfte bedroht glaubte. Er war es, der die erste englische Bibelübersetzung (The King James Version) in Auftrag gab, in der das Wort *Hexe* auftauchte. Die Stelle, die in diesem Zusammenhang am häufigsten zitiert wurde, findet sich im Buch Exodus 22,17: «Eine Hexe sollst du nicht am Leben lassen.» Schon 1584 verwies Reginald Scot darauf, daß das Wort *Kashaph*, das sich verschiedentlich im Alten Testament findet, am besten mit «Giftmischer» übersetzt wird und nicht mit «Hexe».[39] Seine Proteste wurden jedoch ignoriert, und die Existenz des Wortes *Hexe* im Buch

Gottes war eine weitere Rechtfertigung für die Ermordung von Hunderttausenden von Frauen.

Frauen werden schamanistischer Praktiken angeklagt

Wie schon im zweiten Kapitel erwähnt, gab oder gibt es praktisch in jeder Stammeskultur weibliche oder männliche Schamanen, die durch die Kommunikation mit dem Übernatürlichen Wissen und Macht zu erlangen suchen. Die durch diese ganz bewußt unternommenen Ausflüge in die Geisterwelt erhaltenen Informationen dienen dem Heilen, der Prophezeiung, der Beeinflussung der Naturelemente und ganz allgemein als Informationsgrundlage, um das Wohl der Gemeinschaft zu sichern. Diese Reisen werden im Beisein und unter beratender Führung eines Schutzgeistes in Gestalt eines Tieres unternommen.

Aus den Prozeßakten und anderen Schriftstücken der spätmittelalterlichen und Renaissancezeit geht hervor, daß die Heilerinnen *beschuldigt* wurden, die traditionellen Merkmale einer Schamanin aufzuweisen. Man hat keine eindeutigen Belege dafür gefunden, daß sie tatsächlich schamanistische Praktiken *ausübten*, aber die Dokumente lassen doch den interessanten Schluß zu auf eine latente Furcht und ständige Besorgnis, *daß* solche Praktiken existierten.

Hegte zum Beispiel eine Frau eine besondere Zuneigung zu einem Haustier, dann war das für die Hexenjäger ein eindeutiger Hinweis darauf, daß sie mit dem Teufel im Bunde stand. Man glaubte, das Tier sei ein verkappter Dämon, ein Geschöpf des übernatürlichen Reichs, das mit ihr kommunizierte, sich aus ihrem Körper ernährte und sie auf ihren nächtlichen Reisen begleitete. Nach Michael Daltons *Country Justice* (geschrieben 1618) hatten zwei der insgesamt sieben Identifizierungsmethoden von Hexen mit Tieren zu tun. «Normalerweise haben sie einen Haus- oder Schutzgeist, der ihnen erscheint», und zweitens «saugt besagter Schutzgeist an einer... bestimmten Stelle ihres Körpers.»[40] Die zweite Aussage bezieht sich auf das verhängnisvolle Hexenmal. Überzählige Brustwarzen (die relativ häufig bei Männern und Frauen vorkommen) waren ganz besonders verräterisch.

Sicherlich war nichts Ungewöhnliches daran, wenn eine Frau eine spezielle Bindung an ein Haustier entwickelte, schon gar nicht, wenn es sich um alte, einsame und kinderlose Frauen handelte, die im übrigen ohnehin besonders gern der Hexerei angeklagt wurden. Vor allem Katzen waren verdächtig und wurden oft im Zuge des Prozesses ebenfalls gefoltert und zusammen mit der Verurteilten umgebracht. Unter der Herrschaft von Ludwig XV. wurden ganze Säcke voll verurteilter Katzen zusammen mit den Hexen öffentlich verbrannt. Da Katzen die natürlichen Feinde der Ratten sind, die Wirte der die Pest übertragenden Flöhe, mag ihre massenhafte Vernichtung zur Ausbreitung dieser Seuche beigetragen haben.

Wir wissen nicht, ob sich die Frauen der Tiere tatsächlich zu schamanistischen Praktiken bedienten (wie auch heute noch in manchen Kulturen üblich). Für die meisten waren diese Tiere wohl einfach liebe Hausgenossen und nicht mehr. Bedeutsam ist hier, daß die Erinnerung an diese alten Praktiken, wonach Tiere zu Informationen und Macht verhelfen können, staatlichen und kirchlichen Behörden nach wie vor ein Motiv zur Verurteilung von Frauen lieferte.

Kenntnisse von und Einflußnahme auf Wetterbedingungen gehören zur Domäne des Schamanismus. Pflanzen und Ernten, Jagen, Verteidigung und Angriff und alle anderen Aktivitäten einer von der Natur abhängigen Gesellschaft waren aufs engste mit der Weisheit und seherischen Gabe des männlichen oder weiblichen Schamanen verknüpft. In den Jahrhunderten der Hexenjagden spielte die vermeintliche enge Verbindung der Frau zu Sturm, Regen, Hagel oder Dürre bei der Anklage eine wesentliche Rolle, was vielleicht auf einen weiteren unterschwelligen Aspekt der Angst vor der Schamanin verweist.

Den Vorwurf der «Nachtflüge» finden wir praktisch in jedem Hexenprozeß. Hexen, so glaubte man, konnten nach Lust und Laune durch die Lüfte fliegen, sich mit anderen treffen, ihren grausigen Aktivitäten nachgehen und sexuelle Orgien feiern. An diese Flüge glaubte nicht nur das Bauernvolk, auch die gebildeteren Menschen teilten diesen Glauben.

Im Schamanismus werden diese Reisen in einem veränderten Bewußtseinszustand unternommen, der ganz gezielt durch Ausschaltung von äußerlichen Sinneswahrnehmungen, durch Fasten, Trommeln, Gesang oder bestimmte Pflanzenextrakte herbeigeführt wird. Den Hexen warf man vor, eine «Flugsalbe» zu benutzen, auf die wir gleich näher eingehen werden.

«Die Flugsalbe» und das überlieferte botanische Wissensgut der Frau

Während die spezifischen Eigenschaften der Pflanzen, derer sich zu bedienen den Hexen vorgeworfen wurde, in den Prozeßunterlagen keine Erwähnung finden, ist der Besitz von Ölen und Salben ein Anklagepunkt.[41] Möglicherweise wurde die Rolle der Drogen heruntergespielt, weil ihr Einsatz logische Probleme aufgeworfen hätte. Falls nämlich die Nachtflüge lediglich eine durch Drogen bewirkte Illusion waren, bedeutete das eine Verringerung der Macht des Teufels, die keinesfalls hingenommen werden konnte. Möglich ist aber auch, daß die Heilige Inquisition, da die Kirche seit dem 13. Jahrhundert keine Schwierigkeiten mit der Festlegung hatte, welche Pflanzen des Teufels und welche von Gott waren, zur Zeit der Hexenprozesse ganz einfach kein Interesse mehr an der Pharmazie hatte. Was die Herren, wie es scheint, mehr bewegte, war die Frage, ob die Hexen vorn oder hinten auf dem Besenstiel saßen, wen sie trafen und dergleichen.

Einzelheiten über die Ingredienzen und die Anwendungen von Salben und Ölen finden wir hingegen in den Schriften der Wissenschaftler, Ärzte, Astrologen und Philosophen, die sich für die *magia licita* (natürliche Magie) interessierten. Zu diesen Männern zählen unter anderen Agrippa von Nettesheim, Johannes Weier und Francis Bacon, die ihrer Aussage nach ihre Informationen von alten Frauen, Weisen Frauen oder Hexen erhalten hatten. Falls sie sich selbst dieser Mittel bedienten, so gaben sie es nicht zu.

Vor allem Weier war vom Los der Frauen betroffen und versuchte zu beweisen, daß ihre angeblichen Flugerlebnisse wohl mehr auf Pflanzen als auf Dämonen zurückzuführen waren. Andererseits mochte er die Dämonen nicht ganz aus dem Spiel lassen und meinte, daß sie mit Hilfe von Pflanzen durchaus manch hilflose Frau beeinflussen könnten.[42]

Den vorliegenden Berichten zufolge benutzten die Frauen vermutlich eine Mixtur aus Pflanzensäften und einer Fettsubstanz, die von der Haut aufgenommen wurde. (Den Hexen warf man häufig vor, zu diesem Zweck das Fett toter Babys zu verwenden.) Dann schmierten sie damit einen Gegenstand ein – erwähnt werden Besenstiele, Heugabeln, Bänke und große Teigbottiche – oder rieben die Mixtur direkt in ihre «behaarten Körperteile». Das empfindliche vaginale Gewebe absorbierte diese Salben besonders gut. Beobachter erzählen, daß diese Frauen davon überzeugt waren, wirklich zu fliegen. Sie verschwanden nicht, reagierten aber weder auf Schütteln noch Schläge und hatten kein Zeitgefühl mehr. Die Berichte über die spezifischen Bestandteile der Salben variieren, aber die meisten erwähnten Pflanzen sind stark alkaloidhaltig. In geringen Dosen bewirken sie Erregungszustände, und in starken Dosen können sie zum Koma oder auch zum Tod führen. Francis Bacon stellte folgende Vermutung an:

> Die von den Hexen benutzten Salben sollen aus dem Fett von aus ihren Gräbern ausgegrabenen Kindern hergestellt werden; dazu aus dem Saft von Sellerie, Wolfskraut und Fingerkraut, vermischt mit feinem Weizenmehl. Ich nehme aber an, daß es sich wahrscheinlich um schlaffördernde Arzneimittel handelt; dazu gehören Bilsenkraut, Schierling, Alraune, Hanftabak, Opium, Safran, Pappelblätter etc.[43]

1561 schrieb Giambattista della Porta in seinem *Magiae naturalis*, daß die Salben den Saft von Sellerie, Pappelblättern, Kalmus, Belladonna, Stechapfel und Eisenhut enthielten. Nach J. F. Rübel besteht die «Hexen-Salbe» aus «der Alraun-Wurzel, weißen Bil(l)sen Saamen; dem Taubkorn oder Mäusekorn Saamen; dem Schierling; aus den Nachtschatten Beern; aus Tachs- und Fuchs-Schmalz, mit Mag-Saamen-Saft (Mohnsamen) vermischt».[44]

Weier tippt auf Haschisch; verschiedene andere Autoren erwähnen die Verarbeitung von Kröten (die Bufotenin enthalten, ein mildes halluzinogenes Mittel). Andere Quellen führen Bergkristall, Farn und Gartenraute an.

Weitere Zutaten stammten oft, wie auch unsere heutigen Medikamente, von Fledermäusen, Schlangen, Dung, Teilen menschlicher Kadaver usw. Das Ritual war wesentlicher Bestandteil des Wirkmechanismus.

> Zu sölichem farn nützen auch man vnd weib, nehmlich die vnhulden ain salb die haist *vngentum pharelis*, die machen sy vß siben krewtern vnd prechen yegliches krautt an ainem tag, der dann demselben krautt zugehört, als am sontag prechen vnd graben sy solsequin, am mentag lunariam, am eretag verbenam, am mittwochen mercurialem, am pfintztag barbon jonis, am freytag capillos veneris, daruß machen sy dann salben mit mischung ettlichs plütz von vogel, auch schmaltz von tieren, das jch als nit schreib, da yemant daruon sol geergert werden, wann sy dann wöllen so bestreichen sy penck oder seüll rechen oder ofengabeln vun fahren dahin.[45]

Abgesehen vom letzten Rezept sind die meisten erwähnten Mixturen starke psychedelische Drogen. Harner, eine Autorität auf dem Gebiet schamanistischer Praktiken, glaubt aus diesem Grund, daß die Frauen nicht wirklich Schamanismus praktizierten.[46] In den meisten Kulturen ziehen nämlich Schamanen Drogen vor, die es ihnen erlauben, auf ihrer Reise in die Geisterwelt ihren normalen Bewußtseinszustand bis zu einem gewissen Grad beizubehalten. Eine solche Kommunikation auf mehr als einer Bewußtseinsebene wäre einer Person im komatösen Zustand jedoch unmöglich.

Allerdings gehen unsere Informationen über diese Pflanzen von einer oralen Einnahme aus. Eine graduelle Aufnahme über die Haut mag einen Zustand hervorrufen, der mehr der schamanistischen Trance ähnelt. Frauen, die diese Pflanzen zum Heilen benutzten, wußten wahrscheinlich, wie sie sie im Einzelfall dosieren mußten – bewußtseinsverändernd, um Schmerzen zu lindern, für Reisen durch die Landschaften des Geistes, oder um zu vergiften. In allen diesen Fällen sind die Bestandteile, vor allem Schierling, Eisenhut und Belladonna, die gleichen.

Worin bestanden nun die angeblichen Auswirkungen dieser Pflanzen, und wie passen sie in eine moderne Pharmakopöe? Die meisten sind Alkaloide mit heilkräftigen und halluzinogenen Effekten. Bufotenin, das aus den Hautdrüsen der Kröte gewonnen wird, hat in Verbindung mit Pflanzen eine synergistische Wirkung, wenn auch strittig ist, ob es für sich genommen halluzinogene Eigenschaften besitzt.

Eisenhut gilt für gewöhnlich als giftig, kann aber in homöopathischen Dosen bei Epilepsie und Tremor angewandt werden. Man weiß, daß er zu einem Taubheitsgefühl mit anschließender Lähmung der unteren Extremitäten führen kann, wobei das Bewußtsein klar bleibt. Dies mag die Berichte erklären, wonach die Frauen über lange Zeit hinweg mit weit offenen Augen völlig unbeweglich dalagen. Sie befanden sich möglicherweise in gar keinem komatösen Zustand, sondern waren nur vorübergehend paralysiert. In alten Zeiten benutzte man Eisenhut, um Verbrecher zu töten und gebrechliche alte Menschen einzuschläfern. In der chinesischen Medizin wird er als Narkotikum verwendet.

Bilsenkraut, Belladonna und Alraune enthalten Scopolamin, Hyoscyamin und Atropin. Und obwohl sie alle in starken Dosen toxisch sind, findet jede als Chemikalie vielfache medizinische Anwendung. Bilsenkraut wurde zum Beispiel in der häuslichen Krankenpflege bei Zahnschmerzen, als Schlaf- und Nervenberuhigungsmittel eingesetzt. Alraune war schon lange als Schlaftrunk, Nervenberuhigungs- und Betäubungsmittel bei chirurgischen Eingriffen in Gebrauch. Seit Trotulas Zeiten tränkte man einen Schwamm mit Extrakten aus der Alraune, mit Opium und anderen Sedativa und legte ihn auf das Gesicht des Patienten. Es war bestenfalls ein ziemlich unsicheres Betäubungsmittel, das manchmal gut wirkte, manchmal gar nicht, und manchmal tödlich war. Alraune hat auch eine lange und magische Geschichte als Aphrodisiakum. Die Wurzel der Pflanze ähnelt einem Penis; von daher war sie nach der weithin akzeptierten «Lehre von den Zeichen» bei männlichen Potenzstörungen anzuwenden. Die zarteren Teile der Pflanzen setzte man speziell bei Frauenproblemen ein.

Belladonna wurde bei einer Vielfalt von Krankheiten benutzt, darunter bei Asthma und Herzrhythmusstörungen. Zu den Symptomen einer Überdosis gehören eine gerötete Haut, erweiterte Pupillen, ein trockener Mund und Delirium. Der Tod kann als Folge eines Versagens der Atemorgane eintreten.

Bilsenkraut wurde mit Hellsehen in Verbindung gebracht und gilt auch manchmal als «Wahrheitsdroge».

Scopolamin, Hyoscyamin und Atropin sind wichtige krampflösende Mittel. Scopolamin wird auch gern bei Schwindelgefühl und Seekrankheit angewandt. Interessanterweise hat die medizinische Wissenschaft nach jahrzehntelanger Behauptung, daß heilwirksame Mittel keinesfalls durch die Haut absorbiert werden könnten, nun Infusionspflaster entwickelt, die Scopolamin (bei Seekrankheit) und Nitroglycerin (bei Angina pectoris) enthalten. Sie wirken auf diese Weise weitaus effektiver und beständiger als bei oraler Einnahme.

Die Auswirkungen der erwähnten Narkotika sind allgemein bekannt. Falls Weier mit seiner Vermutung, daß auch Haschisch verwendet wurde, recht hat, kann man davon ausgehen, daß es den üblichen entspannten und leicht euphorischen Zustand hervorrief.

Einige der erwähnten Ingredienzen haben milde oder etwas ungewisse pharmakologische Auswirkungen. Das Fingerkraut zum Beispiel wurde in der häuslichen Krankenpflege als Zahnschmerzmittel benutzt, wird aber ansonsten selten in irgendwelchen anderen Zusammenhängen erwähnt. Auch die häufige Nennung von Farnkraut oder «Farnsamen» in den Salben läßt Fragen offen, da unklar bleibt, was damit gemeint ist.

Der springende Punkt ist, daß die Pflanzen, die angewendet zu haben die Frauen angeklagt wurden, bekanntermaßen weitaus wirkungsvoller waren als die astrologischen Diagnosen der Ärzte, ihre Aderlässe und Abführmittel und ihre ganze Apotheke von Hunderten von milden Ingredienzen, verrührt und vermanscht mit Aberglauben.

Erklärungen für den Hexenwahn

In der Ermordung von Frauen, vor allem von Heilerinnen, spiegelt sich die tiefste menschliche Angst wider – die Angst vor der Macht. Ihre vermuteten Ausflüge in das Reich des Übernatürlichen – wo sich die Schamanin unbekannte Kräfte anzueignen sucht – wurden als besondere Bedrohung für Kirche und Staat verstanden. Frauen, die in Krisenzeiten Heilmittel anboten oder Hilfe durch Magie versprachen, verfügten über eine ehrfurchtgebietende und auch Angst einflößende Macht, da das Heilen, auch im schlichtesten häuslichen Rahmen, grundsätzlich eine sehr fundamentale Macht bedeutet.

Die Glaubenssysteme, die das Hexenwesen, die Magie und die Religion hervorbringen, haben mit Macht zu tun. Sie mindern die Angst in problematischen Zeiten, vermitteln ein Gefühl der Kontrolle über das, was beherrscht werden kann oder auch nicht, und liefern die Sündenböcke im Falle eines Mißerfolgs. Christine Larner stellt in ihrem Beitrag zu dem wachsenden Informationsmaterial über die gesellschaftspolitischen Aspekte der Hexen und ihrer angeblichen Kräfte fest:

> Der Heiler stellte eine Quelle der Hoffnung für die Gemeinschaft dar. Aber seine Macht ist zweischneidig. Versagt er oder fordert er einen überhöhten Lohn für seine Dienste oder wird er feindselig, dann wird er zur Bedrohung und zur Quelle der Angst. Die Weigerung, zwischen weißer und schwarzer Magie zu unterscheiden, verbunden mit der Vorstellung, daß alle nicht von der Kirche sanktionierte Macht unwirksam oder aber dämonisch ist, unabhängig davon, ob sie der Absicht nach heilen oder schädigen will, reflektiert in der Tat eine bäuerliche Realität: Der Heiler kann gefährlich sein.[47]

Weiterhin stellt Larner fest, daß der Heiler Macht auf der direktesten Ebene eines Kontinuums verkörpert: am einen Ende Gott, am anderen der Teufel.

Geht man von der Angst vor Macht in ohnehin beängstigenden Zeiten aus und zieht man die Macht in Betracht, die Heiler zu allen Zeiten besessen haben, sowie die Urangst vor der Frau und ihren Geheimnissen, dann sind die Gründe für den Mord an Heilerinnen nachvollziehbar, wenn auch nicht zu entschuldigen. Warum aber Frauen, die nichts mit Heilkünsten zu tun hatten, umgebracht wurden, bedarf einer weiteren Erklärung.

Eine etwas extreme Interpretation besagt, daß der Hexenwahn und die Hexenjagd von den herrschenden Klassen initiiert wurden, um die Rebellion der Bauern gegen Adel und Klerus zu ersticken. Das Augenmerk des Bauern wurde so auf seinen Nachbarn gerichtet und vom Adel abgelenkt, den er für seine Armut und die ständigen Kriege verantwortlich machte.[48] Diesem Gedankengang zufolge gab es gar keine Hexen oder irgendwelche Personen, die so etwas wie Hexerei praktizierten. Diese These erklärt allerdings nicht, warum fast nur Frauen und insbesondere Heilerinnen ermordet wurden. Und angesichts des theologischen Überbaus der Hexenverfolgung ist sie auch nicht sehr überzeugend.

Eine andere Erklärung lautet, daß die Frauen nicht Hexerei praktizierten, sondern ihrer alten paganen Religion anhingen und die alten Götter verehrten, die im Christentum zu Teufeln geworden waren. Margaret Murray, die in ihren Gedankengängen dem von Frazier vorgegebenen klassischen Pfad folgt, vertritt die Ansicht, daß die angeklagten Frauen einen Fruchtbarkeitskult ausübten und den gehörnten Gott (Dianus) einer früheren Religion verehrten.[49] Eine ähnliche Anschauung vertritt auch Anton Meyer. Er meint, daß die Frauen einem alten Fruchtbarkeitskult anhingen und die Erdgöttin verehrten.[50] Jules Michelet, ein Mittelalterforscher des 19. Jahrhunderts, glaubte, daß viele Frauen sich dazu entschieden, die «Braut des Teufels» zu werden. Frauen suchten in ihrer Verzweiflung andere Götter, so sagte er, auch ihren «alten Verbündeten», ihren «Vertrauten des Paradieses». Und er schließt nicht aus, daß sie hier und da ihre Macht mißbrauchten, denn «es gibt keine große Macht, die nicht Mißbrauch treibt».[51]

Die Theorien von Murray, Meyer und Michelet sind plausibel, aber mangelhaft belegt. Richtig ist, daß die alten Religionen die Frau mit sehr viel mehr Macht ausgestattet hatten, als das Christentum es tat. Und es ist bekannt, daß die Frauen noch sehr lange nach der Christianisierung Europas Amulette trugen, die die alten römischen Göttinnen symbolisierten. Wie weit verbreitet die alten Religionen tatsächlich waren und wie offen sie praktiziert wurden, das werden wir wohl nie erfahren. Allerdings ist es unwahrscheinlich, daß sich die Kirche von ihnen in gleichem Maße bedroht fühlte wie von den Häretikern in ihren eigenen Reihen.

Eine ausgewogene Theorie besagt, daß sich die Frauen von der Hexenkunst sowohl unter ihren lichten wie ihren dunklen Aspekten angezogen fühlten. Die Hexenkunst – die Erzeugung «übernatürlicher» Kräfte – ist ein Ventil für jene, denen keine anderen spirituellen Wege offenstehen. Sie bietet den gesellschaftlich und kulturell Unterprivilegierten die Möglichkeit, einen gewissen Status zu erlangen. Frauen, vor allem jene, die am Rande der Gesellschaft lebten, fanden hier einen Weg, Macht auszuüben, eine Position einzunehmen und in einer Welt ökonomisch zu überleben, die ihnen nichts von alledem zugestehen wollte. Diese Frauen mögen sich sehr wohl – mehr oder weniger organisiert – in Gruppen getroffen und über ihre Tätigkeiten und Phantasien gesprochen haben, die in ihr ansonsten trübseliges und verzweifeltes Leben Farbe brachten. Diese Frauenversammlungen – aus welchen Gründen auch immer sie stattfanden – nährten natürlich zusätzlich die tiefe Angst der Inquisitoren, die Frauen könnten sich organisieren.

Es gibt allerdings noch eine andere von der Kirche vertretene Position, die leider bis heute noch nicht ihren gerechten Tod gefunden hat: daß die Aktivitäten dieser Frauen nicht dämonischer, sondern psychotischer und neurotischer Art waren. Der Psychiater Gregory Zilboorg vertritt diese Ansicht.[52]

Er schreibt: «Kurz gesagt, der *Malleus maleficarum* könnte, mit ein wenig Überarbeitung, als exzellentes modernes Handbuch zur Beschreibung der klinischen Psychiatrie des 15. Jahrhunderts dienen, wenn das Wort *Hexe* durch das Wort *Patientin* ersetzt und der Teufel daraus gestrichen würde.»[53] Und weiter: «Darüber hinaus finden sich in der medizinischen Literatur des 19. Jahrhunderts eine so große Anzahl von sorgfältig recherchierten Daten, daß wir ohne Zweifel davon ausgehen können, daß es sich bei den Millionen von besessenen Hexen und Zauberern um eine enorme Massierung von Fällen schwerer Neurose, Psychose und weit fortgeschrittenem organischen Delirium handelt.»[54]

Nachdem er die Geständnisse der Hexen gelesen hatte, war ihm klar, so versichert er, daß «sie tatsächlich *Ketzerinnen* waren, sich tatsächlich an den Sakramenten versündigten, tatsächlich in den Kirchen Flüche murmelten, tatsächlich entweder gegen das Zeichen des Kreuzes rebellierten oder davor Angst hatten – wobei sie natürlich geisteskrank waren. Im Lichte der heutigen Psychopathologie läßt sich unschwer erkennen, daß wir es hier in den meisten Fällen nicht mit Hysterie zu tun haben, sondern mit zwanghaften Neurosen und schizophrenen Psychosen.»[55]

An keiner Stelle geht Zilboorg auf die Psychopathologie der Kirchenmänner und Staatsbeamten in den Gerichtssälen und Folterkammern ein, die sich die Ermordung dieser «neurotischen und psychotischen» Frauen ausdachten und sie durchführten. Und er erwähnt auch nicht die Tatsache, daß allein schon die durch die Techniken und Prozeduren der Inquisition erzeugte Angst zu einem pathologischen Verhalten führte und den Inhalt der Geständnisse programmierte. Und er fragt auch nicht nach der geistigen Gesundheit von Ärzten, die darüber zu befinden hatten, ob es sich bei einer Heilung oder Krankheit um ein «natürliches» Phänomen handelte oder nicht.

Finale: Das Ende der Frauenjagd

Allmählich hörte man – zunächst in den Städten, dann auf dem Lande – mit der Verbrennung von Frauen auf. In England wurde die letzte Hexe 1684 öffentlich gehängt, in Amerika 1692, in Deutschland 1775. Der Wahn legte sich erst, als das Christentum seine uneingeschränkte Kontrolle über Europas Regierungen verlor. Die Frauenjagd «konnte erst wüten, als der persönliche religiöse Glaube zur allgemeinen politischen Sache geworden war. Das Aufkommen von säkularen Ideologien überlebte sie nicht.»[56] Als die religiösen Belange von der Politik getrennt wurden, hatte der Mord an Frauen für Verbrechen, die sie nicht begangen hatten, ein Ende. Die Hexenjagden waren stets in den vom Römischen Recht regierten Regionen und in jenen Ländern am grausamsten gewesen, in denen der Katholizismus am stärksten in das Staatswesen integriert war. Durch die Reformation, die Gegenreformation und die zunehmende Heterogenität religiöser Ausdrucksformen verstärkte sich die Kritik. Die Prozesse wurden immer sorgfältiger und argwöhnischer überprüft. Schließlich kam der Verdacht auf, daß auch sie ein Werk des Teufels sein könnten und am besten gestoppt werden sollten.

1736 wurde in England ein Gesetz erlassen, wonach den mit Hexerei verbundenen Beschuldigungen jede reale Grundlage abgesprochen wurde. Dieses Gesetz blieb bis 1951 in Kraft, um die strafrechtliche Verfolgung all jener zu regeln, die *vorgaben*, über magische Fähigkeiten zu verfügen. Die tatsächliche Existenz von Magie (oder Zauberei oder Hexerei) blieb dabei unberücksichtigt.

Obwohl diese Verbrechen gegen die Frauen nun ein Ende hatten, wurden ihnen in keinem Land die vollen Bürgerrechte zugestanden. Auch erhielten sie ihre Rolle in den Heilberufen nicht zurück. Vielmehr hatten die Frauenjagden den Status der Frau weiterhin gemindert und das Maß des Frauenhasses und des Mißtrauens allem Weiblichen gegenüber gesteigert. Die Verfolgungen hörten nicht etwa auf, weil sich die Einstellung gegenüber der Frau geändert, sondern weil sich die Machtbasis der Regierungen verlagert hatte. Auch ist es nicht dem heraufdämmernden wissenschaftlichen Zeitalter zu verdanken, daß der Wahn ein Ende hatte, wie wir im nächsten Kapitel sehen werden. Die meisten frühen Wissenschaftler gingen von einer realen Existenz der Hexen aus und fürchteten sie auch. Samuel Johnson und andere glaubten, daß die sinkende Zahl der Prozesse darauf zurückzuführen war, daß die Frauen allmählich aufhörten, die Schwarzen Künste zu praktizieren.[57]

In den Jahren der Hexenjagden waren die Heilerinnen erst von den Gilden und dann von den Ärzte-, Chirurgen- und Apothekervereinigungen verdrängt worden. Ihnen wurde in allen Ländern Europas verboten, ihren Beruf auszuüben. Die Inquisition und die christliche Theologie waren dazu benutzt worden, Frauen aus den Reihen der unabhängig Praktizierenden auszuschließen. Dem gleichen Zweck sollten nun im Rahmen der neuen Weltanschauung die Wissenschaft und die Naturgesetze dienen.

10 Die Geburt der modernen Medizin – ohne Heilerinnen

Die Verbrechen gegen die Heilerinnen wurden in einer Epoche begangen, die ansonsten hinsichtlich ihrer Entdeckungen und Einsichten im Bereich der Künste, der Geisteswissenschaften und der flügge werdenden Naturwissenschaft und Technologie ausgesprochen bemerkenswert war. Normalerweise spiegelt sich in der gesellschaftlichen Stellung der Frau der kulturelle Fortschritt einer Gesellschaft wider, ja oft genug ist er sogar ihr Gradmesser. Doch für das Zeitalter der Renaissance (14.–17. Jahrhundert) trifft dies nicht zu; keine ihrer Leistungen reflektiert eine Wiedergeburt weiblicher Werte.

In diesen dreihundert Jahren fand die wissenschaftliche Revolution statt, die allgemeiner Ansicht nach im 16. Jahrhundert begann, als Kopernikus zu dem Schluß kam, daß die Erde nicht der Mittelpunkt des Universums ist. Kepler und Galileo Galilei untermauerten mit ihren Erkenntnissen die wissenschaftliche Gültigkeit dieser neuen Kosmologie.

Die Vertreter der ärztlichen Kunst erkannten rasch die potentielle Macht des wissenschaftlichen Denkens. Präzise Bestimmungen innerhalb des schwammigen Bereichs von Heilen, Magie und Religion waren zum lästigen und beschwerlichen Job geworden. Und die Wissenschaft, die sich sowohl von der Magie wie von der Religion abgenabelt hatte, bot all jenen Zuflucht, die es leid waren, stets von neuem darüber zu befinden, welche Medizin nun von Gott war und welche nicht. Allerdings blieb die Frage, ob Heilkunst und Heilmittel der Frauen von Gott waren oder nicht, auch nach der wissenschaftlichen Revolution ein strittiger Punkt.

Die frühen Wissenschaftler waren außerordentlich fromm und trennten nicht zwischen Gott und ihren Entdeckungen. Viele von ihnen, darunter Sir Isaac Newton, befaßten sich zudem mit Magie. Dennoch wurden die Medizin und die Naturwissenschaft, die schon bald untrennbar miteinander verknüpft sein sollten, von einem neuen Dogma bestimmt, bei dem Gott im Grunde keinen Platz mehr hatte.

Einige der Veränderungen im westlichen Heilwesen fanden in diesen Jahrhunderten – vor allem im 17. Jahrhundert – nicht im therapeutischen Bereich statt, sondern im Hinblick auf die theoretische Struktur, von der die Heilkunst bis heute geprägt ist. Eine Struktur, in der Frauen nicht vorkommen. Ihre Präsenz wurde als für die Entwicklung der Wissenschaft irrelevant, ja als antagonistisch erachtet. In der sich herausbildenden Metaphorik, die die Notwendigkeit einer Herrschaft und Kontrolle über die weiblichen Kräfte proklamierte, waren Frau und Natur explizit aufs engste miteinander verbunden.

Und im Verlaufe der Jahrhunderte wurde die Rolle der Frau in der Medizin sogar noch stärker eingeschränkt und genauer definiert. Jegliche Möglichkeiten, außerhalb des häuslichen Bereichs zu heilen, schwanden rapide. Beiträge von Frauen zu Medizin und Wissenschaft wurden ignoriert oder als belanglos abgetan.

In diesem Kapitel befassen wir uns mit dem Wendepunkt im Bereich der medizinischen Wissenschaft und mit dem Stand der Heilkunst zu jener Zeit.

Die Trennung zwischen Geist und Körper

Kein historisches Ereignis hat ein institutionalisiertes Glaubenssystem so rasch verändert wie die philosophische Konzeption von der Trennung zwischen Geist und Körper. Die Formulierung dieser Theorie haben wir vor allem René Descartes zu verdanken, dessen eigenes Werk und Leben allerdings kaum von dieser strengen Dichotomie zeugen.

Descartes sah in einer Vision, wie sich die *sequelae* des Universums in mathematischen Formen entfalten. Die Tiefe dieser Offenbarung und ihre anscheinend göttliche Quelle lassen an die

Erfahrungen Hildegards und anderer früher Wissenschaftler denken.

Für unsere Zwecke können wir die Kernaussagen des Descartschen Werks in folgenden Prinzipien zusammenfassen: 1. Es gibt die Möglichkeit objektiver, unbezweifelbarer Erkenntnis wissenschaftlicher Wahrheit; 2. die Mathematik zeigt den Weg oder die Methode, die zur Erforschung der Wahrheit führt; 3. die Methode der Deduktion führt zur schließlichen Erkenntnis; 4. das Universum ist physisch, und das Universum selbst und alles, was es enthält, kann mit der Mechanik einer Maschine verglichen werden; 5. Geist und Körper sind voneinander getrennte Entitäten.[1]

Für die Heilkünste bedeutete die Richtung, die aufgrund der Descartschen Theorien eingeschlagen wurde, einen Wendepunkt. Körper und Geist hatten nach dieser Anschauung keine Beziehung zueinander. Descartes zufolge enthielt die Konzeption des Körpers nichts, was dem Geist zugehört, und umgekehrt. Somit wurde der unsichtbare, nichtmaterielle Bereich vom sichtbaren, materiellen oder physischen Bereich getrennt. Die verschiedenen Disziplinen der Medizin und Naturwissenschaften wurden zum Forschungsfeld dessen, was physisch realisierbar war; alles, was nicht gesehen werden konnte, fiel in die Domäne anderer Disziplinen.

Die theoretisch vorgenommene Trennung zwischen Geist und Körper erlaubte nun die Autopsie, die Biopsie und andere Eingriffe in den Körper, ohne daß man Angst haben mußte, die unsterbliche Seele zu zerstören. Die großen Erkenntnisfortschritte, die in der Folge im Bereich der Morphologie und Funktionsweise des menschlichen Körpers gemacht wurden, sind unbestreitbar. Als unglückselige Folge der cartesianischen Theorien wurde jedoch im Bereich der Heilkünste eine Trennung zwischen Pflege und Heilen vorgenommen. Mitgefühl und Intuition wurden – da ebenfalls unsichtbar – aus Wissenschaft und Medizin verbannt. Fürsorge und Pflege wurden zwar weiterhin als eine Funktion der Heilkünste anerkannt, aber nur als unwissenschaftliche Notwendigkeit, eine sekundäre Angelegenheit, der sich weitgehend Frauen unter Anleitung eines männlichen Arztes widmeten.

Darüber hinaus wurde das Heilen zusätzlich dehumanisiert durch die feste Überzeugung, daß alle lebenden Dinge, Menschen eingeschlossen, grundsätzlich durchschaubar und kontrollierbar sind – wenn man sie sich wie eine Maschine vorstellt. Da zu jener Zeit die komplexeste mechanische Vorrichtung die Uhr war, wurde das «Universum als Uhrwerk» zur zentralen Metapher. Der Mechanismus des Menschen konnte wie der Mechanismus der Uhr analysiert werden, wenn man ihn/sie in seine kleinsten Bestandteile zerlegte. Mit diesem Credo – und den entsprechenden wissenschaftlichen Methoden – war der Weg der westlichen medizinischen Wissenschaft für die folgenden Jahrhunderte vorgezeichnet. Heute konzentriert sich die Hoffnung, die Grundbedingungen menschlicher Gesundheit und Krankheit ergründen zu können, auf die Molekularbiologie, die sich mit den kleinsten identifizierbaren Partikeln des Lebens befaßt.

Einerseits war der Egozentrismus der alten Kosmologie – die Erde als Mittelpunkt des Universums – aufgehoben worden. Andererseits aber versprach die von Wissenschaftsgläubigkeit geprägte neue Kosmologie dem Menschen die Kontrolle über das Universum. Der Mensch erkannte allmählich seine potentielle Kräfte; er begriff, daß er über einen Geist verfügte, mit dessen Hilfe er die Natur aller Dinge ergründen konnte. Doch ironischerweise wurden eben diese Geisteskräfte herabgewürdigt und an Institutionen delegiert, die einen geringeren Status hatten als die medizinische Wissenschaft.

Die Geburt der Wissenschaft

Hingerissen vom Potential der cartesianischen Philosophie und den Fortschritten in der Wissenschaft verschrieben sich die gelehrten Männer so nach und nach mit Haut und Haar den wissenschaftlichen Forschungsprinzipien. Es war aber auch höchste Zeit, ein Wandel im Denken überfällig.

Galens Tyrannei hatte sich bislang unangefochten behaupten können: Wenn sich beim Sezieren eines menschlichen Körpers herausstellte, daß er Galens Beschreibung nicht entsprach, dann, so entschied man, war dieser Körper eine Fehlkonstruktion, denn Galen konnte sich unmöglich geirrt haben.[2]

Von Persönlichkeiten wie Paracelsus, Leonardo da Vinci, Andreas Vesalius und William Harvey, um nur einige dieser frühen Wissenschaftler zu nennen, war jedoch nicht zu erwarten, daß sie mit ihren eigenen empirischen Beobachtungen nicht übereinstimmenden Informationen Glauben schenkten. Tapfer traten sie den mächtigen, allgemein dominierenden Lehren entgegen, wonach Galens Werke die absolute Wahrheit verkündeten. Aus der Verbindung ihrer eigenen Beobachtungen über die Natur des Lebens und der cartesianischen Logik ging eine neue medizinische Häresie hervor, die schließlich zur Orthodoxie unserer modernen Medizin werden sollte.

Henry Oldenburg, ein Tutor englischer Adliger und geschickter Organisator, war voller Bewunderung für die provokanten Ideen dieser locker miteinander verbundenen wissenschaftlichen Gemeinschaft. Obwohl er kein Wissenschaftler war, schwebte ihm eine Art Parlament dieser Männer vor. Dabei hielt er es mit dem italienischen Sprichwort: *Le parole sono femine, li fatti maschii* («Worte sind weiblich, Taten männlich»). So nahm die an Fakten orientierte und damit männliche Wissenschaft ihren Anfang. Das 1662 begründete «Parlament», eine Versammlung der gelehrtesten Männer, hieß Royal Society und wurde in den folgenden Jahrhunderten zum Vehikel wissenschaftlichen Denkens. Die Mitglieder dieser Gesellschaft tauschten ihre Gedanken durch Briefe, später über Bücher und schließlich im Rahmen einer Zeitschrift aus.

Diese Männer übten auch einen äußerst starken Einfluß auf die Entwicklung der Heilpraxis aus, was gar nicht in ihrer Absicht lag. Frances Yates schrieb, daß sich die Royal Society in erster Linie für die Förderung der Naturwissenschaften einsetzte und dafür eine Nische in der bestehenden Gesellschaft suchte. «Ihr Blick richtete sich nicht auf den Fortschritt der Wissenschaft im Rahmen einer reformierten Gesellschaft, im Rahmen einer umfassenden Reformierung der ganzen Welt. Die Mitglieder der Royal Society befaßten sich weder mit der Behandlung von Kranken (womöglich noch gratis) noch mit Plänen für eine Reform des Erziehungs- und Ausbildungswesens.»[3]

Ihre Vorstellungen von der Natur, der Frau und der Rolle der wissenschaftlichen Gemeinschaft prägten das moderne Denken. Evelyn Fox Keller spricht in ihrem Buch *Reflections on Gender and*

Science[4] ein mit der «neuen Wissenschaft» und dem ökonomischen, gesellschaftlichen, politischen und intellektuellen Umbruch jener Zeit eng assoziiertes Thema an: die «subtile, aber tiefgreifende Veränderung in den Vorstellungen von und der Einstellung gegenüber der Sexualität und den Geschlechterrollen. Dieser Wandel spiegelt sich ganz besonders deutlich in der sexuellen Terminologie wider, mit der im 17. Jahrhundert die Debatte über die zukünftige Gestalt der ‹neuen Wissenschaft› geführt wird.»[5]

Die Frau als Natur

Die Schriften Francis Bacons liefern das beste Anschauungsmaterial dafür, wie das Verhältnis «Frau und Natur» im 17. Jahrhundert gesehen wurde, wobei stets von dem unerschütterlichen Glauben ausgegangen wird, daß der Mann der Frau überlegen ist, die Frau aber der Erde näher ist.

Die Natur konnte durch ihre Assoziation mit dem Weiblichen verstanden und mußte zudem beherrscht werden, wenn die Zivilisation Fortschritte machen sollte. Bacons Vision beinhaltete nichts weniger als die Ausdehnung der Herrschaft der Menschheit über das ganze Universum; die «Wiederherstellung der Souveränität und Macht des Menschen (Mannes) . . . die ihm in der ersten Phase der Schöpfung zu eigen war».[6]

Um diese erhabenen Ziele zu erreichen, mußte eine keusche und gesetzmäßige Ehe zwischen Geist und Natur gestiftet werden. Die Natur, die Braut, war es, die es zu zähmen und dem Geist des Mannes unterzuordnen galt. «In wahrhaftiger Absicht komme ich, dir die Natur mit allen ihren Kindern zuzuführen, sie in deinen Dienst zu stellen und sie zu deiner Sklavin zu machen.»[7] Die Aufgabe der Wissenschaftler war es, «der Natur auf ihren Wegen nachzustellen», was ihnen in der Folge die Möglichkeit geben würde, «sie danach wieder an denselben Ort zu führen und zu zwingen».[8] Hier wurde also zur Beobachtung der Natur geraten und die Warnung mitgegeben, daß mit einer sanften Vorgehensweise allein ihre Geheimnisse nicht zu enthüllen waren. Dem Wissenschaftler wurde empfohlen, der Natur mit Foltermethoden ihre Geheimnisse zu entreißen.

Bacon proklamierte eine Rasse von «Übermenschen» und «Helden», deren Geist, da von keinen falschen Wahrnehmungen getrübt, die Pfade des Sinns erschließen könnte, das größere Licht in der Natur, denn, so Bacons Überzeugung, «die ältere Wissenschaft war nur ein weiblicher Sprößling – passiv, schwach, erwartungsvoll –, nun aber wurde ein Sohn geboren: aktiv, stark und zeugungsfähig.»[9] Bacons Symbolik und Metaphorik waren stark durch die Hexenprozesse inspiriert. Als oberster Staatsanwalt von König James I. hatte er an den Vernehmungen und Verfolgungen teilgenommen.[10] Bacons Vorstellung von einer weiblichen Natur, der mit einem mechanischen Instrumentarium ihre Geheimnisse entrissen werden mußten, stellt ganz offensichtlich eine Übertragung der Prozeßsprache auf die «neue Wissenschaft» dar.

Geistseele und Materie

Eine für unsere Diskussion wesentliche Folge der wissenschaftlichen Revolution ist die Tatsache, daß nicht nur der Geist im Sinne von «Bewußtsein» vom Stofflichen getrennt wurde, sondern man auch den Geist im Sinne von «Seele» theoretisch aus der Materie eliminierte. Die Trennung zwischen Geist, Körper und Seele zerriß den Stoff, aus dem die Heilkraft der Frau gewoben ist. Sie kappte den die weiblichen Heiler verbindenden Bewußtseinsstrang. Wenn man sich die Materie als seelenlos vorstellt, dann geht die Achtung vor dem Physischen verloren. Und so ging man im medizinischen Bereich nicht länger von der Vorstellung einer Arbeit im geheiligten Raum aus, in dem Menschen in Schmerz und Gefahr zueinander finden und vor allem die Transzendenz suchen und erstreben.

Die Auswirkungen der wissenschaftlichen Revolution waren hart für die Frau als Heilerin und für die Natur. Indem man der Natur Bewußtsein und Seele absprach, bahnte man den Weg für eine «objektive» Sicht – eine Sicht, die sich ostentativ vom Reich des Unsichtbaren abspaltete. Geist und Verstand des Menschen wurden klar, wie Bacon es verordnet hatte, und die neue Sichtweise führte zu unvorstellbaren Veränderungen im Verständnis von der physischen Ebene. Das Ziel der Royal Society war erreicht. Betrachtet man aber größere und kleinere Verbindungen von Materie als Maschinen, statt sie als lebendige Organismen zu begreifen, dann hat das äußerst schädliche und weitreichende Auswirkungen auf das Ökosystem der Erde. «Solange die Erde als lebendiges und fühlendes Wesen verstanden wurde, konnte auch ein gegen sie gerichteter zerstörerischer Akt als ein Verstoß gegen die menschliche Ethik betrachtet werden.»[11] Die Verbrechen gegen die Frauen, ihre Vergewaltigung und Zerstörung, durften nun, da die ältere Theologie durch eine von Vernunft geprägte neue Wissenschaft überlagert wurde, auch an der Erde begangen werden.

Eine neue Kosmologie wurde geschaffen. Die Hierarchie der Macht hatte sich nur geringfügig verschoben. Es gab noch immer einen männlichen Gott, der ganz allein das Universum geschaffen hatte, aber seine Gesetze sollten nun dem Menschen enthüllt werden und nicht mehr im Schoß der Natur verborgen bleiben. Dies gab dem Mann zum ersten Mal im Kontext eines kollektiven Bewußtseins die potentielle Macht, das Geschehen in der Welt vorauszusagen und zu beherrschen. Die gleiche Macht war früher mal der Frau durch die Metapher von der «Natur als Frau, der Frau als Natur» zugeschrieben worden, aber im Laufe der Jahrhunderte hatte sie mehr und mehr davon eingebüßt. Viele Jahrhunderte lang hatte man geglaubt, daß die Frau ihre Weisheit nicht von Gott erhielt, sondern aus mächtigen und bösen Quellen bezog. Als die Seele nun aus der Materie getilgt wurde, wurde damit auch der Teufel entfernt; der logische Verstand konnte nicht länger behaupten, daß Frauen weise waren, weil der oder das Unsichtbare sie verführt hatten.

Im Bereich der Heilpraktiken erfolgten bis ins späte 19. Jahrhundert hinein keine großen Veränderungen. Doch wurde viel an Informationen gesammelt und geordnet, und die Entwicklungen und Entdeckungen führten schließlich zu einem besseren Verständnis hinsichtlich Ursachen, Natur und möglichen Heilmethoden von Krankheiten.

Obgleich Frauen aus der Welt der Entdeckungen und Erfindungen ausgeschlossen waren, heißt das doch nicht, daß sie nichts damit zu tun hatten. Wie wir noch sehen werden, gaben sie oft den Anstoß für die wenigen therapeutischen Neuerungen in jener Zeit.

Die heutigen Autoritäten auf dem Gebiet der Medizingeschichte vertreten zwar die Ansicht, daß ihr Anteil belanglos war, und verweisen mögliche essentielle Beiträge von weiblicher Seite ins Reich der Phantasie.

Man wird sich wohl niemals darüber einig werden, wer was wirklich beisteuerte. Frauen waren häufig diejenigen, die Neuerungen im Heilbereich entwickelten und praktizierten, während Männer diese Neuerungen weithin bekannt machten. Ob nun das eine oder andere wichtiger ist, bleibt Ansichtssache.

Krankheitsformen

Bis zum 18. Jahrhundert hatten die meisten Krankheiten keinen Namen und wurden nur anhand ihrer augenfälligsten Symptome beschrieben. Deshalb läßt sich kaum feststellen, woran unsere Vorfahren denn nun eigentlich erkrankten. Ernährungsbedingte Krankheiten, Kinderkrankheiten und mit Schwangerschaft und Geburt verbundene Komplikationen waren ständige und lebensbedrohliche Probleme. Die Krankheiten selbst veränderten sich in ihrer Form und Virulenz, während sie sich unter der Bevölkerung ausbreiteten, plötzlich verschwanden und erneut ausbrachen.

Im 15. Jahrhundert nahmen die Schwitzkrankheit, Lepra und Cholera zu, und im 16. Jahrhundert waren sie schon wieder auf dem Rückzug. Lepra war so selten geworden, daß die meisten Leprastationen geschlossen wurden.

Dann wurde von einer Zunahme von Fleckfieber, Diphtherie, Pocken und Masern berichtet. Im 17. Jahrhundert wütete die Pest, und es gab mehr Fälle von Masern, Pocken, Scharlach, Diphtherie, Tripper und Syphilis. Auch Skorbut und Rachitis wurden diagnostiziert und erwähnt. Im 18. Jahrhundert kehrten die Beulenpest, Fleckfieber, Malaria und Diphtherie zurück, aber in nicht so lebensgefährlicher Form. Die Pocken blieben die große tödliche Bedrohung (was nicht hätte sein müssen, wie wir weiter unten sehen werden). Das 19. Jahrhundert sah sich mit Cholera, Gelbfieber und Typhus, allerdings in abgeschwächten Formen, konfrontiert.

Und welche Behandlungsmethoden waren für diese schrecklichen Krankheiten vorgesehen? Vom 15. bis 17. Jahrhundert gehörten dazu Anrufungen, komplexe pflanzliche Mixturen, Urindiagnose und Astrologie. Danach ging man zu radikaleren Maßnahmen über, und der herkömmliche Arzt verließ sich auf Abführmittel, Schröpfen, Aderlaß und Räuchern. In seiner schwarzen Tasche befanden sich zudem Blutegel, Lanzetten und hochtoxische Chemikalien wie zum Beispiel Quecksilber in verschiedenster Form. Für die sanfteren pflanzlichen Mittel hatte der aufstrebende Ärztestand wenig übrig.

Die größten Fortschritte in diesen Jahrhunderten konnte man im Bereich der Anatomie und der Botanik verzeichnen.

Zwei hervorragende, höchst eigenwillige Ärzte des 16. Jahrhunderts – Paracelsus und Agrippa von Nettesheim – verhehlten ihre Bewunderung für die empiristische Heilkunst der Weisen Frauen nicht, die sie für fortgeschrittener und effektiver hielten als die Methoden der Väter der Medizin (Plinius, Aristoteles, Hippokrates und Galen). Paracelsus verbrannte feierlich und voller Abscheu die klassischen Werke, darunter die von Avicenna und Galen. Agrippa stellte die rhetorische Frage: «Sind nicht die Philosophen, Mathematiker und Astrologen den Frauen auf dem Lande hinsichtlich ihrer Voraussagen oft unterlegen, und ist nicht die alte Amme oft besser als der Arzt?» Paracelsus gilt als der Vater der modernen Chemie; bekannt ist seine Aussage, wonach er seine besten Heilmethoden von Frauen gelernt habe. Eine geheimnisvolle alte Schwedin mag Inspiration und Informationsquelle für seine ungewöhnlich sensible Abhandlung über «Frauenkrankheiten» gewesen sein.

Paracelsus und Agrippa besaßen ein feines Gespür für die mit dem weiblichen Aspekt des Heilens assoziierten, unsichtbaren Aspekte von Krankheit und Gesundheit. 1510 schrieb Agrippa:

> So große Macht hat die Seele über den Körper, daß wo immer sie imaginierend oder träumend hingeht, sie auch den Körper hinführt... So können die, der Phantasie folgenden, Leidenschaften der Seele, falls sie vehement genug sind... manche

> Krankheiten des Geistes oder Körpers hinwegnehmen oder hervorrufen.[12]

Ganz ähnlich erklärte Paracelsus:

> Der Mensch besitzt eine sichtbare und eine unsichtbare Werkstatt. Die sichtbare, das ist sein Körper, die unsichtbare, das ist seine Imagination ... Die Imagination ist die Sonne in der Seele des Menschen ... Der Geist ist der Meister, die Imagination sein Werkzeug und der Körper das formbare Material ... Die Macht der Imagination ist ein bedeutender Faktor in der Medizin ... Sie kann Krankheiten verursachen ... und heilen. Krankheiten des Körpers können mit Hilfe von Arzneien geheilt werden oder dank der Macht des Geistes, der durch die Seele wirkt.[13]

Solche Aussagen sind frühe Vorboten der modernen Entwicklung in der Psychophysiologie und Psychoneuroimmunologie – Forschungsgebiete, in denen die Rolle des geistigen und seelischen Bewußtseins bei Krankheit und Gesundheit untersucht wird.[14] Damals jedoch wurden die beiden von den tonangebenden Wissenschaftlern der Royal Society als Zauberer oder Magier abgestempelt. Denn eben diese Theorien, wonach Geist, Imagination und der unsichtbare Bereich wesentliche Faktoren beim Heilen bilden, trachtete die neue Wissenschaft zu eliminieren. Vorstellungen, die auch von jeher mit dem Weiblichkeitsmythos verbunden waren.

William Harveys Arbeit über den Blutkreislauf gilt gewöhnlich als die bedeutendste medizinische Entdeckung des 17. Jahrhunderts. Wahrscheinlich war ihm, ebensowenig wie seinen Bewunderern, klar, daß sich seine Beobachtungen über den «doppelten» Blutkreislauf kaum von dem Modell unterschieden, das Hildegard von Bingen im 12. Jahrhundert vorgestellt hatte.

Eine bedeutende Entdeckung des 17. Jahrhunderts war ein Mittel gegen die Malaria.[15] Die Gräfin von Chinchon, Gattin des spanischen Vizekönigs von Peru, wurde mit Hilfe einer bestimmten Baumrinde von der Malaria geheilt. Sie brachte eine gewisse Menge davon mit nach Spanien zurück, wo die Malaria sehr verbreitet war. Ihr zu Ehren nannte man diese Rinde «Chinchona-Rinde», unsere Chinarinde. Melanie Lipinska, eine geachtete Kollegin Marie Curies, hat diese Episode in ihrer Doktorarbeit über die Geschichte der Frau in der Medizin vermerkt (eine Arbeit, für die sie übrigens einen Sonderpreis von der Französischen Akademie erhielt). Dennoch verweisen die heutigen Ärzte und Medizinhistoriker diesen Bericht ins Reich der Phantasie und schreiben die Einführung der Chinarinde in Europa einem Mann zu, nämlich Antonio de la Calancha.[16] Andere behaupten, Thomas Sydenham, ein englischer Arzt, hätte sich um die gezielte Anwendung von Chinarinde verdient gemacht.[17]

Im 18. Jahrhundert sind zwei bemerkenswerte Ereignisse im medizinischen Bereich zu verzeichnen: die Entdeckung von Digitalis und die Entwicklung einer akzeptablen Impfmethode gegen Pocken. In beiden Fällen spielten Frauen hinter den Kulissen eine bedeutsame Rolle.

Digitalis, eine aus dem Fingerhut gewonnene chemische Substanz, wird bei Herzschwäche, Herzrhythmusstörungen, bei geschwollenen Beinen und Füßen (Wassersucht), ebenfalls eine Folge von Funktionsstörungen des Herzens, angewandt. Diese Entdeckung wird Dr. William Withering zugeschrieben, der allerdings nicht viel mehr tat als ein altes Heilmittel aufzugreifen, denn schon seit vielen Jahrhunderten kannten die Weisen Frauen die Wirksamkeit eines aus Fingerhutblättern zubereiteten Tees. Er nahm von den heilkräftigen Eigenschaften dieser Pflanze erst Kenntnis, nachdem er, von seiner Verlobten überredet, eine alte Kräuterfrau aufgesucht hatte. Danach experimentierte er ein wenig herum und verfaßte schließlich eine Abhandlung über den «Fingerhut und einige seiner medizinischen Anwendungsmöglichkeiten», wodurch er sich den Ruf als einer der besten Botaniker aller Zeiten erwarb.

Die zweite Großtat auf dem Gebiet der Heilkunde war die Verbreitung von Edward Jenners Impfmethode gegen Pocken mit einer aus den Kuhpocken (eine verwandte Viehkrankheit) gewonnenen flüssigen Substanz. Manche bezeichneten die Impfung sogar als die größte Einzelleistung der Aufklärung.

Jenner veröffentlichte seine Methode im Jahre 1789. Bereits etwa acht Jahre zuvor hatte Lady Mary Montagu über die Impftechnik türkischer Frauen berichtet. (Man nannte sie *variolation* von *variola*, der wissenschaftlichen Bezeichnung für Pocken.)

> Eine Gruppe alter Frauen nimmt jeden Herbst im September, wenn die größte Hitze vorbei ist, diese Prozedur vor... Zu diesem Zweck versammelt man sich an einem Ort... Die alte Frau kommt mit einer mit dem besten Pockenmaterial gefüllten Nußschale und fragt, welche Adern geöffnet werden sollen. Dann öffnet sie diese sofort mit einer großen Nadel (was nicht mehr Schmerz verursacht als ein gewöhnlicher Kratzer), tut so viel von der Substanz in die Ader, wie auf ihre Nadelspitze geht, und verschließt danach die kleine Wunde mit einem hohlen Muschelstückchen; auf diese Weise öffnet sie vier oder fünf Adern.[18]

Als Lady Mary diese Zeilen an ihre Freundin Sarah Chiswell schrieb, gab sie auch der Sorge Ausdruck, der Ärztestand werde wohl diese Impftechnik als Bedrohung seines Einkommens (und seines Renommees) betrachten. «Ich bin Patriotin genug, um die Mühe auf mich zu nehmen, diese nützliche Erfindung in England einzuführen, und ich würde mich sofort an einige Ärzte wenden und ihnen davon berichten, wenn ich nur welche wüßte, die mutig genug wären, um des Wohls der Menschheit willen einen so einträglichen Einkommenszweig aufzugeben.»

Zunächst versuchte Lady Mary, diese Impfmethode Angehörigen des Königshauses zu vermitteln, und alle, die von deren Nützlichkeit und Sicherheit zu überzeugen waren, übernahmen sie auch. Die Leistungen dieser Frau – eine der ersten großen feministischen Schriftstellerinnen – wurden erst kürzlich wieder heruntergespielt. Genevieve Miller behauptete, daß die Einführung dieser Praxis in Wirklichkeit dem Arzt des Königs und Präsidenten der Royal Society, Sir Hans Sloane, zu verdanken gewesen sei und daß parteiische Berichte die Rolle von Lady Mary übertrieben hätten.[19]

Lady Mary selbst hielt im allgemeinen wenig von den männlichen Ärzten. In ihrem Essay *Woman Not Inferior to Man*, das sie unter dem Pseudonym «Sophia» verfaßte, gibt sie der Ansicht Ausdruck, daß Frauen im Bereich des Heilwesens fähiger seien, die Gesundheit der Kranken wiederherzustellen und sie den Gesunden zu erhalten... Wir können unendlich viele Heilmethoden für die Kranken erfinden und haben es immer schon getan, ohne die Hilfe von *Galen* oder *Hippokrates*, die [die Männer] in ihrer blinden Gefolgschaft weder verbessern noch mißbilligen können. Das *Rezept eines alten Weibes*, wie man so sagt, hat bekanntermaßen schon oft ein hartnäckiges Leiden kuriert und somit die wissenschaftlichen Bemühungen eines ganzen Ärztekollegiums in den Schatten gestellt.[20]

Die Impfung erwies sich im Kampf gegen den Pockentod als ungewöhnlich erfolgreich. Auf dem Höhepunkt der Epidemien starb normalerweise jedes fünfte Opfer, während in England von einundneunzig geimpften Personen nur je eine den Tod fand. Gewiß war diese Impfmethode nicht ganz ungefährlich, da man einen lebenden Virus benutzte und sich theoretisch infizieren konnte. Größer noch war die Gefahr einer Blutvergiftung durch unsterile Nadeln. Die englischen Ärzte bestanden zudem auf einem tiefen Schnitt (im Gegensatz zur türkischen Technik eines nur oberflächlichen Kratzers), was ebenfalls zu Todesfällen beitrug. Außerdem brachten sie es fertig, diese Praxis mit hohen Kosten zu verbinden, indem sie Wochen vor und nach der Impfung auf einer medizinischen Beobachtung und Betreuung und einer besonderen Diät bestanden. Dies machte die Impfung für die Massen unerschwinglich, die nach wie vor an den Pocken starben.

Panikmache und eine «schlechte Presse» führten dazu, daß die Impfung in Europa und Amerika zeitweise verboten wurde. Auch religiöse Einwände wurden vorgebracht, wonach der Versuch, sich durch das Verhindern einer Krankheit gegen die Vorsehung aufzulehnen, eine Sünde war. Die europäischen Weisen Frauen hatten wahrscheinlich ebenfalls schon lange Zeit vor dem 18. Jahrhundert eine ähnliche Impfmethode praktiziert. Der Widerstand der wissenschaftlichen und ärztlichen Gemeinde gegen diese Praktiken kostete indirekt Millionen Menschen das Leben.[21]

Sehr aufschlußreich ist der Kommentar von Dr. William Wagstaffe, Arzt am St. Bartholomew's Hospital in London, Mitglied des Royal College of Physicians and Surgeons und der Royal Society, den dieser Anfang des 18. Jahrhunderts schrieb:

Der Nachwelt wird man kaum begreifbar machen können, daß eine Praxis, die nur von ein paar *unwissenden Frauen* [Hervorhebung des Autors] ausgeübt wird, die aus dem ungebildeten und gedankenlosen Volke stammen, ganz plötzlich und ohne ausreichende Erfahrung, in einer der gelehrtesten und zivilisiertesten Nationen der Welt so weit obsiegt hat, daß sie im Königlichen Palast Eingang fand.[22]

Dr. Wagstaffes Position setzte sich durch. Die Künste der Frauen wurden nur vereinzelt genutzt – bis Edward Jenner seine Methode veröffentlichte, wobei er als Impfstoff nicht mehr die Pocken, sondern die Kuhpocken verwendete. Bezeichnenderweise erlernte Jenner seine Technik von einer Stallmagd, die er in seiner Jugend gekannt hatte. Milchbauern wußten um den Schutz, den die Kuhpocken bieten, und ließen ihre Kinder zur Immunisierung absichtlich die Euter infizierter Kühe berühren.

Im Endeffekt siegte jedoch der medizinische Fortschritt. Nach knapp zweihundert Jahren sind die Pocken nun, wie es scheint, von unserem Planeten verschwunden.

Anästhesie und ihre mögliche Beziehung zum Weiblichen

Im 19. Jahrhundert ließen sich schließlich entscheidende Verbesserungen in der Behandlung von Krankheiten verzeichnen. Vor allem auch im chirurgischen Bereich machte die Entwicklung von anästhetischen Wirkstoffen größere Fortschritte möglich. Zuvor hatte ein Chirurg in erster Linie schnell, stark und entschlossen zu sein. Mit der Entdeckung von Lachgas, Chloroform und Äther konnten schwierigere chirurgische Eingriffe vorgenommen werden. In Anbetracht der Tatsache, daß anästhetische Drogen mit der Heilkunst der Frauen in Verbindung gebracht wurden (nämlich mit der magischen Flugsalbe der Hexen), überrascht es nicht, daß vom 14. bis 19. Jahrhundert keine Anästhetika in der medizinischen Praxis verwendet wurden.

Die stark alkaloiden oder narkotischen Präparate waren zwar unzuverlässig, hatten aber den Vorzug, schon jahrhundertelang erprobt worden zu sein. Auch enthalten die pharmakologischen

Wirkstoffe, im Gegensatz zu den synthetischen Präparaten, gewöhnlich eine Verbindung von chemischen Substanzen, die die Auswirkungen einer Überdosis eher mildern. Vor die Wahl gestellt, bei einem ohne Narkose vorgenommenen chirurgischen Eingriff entweder an den Schmerzen oder am Schock zu sterben, oder aber «nie wieder aufzuwachen», würden sich wohl die meisten Patienten für letzteres entscheiden. Die Chirurgen hatten keine Bedenken, ihren Patienten Alkohol oder Opium zu verabreichen; das für den Zustand der Bewußtlosigkeit erforderliche Quantum war allerdings nie weit von einer tödlichen Dosis entfernt. (Opium wurde nicht als typisches Mittel weiblicher Heilkunst eingestuft, doch warf man den Hebammen vor, ihren Patientinnen zur Schmerzlinderung zu viel Alkohol einzuflößen.)

Paracelsus hatte ein dem Äther vergleichbares Rezept für «süßes Vitriol» formuliert. Da aber seine Arbeit aufgrund seiner Verbindung mit der weiblichen Heilkunst und wegen seiner unkonventionellen Ansätze in Verruf stand, setzte man sein Präparat nicht als Anästhetikum ein, bis es vor etwa hundert Jahren wiederentdeckt wurde.

Mit dem Argument der «Unzuverlässigkeit» allein läßt sich also nicht erklären, warum die Kräuter der Weisen Frauen nicht zur Linderung der Leiden der Menschheit genutzt wurden. Die Assoziation der Kräuter mit den Frauen war wahrscheinlich der Grund, warum sie erst in Mißkredit gerieten, dann nicht mehr verwendet und schließlich vergessen wurden. Außerdem waren sie «gebrandmarkt» durch die Theorien des Albertus Magnus, Arnald von Villanova und Roger Bacon, wonach sie in Beziehung zum Teufel standen. Dies und das christliche Dogma, demzufolge die Frau für ihre (und Evas) Sünden zu büßen hatte, sorgten dafür, daß Kräuter zur Linderung der Wehenschmerzen nicht offen angewandt werden konnten.

Kontrolle über die Bakterien

Ende des 19. Jahrhunderts führte die Arbeit von Lister, Pasteur, Koch und anderen «Mikrobenjägern» zur Theorie von den Bakterien als Krankheitserregern und zu einigen Kenntnissen hinsichtlich Sepsis und Antisepsis. Verfahrensweisen und hygienische Maßnahmen im Krankenhaus verbesserten sich entscheidend.

Schon vor der Bakterientheorie war es einem anderen Mann – dem Ungarn Ignaz Philipp Semmelweis (1818–1865) – gelungen, die Verbreitung des durch den *Streptococcus pyogenes* verursachten Kindbettfiebers erfolgreich einzudämmen. Seine traurige Geschichte ist ein bezeichnendes Beispiel dafür, was einem passieren kann, wenn man die herrschende Ideologie anficht.

Semmelweis vertrat die Ansicht, daß unsaubere Hände das Kindbettfieber verursachten. Ihm fiel auf, daß auf den mit Medizinstudenten besetzten Krankenstationen die mit dem Kindbettfieber verbundene Sterblichkeitsrate 10 Prozent betrug, wohingegen sie auf den Stationen, auf denen Hebammen arbeiteten, kaum 3 Prozent ausmachte. Auf den Gedanken, daß die Hebammen einfach besser arbeiteten, kam er nicht; trotzdem war seine Beobachtung ein Glücksfall. Er wußte auch, daß sich die Medizinstudenten von den Autopsiesälen geradewegs zu den gebärenden Müttern begaben. Dabei wuschen sie sich nie die Hände, sondern wischten sie nur an ihren von Körpersäften schmierigen Schürzen ab.

Semmelweis unternahm eine Reihe von Experimenten und verlangte von den Studenten, daß sie sich die Hände mit Wasser und Seife wuschen und in einer mit Chlor versetzten Kalklösung spülten, bevor sie die Krankenstationen betraten. Im Rahmen jeder dieser Untersuchungsreihen sank die Sterblichkeitsrate unter 1½ Prozent, nur um wieder auf ihren vormaligen Stand hochzuschnellen, sobald die hygienischen Maßnahmen eingestellt wurden.

Seine Arbeit hätte sich eigentlich als Wohltat für alle erweisen müssen – aber weit gefehlt. Seine Kollegen reagierten auf seine Ergebnisse mit Hohn und Spott und führten vernichtende Angriffe gegen seine Person. Sie weigerten sich ganz einfach zu glauben, daß ihre eigenen Hände die Verursacher oder Überträger von Krankheit waren. Statt dessen schrieben sie das Kindbettfieber einem spontanen Phänomen zu, das durch die «entflammbare» Natur der gebärenden Frau zustande kam. Semmelweis wurde in seiner akademischen Position herabgestuft und in seinen Krankenhausprivilegien beschnitten. Als verzweifelter und gebrochener Mann wurde er in eine Nervenheilanstalt eingeliefert, wo er an einer Blutvergiftung starb, dem Kindbettfieber nicht unähnlich – jene Krankheit, die er beinahe besiegt hätte.

Trotzdem hatten die Menschen allmählich begriffen, daß sie nicht im Dreck leben und zugleich auf ein Überleben hoffen konnten. Im 17. Jahrhundert initiierte man größere sanitäre Reformen, eine Notwendigkeit, der man sich allerdings schon eine ganze Weile bewußt gewesen war. Der Gestank der Menschheit war so überwältigend geworden, daß sogar die abgehärteten, parfümierten Pariser den ekelhaften Geruch nicht mehr ertragen konnten, der ihren Körpern und den stagnierenden Abwässern, aus denen sie auch ihr Trinkwasser bezogen, entströmte.[23] Langsam begannen die Menschen, ihre Umwelt zu säubern. Die Bedrohung durch Krankheiten, die durch die Luft, das Wasser oder das Blut anderer lebender Organismen übertragen wurden, nahm ab. Als Folge der neuen sanitären Maßnahmen zogen sich die ansteckenden Krankheiten wie das Wasser bei Ebbe zurück, lange bevor die Bakterientheorie auftauchte.[24]

Aber keiner dieser Fortschritte im Gesundheitswesen wirkte sich auf die horrend hohe Kinder- und Müttersterblichkeit aus. Als immer mehr Frauen in den Krankenhäusern entbanden, kam die Bedrohung für Leib und Leben beim Gebären und Geborenwerden in ihrem Ausmaß schon fast der einer Epidemie gleich.

Zusammenfassung

Die sich in der Zeit der Hexenjagden entwickelnde wissenschaftliche Revolution war stark geprägt von einer Sprache und Symbolik, die die Frau eng mit der Natur assoziierten. Die aufstrebenden Wissenschaftler vereinnahmten das, was ihrem Glauben nach weibliche Weisheit war, und entwickelten eine Methodologie, die die «männlichen» Eigenschaften von Vernunft und Objektivität aufs Podest hoben.

Fortschritte im Bereich der wissenschaftlichen Forschung übertrugen sich nur indirekt auf Neuerungen in der klinischen Praxis. Die Rolle der Frau bei diesen Entwicklungen wurde ständig heruntergespielt. Frauen waren weder unkreativ noch kurzsichtig; vielmehr waren sie von ihrer Tendenz her die Hüterinnen medizinischen Wissensguts, nicht diejenigen, die es öffentlich verbreiteten. Um eine medizinische oder wissenschaftliche Entdeckung präsentieren und publizieren zu können, mußte man einer bestimmten Kaste angehören, zu der die Frau aufgrund ihres Geschlechts keinen Zugang hatte.

Die Rolle der Frau wurde neu definiert, das heißt zunehmend und signifikant auf die häuslichen Pflichten eingeengt. Die Argumente, mit denen man den Frauen die Arbeit als unabhängige Heilerinnen verwehrte, änderten sich nach der wissenschaftlichen Revolution jedoch radikal. Wenn vordem theologische Gründe ins Feld geführt worden waren, so behauptete man nun, der Frau als solcher mangele es an analytischem Verstand und geistigen Fähigkeiten überhaupt. Als Heilerin durfte die Frau nur noch Hebammendienste leisten.

Im folgenden Teil gehen wir detaillierter auf diese Entwicklung und das Beinahe-Aussterben dieses Berufes ein, sowie auf das Aufkommen anderer «weiblicher» Heilberufe.

TEIL III

Die Frauen
und die Professionalisierung
der Heilkünste

Die Professionalisierung der Heilkünste war eine unausweichliche Reaktion auf den höheren Wissensstand in puncto Gesundheit, auf die Forderung nach Spezialisierung bei den Behandlungsmethoden und auf die Entstehung von großen Institutionen zur medizinischen Betreuung. Mit der Herausbildung von Fachbereichen verband sich auch die Notwendigkeit einer praktischen und theoretischen Ausbildungsmöglichkeit und entsprechender Qualifikationsnachweise. Außerdem war die Geschlechtszugehörigkeit bestimmend für die Wahl des Heilberufs. In diesem Teil des Buches befassen wir uns mit der Ontologie verschiedener Heilberufe und -bereiche der Frauen: dem Hebammentum, der allgemeinen Gesundheitsbewegung und der aus dem Rahmen fallenden – kurzen – Zeit der «Doktorinnen» im 19. Jahrhundert, der Krankenpflege und dem geistigen Heilen.

In dem hier behandelten Zeitraum (1450–1900) wurden weitreichende Entdeckungen gemacht, und große Veränderungen fanden statt. Trotz der Kriege und Seuchen hatte sich eine starke Mittelschicht etabliert, die einigen Komfort beanspruchte und ihren Einfluß in allen gesellschaftlichen Bereichen geltend machte. Die Künste erlebten eine Blütezeit, die Naturwissenschaft machte auf dem Gebiet der Forschung immense Fortschritte.

Die Heilpraktiken änderten sich in diesen Jahrhunderten allerdings kaum. Bis Ende des letzten Jahrhunderts blieb – nach unseren Maßstäben – die klinische Betreuung ein Witz, und die Heilmethoden waren denen von Salerno im 11. Jahrhundert unterlegen. Die Ermordung der Hüterinnen des Heilwissens und jener Frauen, die über außergewöhnliche Heilfähigkeiten verfügten, sowie das Mißtrauen gegenüber dem überlieferten Heilwissen selbst hatten zu Stagnation auf der ganzen Linie geführt.

Angesichts der gegen die Frauen gerichteten Sanktionen von religiöser und wissenschaftlicher Seite und der ihnen verwehrten Ausbildungsmöglichkeiten ist es schon bemerkenswert, daß es *überhaupt* zu *irgendeiner* Form von Professionalisierung kam. Das geschah allerdings erst vor etwa hundert Jahren. Davor waren aus den durch religiösen Aberglauben aufgerichteten beruflichen Barrieren gleichermaßen starke, durch wissenschaftlichen Aberglauben geschaffene Schranken geworden. Die Verlagerung von einer theologisch abgeleiteten Kosmologie zu einer Kosmologie mit wissenschaftsideologischem Überbau bedeutete einfach, daß Frauen nun aus anderen Gründen nicht praktizieren durften. Galt die Frau in der Zeit der Hexenjagden als ein vom Teufel versuchtes Geschöpf, so hielt man sie danach lediglich für schwach und dumm. Die Frauen selbst schienen nicht stark oder interessiert genug, um sich zu organisieren und für ihre Belange einzutreten.

Sie blieben weiterhin im Netz ihrer biologischen Bedingungen gefangen und hatten wenig Kontrolle über ihre Reproduktionsfunktionen. Die ewigen Schwangerschaften machten sie krank, und oft hatten sie um früh verstorbene Kinder zu trauern. Sie selbst starben häufig infolge der Komplikationen, die während Schwangerschaft oder Geburt auftraten. Kein Wunder also, daß sie sich nicht äußerten und nichts über ihre Wünsche, Gefühle, Einsichten und Beobachtungen zu Papier brachten. Das bloße Überleben war schon Herausforderung genug – ein Höhenflug im Beruf so gut wie unmöglich.

In dieser Zeit wurde der Zusammenhang zwischen den Elementen und dem menschlichen Wohlbefinden – dieses von Frauen so intim erfahrene ökologische Gleichgewicht – kaum offen angesprochen. Es herrschte nicht nur intellektuelle Trägheit, sondern offensichtlich auch eine spirituelle Amnesie.

Bis zum 19. Jahrhundert hatten die Frauen zu wenig Energie, keine Mittel und kaum Bewegungsfreiheit, um aus diesem Dilemma herauszufinden und eine Brücke zu schlagen zwischen Vergangenheit und Gegenwart, zwischen Natur und Wissenschaft. Sogar die Hebammen – wahrscheinlich die ersten professionellen Heilkundigen der Geschichte – wurden in ihrer Arbeit zunehmend eingeschränkt und durch Gesetze vom sich konsolidierenden, wissenschaftlich orientierten Ärztestand drangsaliert. Dessen Vertreter äußerten allgemein die Ansicht, daß diese Frauen keine Ahnung vom Fortschritt hätten, sich in der Praxis als unfähig erwiesen und am besten durch Männer ersetzt werden sollten, die Chirurgie studiert hatten.

Wenn wir bisher nur von der Rolle der Frau in Europa gesprochen haben, wenden wir uns nun verstärkt der Rolle der Frau in Amerika zu, auf die Europa natürlich stets einen gewissen Einfluß ausübte.

In den neuenglischen Kolonien und später an der westwärts drängenden Siedlungsgrenze nahm man es mangels regulär ausgebildeter Personen mit den medizinischen Fachbereichen nicht so genau. Jeder, der etwas vom Heilen verstand, konnte sich gleichzeitig als Zahnarzt, Apotheker, Chirurg, Hebamme und Tierarzt betätigen. Weibliche «Doktoren», die sich, wie auch die Männer in den Kolonien, während einer Lehrzeit sachkundig gemacht hatten, waren in dieser Zeit des Ärztemangels wohlgelitten. Ein echter Arzt aber (das heißt, jemand der ein Studium an einer Universität oder einem College absolviert hatte) war der Definition nach ein Mann.[1] Im Boston des 17. Jahrhunderts gab es allerdings ganz offiziell zwei Ärztinnen: Jane Hawkins und Margaret Jones. Beide wurden später als Hexen angeklagt. Jane Hawkins jagte man aus der Stadt, Margaret Jones wurde hingerichtet. Danach durfte in Boston keine Ärztin mehr praktizieren, bis Harriot Hunt 1836 dort ihre Praxis eröffnete.[2]

Im Laufe der hier behandelten Zeit veränderte sich auch das Bild der Frau aus religiöser Sicht radikal. Aus der Inkarnation der Eva war im 19. Jahrhundert der Engel des Hauses geworden. Mit wenigen Ausnahmen fanden die Amerikaner an den Hexenjagden ihrer europäischen Vorfahren wenig Gefallen.

In den im letzten Jahrhundert entstehenden Berufen, zu denen auch Frauen Zugang hatten, finden wir die Rückkehr zur Achtung vor der Fülle der Heilmittel, die uns die Natur zur Verfügung stellt, wie auch die Betonung der gesunden Lebensweise als Vorbeugungsmaßnahme. Der die Heilerinnen verbindende Bewußtseinsstrang – die Konzentration darauf, daß Körper, Geist und Seele im Rahmen der Heilkünste eine untrennbare Einheit bilden – trat wieder hervor.

11 Die Hebamme und ihr geheimnisvolles Wirken

Fast während der gesamten Zeit von 1450 bis 1900 durfte die Heilerin nur als Hebamme arbeiten und wurde per Gesetz daran gehindert, sich in irgendeinem anderen Heilberuf zu betätigen. Dazu kam, daß gerade Hebammen in der langen Zeit der Hexenjagden besonders gern als Hexen verfolgt wurden. Das heißt also, daß die Heilerinnen eine Zeitlang ganz «legal» auf einen Arbeitsbereich beschränkt waren, in dem sie stets mit einer Anklage und einer Verurteilung zum Tod rechnen mußten. Ein Aspekt, den wir zu berücksichtigen haben, wenn wir die Hebammen und das Heilwesen jener Zeit verstehen wollen. Bei allem, was sie taten, was sie sagten, was über sie erzählt – und was verschwiegen – wurde, muß man dieses Dilemma in Betracht ziehen.

Hebammendienst: Definition und Beschreibung

Die Hauptaufgabe der Hebammen bestand darin, der Mutter bei der Entbindung beizustehen und das Neugeborene zu versorgen. Da sie mit diesen sehr intimen Vorgängen befaßt waren, entwikkelten sie auch Fertigkeiten, die über das «Management» des unmittelbaren Geburtsgeschehens hinausgingen. Die frühen Hebammenhandbücher lassen erkennen, daß sie auch Expertinnen für die meisten gynäkologischen Probleme waren, Menstruationsstörungen, Gebärmuttertumore und Infektionen eingeschlossen, wie auch für die verschiedenen Probleme, die im Zusammenhang mit Schwangerschaft und Entbindung auftreten können. Nicht alle, aber einige Hebammen verfügten zudem über ein umfangreiches botanisches Wissen hinsichtlich der Behandlung ganz allgemeiner Leiden.

Etwa bis zum 19. Jahrhundert hatten die von einer Hebamme geforderten Qualifikationen wenig mit den für diesen Berufsstand notwendigen Fähigkeiten zu tun. Vielmehr mußte sie selbst Kinder geboren haben, durfte nicht «jung» sein und mußte einen guten christlichen Ruf haben. Des weiteren achtete man auf ihr Betragen, die Größe ihrer Hände und den Zustand ihrer Fingernägel.

Wir werden uns in diesem Kapitel in erster Linie mit der Entwicklung des Hebammenberufs in England und den Vereinigten Staaten befassen. Das englische System übte einen starken Einfluß auf das der neuenglischen Kolonien aus, obwohl es hinsichtlich des Zugangs zu Ressourcen und im Hinblick auf die berufliche Ausbildung große Unterschiede gab.[1] Allerdings soll hier festgehalten werden, daß die Hebammen auf dem europäischen Festland sehr viel kunstfertiger waren als ihre englischen Schwestern und ihre Arbeit anerkannt und unterstützt wurde. Schon 1452 entwickelte die Stadt Regensburg eine Zulassungsregelung für Hebammen und stellte ihnen kurz darauf Geld zur Verfügung, damit sie die Armen betreuen konnten. Auch bekamen alternde Hebammen eine Rente aus öffentlichen Mitteln. Dieses Regensburger System wurde bald in anderen Regionen Europas übernommen, nicht aber in England.

In allen Ländern rekrutierte sich die Riege der Hebammen ganz entscheidend aus am Rande der Gesellschaft lebenden Frauen: alte Frauen, von ihren Familien verstoßene Frauen, Frauen, denen es nichts ausmachte, bei diesem «schmutzigen» und qualvollen Geburtsgeschehen dabeizusein. Die meisten von ihnen verfügten über keine anderen Einkommensmöglichkeiten. Ausnahmen waren die wenigen vermögenden Frauen, die aus karitativen Gründen Geburtshilfe leisteten, und Frauen und Töchter von Ärzten oder Chirurgen, die diesen assistierten. Percivall Willughby, der im 17. Jahrhundert ein Buch mit dem Titel *Observations on Midwifery* herausbrachte, stellte fest, daß viele Hebammen, vor allem die auf dem Lande, des Lesens und Schreibens unkundige Frauen waren, Frauen «der niedrigsten Sorte, die, da sie nicht wußten, wovon sie leben sollten», Hebammendienste verrichteten, «um sich ein oder zwei Shilling zu verdienen».[2] Und doch waren auch Willughbys eigene Tochter und andere weibliche Verwandte bekannte Hebammen der Oberschicht. Der Status der Hebamme wurde wesentlich durch die gesellschaftliche Position derer bestimmt, denen sie beistand.

Auch in ihrem persönlichen Wesen waren die Hebammen sehr verschieden. Einem im 16. Jahrhundert weitverbreiteten Buch, *Byrthe of Mankynd* zufolge waren viele «sehr erfahren/geschickt/ weise/ umsichtig und zartfühlend». Aber viele waren auch «indiskret/unverständig/cholerisch».[3]

Von ganz wenigen Ausnahmen abgesehen, galt der Hebammenberuf als nicht sehr ehrenwert. Das Gebären wurde als zweifelhafte, hoch intime und häßliche Angelegenheit betrachtet. Oft wurde angeführt, daß Gott durch die Tatsache, daß der Geburtskanal zwischen den zwei Körperöffnungen liegt, aus denen Kot und Urin ausgeschieden wird, auf seine Weise kundtat, wie sehr er die Geburt eines weiteren Sünders verabscheute. Die Mutter selbst wurde durch den Geburtsakt befleckt und konnte erst durch ein Reinigungsritual wieder in die Kirche aufgenommen werden. Dieses Ritual basierte auf einer älteren jüdischen Verordnung, wonach die Frau nach der Geburt eines Sohnes sieben und nach der Geburt einer Tochter vierzehn Tage lang als unrein galt.

Dazu kam, daß die Hebamme an einem Geschehen beteiligt war, das oft mit dem Tod der Mutter oder des Kindes endete. Seit der Zeit Trotulas waren viele Kenntnisse über die Vorgänge bei einer normalen Geburt – von einer komplizierten Entbindung ganz zu schweigen – verlorengegangen. Die Erfahrung der Hebamme beschränkte sich auf das, was sie durch Beobachtung, mit Hilfe des gesunden Menschenverstandes, während einer Lehrzeit und, vorausgesetzt, sie konnte lesen, aus den wenigen verfügbaren Handbüchern lernen konnte. Die Geburt war ein traumatisches Ereignis, über das sie nur wenig Kontrolle hatte. Ihr geringer Wissensstand, der zudem oft auf Aberglauben und Irrtümern beruhte, trug allgemeiner Ansicht nach zum Leid von Mutter und Kind noch bei.

Wir lesen die Geschichte der Hebammen, wie die aller Frauen, durch eine die Tatsachen verzerrende Brille. Was wir über sie wissen, stammt aus den wenigen überkommenen Handbüchern für Hebammen. Diese vermitteln nur, wie deren Arbeit idealerweise aussah, nicht aber, was sie wirklich taten oder wie sie über ihre Arbeit dachten.[4] Weitere Informationsquellen bilden die Eide, die sie ablegen mußten, ihre Zulassungsbedingungen, Hinweise auf die Arbeit der Hebammen in von männlichen Ärzten verfaßten Büchern, kirchliche Auslassungen über ihre Beziehung zur Hexerei sowie die Beobachtungen von ein paar Berichterstattern. Diese Texte sind häufig leidenschaftliche und bösartige Pamphlete gegen die Hebamme, ihren ordinären Charakter, ihre mangelnde Ausbildung und ihre Unfähigkeit. Weniger oft finden wir unter ihnen auch emotionsgeladene Verteidigungsschriften für diese Frauen und ihre Arbeit.

Auf jeden Fall lassen sich die Stärken und Schwächen dieses Berufs nur im gesamten Kontext der Geschichte weiblichen Heilens beurteilen. Alle Schriften aber zeigen ganz deutlich, wie sehr die Frauen überhaupt verachtet wurden, besonders aber jene, die anderen Frauen bei der Geburt zu helfen versuchten.

Das geschriebene Wort

Die Existenz früher, in Mittelenglisch verfaßter Werke zeigt, daß man sich auch in positiver Absicht mit dem Hebammenberuf beschäftigte. Zwölf solche Bücher sind mittlerweile bekannt. Möglicherweise wurden sie von Frauen geschrieben, ganz sicher aber wenden sie sich an Frauen. Eines der ältesten und am vollständigsten erhaltenen Werke, wahrscheinlich um 1450 verfaßt, wurde unter «Sloane 2463» katalogisiert[5] und stellt einen Meilenstein dar im Bemühen der Frauen, Trost und Beistand bei Vertreterinnen ihres Geschlechts zu finden. Es enthüllt unter anderem präzise und denkwürdige Passagen über die Notwendigkeit, Frauen aus der peinlichen Abhängigkeit von männlichen Ärzten zu befreien. Es ist eine «bewegende Klage über eine Form der Diskriminierung... die beweist, daß die Engländerin des späten Mittelalters ihrer weiblichen Besonderheit und ihrem anständigen Bewußtsein durchaus Ausdruck zu verleihen vermochte». An einer Stelle heißt es: «Und so möchte ich, um Frauen beizustehen, darüber schreiben, wie sie sich bei ihren verborgenen Leiden helfen können, so daß eine Frau der andern in ihrer Krankheit beistehen und sie ihre Geheimnisse nicht diesen ungehobelten Männern preisgeben müssen.»[6]

Es handelt sich hier um ein Wissenskompendium, das sich auf die Soranus zugeschriebenen Schriften (1. Jahrhundert n. Chr.) zurückführen läßt. Ungewöhnlich daran ist, daß es, im Gegensatz zu den meisten mittelalterlichen medizinischen Werken, Informationen sowohl über natürliche wie auch über schwierige Geburten liefert. Allerdings gibt keine der schön gezeichneten Illustrationen genaueren Aufschluß über den Embryo – die Kinder haben alle das Aussehen von Engelchen mit ausgewachsenen Genitalien. Die Hebamme wird angewiesen, ein abnormal erscheinendes Kind in die Vagina zurückzudrängen und zu versuchen, es umzuformen!

Andererseits enthält es, im Gegensatz zu früheren Werken (wie etwa Trotulas oder Hildegards), keine Anrufungen, Beschwörungen oder sonstige religiöse Gesten. Die Rezepte basieren fast ausschließlich auf pflanzlicher Grundlage ohne irgendwelches «magisches» oder religiöses Beiwerk. Man kann annehmen, daß dies eine Reaktion auf die Anschuldigungen der Kirche war, die ja eine Verbindung zwischen Ritualen und Anrufungen sowie Hebammendienst und Hexerei herstellte. Falls Hebammen sich auch weiterhin der Gebete, Anrufungen und entsprechender Praktiken bedienten, so hatten sie beschlossen, nicht mehr darüber zu schreiben. Schweigen über spirituelle oder übernatürliche Angelegenheiten war vermutlich unumgänglich, sollte der Hebammenberuf auch nur in bescheidener Form überleben.

Im Sloane-Manuskript finden sich überdies Hinweise im Zusammenhang mit der Abtreibung, die ganz im Gegensatz zur theologischen Ansicht stehen: «Wenn die Frau schwach ist, und das Kind nicht herauskommt, dann ist es besser, daß das Kind getötet wird, als daß auch die Mutter stirbt.»[7] Hier wird auch eine der stärksten – und wahrscheinlich wirksamen Abtreibungsmixturen erwähnt: Gartenraute, Wacholder, Eberraute, Iris, Ysop, Diptam, Quecksilber, Ochsengalle, Asant und anderes. (Andere Manuskripte erwähnen mechanische Eingriffe sowie Rezepte für den Fall einer «verzögerten Menstruation».) Frauen haben wahrscheinlich sehr viel häufiger abgetrieben, als man angesichts der dominierenden Position der Kirche meinen könnte.

Im Sloane-Manuskript (wie auch in anderen Schriften der folgenden vierhundert Jahre) findet sich kein nennenswertes Mittel zur Linderung von Wehenschmerzen. Pflanzen mit anästhetischen Wirkstoffen (Bilsenkraut und Nachtschatten) werden nur im Zusammenhang mit einer äußerlichen Anwendung erwähnt, und da wiederum nur zur Behandlung von Seuchen.

Die Tatsache, daß solche schmerzlindernden Pflanzen in den Hebammenhandbüchern nicht vorkommen, läßt zwei Schlußfolgerungen zu: 1. Auf diese Weise schützten die Frauen sich selbst und ihr Wissen; 2. sie hatten sich der Macht der kirchlichen Autoritäten gebeugt, die behaupteten, daß die Wehenschmerzen nur die gerechte Strafe für das weibliche Geschlecht seien. Da die Frauen aber noch immer über ein immenses Kräuterwissen verfügten, scheint es kaum glaubhaft, daß ihnen ausgerechnet jene Pflanzen entgangen sein sollten, die ihnen am meisten Erleichterung verschaffen konnten. Trotzdem behauptete man, daß Belladonna erst im letzten Jahrhundert wieder bei der Geburtshilfe eingesetzt wurde.[8]

In der Hauptsache finden wir in diesen Handbüchern eine erstaunliche Zahl von Präparaten, unter Anführung von oft zwanzig oder mehr relativ milden Ingredienzen, die meist in die schmerzenden Geschlechtsorgane der Frau eingeführt werden sollten. Orale Einnahme, sonstige lokale Anwendung und Räuchern wurden ebenfalls empfohlen.[9] Der Vorzug dieser Methoden und Präparate bestand zum einen in der reinigenden und lindernden Wirkung einiger ihrer Ingredienzen, zum andern in der starken Zuwendung, die die Patientin durch die umfangreichen Vorbereitungsmaßnahmen zu spüren bekam, sowie ganz einfach darin, daß sie danach besser roch und sich besser fühlte.

The Midwives Book, das 1671 herausgebracht wurde, war das erste in englischer Sprache verfaßte Handbuch, von dem feststeht, daß eine Frau es geschrieben hat.[10] Die Autorin, Jane Sharp, eine Hebamme mit über dreißigjähriger Praxis, beklagte den desolaten Zustand ihrer Profession und versuchte, mit ihrem gesunden Menschenverstand, ihrer immensen Erfahrung und ihren persönlichen Rezepten Abhilfe zu schaffen. Letztere waren nicht mehr oder weniger bizarr als die der männlichen Hebammen, die sie als ernsthafte Konkurrenz betrachtete. Bei der Lektüre ihres Werkes, wie auch der früherer Schriften, könnte man meinen, daß die Frau lediglich als lebendiges Gefäß betrachtet wurde, das mit einem Präparat nach dem andern vollgestopft werden mußte, damit es funktioniere.

Jane Sharp sah die Zukunft des Hebammenberufs voraus, wenn sie davon sprach, wie schwierig es für Frauen sei, zu einer besseren Ausbildung zu kommen, und welchen Prestigemangel das für ihre Arbeit bedeuten würde. Es entging ihr aber auch nicht, daß die Ausbildung, die die Männer genossen, für den Hebammenberuf wenig brachte: «Nicht durch große Worte wird die Arbeit getan – als ob kein Mensch etwas von dieser Kunst verstünde, der nicht Griechisch kann.»[11]

Da die Hebammen vor allem aus einer des Lesens und Schreibens unkundigen Gesellschaftsschicht kamen, können wir nur Vermutungen darüber anstellen, wie stark ihre Praxis von den kursierenden Informationsschriften beeinflußt wurde. Und angesichts deren Informationsgehalts stellt sich die Frage, ob dieser Punkt überhaupt irgendeine Rolle spielte und ob nicht die ungebildeten Hebammen eigene, andere (bessere oder schlechtere) Vorstellungen hatten, die nur in mündlicher Überlieferung weitergegeben wurden.

Die Kodifizierung des Heilwesens

Vor Beginn des 16. Jahrhunderts kontrollierte die Kirche den Zugang zum Hebammenberuf. Eine Zulassung wurde ausschließlich nach kirchlichen Kriterien erteilt. Und selbst als sich allmählich eine bürgerliche Gesetzgebung etablierte, war die Kirche noch immer mit der Exekutive betraut und kontrollierte die Hebammen für den Fall, daß diese sich die Ausübung anderer Heilberufe anzumaßen versuchten.

Die Kirche hatte noch verschiedene andere Gründe, warum sie die Arbeit der Hebammen überwachte. Zum ersten gingen ihre Vertreter, wie bereits erwähnt, von einer Verbindung zwischen Hexerei und Hebammendienst aus. Zum zweiten mußte sie sicherstellen, daß die Kinder, die *in utero*, während oder kurz nach der Geburt starben, getauft wurden. (Das oblag den Hebammen, falls keine andere Person verfügbar war.) Zum dritten wußten die Hebammen um Sünden und Geheimnisse, wußten um Abtreibungsmethoden, die Väter unehelicher Kinder und geheimgehaltene, ungewollte Kinder. Schließlich hatten sie Zugang zu fötalem Gewebe, das – obwohl von der Kirche verboten – als magisches Zaubermittel bei Heilern und Magiern sehr begehrt war.

Der Hebammenberuf war zwar nicht ehrenwert, aber zweifellos mit einer gewissen Macht verbunden, sonst hätte die Kirche deren Vertreterinnen nicht derart lange und derart mißtrauisch überwacht. In der Zeit der Tudor-Regentschaft begann König Heinrich VIII. mit einer systematischen Zentralisierung der Heilberufe, in die auch 1512 das Royal College of Physicians einbezogen wurde. Um 1550 wurde in England der erste beurkundete Versuch gemacht, Hebammen zu lizenzieren oder zu registrieren. Der Bischof einer Diözese oder ein bestallter Arzt hatte die Hebammenanwärterinnen zu examinieren. Dabei richtete sich das Hauptaugenmerk auf die Frage, ob sich die Frauen der Hexerei, Zaubermittel oder Anrufungen bedienten und ob sie je in einer für die Kirche anstößigen Weise aufgefallen waren.

Die Hebammen mußten einen Eid auf ihre Sorgfalt, ihren Glauben und ihre Bereitschaft zum Dienst an den Armen ablegen.[12] Der letzte Punkt war keine Vorbedingung zur Ausübung irgendeines anderen Heilberufs. Tatsächlich hatte, wie schon erwähnt, die Weigerung der Ärzte und Chirurgen, nichtzahlende Patienten zu behandeln, zum Erlaß der «Quack's Charter» geführt. Danach durften Frauen und «Quacksalber» bestimmte Krankheiten behandeln, allerdings nur bei den Armen.

Der Hebammeneid enthielt fünfzehn Punkte, die sich auf die Integrität der Schwörenden bezogen. Ausbildung und Können waren im 16. Jahrhundert kein Thema. Die Hebammen versprachen nur, sich im Falle einer schwierigen Geburt des Beistands einer versierteren Person zu versichern.

Eine ohne Lizenz praktizierende Hebamme konnte eingesperrt oder exkommuniziert werden. Doch trotz des feierlichen Eids und der angedrohten Strafen wurde die Durchführung der Gesetze ziemlich lasch gehandhabt. Anscheinend scherten sich die meisten

Hebammen wie auch die anderen Heiler nicht um die Vorschriften und gingen ihren Geschäften nach wie gewohnt.

Die Gesetzgebung in bezug auf den Hebammenberuf folgte einem Muster, dem auch die Zeit nichts anzuhaben vermochte. Die einzelnen Vorschriften variierten zwar von Epoche zu Epoche und von Ort zu Ort, aber die zunehmende Einschränkung des Arbeitsfelds der Hebammen blieb eine Konstante. Zunächst sollten sie sich aus freien Stücken registrieren lassen und einen Eid leisten; dann äußerten sich die männlichen Berufsstände besorgt über deren Sachkenntnis, woraufhin ein Prüfungskomitee, in dem nur selten Frauen vertreten waren, eingesetzt wurde. Selbst in Frankreich, wo die Gesetzgebung in dieser Hinsicht liberaler und die Ausbildung gut war, wurden die Hebammen 1616 aus dem Prüfungskomitee geworfen.

Danach machte man den Versuch, die Hebammen nur noch bei «normalen Geburten» zuzulassen und sie schließlich ganz unter die Aufsicht eines Arztes zu stellen. Letztendlich wurde der Hebammenberuf illegal oder ökonomisch untragbar. Im Laufe dieser Entwicklung führte man auch bestimmte Ausbildungsanforderungen ein, wobei es nicht selten vorkam, daß diese gesetzlich verlangte Ausbildung an keiner der für Frauen zugänglichen Institutionen zu erhalten war.

«Innovative Männer» gegen «ignorante Frauen»

Als der Hebammenberuf zum ersten Mal legislativ erfaßt wurde, war er ausschließlich eine Domäne der Frauen. Es existieren (vielleicht auch nur gut erfundene) Geschichten über Männer, die sich, neugierig auf den Geburtsvorgang, als Frauen verkleideten und so an dem Geschehen teilnahmen, um schließlich entdeckt, verhaftet, verurteilt und verbrannt zu werden. Mag dies nun stimmen oder nicht, wir haben Grund zu der Annahme, daß das Entbindungszimmer für männliche Heiler als verbotenes Territorium galt. Aber hundert Jahre nachdem in England die Lizenz für Hebammen eingeführt worden war, betreuten bereits männliche Hebammen «schwierige» Geburten jener Frauen, die ihre Honorare bezahlen konnten. Um 1700 kümmerten sie sich auch um normale Entbindungen. Warum öffnete sich dieser Frauenberuf den Männern so rasch, und warum wurde er für Männer attraktiv?

Ihr Eindringen in dieses Gebiet fiel mit dem Ende der Hexenjagd zusammen. Die Entbindungszimmer waren nun offensichtlich von all dem Bösen gereinigt, mit dem die christliche Doktrin sie vollgenebelt hatte. Und als sich die dunkle Wolke über diesem Berufsstand verzog, rechneten sich die männlichen Ärzte – schon bald unterstützt durch die Entwicklung von verbesserten Geburtshilfeinstrumenten – ein fettes Einkommen aus. Umgekehrt läßt sich aber wohl auch sagen, daß sich die Männer, eben *weil* der Hebammendienst als potentiell lukrativer Beruf betrachtet wurde, nun ermuntert fühlten, mit dem der Geburt und den weiblichen Praktiken anhaftenden Stigma aufzuräumen.

Auf jeden Fall herrscht noch immer weitgehend die von Männern vertretene Ansicht vor, daß das männliche Engagement in Sachen Geburtshilfe einen Fortschritt im Interesse der Menschheit bedeutete. Der geachtete Arzt William Hunter schrieb zum Beispiel, daß die Hebammen «ihre Patientinnen mit herzstärkenden Mitteln vollstopfen und während der Wehen berauscht halten, die armen Frauen die Treppen rauf und runter jagen, ohne sich um ihr Gezeter zu kümmern, sie unter dem Vorwand, die Wehen zu beschleunigen, so brutal schütteln, daß sie Krämpfe kriegen, sich über ihre Schreie lustig machen und derbe Witze über die sich windenden Frauen reißen, deren Anblick und Qualen jeden mitfühlenden Mann erschauern ließen».[13]

Willughby vermittelt ein Bild von den Frauen des 17. Jahrhunderts, deren armselige anatomische Kenntnisse sie glauben ließen, das Baby könne am Rücken der Mutter festkleben, ein Unglück, dem nur beizukommen war, indem man die Schamlippen dehnte, die werdende Mutter in einem Gebärstuhl festband, sie in einer Decke prellte oder an den Teilen des Kindes zerrte und zog, die zuerst zum Vorschein kamen.[14]

Den Hebammen machte man den Vorwurf, mit den üblicherweise auftretenden Problemen einer schwierigen Geburt nicht fertig zu werden. Man behauptete, sie würden mit ihren Techniken das Kind verstümmeln – zum Beispiel Glieder des Kindes amputieren – oder die Mutter töten, um das Kind zu retten. Die Häufigkeit solcher Berichte – die oft von besorgten Hebammen selbst stammen – läßt darauf schließen, daß derart schreckliche Vorkommnisse nicht eben selten waren. So muß das Versprechen der männlichen Hebammen, für eine rasche, sichere und angenehmere Entbindung zu sorgen, äußerst willkommen gewesen sein.

Die wesentlichen Erkenntnisfortschritte auf dem Gebiet der Anatomie und des Geburtsgeschehens wurden den im Geiste der Renaissance wirkenden Männern zugeschrieben. Was immer an der von den Frauen geübten Hebammenpraxis «falsch» war, wurde von der Wissenschaft und Medizin der Männer zurechtgerückt. Verschiedene sehr alte Techniken, wie etwa der Kaiserschnitt und das Wenden des Kindes im Mutterleib, so daß die Füße zuerst herauskommen (Fußwendung), wurden von den Ärzten «wiederentdeckt». Sehr viele dieser Neuerungen rechnete man William Harvey, Percivall Willughby und Ambroise Paré, dem Chirurgen des Königs von Frankreich, als Verdienst an, und später wurden ihre Leistungen den (männlichen) Ärzten ganz allgemein zugeschrieben.

Daß Frauen von den Geburtsvorgängen so wenig Ahnung gehabt haben sollten, wie die männlichen Hebammen behaupteten, ist sehr unwahrscheinlich. Doch die Tatsache, daß sie nicht lesen und schreiben konnten oder, wenn doch, im allgemeinen nichts Schriftliches verfaßten, und zudem ihre wenigen existierenden Arbeiten schamlos plagiiert wurden, trug entscheidend dazu bei, daß ihre wirklichen Fähigkeiten unbekannt blieben. Heute will uns scheinen, daß die Motive der Männer der Wissenschaft mehr von Geldgier als von größerem Verantwortungsbewußtsein bestimmt war. So steht in der *Encyclopedia of Medical History*: «Die Kritik an der schlechteren Ausbildung der Hebammen verdeckte einen Konflikt unter den mit dem Gesundheitswesen befaßten Disziplinen, die ihre Dienste anzubieten bestrebt waren und heftig um die einträglichsten Einkommenszweige konkurrierten.»[15]

Selbst heutige Autoren reden von «unwissenden Hebammen» und schildern doch gleichzeitig ihr ungewöhnliches Können. Zum Beispiel spricht Herbert Spencer von der «unwissenden Hebamme» Mary Donaly, die 1738 den ersten erfolgreichen Kaiserschnitt auf den Britischen Inseln vornahm.[16] Nachdem sie mit einer gewöhnlichen Rasierklinge einen Schnitt gemacht hatte, nahm sie das Kind heraus und schickte nach einem Chirurgen, der die Wunde wieder zunähen sollte. Bis dieser eintraf, preßte sie zwei Stunden lang die Wundränder zusammen. Solche Schnitte, wie auch das Nähen und die Fußwendung galten als den Hebammen verbotene chrirurgische Maßnahmen. Da sie schon in einem Fall gegen die Vorschriften verstoßen hatte, beschloß Mary Donaly wohl, die Sache nicht zu weit zu treiben.

Obwohl die führenden Ärzte des 17. Jahrhunderts – wie etwa Willughby – mit ihrer Kritik an den Hebammen schnell bei der Hand waren, war ihre eigene Geburtshelferkunst doch mit Aberglaube und Risiken befrachtet. Bei Blutungen verschrieb Willughby einen Trank aus Schweinekot und Krötenasche und Pessare aus den gleichen Materialien, die in die Gebärmutter eingeführt werden sollten.

Überhaupt galten die neuen Geburtshelfer oft als Ärzte des Todes. Wenn nichts mehr half oder der Fötus tot war, nahm die männliche Hebamme eine Embryotomie vor und bohrte Nadeln oder Scherenspitzen in den Kopf des Kindes. Der Schädel wurde zerdrückt und der Fötus Stück für Stück mit den Scherengriffen oder mit speziellen Haken herausgeholt.[17]

Hätte sich die Behauptung der Männer, schwere Geburten effektiv handhaben zu können, nur auf ihre Tränke, die Fußwendung, das Nähen und die Embryotomie erstreckt, dann hätten sie sich wohl kaum so leicht im Hebammenberuf breitmachen können. Aber ihr Zugriff auf diesen Beruf wurde unterstützt durch die lautstarke Bekundung ihrer eigenen Überlegenheit bzw. der Unterlegenheit der Hebammen in allen Dingen, die mit einer Geburt zusammenhingen. Der Chirurg Benjamin Pugh schrieb, daß einige Leute fälschlicherweise glaubten, «der Hebammendienst sei, nur weil er bislang hauptsächlich in den Händen der Frauen lag, eine unbedeutende Angelegenheit». Nichts könnte falscher sein, fuhr er fort, vielmehr sei das «Operieren» auf diesem Gebiet eine der schwierigsten Tätigkeiten im gesamten Bereich der Chirurgie.[18]

Andere männliche Ärzte ließen sich von Pughs Behauptung, die Hebammenarbeit sei eine chirurgische Domäne, nicht schrecken. Jeder, der im Zugang zum Entbindungszimmer ein lukratives Unternehmen witterte, versuchte sich, unausgebildet und unerfahren wie er war, auf dem Gebiet der Geburtshilfe. Die unverantwortliche Anmaßung und das Ungeschick einiger dieser selbsternannten Experten erregten die Besorgnis der seriösen und gelehrten Ärzte. Wollten sie ihren eigenen Ruf retten, dann mußten neue Techniken her – vor allem eine sanftere Methode, mittels derer der Kopf des Neugeborenen herausgezogen werden konnte.

Die Erfindung der Geburtszange

Der wirkliche Meilenstein wurde nicht durch Erweiterung des «Wissens» gesetzt, sondern mit der Entwicklung der Geburtszange. Warum war dieses Instrument ein so großer Fortschritt in bezug auf ein so «normales» Ereignis, wie eine Entbindung es ist? Die Wehen und die Entbindung selbst waren in jener Zeit aufgrund der häufigen Schwangerschaften und unzulänglichen Geburtshilfepraktiken wohl tatsächlich äußerst risikoreich. Gebärmuttervorfall, Fisteln im vaginalen und Blasenbereich und andere Gesundheitsprobleme, wie zum Beispiel schwere Anämie, waren keine Seltenheit. Die mit dem Kindbettfieber verbundenen bakteriellen Infektionen führten im günstigsten Falle zu einer allgemeinen Entkräftung, häufiger aber führten sie zum Tod. Die schlechte Ernährung trug zudem zu rachitischen Erscheinungen und Deformationen im Beckenbereich bei. Für Frauen im gebärfähigen Alter gab es keine Gnade, und auch nicht für den Fötus, dessen Leben noch gefährdeter war. Mit der Entwicklung der Geburtszange konnten die Frauen tatsächlich auf eine sanftere Entbindung hoffen.

Diese wurde von Peter Chamberlen dem Älteren (1560–1631) erfunden und blieb bis 1728 Familiengeheimnis. Die Generationen männlicher Hebammen aus der Chamberlen-Familie priesen stolz ihr Expertentum und versprachen eine bessere Ausführung der «Operation», mit weniger Schmerzen und geringerer Gefahr für Mutter und Kind. Praktisch jeder bekannte Geburtshelfer, darunter Pugh, William Smellie und Edmund Chapman, versuchten sich an der Entwicklung eines zufriedenstellenden Instruments zur «Extraktion». Um 1750 waren verschiedene Versionen im Gebrauch. Aus den Schriften dieser Ärzte geht klar hervor, daß eine Ausbildung in der Anwendung dieser Instrumente den Männern vorbehalten war, vor allem jenen Ärzten und Chirurgen, deren

Gilden beschlossen hatten, daß der Gebrauch von Instrumenten im Gesundheitswesen ihr exklusives Privileg war.

Weibliche Hebammen, männliche Hebammen und die Sterblichkeitsrate

Neben der bösartigen Kritik an den Hebammen finden sich auch Berichte darüber, daß die Frauen auf dem Lande, denen eben diese Hebammen Geburtshilfe leisteten, eher überlebten als jene, die von männlichen Hebammen betreut wurden. William Harvey persönlich schrieb den Unterschied in der Überlebensrate der Tatsache zu, daß die (weiblichen) Hebammen der Natur ungehinderten Lauf ließen.[19]

Später wurde die angebliche Überlegenheit der männlichen Hebammen zum Streitpunkt. Der Geburtshelfer Dr. Charles White schrieb, daß die halbverhungerten und kranken Armen, die von den Hebammen betreut wurden, eine niedrigere Sterblichkeitsrate hätten, als die in den Hospitälern entbindenden oder reicheren Frauen, die von einem Mann verarztet wurden.[20]

Uns liegen keine Statistiken über die Sterblichkeitsrate bei Hausgeburten vor. Doch existieren sehr viele Berichte, wonach die größeren Hospitäler die höchste Sterblichkeitsrate aufwiesen, da dort das Kindbettfieber viele Frauen dahinraffte. Und je mehr eine häufige digitale Untersuchung zur unerläßlichen Pflicht wurde, desto weniger wahrscheinlich war es, daß die Frauen den an den forschenden Fingern der Männer haftenden tödlichen Bakterien entkamen. Man schätzt, daß in den größeren Hospitälern im letzten Jahrhundert von hundert Müttern achtundzwanzig ums Leben kamen. Bei armen Patientinnen, die kostenlos und von Hebammen unter der Aufsicht eines Arztes betreut wurden, kamen nur fünf Todesfälle auf hundert Entbindungen.[21]

Diese Statistiken wurden allerdings in Frage gestellt. Wenn sie stimmten, so stellte der berühmte Arzt Dr. James Matthews Duncan fest, dann müßte man die «absurde» Schlußfolgerung ziehen, daß die armen Frauen, die mitten im Dreck unter dem Beistand von mangelhaft ausgebildeten Hebammen oder Medizinstudenten entbanden, ein geringeres Risiko eingingen als die wohlhabenden

Patientinnen, die von «ausgebildeten *accoucheurs*» betreut wurden. «Unmöglich», so schloß er.[22]

1872 belief sich in England die Kindersterblichkeitsrate auf 160 pro 1000 Lebendgeburten. Die British Obstetrical Society richtete daraufhin ein Prüfungskomitee für alle Hebammen ein, die zuvor ein bestimmtes Studienprogramm absolviert und fünfundzwanzig Entbindungen beigewohnt haben mußten. Von den Medizinstudenten wurde letzteres nicht verlangt, und sie konnten in Hospitälern, die mit keiner Entbindungsstation assoziiert waren, auch ohne irgendwelche praktische Erfahrung in der Geburtshilfe ihren Abschluß machen. Zudem ermächtigte die Hebammenlizenz nur zur Betreuung einer normalen Geburt, wohingegen sich die Ärzte an allem, was es an Komplikationen gab, versuchen durften.

Sittsamkeit und Mode

Es wurde bei jenen, die es sich leisten konnten, Mode, sich von einem Mann betreuen zu lassen. Und mit zunehmendem Wohlstand entschlossen sich auch immer mehr Frauen für diese Option. Zudem wußten Apotheker, Zahnärzte und Chirurgen sehr gut, daß das Vertrauen einer Familie, das sie sich durch Geburtshilfe erworben hatten, ihre Chancen erhöhte, auch bei anderen medizinischen Problemen konsultiert zu werden. Es existierte das geflügelte Wort, daß ein Arzt, «hatte er es geschafft, auch nur eine einzige Entbindung in einer Familie zu betreuen, sich damit für immer deren Wohlwollen gesichert hatte».[23]

Den Männern wurde der Rat gegeben, den Hebammendienst, so wertvoll er als Einstieg und zum Aufbau einer allgemeinen Praxis sein mochte, keinesfalls als «Full-time-Job» auszuüben, da das «zweifellos eine verderbliche Auswirkung auf den Arzt haben würde, und zwar in geistiger, moralischer, physischer und finanzieller Hinsicht».[24] Hatte sich ein Mann erst einmal etabliert, dann konnte er seine armen Patientinnen den Hebammen überlassen. Und ebenso war es möglich, zahlende Langzeitpatienten den in seinem Dienste stehenden Hebammen oder Pflegerinnen anzuvertrauen.

Diese Entwicklungen fanden in einer Zeit zunehmender «Sittsamkeit» statt, das heißt ab dem 18. Jahrhundert bis in die Viktorianische Zeit. Die Anwesenheit eines Mannes im Entbindungszimmer genierte die «anständige» Frau. Auch die männlichen Hebammen brachten ihre Verlegenheit und ihren Widerwillen ob ihrer Präsenz zum Ausdruck und führten deshalb ein sehr rigides Protokoll ein: Bei allen Untersuchungen und auch während der Entbindung lag die Frau auf dem Rücken, von einem Laken bedeckt, so daß der Arzt sie zwar abtasten, ihren Körper aber nicht sehen konnte. Der Öffentlichkeit war klar geworden, daß es sich bei der Geburt eines Kindes um eine riskante Angelegenheit handelte, und nur, weil die Frau «um die Gefahr, in der sie schwebte, wußte, konnte sie sich hier über ihr Feingefühl und die ihrer wahren Natur entsprechende Sittsamkeit hinwegsetzen».[25]

Auch die Ärzte schafften es, sich über ihre Gefühle hinwegzusetzen. Im Namen einer «unangenehmen Pflicht» vermochten sie sich zu einer vaginalen Untersuchung «herabzulassen». Sittsamkeit und Keuschheit, das Fundament von Liebe und Respekt gegenüber der Frau, die Eckpfeiler von «Zivilisation und Ordnung» mußten unter allen Umständen gewahrt bleiben.[26] Andere Eingriffe, wie etwa die Einführung eines Blasenkatheters, galten als zu «widerwärtig», als daß sie von einem Mann hätten vorgenommen werden können. «Es gibt kaum einen unerfreulicheren Eingriff als die Einführung eines Katheters bei einer Frau; eine Aufgabe, die, so will ich meinen, jeder Gentleman gern den Händen eines anderen überläßt.»[27]

Charles Meigs, der berühmte, vielgelesene und vielzitierte Arzt des 19. Jahrhunderts, äußerte sich über das moralische und ethische Dilemma, mit dem sich die Geburtshelfer konfrontiert sahen. In einem Zeitalter solchen Zartgefühls müsse der Mann die Frau sehr gut verstehen, wenn er ihren Bedürfnissen dienen wolle. Die Frau, ein einzigartiges Wesen, so meinte er, erhöhe und kultiviere die Menschheit; unter ihrem Zauber würden alle Künste und Wissenschaften erblühen, ihr Lächeln mache jeden Erfolg möglich. Von Natur aus religiös, opfere sie sich auf für Vaterland und Familie. Ihr Kopf sei «fast zu klein für den Intellekt, aber groß genug für die Liebe».[28] Die Bücher von Meigs und seinen Kollegen trugen zur Vollendung einer Metamorphose bei, durch die das «sinnliche Vollblutweib» schließlich zum «Engel des Hauses» wurde – eine Vorstellung, die auch auf andere Entwicklungen in Wissenschaft und Medizin des 19. Jahrhunderts abfärbte, wie wir im nächsten Kapitel sehen werden.

Die Opposition gegen die männlichen Hebammen basierte vor allem auf den von Meigs und seinen Kollegen angesprochenen Problemen. Die Anwesenheit der Männer im Entbindungszimmer kompromittierte die Würde der Frau. Und, schlimmer noch, es war bekannt, daß Männer ihren geilen Gelüsten nachgaben, wenn sie ihren Pflichten als Hebamme nachkamen. Es kursierten Geschichten in Hülle und Fülle über die Verderbtheit von Ärzten, ihre grotesken Annäherungsversuche und die Bedrohung, die sie mit ihrer Geburtshilfe-Tätigkeit für die Grundlagen der Gesellschaft darstellten. Anschuldigungen, die zum Teil wohl der Wahrheit entsprachen (zum Beispiel, daß sie belästigende und unnötige Prozeduren aus Profitgründen vornahmen), zum Teil aber auch absurd klingen («ein Arzt in Charleston entflammte derart beim Anblick einer Frau, die gerade entbunden hatte, daß er in ihr Bett sprang, noch bevor sie wieder zu sich gekommen war»[29]).

Die Bewegung gegen die männlichen Hebammen gewann nie großen Einfluß. Nachdem die Männer Zugang zu den Entbindungszimmern erlangt hatten, hielten sie ihre Stellung und verdrängten die weiblichen Hebammen mehr und mehr. Man beschuldigte jene Ärzte, die männliche und weibliche Hebammen ausbildeten, von den Frauen höhere Gebühren zu verlangen, ihnen weniger beizubringen und sie ganz allgemein eher zu Dienerinnen als zu unabhängig praktizierenden Hebammen heranzuziehen. Und vor allem versuchte man, sie davon abzuhalten, die Reichen betreuen zu wollen.

Die üblicherweise vorgebrachten Argumente lauteten: Männer kennen sich besser aus in der Anatomie, sind eher mit den physischen Hilfsmitteln vertraut und «ganz allgemein mit größerer Geistesgegenwart begabt», «bereiter» und «verständiger, Neues zu ersinnen und im Falle einer schwierigen Entbindung oder Frühgeburt schneller Abhilfe zu schaffen, als es die normalen Hebammen vermögen.»[30]

Es ging ums Überleben, und aus Angst vor Tadel und Schelte

begnügten sich die Hebammen mit ihrer beschränkten Position und zögerten zunehmend, sich auf andere als die allergewöhnlichsten Routinefälle einzulassen. 1795 klärte Margaret Stephens in ihren Schriften die Frauen sehr genau über Anatomie und den Umgang mit der Geburtszange auf, ermahnte sie aber, immer nach einem Mann zu schicken, wenn der Einsatz der Geburtszange notwendig sein würde. Sollte es zu einem Unglück kommen, «finden sich die Leute dann mit dem Geschehen eher ab, denn gegen das, was ein Doktor tut, erhebt man keine Klage; man geht davon aus, daß er sein Bestes getan hat».[31]

Die männlichen Hebammen festigten ihre Stellung, indem sie die mit einer Geburt verbundenen Gefahren grotesk übertrieben, meinte der Journalist Philip Thicknesse in seinem Buch *Man-Midwifery Analysed.*[32] Sie jagten den Frauen soviel Angst und Schrecken ein, daß diese glaubten, außergewöhnliche Maßnahmen seien sehr oft vonnöten – die natürlich nur Männer ergreifen konnten. Und die Männer waren schnell damit bei der Hand, den Hebammen die Verantwortung für alle Mißgeschicke zuzuschieben. Außerdem machten sie sich, wie Thicknesse feststellte, die «Pflegerinnen auf Zeit» zu Verbündeten.

Diese hatten einen geringeren Ausbildungsgrad als die Hebammen und wurden von den Familien für ein paar Wochen angeheuert, um nach der Geburt Mutter und Kind zu betreuen. Sie verdienten mehr Geld, wenn überhaupt keine Hebamme hinzugezogen wurde. Die «Pflegerin auf Zeit» konnte beim Einsetzen der Wehen geholt werden. Sie machte sich keine Illusion über ihre geburtshelferischen Fähigkeiten und würde den Arzt zum richtigen Zeitpunkt herbeirufen. Dieser vollbrachte dann die nötigen Heldentaten und verschwand wieder, nicht ohne ihr vorher noch ein hübsches Trinkgeld zugesteckt zu haben. Mitte des 19. Jahrhunderts wurden in England dreimal mehr «Pflegerinnen auf Zeit» ausgebildet als Hebammen. Wir haben hier ein Beispiel für jene Allianz zwischen Ärzten (Männern) und minder ausgebildetem Personal, die so oft das Totengeläut für einen Frauenberuf bedeutet.

Die Geschichte der englischen Hebammen endet mit einem positiven Akzent. Nach hartem Überlebenskampf wurden sie von Sozialreformern unterstützt, die vorbrachten, daß der Hebammenberuf ein ehrbares berufliches Ziel für die wachsende Zahl der arbeitssuchenden mittelständischen Frauen sei. Auch machte man sich Sorgen um das Schicksal jener armen Frauen, die sich einen Arzt nicht leisten konnten, und ging davon aus, daß die Hebammen hier wenigstens bis zu einem gewissen Grad Abhilfe schaffen konnten.

Dank der Bemühungen Louisa Hubbards wurde 1881 das Midwives' Institute gegründet. 1902 verabschiedete das Parlament ein Gesetz, das die Ausbildungsnormen für Hebammen festsetzte und die Beziehung zwischen dem Hebammen- und Arztberuf regelte. Die eifersüchtige Konkurrenz zwischen beiden hatte erst ein Ende, als die Honorare für die Konsultation eines Arztes bindend festgelegt worden waren. Heute betreuen die Absolventinnen des Royal College of Midwives (früher das Midwives' Institute) 80 Prozent aller Entbindungen in England.

Der Hebammenberuf in den Vereinigten Staaten

Das bisher Geschilderte trifft im Prinzip auch auf die amerikanischen Hebammen zu. Wäre der Hebammenberuf in den Vereinigten Staaten noch anderweitig beeinflußt worden, etwa durch die Entwicklung auf dem europäischen Festland, oder hätte er zumindest den starken Pioniergeist amerikanischer Frauen reflektiert, dann könnten wohl auch heute noch die Hebammen in den USA ganz legal und unabhängig praktizieren.

Mitte des 18. Jahrhunderts waren die «neuen Geburtshelfer» mit all ihren Versprechungen bei den Reichen in Mode gekommen; um 1800 war es üblich geworden, daß Männer normale Geburten betreuten; und um 1850 hatten sie sich in den größeren Städten die Vorherrschaft erobert. Wie auch in England hegten diese neuen Geburtshelfer keineswegs die Absicht, sich mit nichtzahlenden Patienten zu befassen. Vor allem aus diesem Grund durften die Hebammen weiterhin praktizieren. Als für die medizinische Betreuung der Armen öffentliche Mittel bereitgestellt wurden, kam es zu erheblichen Einschränkungen für die unabhängig arbeitenden Hebammen.

Die beiden ersten medizinischen Ausbildungsstätten der USA, das College of Philadelphia und das King's College Medical School in New York, boten eine Hebammenausbildung an, was an und für sich sicherstellte, daß Entbindungen zur «Ärzte-Sache» wurden.

Das erste amerikanische Hebammenhandbuch, *The Midwives' Monitor and Mother's Mirror* wurde 1800 von Valentine Seaman verfaßt, einem Chirurgen, der sich zur Aufgabe gemacht hatte, mit dem Problem der Unwissenheit der Frauen aufzuräumen.[33] Obwohl er vorgab, den Hebammenberuf aufwerten zu wollen, konzentrierte er sich in erster Linie darauf, die Frauen aufzuklären über das, was sie *nicht* tun durften, und sie würden wohl wissen, davon ging er aus, wann sie einen Arzt zu Hilfe holen mußten. Dabei definierte er unglücklicherweise – wie auch andere Ärzte zu seiner Zeit – Schwangerschaft und Geburt mehr oder weniger als Krankheit.

Seaman zufolge sollte die ideale Hebamme ihre Patientin moralisch unterstützen, imstande sein, die Öffnung des Muttermundes einzuschätzen, den Damm zu stützen und die Nabelschnur zu durchtrennen, und sie sollte nicht zur Beschleunigung des Austritts der Plazenta an der Nabelschnur ziehen. Er ging so weit, die Fußwendung zu erläutern, riet aber seinen Leserinnen, sich nie daran zu versuchen.

Die bemerkenswerteste Persönlichkeit im Bereich des amerikanischen Hebammenwesens Mitte des 19. Jahrhunderts war Samuel Gregory, ein unternehmungslustiger und kühner Pädagoge.[34]

Nachdem er 1840 an der Yale University graduiert hatte, begann er sich intensiv für Anatomie und Physiologie zu interessieren, vor allem die der Frau. Er schrieb und lehrte über so spezielle und sensible Themen wie «Sexuelle Ausschweifung, Ursache und Wirkung» und «Fakten und wichtige Informationen über sexuelle Zügellosigkeit für den jungen Mann». Er schrieb sogar einen «Brief an die weibliche Ärzte befürwortenden Damen» und über «Männer im Hebammenberuf, eine Darstellung und Korrektur», wobei er für eine Art Frauen-Corps eintrat, welches sich der Bedürfnisse ihres eigenen Geschlechts annehmen konnte.

Gregorys Vorträge, die zunächst von der Bostoner medizinischen Gemeinde ignoriert wurden, verursachten einen Aufruhr, als es allmählich danach aussah, daß hier den medizinisch ausgebildeten männlichen Hebammen ernsthafte Konkurrenz gemacht werden sollte. Gregorys Reaktion war die Gründung des Boston Female Medical College. Zunächst bot er an diesem College für Frauen dreimonatige Kurse zur Einführung in den Hebammenberuf an, wobei er auch bald dazu überging, Leistungsnachweise auszustellen. 1853 hatte das College sein Lehrangebot auf die Möglichkeit des Erwerbs eines medizinischen Grads erweitert. Zwar wurden Frauen nicht in Gregorys Female Medical Education Society aufgenommen, eine Gesellschaft, die er zur Förderung seiner Ausbildungsziele gegründet hatte, aber ihre Geldspenden wurden gern angenommen. Wollte eine Frau in das weibliche Beratergremium des Colleges aufgenommen werden, so wurde von ihr ein erheblicher Spendenbetrag *verlangt*. (Von den ausschließlich männlichen Mitgliedern des Treuhandausschusses wurden solche Spenden nicht gefordert.)

Der Ruf des Boston Female Medical College war nie besonders gefestigt, und sein Interesse an den neu aufkommenden Praktiken wie Mesmerismus und Homöopathie trug nicht gerade zu dessen Stabilisierung bei. Aber das College überlebte. Ab 1856 stellte es keine Zertifikate für den Hebammenberuf mehr aus, änderte seinen Namen in New England Female Medical College und bot einen kompletten Studiengang zur Erlangung eines medizinischen Grads an. Gregory konnte für seine Institution gediegenes Lehrpersonal gewinnen, darunter die berühmte Frauenärztin Marie Zakrzewska. Mit ihrer Hilfe wurde ein – im Vergleich zu anderen Institutionen jener Zeit – außergewöhnliches medizinisches Ausbildungsprogramm entwickelt. 1873 gliederte Gregory das College in die medizinische Fakultät der Bostoner Universität ein.

Und so geschah es, daß sich die bis dato mit der Hebammenpraxis verbundenen Kräfte nun um einen neuen Typus von Ärztinnen konzentrierten. Frauen sahen sich mit einer der aufregendsten Entwicklungen im Rahmen ihrer Geschichte als Heilerinnen konfrontiert. Eine allgemeine Gesundheitsbewegung kam in Gang, es entwickelte sich ein radikaler Feminismus, und neue, sich für die Frau und für das Heilen einsetzende religiöse Strömungen traten hervor.

Epilog

Es wäre verfrüht, hier einen Nachruf auf den Hebammenberuf zu schreiben. Noch 1910 wurden in den Vereinigten Staaten immerhin die Hälfte aller Entbindungen von Hebammen betreut, wobei der Anteil in den Armenvierteln der Städte noch viel höher lag. Die Immigranten hielten sich an ihre Tradition, bei der Geburt die Hebamme zu holen, und die Armen hatten ohnehin keine andere Wahl.

Für die amerikanischen Mütter wirkten sich weder die ungeordnete Hebammenpraxis noch die männlichen Geburtshelfer positiv aus. Zur Jahrhundertwende war die Müttersterblichkeitsrate in den USA die dritthöchste aller Länder, die Statistiken darüber führten. Und die hohe Kinder- und Müttersterblichkeit ist ein Schandfleck der Vereinigten Staaten geblieben. Die meisten Industrienationen, vor allem jene, die über eine Vielzahl ausgebildeter Hebammen verfügen, schneiden da bei weitem besser ab.

Als die medizinische Betreuung einer Entbindung allmählich immer mehr der Behandlung einer Krankheit ähnelte, wurde den Hebammen die Arbeit verboten oder sie wurde erheblichen Beschränkungen unterworfen oder sonstwie behindert. Die 1960er und 70er Jahre waren geprägt durch ein neuerwachtes Interesse an Hausgeburten und dem Hebammendienst, verbunden mit einer starken Frauenbewegung und einer allgemeinen Gesundheitsbewegung. Die Geschichte hat sich wiederholt. Wie wir in Kapitel 14 zeigen werden, gärt es gegenwärtig gewaltig, was die Gesetzgebung in bezug auf die Hebammen angeht. Einige Gesetzesaspekte eröffnen neue Möglichkeiten, aber im großen und ganzen zielen sie auf Verbote ab. Immerhin werden nun die Hebammen nicht länger ignoriert, denn wieder einmal stellen sie eine Bedrohung dar für das amerikanische medizinische Establishment.

12 Jede Frau ihre eigene Ärztin – die allgemeine Gesundheitsbewegung

Verschiedene Ereignisse trugen im 19. Jahrhundert zum Entstehen einer allgemeinen Gesundheitsbewegung in den Vereinigten Staaten bei, wie sie es vergleichbar erst wieder in den 1970er Jahren geben sollte. Die nunmehr im Bereich der häuslichen Gesundheitspflege freigesetzte Kreativität und der sich eröffnende Spielraum führten zu ungefährlichen und eigenständigen Heilpraktiken, die für die im Heilbereich so lange unterdrückten und beargwöhnten Frauen sehr attraktiv waren. Den an dieser Bewegung aktiv beteiligten Frauen ging es um eine Rückkehr zur «Heilquelle Natur», und zum ersten Mal seit langer Zeit aktivierten sie wieder die alte Verbindung zwischen dem Weiblichen und der Erde. Nach nur drei Jahrzehnten Engagement auf diesem Gebiet hatten sie so viel Sicherheit gewonnen, daß sie sich mit ihren Talenten über die Grenzen ihres eigenen Heims und die Randbezirke des öffentlichen Gesundheitswesens hinaus auf das Terrain der Heilberufe vorwagten.

Drei wesentliche Veränderungen waren im öffentlichen Bewußtsein eingetreten, die die allgemeine Gesundheitsbewegung in Schwung brachten und unterstützten: der «Häuslichkeitskult», das daraus resultierende Idealbild der Frau als «Engel des Hauses» und ein wachsendes Mißtrauen gegenüber den gefährlicheren und uneffktiveren Praktiken der allopathischen Medizin. Keine dieser Entwicklungen war nur auf die Vereinigten Staaten beschränkt, aber der in diesem Land stark ausgeprägte Individualismus gaben ihnen jene besondere Note, die nun im einzelnen geschildert werden soll.

Der Häuslichkeitskult

In den ersten drei Jahrzehnten des 19. Jahrhunderts wandelte sich die Einstellung gegenüber der Frau. Zu dieser Zeit gab es keinen Zweifel an ihrer gesellschaftlichen Rolle: Die Frau gehörte ins Haus, die Domäne des Mannes war die Öffentlichkeit, das heißt, sie erstreckte sich auf alles mit Ausnahme der häuslichen vier Wände. Damit waren die Grenzen klar gezogen. Und doch war es eben dieser «Häuslichkeitskult», der den Frauen die nötige Autorität verschaffen und ihnen den Mut geben sollte, sich am öffentlichen Leben zu beteiligen. Der «Kult» wurde zum Sprungbrett umfassender Gesundheitsreformen und eröffnete ihnen schließlich den Zugang zu medizinischen Berufen und geistlichen Ämtern.

Dieser im Grunde also revolutionäre Häuslichkeitskult entwickelte sich aus Tendenzen, wie sie in den meisten westlichen industrialisierten Ländern zu verzeichnen waren. Die Geheimnisse und die Macht der Frau wurden nun nach Jahrhunderten zum ersten Mal nicht mehr gefürchtet, *und* sie bekam eine ehrenvolle Rolle in der Gesellschaft zugewiesen. Damit offenbart sich ein grundlegend anderes Bewußtsein als jenes, das die Zeit der Hexenjagden und der auf diese folgenden Jahre prägte, als Frauen unter ihrem geringen Status und ihrer angeblichen Schwäche und Unterlegenheit zu leiden hatten.

Die Industrialisierung und die rasch anwachsende Arbeiterklasse brachten es mit sich, daß immer mehr Männer nicht länger zu Hause auf der Farm oder dem Gut blieben. Ein intaktes Familienleben war nur noch aufrechtzuerhalten, wenn die Frau im häuslichen Bereich einen bestimmten Part übernahm: eine klar umrissene Rolle, die ihre Macht auf ein Gebiet beschränkte, das den Männern keine Konkurrenz und damit auch keine Angst machte.

Der «Häuslichkeitskult» basierte auf einer paradoxen Vorstellung von der Frau.[1] Ihre Rolle als «Herrin des Hauses» wurde respektiert, und sie trug große Verantwortung. Gleichzeitig aber war sie in den Vereinigten Staaten politisch und ökonomisch unterdrückter und rechtloser denn je. Ihr Rückzug ins Heim fiel mit der Proklamation des «allgemeinen» (in Wirklichkeit nur dem weißen Mann vorbehaltenen) Wahlrechts und des Rechts auf persönliche Freiheit zusammen, die in diesem Land so stark betont und verteidigt wurden und werden. Und den intelligenten, gutausgebildeten und aktiven Reformerinnen jener Zeit entging nicht, daß Frauen weder in den Genuß dieser Freiheiten noch der vollen Bürgerrechte kamen. Die zur Entstehung des Häuslichkeitskults führenden sozialen und ökonomischen Bedingungen trugen denn auch wesentlich zum Aufkommen des Feminismus bei. In der Tat verdankte die radikale Frauenbewegung des 19. Jahrhunderts ihre moralische und ideologische Kraft diesem «Kult».[2]

Daß daraus ein «revolutionäres Instrument» für die Frauen wurde, ist eine Folge der Tatsache, daß sie ihre häuslichen Pflichten sehr ernst nahmen. Wenn sie schon die braven Hüterinnen des physischen und geistigen Wohlergehens der Söhne Amerikas sein sollten – warum nicht gleich eine Wissenschaft daraus machen? Einige Frauen erkannten sehr klar, daß sie Bürgerinnen mit allen Rechten werden und sich beruflich engagieren können mußten, wenn sie über die Moral der Gesellschaft wachen und ihr zur Zierde gereichen sollten; sie verloren dabei aber nie ihre fundamentale Verbindung mit der Mutterrolle aus den Augen. Vielmehr nutzten sie sie als Sprungbrett ins öffentliche Leben: Sie entschieden, nicht in Konkurrenz zum Mann zu treten, sondern ihre besonderen Begabungen – als Frau und Mutter – auf den Gebieten einzusetzen, die eine logische Fortsetzung des häuslichen Bereichs darstellten.

Die Frau als «Engel des Hauses»

Der Begriff «Engel des Hauses» steht für ein viktorianisches Ideal von Weiblichkeit. Er stammt aus einem ebenso betitelten Gedicht, das Coventry Patmore zu Ehren seiner ersten Frau, Emily, verfaßt hatte. Sie war schön, zart, sanft und sich aufopfernd selbstlos. Ihr Gesicht und Betragen inspirierten Millais und andere zu Porträts, beeinflußten die Arbeit von Tennyson, Ruskin und Carlyle sowie Brownings Werk «Das Gesicht», das in uns einen «kleinen Eindruck von einer geheiligten und doch sinnlichen Schönheit hinterläßt, ernst und doch einladend, immer jungfräulich, auch wenn vom Honig genippt und die Frucht gepflückt werden sollte».[3]

Ebenso entsprach dem viktorianischen Ideal, daß sie nach langem Siechtum an Schwindsucht starb und der ihr nachfolgenden Mrs. Patmore sechs kleine Kinder und ihren Ehering hinterließ. «Engel» wie Emily Patmore wurden auch zum Schreiben ermuntert; in der Tat unterstützte sie ihren Mann in den Jahren, in denen er sich seinen dichterischen Werken widmete, indem sie Kinderbücher und ein Handbuch für Haushälterinnen verfaßte.

Der den Huldigungen an die viktorianische Weiblichkeit implizite erotische Mystizismus und das Bild von der reinen und moralisch hochstehenden Frau erinnert an die mittelalterlichen Tage der Marienverehrung und des Lobpreises der höfischen Liebe. Wir können zwar nicht davon ausgehen, daß dieses Ideal von allen Gesellschaftsschichten geteilt wurde, aber es war existent und bildete einen starken Kontrast zum Bild der Frau als Inkarnation fleischlicher Lust.

In den Vereinigten Staaten verband sich diese Idealisierung der Frau als «moralisch Überlegene» mit dem «Großen Erwachen» – einer Wiederbelebung religiöser Bewegungen, die zuerst 1740 und dann erneut zu Beginn des letzten Jahrhunderts das ganze Land überschwemmten. Ihr evangelistischer Fundamentalismus bot den Frauen ganz entschieden freundlichere religiöse Aussichten als der Katholizismus oder dessen frühere protestantische Ableger. Die Führer dieser neuen Bewegungen suchten geradezu weibliche Unterstützung und erinnerten daran, daß erst das Christentum die Frauen aus dem Stande der Sklaverei befreit und zu moralischen und vernunftbegabten menschlichen Wesen gemacht hätte. Die Botschaft war so verführerisch wie das Gedächtnis kurz. Und bald war die Mehrheit der Sektenanhänger weiblichen Geschlechts.

Kriterium und Preis dieser hehren spirituellen Rolle der Frau war die Unterdrückung ihrer Sexualität, jener Aspekt, auf den sich die Hexenjagden direkt und indirekt konzentriert hatten. «Auf diese Weise erneuerte und verallgemeinerte der Klerus die Vorstellung, daß die in der Gnade Gottes lebenden Frauen reiner seien als Männer, und er erwartete, daß sie nicht nur in seelischer, sondern auch in körperlicher Hinsicht den Beweis für diese Behauptung antraten.»[4]

So war das «Frauenproblem» mal wieder effektiv unter Kontrolle gebracht worden. Und da die scharfe Klinge des Schwerts der Verdammung nun stumpfer war, besaß auch die traditionelle Kirche für sensible und modern gesinnte Frauen eine gewisse Anziehungskraft. Auch konnte sie sich jetzt, da der schlimmste Fluch vom «Weib» genommen war, ganz aufrichtig seine aktive Teilnahme am kirchlichen Leben wünschen. Und schließlich gab dieses, mit sexueller Lust unvereinbare neue spirituelle Bild der Frau den Männern weniger Anlaß zur Furcht. Das weibliche Geschlecht verlor in gewisser Hinsicht seine Urkraft. In bemerkenswert kurzer Zeit hatte sich das Bild der Frau zur Klischeevorstellung von einem leidenschaftslosen jungfräulichen Wesen gewandelt.

Daß Frauen ihrer Sinnenhaftigkeit beraubt wurden, erleichterte nicht nur ihre Rückkehr in den Schoß der Kirche, sondern erlaubte auch eine Art Kontrolle über ihre Reproduktionsfunktion. Die Geburtenkontrolle, die vor allem in Abstinenz bestand, bedeutete einen gewaltigen Schritt in Richtung Fortschritt und Emanzipation. Die Geburtenrate sank rapide. Die Männer waren dazu angehalten, die zarten Empfindungen der Frau zu respektieren, was hieß, sie sollten im Ehebett ihre animalischen Gelüste zügeln. Die Gesundheitsreformer äußerten sich ziemlich ausführlich darüber, daß Zurückhaltung beim Geschlechtsverkehr zum Wohlergehen von Mann und Frau beitrügen. Die meisten von ihnen behaupteten, daß einmal im Monat mehr als genug sei; andere meinten gar, daß er nur zur bewußten Zeugung eines Kindes vollzogen werden sollte. Idealerweise sei der Zeitpunkt des Beischlafs der Frau überlassen, deren vorrangiger Wunsch es war, Gott zu gefallen.

Zweifellos akzeptierten viele Frauen gern und willig das Joch der Leidenschaftslosigkeit als Möglichkeit, die mit Schwangerschaft und Geburt verbundenen Schmerzen und die Trauer über allzufrüh verstorbene Kinder zu reduzieren. Auch der allgemein verbreitete Glaube, daß ohne Orgasmus der Frau eine Empfängnis unwahrscheinlich sei, trug sicherlich zu ihrer sexuellen Zurückhaltung bei.

Es war auch eine Epoche der Verstümmelung weiblicher Geschlechtsorgane durch chirurgische Eingriffe, um die Leidenschaft der Frau zu zügeln. Eine Klitoridektomie (Ausschneidung der gesamten Klitoris mit den kleinen Schamlippen und einem Teil der oder allen äußeren Genitalien) wurde vorgenommen, wenn der Ehemann oder der Arzt befanden, die Frau sei sexuell übererregbar, neurotisch, unkontrollierbar oder befriedige sich möglicherweise selbst. Masturbation, «das einsame Laster», galt als schreckliche Krankheit, die mit allen zur Verfügung stehenden Mitteln, die Entfernung der Eierstöcke eingeschlossen, geheilt werden mußte. Bei Männern, bei denen sie ebenfalls als Krankheit galt, begnügte man sich mit Ermahnungen und Restriktionen, verstümmelnde chirurgische Eingriffe wurden nicht vorgenommen.

Die Unterdrückung der Sinnenhaftigkeit löste einen Boom im Geschäft mit der Pornographie aus – was uns in Themenbereiche führt, die den Rahmen dieses Buches sprengen. Doch die der viktorianischen Moral inhärente Prüderie ist hier ein wichtiger Punkt, da sie den Frauen einen akzeptablen Grund lieferte, auf das Gebiet des Gesundheitswesens vorzudringen: Wenn Sittsamkeit und Zartgefühl gewahrt werden sollten, dann mußten Frauen die Möglichkeit haben, andere Frauen medizinisch zu betreuen.

Die Etablierung der allopathischen Medizin

Neben den mit dem «Häuslichkeitskult» und dem Ideal vom «Engel des Hauses» zusammenhängenden Veränderungen in der Einstellung gegenüber Frauen, kann das aktive weibliche Engagement im Gesundheitswesen auch als Reaktion auf die Behandlungsmethoden der «regulären» Ärzte betrachtet werden. Deren medizinische Praxis war bestimmt (jedenfalls in den Vereinigten Staaten) von der Ansicht, daß die Krankheit ein bösartiges Wesen sei, das man niederknüppeln, ausbluten, ausscheiden, vergiften und ausspeien muß. Die starken Präparate, mit deren Hilfe diese Ziele erreicht werden sollten, wurden als «heroische» oder «aktive» Medikation bezeichnet. Die auf diesen Grundsätzen basierende «Philosophie», Allopathie (das heißt: gegen ein Leiden gerichtet) genannt, prägt bis heute die in der Schulmedizin vorherrschende Praxis. Mögen sich die Methoden auch geändert haben, die philosophische Grundlage hat es nicht, und noch immer gilt es, die Krankheit unter Anwendung des medizinischen Instrumentariums aus dem Körper auszutreiben.

Die Menschen im Amerika des 19. Jahrhunderts hatten buchstäblich den Bauch voll mit toxischen Substanzen, die Bestandteil jeder medizinischen Behandlung waren. Die für die allgemeine Gesundheitsbewegung kämpfenden Frauen und Männer sahen sich äußerst erzürnten Herren des medizinischen Establishments konfrontiert, die ihre Praktiken vehement verteidigten. Die folgenden Auszüge aus dem 1878 veröffentlichten *Boston Medical and Surgical Journal* vermitteln einen Eindruck von den starken Präparaten, die nun unter Beschuß gerieten. Der Text stammt von dem bekannten Arzt und Professor H. C. Wood, der hier über die Anwendung heroischer Medikation bei idiopathischer Bauchfellentzündung spricht:

> Ich erinnere mich, daß mein Onkel, Dr. George B. Wood, einmal sagte, er hätte nie einen Fall von Bauchfellentzündung bei einer erwachsenen Person verloren geben müssen ... Er ließ seine Patienten stets am Arm zur Ader, bis sie ohnmächtig wurden, und setzte dann im Bauchbereich 100 Blutegel an. Ich bin stolz, sagen zu können, daß auch ich absolut an diese Behandlungsmethode glaube, antiquiert wie sie sich ausnehmen mag ... Was ist nach dem Aderlaß zu tun? Ich halte es mit der alten Theorie, daß Kalomel [ein Quecksilber enthaltendes Präparat] einen entzündlichen Prozeß abzuschwächen vermag ... In Verbindung mit Kalomel ist Opium zweifellos von großem Wert ... Die Fähigkeit, bei Bauchfellentzündung große Dosen von Opium vertragen zu können, ist wunderbar. In einem meiner Fälle nahm der Patient täglich fünf Tage lang fünfundsiebzig Gran Opium zu sich und machte exzellente Fortschritte ... Nachdem der Bauch zwei oder drei Tage lang mit Breiumschlägen behandelt worden ist, kann man Zugpflaster benutzen, vorausgesetzt, die Körpertemperatur ist nicht hoch geblieben ... verwenden Sie kein kleines Zugpflaster ... Ich habe ein Zugpflaster von vierundzwanzig mal dreißig [Zentimeter] verordnet.[5]

Die folgende Behandlung von Lungentuberkulose wurde von Dr. Charles W. Wilder bei einer Rede vor der Massachusetts Medical Society vorgestellt: «Es mangelt nicht an effektiven Möglichkeiten, wenn das Behandlungsprinzip erst einmal klar ist. Die Lanzette, der Blutegel, das Schröpfglas, die spanische Fliege, Crotonöl, mit Weinstein gesättigtes Antimon, Brechwurz und Quecksilber sind potente Mittel und von großem Nutzen, wenn sie geschickt angewandt werden.»[6]

Die allgemeine Gesundheitsbewegung wollte diesen gefährlichen Techniken und Drogen einen Riegel vorschieben. Ihre Vertreter setzten sich dafür ein, einen gesunden Körper und Geist durch richtige Ernährung, Bewegung, Sonne, frische Luft, Wasser und hygienische Lebensumstände gesund zu erhalten. Bei einem so gekräftigten Menschen würde sich die Krankheit gar nicht erst einnisten können. Sollten Arzneien gebraucht werden, dann am besten pflanzliche Mittel, die die Abwehrkräfte des Körpers unterstützen, und nicht massive chemische Substanzen, die zu seiner Entleerung führen oder ihn bestrafen. Oliver Wendell Holmes nannte die Bewegung deshalb die «an die Natur glaubende Häresie».

Frauen und die Gesundheitsreform

Abgesehen von der Abneigung gegen die üblicherweise angewandten medizinischen Behandlungsmethoden trugen im 19. Jahrhundert noch andere Kräfte zu einer neuen Einstellung gegenüber Krankheit und Gesundheit bei. Die Bevölkerung der westlichen Welt konnte mehr und mehr auf eine gute körperliche Verfassung und ein langes Leben hoffen. Angesichts einer besseren Ernährung und Hygiene befanden sich die Infektionskrankheiten auf dem Rückzug. Die sozialen Reformen hatten mittlerweile mehr Gutes bewirkt als alle medizinischen Entdeckungen zusammen. Kleine Veränderungen in der Lebensführung beeinflußten nachhaltig sowohl quantitativ wie qualitativ die Überlebenschance. Die Menschen betrachteten die Krankheit nicht länger als eine Strafe Gottes für ihre Sünden, sondern als eine Folge der Verletzung von Naturgesetzen. Von daher waren Kenntnis und Befolgung dieser Gesetze für die Erhaltung der Gesundheit von entscheidender Bedeutung.

Derartige Fortschritte ließen mittelständische Amerikaner glauben, daß sie für das Wohlergehen ihrer Nation sorgen und die Verantwortung für ihre persönliche Gesundheit übernehmen konnten und sollten. Es herrschte ein allgemeiner Optimismus, beflügelt durch die Jacksonschen antielitären, demokratischen Ideale und die nachdrücklich vertretene Auffassung von der Bedeutung eines jeden Bürgers. Die Gesundheitsreformen trafen mit dem Kampf um die Abschaffung der Sklaverei und mit der Frauenbewegung zusammen, die alle ihre Wurzeln in einem aufgeklärten Bewußtsein vom Wert des Menschen an sich hatten.

Die Zeit vor dem Bürgerkrieg zeichnete sich durch lebhafte Reformbemühungen aus, die sich um Aufklärung und Erziehung im physiologischen Bereich, den Kampf gegen den Alkoholismus, richtige Ernährungsweise, Hygiene und neue Heilmethoden drehten. Reformer reisten durchs ganze Land und hielten Vorträge über Selbstdiagnose und Selbstheilung. Viele Bücher erschienen, die sich ausführlich mit dem Thema Gesundheit befaßten und die vor allem von Frauen gelesen wurden. «Da im 19. Jahrhundert die Frauen durch die sich wandelnde Familienstruktur zunehmend gefordert waren, ihre Kinder im Geist der ‹modernen› Werte zu erziehen, begrüßten sie mit Erleichterung die praktischen Lösungen für verwirrende Probleme, wie sie ihnen in den Gesundheitsreformmagazinen und Traktaten angeboten wurden.»[7]

Frauen spielten im Zusammenhang mit den im Nordosten der Vereinigten Staaten gegründeten Ladies Physiological Societies eine wesentliche Rolle als Reformerinnen. Zu Dutzenden hielten sie im Rahmen dieser Gesellschaften vor Tausenden von Menschen Vorträge über die Gesetze und Regeln, die in bezug auf die Gesundheit zu beachten waren.

Ihr Hauptanliegen waren spezifische Frauenprobleme – Schwangerschaft, Geburt, allgemeine Frauenkrankheiten und Geburtenkontrolle. Kurz gesagt, die Frauen wurden auf diese Weise über die (damals bekannten) biologischen Fakten aufgeklärt, damit sie besser für sich selbst und ihre Familien sorgen konnten.

Vor allem die Frauen der Mittelschicht engagierten sich in der Gesundheitsbewegung. Für sie besaß eine gute Gesundheit Priorität, war sie doch notwendige Voraussetzung für das ihnen abverlangte aktive Leben. Paradoxerweise hielten sich die Frauen der

Oberschicht der viktorianischen Epoche für kränker als je zuvor. Manche sehr berühmte Frauen, darunter Elizabeth Barrett-Browning und Florence Nightingale, verbrachten den größten Teil ihres Erwachsenendaseins im Bett. Bei ersterer spielte, wie bei so vielen Frauen, die lebenslange Abhängigkeit von den Opiumtränken der Ärzte zur Aufrechterhaltung ihrer zarten Gesundheit eine große Rolle. Aus diesen und anderen Gründen und Gewohnheiten brachte der «Engel des Hauses» oft nicht die Energie zur Organisierung seines Haushalts auf. Eine Reformerin stellte fest: Will die Frau ihren Platz in der Welt einnehmen, dann muß sie aufhören, «das schwächliche, kränkliche, leidende, dahinsiechende Geschöpf zu sein, das wir jetzt vorfinden. Und sie muß sich, in beträchtlichem Ausmaß, selbst erlösen – sie muß die Fesseln abwerfen, die bislang ihren Körper und Geist gefangen hielten, und sich zu neuem Leben erheben.»[8]

Feministinnen und Gesundheitsreformerinnen machten sich aus guten Gründen Sorgen um die Gesundheit der Frauen der Unterschicht, die täglich zwölf bis vierzehn Stunden in den Fabriken, Kohlebergwerken und anderen extrem strapaziösen Jobs schufteten. Sie waren meist ernstlich krank und hatten kaum Möglichkeiten, ihre Gesundheit zu erhalten oder wiederzuerlangen.

Eine kämpferische Reformerin: Mary Gove Nichols

Mary Gove Nichols war eine besonders aktive Reformerin, deren Leistungen viel vom Wesen der Gesundheitsbewegung widerspiegeln. Ihre Philosophie und ihre Ziele waren repräsentativ für die Bewegung, was die Bandbreite des Arbeitsfeldes anging, so ragte sie allerdings unter ihren Mitstreiterinnen heraus. Ihr Leben liefert ein Beispiel für das kämpferische Naturell jener Frauen, deren Lebenswerk einen nachhaltigen Einfluß auf medizinische und soziale Belange ausüben sollte.

Mary Gove Nichols, die anregend zu schreiben wußte, lieferte häufig Beiträge für das *Water Cure Journal*, eine Zeitschrift (Auflage: über 10000 pro Nummer), die sich den Bedürfnissen der Frauen und deren Rolle im Rahmen der Gesundheitsreform widmete. Im Grunde gab sie Anleitungen zur häuslichen Gesundheitsfürsorge – Ersatz für den allgemein-praktischen Arzt, der bei den amerikanischen Frauen rasch an Einfluß verlor. Nichols brachte ihre Motive deutlich zum Ausdruck: «Ich möchte die Mütter darin unterrichten, wie sie ihre eigenen Krankheiten und die ihrer Kinder heilen und für mehr Gesundheit, Reinheit und Glück in ihrer Familie und ihrem Heim sorgen können.»[9] Sie befaßte sich mit Themen wie Kochen, Kinderprobleme, Sexualität, Baden, Zahnen und Hauswirtschaft.

Sie und andere Reformerinnen nahmen sich der gewaltigen und undankbaren Aufgabe an, einen Wandel in der Damenmode herbeizuführen. Dieses Thema wurde sowohl zu einem Symbol der Frauenrechtsbewegung wie der Gesundheitsreform. Der «Vom Winde verweht»-Stil mit seinen ausladenden Unterröcken und durch Fischbeinstäbe gestützten Korsetts glich einem Kerker, der sowohl das Atmen behinderte, wie die Bewegungsfreiheit einschränkte. «Wir können nicht allzuviel von den Frauen erwarten, solange die Hauptarbeit ihres Lebens darin besteht, sich mit ihren Kleidern abzuschleppen.»[10] Man zeigte den Frauen (etwas übertriebene) bildliche Darstellungen von den Schäden, die die Korsetts und engen Schnürungen an ihren inneren Organen anrichteten. Und man stellte Modelle für eine gesündere Mode vor, so etwa die Bloomers (Pumphosen) oder kurze Kleider, die (nach indischer Manier) über Hosen getragen wurden. Eine solche lockere, gesunde und vernünftige Kleidung konnte jedoch die Welt der Mode nicht beeindrucken. Und wie nicht anders zu erwarten, setzten sich Frauen, die den Mut zu diesem neuen Stil aufbrachten, dem allgemeinen Spott und Zweifel an ihrer Weiblichkeit aus.

Als eifrige und energische Pädagogin, die sie war, erklärte Nichols, daß Unwissenheit nicht länger als Entschuldigung für Krankheit dienen könne. Sie und andere vertraten die Ansicht, daß medizinische Informationen allen zugänglich sein sollten, und meinte im Hinblick auf den Fachjargon der medizinischen Zeitschriften: «Sollten Sie nicht verstehen, worüber der Autor da spricht, dann können Sie ruhig davon ausgehen, daß er es selber auch nicht weiß.» Sie unterstützte die Bemühungen der Frauen um eine medizinische Ausbildung. «Was werden unsere allopathischen Ärzte dazu sagen? Wir warten auf eine Antwort. In der

Zwischenzeit legen unsere Frauen die Rüstung an für einen Kampf, der sich letztendlich als erfolgreich erweisen muß.»[11]

Mary Gove Nichols war ein Protegé Sylvester Grahams (er führte das Mehl und die Kekse aus Weizenschrot ein), dessen Anhänger vegetarisch aßen, sich jeglicher Stimulantia enthielten, vernünftige Kleidung trugen und die Vorzüge von Körperübungen, frischer Luft und sexueller Reinheit proklamierten. Letzteres hieß wenig oder besser überhaupt keinen Sex und unter gar keinen Umständen Masturbation. Daß Nichols mit diesem Verdikt «sexueller Reinheit» einverstanden war, muß allerdings bezweifelt werden. Sie durchschaute das vernebelte Ideal vom leidenschaftslosen weiblichen Wesen mit scharfem Blick: «Eine gesunde und liebende Frau sehnt sich ebenso gewiß, und oft genauso stark, nach körperlicher Vereinigung wie ein Mann... Die Apathie (ihres) sexuellen Instinkts wird durch ihre versklavenden und ungesunden Lebensbedingungen verursacht.»[12]

Auf der Grundlage ihrer Erfahrung mit dem Grahamismus und anderen Bewegungen entwickelte sie schließlich ihr eigenes sektiererisches Unternehmen: die Wasserkur, auf die wir gleich zu sprechen kommen werden.

Sektiererische Antworten auf «heroische» Praktiken

Als im 19. Jahrhundert die herkömmlichen medizinischen Behandlungsmethoden unter Beschuß gerieten, sprossen neue Theorien und Techniken wie Pilze aus dem Boden. Die Patentrezeptindustrie blühte. Lydia Pinkhams pflanzliches Tonikum gegen «Frauenprobleme», das 18 Prozent Alkohol enthielt, fand sich in jedem Haushalt. Ihr sanftes, auf dem Etikett abgebildetes Gesicht war allgegenwärtig. Ja, es war das einzige weibliche Gesicht, das manche kleineren Publikationsorgane auf Lager hatten, und so brachten sie es, wann immer sie eine Geschichte über irgendeine Frau veröffentlichten – und wenn es sich um Königin Viktoria handelte! Lydia Pinkhams Einfluß beschränkte sich aber bei weitem nicht auf ihr Konterfei und ihr Tränklein. Sie erteilte auch brieflich Ratschläge, wobei sie den Tausenden von Frauen, die sich mit ihren Problemen an sie wandten, versicherte, daß ihre Korrespondenz niemals einem männlichen Auge zugänglich sein würde.[13]

Gegen Ende des Jahrhunderts gab es alle möglichen Heilslehren zur Kurierung jedwelcher Art von Krankheit. Methoden wie der Mesmerismus, die Phrenologie und zahlreiche «natürliche» Pflanzenheilmittel kamen auf. Die drei einflußreichsten Therapien waren die Hydrotherapie (Wasserkur), die Homöopathie und die Pflanzenheilmittel von Samuel Thomson.[14]

Ihre Beliebtheit war vor allem auf den Wunsch der Frauen nach sanfteren, natürlichen Heilmethoden zurückzuführen, nach etwas, das ihnen zudem erlaubte, sich und ihren Kindern zu helfen.

Hydrotherapie (Wasserkur)

Mary Gove Nichols war eine der drei Pioniere im Land, die Wasserkureinrichtungen eröffneten, allgemeine Heilzentren zur gesundheitlichen Betreuung, in denen auch Ratschläge in familiären Fragen erteilt wurden. Hier kam das Wasser auf jede erdenkliche Art und Weise zur Anwendung. Die Menschen wurden eingetaucht, untergetaucht, übergossen und abgespritzt und unterzogen sich Trinkkuren. Jeder konnte nach minimalem Unterricht die Wasserkur verabreichen, entsprechend Nichols erklärtem Ziel, die Ärzte überflüssig zu machen, da die Mütter gelernt hätten, wie sie die Krankheiten in ihrer Familie kurieren und ihre Angehörigen gesund erhalten könnten.

Die prominenteste Persönlichkeit, die zur Wasserkur bekehrt wurde, war Ellen White, Prophetin der Kirche der Adventisten vom Siebenten Tag. Ihre beiden leidenden Söhne hatten sich nach einer Wasserkurbehandlung wieder völlig erholt. Durch einige ihrer häufigen Visionen wurde sie dazu gebracht, ihre eigene Wasserkureinrichtung aufzubauen. Ihr Teilhaber John Harvey Kellog (Kellog's Cornflakes) wurde der produktivste Autor zum Thema Wasserkur. Aufgrund des starken Einflusses von Ellen White hat die Heilmission der Adventisten vom Siebenten Tag – sie betont eine gesunde Lebensweise in Verbindung mit der bestmöglichen medizinischen Betreuung – bis auf den heutigen Tag überdauert.

Thomsonianer

Samuel Thomson, ein Farmer aus New Hampshire, machte eine bestimmte Art von pflanzlicher Medizin populär, die ihm von einer kräuterkundigen Frau nahegebracht worden war.[15] Anders als die Wasserkur waren seine Heilmittel zur Behandlung von Krankheiten im aktiven Stadium gedacht. Mit seinem Schlachtruf «Jeder sein eigener Arzt» meinte er, es sei besser, sich selbst zu behandeln als von einem Arzt zu Tode kuriert zu werden.

Seine Druckerzeugnisse waren vermutlich für all jene unwiderstehlich, die der Wirksamkeit der heroischen Medizin der «regulären» Ärzte mißtrauten. «Wir... wünschen uns sehr, unsere Leser von den felsigen Klippen, den unterirdischen Gruben und den sengenden Wüsten der mineralogischen Praxis wegzuführen zu fruchtbaren Feldern, grünen Weiden und blumenreichen Ufern sanft dahinströmender Bäche und Flüsse und zu zwischen moosigen Polstern sprudelnden Quellen, um Wurzeln und Blätter und Blüten zu sammeln, Rinden und Früchte zum... Heilen.»[16] Thomson und seine Agenten verkauften ein ganzes patentiertes «Medizinpaket», «Familienrechte» genannt. Damit wurde die Familie Mitglied der Bewegung, erhielt Thomsons Publikationen und konnte seine medizinische Methode praktizieren. 1840 wandten schätzungsweise drei Millionen Menschen sein System an. Er stellte die Frau und Mutter in der Rolle der Ärztin in den Vordergrund und machte sie mit einer Art medizinischer Praxis vertraut – eine Praxis, die keinen gesetzlichen Restriktionen unterworfen war. Ein großer Kaufanreiz bestand darin, daß Frauen auf diese Weise einander verarzten konnten und damit der Demütigung entgingen, ihre Probleme dem anderen Geschlecht anvertrauen zu müssen.

Als die Thomsonianer Schulen eröffneten und ihren Wirkungskreis erweiterten, traten sie mehr und mehr wie reguläre Ärzte auf. Auseinandersetzungen und Streitigkeiten innerhalb der Organisation über Prinzipien der medizinischen Ausbildung führten dazu, daß ihre Methoden in den 1840er Jahren erheblich an Einfluß verloren.

Homöopathie

Um 1840 kam jedoch die Homöopathie auf. Homöopathen verwenden Arzneisubstanzen in unendlich verdünnter Dosierung nach dem Grundsatz, «Ähnliches» bzw. «Gleiches heilt Gleiches». Die Homöopathie gewann langsam, aber stetig an Einfluß und war vor der Jahrhundertwende bereits eine ernsthafte Konkurrenz für die allopathische Medizin geworden. Aus vielen Gründen, die sie schon vor hundert Jahren so attraktiv machte, erfreut sie sich auch gegenwärtig eines wiederbelebten Interesses.

Homöopathische Mittel schmeckten nicht so abscheulich wie die heroische Medizin und hatten auch nicht deren Nebenwirkungen. Oliver Wendell Holmes bemerkte spitz, die Homöopathie «gibt den Unwissenden, die es so unausrottbar kitzelt, sich als Arzt zu versuchen, ein Buch und den Medikamentenkoffer einer Puppe in die Hand, damit sie Herr und Frau Doktor spielen können, ohne Angst haben zu müssen, den Leichenbeschauer auf den Plan zu rufen».[17] Andere Schulmediziner stellten gewisse positive Wirkungen der homöopathischen Behandlung fest, glaubten jedoch, dies sei auf deren zwar nutzlose, aber wenigstens nicht schädliche Mittel zurückzuführen und die Besserung des Patienten sei quasi durch eine sich günstig auswirkende Nichtbehandlung eingetreten.

Um 1860 gab es schätzungsweise 2500 homöopathische Ärzte in den USA und eine in die Hunderttausende gehende Anhängerschaft, davon über zwei Drittel Frauen.[18] «Die Hausapotheke» – ein kleines Mahagonikästchen mit numerierten Arzneifläschchen und einem *Do it yourself*-Diagnosehandbuch – bildete den Eckpfeiler der weiblichen Heilpraxis. «Manch eine Frau hat, ausgerüstet mit ihrem kleinen Lagerbestand an Heilmitteln, eine ganze Gemeinde bekehrt», so ließ das American Institute of Homeopathy verlauten.

Auch Mary Baker Eddy, die Gründerin der religiösen Gemeinschaft Christian Science, interessierte sich für die Homöopathie. Sie war davon überzeugt, daß deren Wirksamkeit auf geistigen Kräften beruht, da die Präparate in der verabreichten Verdünnung praktisch keine chemischen Substanzen mehr aufwiesen.

Schlußbemerkung zur allgemeinen Gesundheitsreformbewegung

Es waren bemerkenswerte Frauen in einer ebenso bemerkenswerten Zeit, die sich in der Gesundheitsreform engagierten. In früheren Zeiten wären sie streng bestraft, ermordet oder anderweitig zum Schweigen gebracht worden. Nach all den Jahren der Abstinenz nahm erneut weibliches Denken einen gewissen Einfluß auf die Heilberufe.

Frauen schöpften nun wieder Hoffnung aufgrund des ideologischen Wandels in der Gesellschaft, der sich vor allem auch durch die Gesundheitsreformen und die Gründung sektiererischer Einrichtungen bemerkbar machte. Letztere begrüßten ihre weibliche Klientel – Grundpfeiler der amerikanischen Familie – mit offenen Armen. Der Antiprofessionalismus der Jacksonschen Ära beförderte den eklektischen Ansatz der häuslichen Heilpraxis der Frauen. Sie machten das Beste aus dieser lang ersehnten Gelegenheit und überquerten die Brücken von der Privatsphäre in den öffentlichen Bereich und in die Heilberufe. Mit diesem Vorstoß brachten sie in letztere ihre traditionellen Themen wieder ein, wie Vorsorge durch gesunde Lebensführung, Behandlung mit natürlichen Heilmitteln und Mitgefühl als heilendes Moment. Mit ihrer Arbeit öffneten sie Türen und bereiteten den Boden für andere, die sich in den drei modernen Heilbereichen betätigen würden: Medizin, Krankenpflege und Seelsorge.

13 Die Kriegerinnen: Ärztinnen, Krankenschwestern und weibliche Geistliche

Im 19. Jahrhundert entwickelte sich das spezifisch amerikanische medizinische System in seiner ganzen Bandbreite und wurde schließlich zu jener monolithischen Organisation, die nun in unserem Jahrhundert seine alles beherrschende Stellung innehat. Die Macht ihres medizinischen Dogmas, gestützt durch die religiösen und wirtschaftlichen Institutionen dieses Landes, läßt sich nur noch mit dem langanhaltenden und mächtigen Einfluß der Kirche auf die westliche Welt vergleichen. Wie konnten die Heilerinnen es nur zulassen, daß sie erneut unter eine institutionalisierte männliche Herrschaft und damit ins Abseits gerieten?

Dieser Frage werden wir im Zusammenhang mit Entstehung und Entwicklung der weiblichen Heilberufe nachgehen.

Die Frauen und ihre Berufe

Die weibliche Perspektive in bezug auf das Heilen manifestierte sich während der zweiten Hälfte des 19. Jahrhunderts in drei wesentlichen Bereichen: der Ausbildung einer relativ großen Zahl von Ärztinnen, der Etablierung der Krankenpflege als Beruf und der Gründung von kirchlichen Gemeinschaften, zu deren wesentlichen Grundsätzen das heilerische Element gehörte. In diesem Kapitel wollen wir ein Bild von jenen Frauen vermitteln, die hinter diesen Bewegungen standen, wir wollen zeigen, wie es ihnen gelang, aus dem Schatten zu treten, und sehen, was wir aus ihren Erfahrungen lernen können.

Alle drei Berufsgruppen – Krankenschwestern, Ärztinnen und weibliche Geistliche – entwickelten sich in verschiedene Richtungen, haben aber die gleichen viktorianischen Wurzeln. Die Frauen, die in diesen Bereichen einen Wandel bewirkten, verfügten über dem viktorianischen Ideal ganz und gar nicht entsprechende Qualitäten, nämlich die Qualitäten einer «Kriegerin»: Energie, Stärke, Würde und Zielbewußtsein. Ihre Visionen erstreckten sich weit in die Zukunft, und ihre eigene Zeit beeinflußten sie auf bemerkenswerte Weise.

Jede von ihnen hatte eine über das Gewöhnliche hinausgehende Vision, die sie zielstrebig verfolgte. Dr. Mary Putnam Jacobi zum Beispiel war zehn Jahre alt, als sie in einem Brief an ihre Großmutter folgenden Traum beschrieb:

> Vage Sehnsüchte überkommen mich. Ich stelle mir große Dinge und glorreiche Taten vor; aber ach! Die Vision verschwindet wie ein flüchtiger Traum, und nur die trübe Realität bleibt zurück. Ich würde eine große Persönlichkeit sein. Ich würde Taten vollbringen, so daß man von mir, wenn ich in jene Welt hinübergegangen bin, jene Region jenseits des Grabens, mit Zuneigung sprechen wird, und ich in den Herzen jener, die ich zurückgelassen habe, weiterleben werde.[1]

Die Visionen von Mary Baker Eddy und Ellen White waren konkreter und führten sie schließlich zur Etablierung ihrer eigenen geistlichen Ämter und heilerischen Missionen.

Zudem konnten diese einflußreichen Frauen sich sehr gut artikulieren. Sie schrieben viel, und sie sprachen mit jedem, der ihnen zuzuhören gewillt war. Viele von ihnen, vor allem die Ärztinnen, schrieben sich gegenseitig so viele Briefe, daß ihre Korrespondenz ganze Bände füllte, und etablierten auf diese Weise eine Schwesternschaft, die sie körperlich und seelisch bei einer der härtesten Aufgaben, die Frauen je gestellt worden war, stützen und tragen sollte.

Nie ließen sie ein «Nein» als Antwort gelten. Statt dessen machten sie sich mit dem System gut genug vertraut, um, wenn der eine Weg blockiert war, einen anderen zu finden, der sie ans Ziel brachte. Sie machten sich keine Illusionen über die starke Opposition gegen ihre bloße Präsenz und ihre Ideen. Um die nach ihrer Ansicht notwendigen Krankenhausreformen durchzusetzen, bombardierte Florence Nightingale die Büros der Regierungsbeamten mit schriftlichen Eingaben. Als das nichts fruchtete, griff sie zu anderen Mitteln: Sie ging ihnen auf die Nerven, beschwatzte, bestach und erpreßte, setzte ihre freundschaftlichen und familiären Beziehungen ein, um an ihr Ziel zu kommen. Auch war den Ärztinnen und ihren Hilfstruppen die Macht des Dollars keineswegs unbekannt, sie wußten, wie man Geld lockermacht und es sinnvoll verwendet.

Zu Beginn existierte noch kein unterstützendes Netzwerk der weiblichen Solidarität, und so soll hier nicht unerwähnt bleiben, daß es im Leben der meisten dieser außergewöhnlichen Frauen auch einen außergewöhnlichen Mann gab, einen nachsichtigen Vater, der für eine gute Ausbildung seiner Tochter sorgte, oder einen unkonventionellen Vater oder Ehemann, der sie emotional und finanziell unterstützte. Auch eine Handvoll tapferer und einflußreicher Ärzte, die der Ansicht waren, ihr Beruf könne durch die Mitarbeit von Frauen nur gewinnen, half ihnen aktiv bei ihren Bemühungen.

Viele dieser Frauen, die soviel für die Gesundheitsfürsorge bewirkten, waren störrisch und autokratisch und kümmerten sich nicht darum, was andere über sie dachten. Florence Nightingale und Mary Baker Eddy hatten eine besonders scharfe Zunge. Andererseits mußten sich die Ärztinnen in Umgänglichkeit üben und ihren ganzen Charme aufbringen, wollten sie in der männlichen Medizinergemeinde überleben.

Wenn wir hier über die drei Berufsgruppen sprechen, denen sich die Frauen zuwandten – Medizin, Krankenpflege und geistliches Amt –, dann werden wir uns in erster Linie auf die Medizin konzentrieren. Auf dieses Gebiet drängten viele Frauen, was hitzige Debatten auslöste und für politischen Aufruhr sorgte. Das bedeutet nicht, daß von nun an die «Frau als Heilerin» gleichbedeutend war mit der «Frau als Ärztin». Doch die Ärztinnen sind es, die im Laufe des 19. Jahrhunderts den Strom der Kontinuität so breit und leuchtend fließen lassen.

Harriot Hunt, Elizabeth und Emily Blackwell, Ann Preston, Marie Zakrzewska, Mary Putman Jacobi und viele andere – diese Namen sind einem kleinen Kreis von Medizinhistorikern bekannt. Ihre Bilder zieren noch immer dunkle Krankenhausflure; ihre Namen sind auf Ehrenplaketten verewigt. Aber die heutigen Ärztinnen wissen sehr wenig über ihre Vorläuferinnen, und die, die andere Heilberufe ausüben, verstanden nicht aus ihrer Stärke und Weisheit zu lernen. Jede dieser Biographien liest sich wie ein Roman – handlungsreiches Geschehen, Mut und große Taten. Ein paar dieser Geschichten will ich kurz wiedergeben.

Harriot Hunt (1805–1875)

Als sie zweiundvierzig war, beschloß Harriot Hunt, sich medizinisch weiterzubilden. Sie hatte bereits zwölf Jahre als Ärztin praktiziert, nachdem sie zuvor bei einem Ärzteehepaar Anatomie und Physiologie studiert hatte. In jenen Tagen hätte schon sehr viel weniger Erfahrung, als Harriot sie hatte, einem Mann ohne weiteres zu einem Ehrendoktortitel gereicht. Hunt schickte ihren Zulassungsantrag an Oliver Wendell Holmes, den Dekan der Harvard Medical School, mit der Bemerkung, sie hoffe, in Harvard zum «Licht der Wissenschaft» vorzudringen. Holmes, von ihrer Reife und ihrem aufrichtigen Bemühen überzeugt, unterstützte den Antrag. Möglicherweise war es auch ihr Foto, daß ihn vermuten ließ, daß diese gestandene Matrone wohl kaum irgendwelche sexuellen Gelüste in seinen Studenten erwecken würde.

Doch die Administration verwarf, ohne weiter nachzufragen, ihren Antrag als «ungeeignet». Hunt fand diese Entscheidung barbarisch. Sie war stets eine zurückhaltende Person und bestimmt keine Aktivistin gewesen, nun aber schloß sie sich der sich gerade organisierenden Frauenrechtsbewegung an, in der sie einen das Dunkel durchdringenden Lichtstrahl sah.[2] Als sie erfuhr, daß Elizabeth Blackwell an einem regulären medizinischen College angenommen worden war, reichte sie erneut einen Zulassungsantrag ein, wobei sie das Zulassungsgremium darauf aufmerksam machte, daß sich die Einstellung gegenüber Frauen mittlerweile geändert habe: Es ginge nicht länger um die Frage, ob Frauen praktizierten, sondern darum, daß sie eine angemessene Ausbildung erhielten. Diesmal gab die Administration bis zu einem gewissen Grad nach und gestattete ihr sowie drei farbigen männlichen Bewerbern die Teilnahme an den Vorlesungen, allerdings verbunden mit der Warnung, daß dies nicht als Recht mißverstanden werden dürfe, später auch einen Titel zu erwerben.

Noch bevor Harriot Hunt an irgendeiner Vorlesung hatte teilnehmen können, hatten die Studenten des Abschlußsemesters eine Petition eingereicht, in der sie gegen ihre Anwesenheit wie auch die der «gesellschaftlich anstößigen» Schwarzen Protest einlegten. Sie sollten zum Gehen aufgefordert werden, damit die Würde der Universität gewahrt bliebe. Der Protest gegen Hunt war – auszugsweise – folgendermaßen formuliert: «Wir sind nicht dagegen, daß Frauen ihre Rechte zugestanden werden, aber wir protestieren dagegen, daß sie an Orten in Erscheinung treten, an denen ihre Gegenwart dazu angetan ist, unseren Respekt vor der Sittsamkeit und dem Zartgefühl ihres Geschlechts zu zerstören.»[3] Die Studenten gingen davon aus, daß keine Frau von wahrem Feingefühl dazu bereit sein würde, sich in der Gegenwart von Männern Diskussionen von der Art anzuhören, wie sie für einen Medizinstudenten notwendig seien, und daß Frauen, die es dennoch taten, geneigt seien, sich ihrer Weiblichkeit zu begeben. Als Reaktion darauf erließ das Kuratorium eine Resolution und verbot die Zulassung von Frauen. Diese Politik vertrat Harvard bis 1946!

Harriot Hunt führte über ein Vierteljahrhundert lang ein aktives und erfülltes Leben als Ärztin. 1853 bekam sie vom Female Medical College of Pennsylvania den Ehrendoktor verliehen. Sie arbeitete unverdrossen und stets entschlossen, «in der Öffentlichkeit das Bewußtsein für die unbedingte Notwendigkeit zu wecken, daß Frauen den Arztberuf ergreifen».[4] Zum 25jährigen Jubiläum ihrer Praxis krönte man sie unter Anwesenheit von 1500 Freund/innen mit einem doppelten Blumenkranz und schenkte ihr einen goldenen Ring zur Besiegelung ihrer Ehe mit ihrem Beruf. Diese Zeremonie wurde dann von Feministinnen übernommen, die das Gefühl hatten, daß das außergewöhnliche Leben von alleinstehenden Frauen auch geehrt werden sollte. Als Harriot Hunt 1875 starb, stellte man an ihrem Grab eine Statue der Hygieia, der Göttin des

Heilens, auf, mit deren Gestaltung sie selbst Edmonia Lewis, eine farbige Bildhauerin, beauftragt hatte.

Elizabeth Blackwell (1821–1910) und Emily Blackwell (1826–1910)
Nachdem ihre Zulassungsanträge von den Universitäten in Boston, New York und Philadelphia abgewiesen worden waren, wurde Elizabeth Blackwell am Geneva Medical College im oberen Staat New York angenommen. Diese Zulassung hatte sie ironischerweise einem «Mißverständnis» zu verdanken. Die Studenten hatten nämlich ihren Antrag für einen Witz gehalten und ihn einstimmig befürwortet. Der Schock war groß, als tatsächlich am ersten Vorlesungstag eine junge Frau auftauchte. Aber sie überlebten ihn und tolerierten ihre Anwesenheit. Ein Leitartikel im *Boston Medical and Surgical Journal* beschreibt sie als «ein hübsches kleines Exemplar des weiblichen Geschlechts... Sie kommt mit großer Gelassenheit zum Unterricht, nimmt ihren Hut ab und legt ihn unter ihren Sitz (einen anmutigen phrenologischen Anblick bietend), macht sich ständig Notizen... Äußerster Anstand wird gewahrt, solange sie anwesend ist.»[5]

1849 erhielt Elizabeth Blackwell als Beste ihrer Klasse den Doktortitel – die erste amerikanische Frau, die einen medizinischen Grad erwarb. Bald danach schloß das Geneva Medical College seine Tore für Frauen. Sie selbst sah sich nun einem Problem gegenüber, das alle Medizinerinnen die nächsten hundert Jahre beschäftigen sollte – die Unmöglichkeit, ein weiterführendes Studium zu absolvieren bzw. sich für eine Niederlassung in den Vereinigten Staaten qualifizieren zu können. Sie reiste nach Europa, wo es mehr Möglichkeiten gab, ein Praktikum zu machen. Inzwischen hatte sich auch ihre Schwester Emily entschieden, Medizin zu studieren – trotz Elizabeths entmutigendem Kommentar, daß sich «eine undurchdringliche Mauer des gesellschaftlichen und beruflichen Antagonismus vor der Ärztin auftürmt und eine Situation schmerzlicher Einsamkeit herstellt, die sie ohne Unterstützung, Respekt und professionellen Rat läßt».[6]

Nachdem sie von elf medizinischen Ausbildungsstätten abgewiesen woren war, wurde Emily am Rush Medical College in Chicago angenommen. Die staatliche medizinische Gesellschaft legte Widerspruch gegen ihre Anwesenheit ein und drängte das College, die Zulassung zurückzuziehen, was es auch binnen eines Jahres tat. Emily beendete ihre Ausbildung am Western Reserve Medical College in Cleveland und ging dann wie ihre Schwester nach Europa, um sich dort weiterzubilden und schließlich eine der hervorragendsten Ärztinnen ihrer Zeit zu werden.

Ann Preston (1813–1872)
Ann Preston begann 1847 ihr medizinisches Studium bei einem Arzt, der zu den Quäkern gehörte. Es war das gleiche Jahr, in dem Elizabeth Blackwell ihr Studium in Geneva aufnahm. Nach zwei Jahren Lehrzeit bemühte sie sich an vier medizinischen Fakultäten um eine Zulassung und wurde von allen abgelehnt.

Ann Preston stammte aus einer progressiven Quäkerfamilie, die sich an feministischen Aktivitäten, an der Antialkohol- und der Antisklavereibewegung beteiligt hatte. Elizabeth Blackwell schildert ihren ersten Eindruck von ihr:

> An einem stürmischen, schneereichen Wintermorgen suchte mich eine zierliche, kultivierte Quäkerlady auf, um mir etwas über die Sache, für die sie sich engagierte, zu erzählen: die Gründung eines gut organisierten medizinischen Colleges für Frauen in Philadelphia . . . Der Mut und die Hoffnung dieser zarten Frau, die da aus dem heftigen Schneesturm zu mir kam, schienen mir ein gutes Omen für Erfolg. Ich hatte das sichere Gefühl, daß sie ihr Ziel erreichen würde.[7]

1851 machte sie ihren Doktor am Female Medical College of Pennsylvania, wo sie 1855 auch Dozentin für Physiologie wurde. 1859 beschloß die Pennsylvania Medical Society, dieses College nicht anzuerkennen. Sie kämpfte vehement um Rücknahme des Verdikts, unterstützt durch eine Reihe von Quäkerärzten, die ihre frustrierenden Bemühungen, einen Collegeplatz für ihre weiblichen Schüler zu finden, satt hatten. 1861 gründete sie das Women's Hospital in Philadelphia, und 1866 wurde sie zum Dekan des Female Medical College ernannt, der erste weibliche Dekan eines medizinischen Colleges.

Sie setzte durch, daß ihre Studentinnen an Vorlesungen im

Pennsylvania Hospital teilnehmen durften, wo sie alles andere als herzlich empfangen wurden. Eine ihrer Studentinnen, Elizabeth Keller (die später Chefchirurgin am New England Hospital für Frauen und Kinder werden sollte), erinnert sich: «Wir traten zu mehreren ein und fanden uns wieder inmitten einer Menge johlender, stöhnender, pfeifender und mit den Füßen stampfender Studenten ... Als wir das Hospital verließen, wurden wir von diesen sogenannten Gentlemen geradezu gesteinigt.»[8]

Zeitungsberichte bestätigen diesen Vorfall.

> Nachdem sie sich in einer Reihe aufgestellt hatten, attackierten diese galanten Herren die jungen Damen in unverschämter und ungehöriger Sprache und folgten ihnen dann auf die Straße, wo die ganze Meute ... sie mit Beschimpfungen überschüttete ... Während der letzten Stunde wurden die Damen mit Papier- und Stanniolkugeln, Kautabak etc. beworfen, während einige dieser Männer die Kleidung der ihnen zunächst stehenden Damen mit Tabaksaft beschmutzten.[9]

Um 1879 hatten etwa dreihundert Studentinnen an medizinischen Fakultäten graduiert. Die Beharrlichkeit dieser Frauen brachte die Opposition dazu, ihre Argumente zu sammeln und zum Angriff überzugehen. Im Gegenzug sahen sich wiederum die Frauen genötigt, ihre Position zu verteidigen.

Die Gegenseite

Im Licht der nun folgenden Debatte nimmt sich die im letzten Kapitel geschilderte Kontroverse über die Hebamme wie bloße Plänkelei aus. Die gegen die betreffenden Frauen erhobene Anklage konzentrierte sich im Kern auf die alte Angst, daß ihre Tätigkeit «draußen» zur Aushöhlung des heimischen Gefüges, der Familie und des Wesens der Zivilisation führen würde. Ihre reine und göttliche Anwesenheit in der häuslichen Arena sei unbedingt erforderlich, um die rohen Instinkte des Mannes im Zaum zu halten und ihm in seinen schlechten Stunden beizustehen. Frauen, so wurde versichert, seien die moralischen Hüterinnen der Gesellschaft, und ihre Rolle bestünde darin, «die Nachkommenschaft aufzuziehen und stets die Flamme der Frömmigkeit, des Patriotismus' und der Liebe auf dem heiligen Altar ihres Hauses am Brennen zu halten».[10]

Weitere männliche «Argumente» lauteten, der stärkste Zauber der Frau – ihre Sittsamkeit und ihr Zartgefühl – müsse unter allen Umständen beschützt werden, sowohl um der Frauen als auch um der sie liebenden Männer willen. Die Rituale des Seziersaals, das blutige Geschäft der Chirurgie und vor allem die Enthüllung der Geheimnisse des menschlichen Körpers seien mehr, als eine kultivierte Frau ertragen könne und solle.

Andererseits ermunterten die Ärzte die Frauen dazu, Krankenschwestern zu werden, obwohl doch auch diese ihr Heim verlassen und knochenharte Arbeiten verrichten mußten sowie den «Unschicklichkeiten» des Krankenhauslebens ausgesetzt waren.

Ein anderes Argument wiederum besagte, daß die Frau vor den Gefahren einer höheren Ausbildung an sich geschützt werden mußte. Dr. E. H. Clarkes Buch *Sex in Education: or, A Fair Chance for the Girls* (1873) löste die vehementeste Kontroverse aus. Jahrelang hatte sich Clarke als Fürsprecher der Frauen geriert und darauf gedrängt, daß man das «Experiment» wagen solle, um festzustellen, ob Frauen Wissenschaft und Medizin zu meistern vermochten. Nun brachte er die weibliche Physiologie ins Spiel und kam «auf die Fakten, die am besten ein Arzt liefern kann», zu sprechen. Er behauptete, eine «bessere Erziehung und Ausbildung der Frau produziert monströse Gehirne und schwächliche Körper, eine abnormal aktive Gehirntätigkeit und abnormal schwache Verdauungstätigkeit, ewiges Denken und einen verstopften Darm».[11] Er zitierte Fälle von Frauen, deren Organe und Körperfunktionen durch ihre höhere Ausbildung schlimmen Schaden genommen hätten, und eine lange Reihe von Symptomen, auf die sich Frauen, die dumm genug waren, zuviel zu lernen, gefaßt machen mußten. Er trug seine Schlußfolgerungen alarmierten Frauengruppen vor, die, zu jener Zeit, über keine wissenschaftlichen Gegenargumente verfügten.

Man ging auch zum Angriff auf den Intellekt und die emotionale Stabilität der Frauen über. Von Natur aus in ihrer intellektuellen Kapazität beschränkt, seien sie irrational, impulsiv, unfähig zur

Mathematik, und es mangle ihnen an Urteilsfähigkeit und Mut. Außerdem seien sie nervös, leicht erregbar und neigten zu unkontrollierbarer Hysterie.[12] Dr. Horatio Storer, einer der sich am unverblümtesten äußernden Gegner der Frauen, behauptete, daß «Frauen zwar die besten Krankenschwestern sind, aber als Ärztinnen kein Vertrauen erwecken, da sich ihre Meinung von Monat zu Monat ändert».[13] Die Männer klagten zudem, die Frauen seien schlecht ausgebildet. Einige waren es natürlich, aber viele waren dem medizinischen Standard der Zeit entsprechend geschult. Eine vergleichende Untersuchung der Lehrpläne und Ausbildungsangebote in den Krankenhäusern verschiedener medizinischer Ausbildungsstätten des 19. Jahrhunderts ergab, daß Frauen, die die regulären Frauencolleges besuchten, einen aktiven, progressiven und anspruchsvollen Studiengang zu absolvieren hatten.[14]

Auch die Menstruation – über die man kaum etwas wußte und die man als Krankheit betrachtete – mußte als Grund herhalten, warum Frauen sich vom Arztberuf fernhalten sollten. Eine Verschreibung völliger Bettruhe war nicht ungewöhnlich. Wie sollte die Frau unter diesen Bedingungen regelmäßig einem Beruf nachgehen können? Da tat es nichts zur Sache, daß sich die Mehrheit der Frauen der Unterschicht bereits dem großen Arbeiterheer angeschlossen hatte und nach vierzehnstündiger Arbeit nach Hause kam, um die häuslichen Pflichten zu erledigen. Hier war die weibliche Biologie kein Thema. Diese Einwände galten auch nicht für Krankenschwestern, deren Arbeit oft schon vor Tagesanbruch begann und endete, lange nachdem die Ärzte ihre letzte Runde gemacht hatten – ganz gleich, welcher Tag ihres Zyklus es war. Trotzdem ersetzten nun die biologischen «Begründungen» die moralischen Erwägungen als Argument im Kampf gegen die Ärztin.

Die Position der Frau / Frauen verteidigen sich

Die Argumente gegen die Frauen fanden überall Verbreitung – in der Presse, in den medizinischen Zeitschriften und bei öffentlichen Vorträgen –, was die Frauen sowohl zur Definition ihrer Ziele als auch zur Rechtfertigung ihrer offensichtlichen Verletzung der viktorianischen Ideologie nötigte.

Sie sahen sich eine Nische besetzen, die von der Medizin der Männer unberücksichtigt blieb. Ihre Rolle war es, sich der besonderen Bedürfnisse von Frauen und Kindern anzunehmen, wie auch all jener Gebiete, die, wie sie sahen, ganz allgemein von der Medizin vernachlässigt wurden. Sie glaubten, sie würden durch ihre natürliche Fähigkeit zur Fürsorge ein sanfteres und liebevolleres Element in diesen ganzen Bereich einbringen. Dr. Harriot Hunt machte den Vorschlag, die heilerische Seite den Männern und die präventive den Frauen zu überlassen. Andere stimmten dem zu, so auch Prudence Saur, die in ihrer Doktorarbeit von 1871 bemerkte: «Wie ungleich gottähnlicher, sowohl vorzusorgen wie auch zu heilen.»

Präventivmedizin war und ist trotz ihres Versprechens, die Gesundheit der Nation zu fördern, ein Stiefkind, dem sich vor allem die Frauen widmeten. Man mußte feststellen, daß die Männer die zeitaufwendige und oft mühselige Aufgabe scheuten, anderen etwas über Selbsthilfe beizubringen und somit den Menschen zu ermöglichen, viele ihrer Gesundheitsprobleme selbst zu lösen. Oft merkten die Frauen auch, daß sie eine natürliche Begabung für das Unterrichten hatten; und so kam es, daß sie sich der schlechter bezahlten und weniger Prestige eintragenden Bereiche der allgemeinen Gesundheitsfürsorge und -erziehung annahmen.

Die Ärztinnen und ihre Befürworter/innen drehten clever den Spieß um und setzten die moralischen Argumente zu ihren Gunsten ein, nämlich daß nur sie als Frauen andere Frauen betreuen könnten. Elizabeth Blackwell erklärte, es sei sowohl unnatürlich wie ungeheuerlich, daß Frauen nichts anderes übrigbliebe, als sich im Krankheitsfall ausschließlich an Männer zu wenden. Wenn sie dies passiv hinnähmen, so «verweise dies auf ein schreckliches Manko hinsichtlich einiger der wesentlichsten Elemente ihrer weiblichen Natur». Und deshalb müßten anständige, gute Frauen nachhaltig gegen die Ansicht protestieren, daß Frauen in der Medizin nichts zu suchen hätten.[15] Der die Frauen unterstützende Dr. J. P. Chesney aus Missouri erinnerte seine Leser daran, daß, nähme man, der Logik der Traditionalisten folgend, Rücksicht auf die Tugend und das Zartgefühl des weiblichen Geschlechts, «die Männer schon längst aus der Geburtshilfe hätten verbannt worden sein müssen». Er fuhr fort: «Es ist außerordentlich paradox anzunehmen, daß die Frau, das Schönste und Beste an Gottes Werk, und die praktische Medizin, eine heilige Berufung, die der zum heiligen Amt des Geistlichen nur um ein Geringes nachsteht, in Verbindung miteinander zum verabscheuungswürdigen Greuel werden sollten . . ., von dem sich die Tugend möglichst weit fernhalten muß.»[16]

Die Frauen sollten die Männer nicht ersetzen, sondern in den von der Sittsamkeit diktierten medizinischen Bereichen arbeiten und sich der Gebiete annehmen, an denen die männlichen Ärzte nicht interessiert waren oder die von ihnen vernachlässigt wurden. Dies entspricht der integrativen Verhaltensweise einer Minderheit: Besetze eine freie Nische und vergreife dich an nichts, was der herrschenden Klasse gehört. Die Frauen selbst gingen davon aus, daß sie vor allem Funktionen in einem Bereich erfüllten, der sich ganz natürlich aus ihrer häuslichen Sphäre ergab. Wie die Blackwells erklärten, würden sie das Verbindungsglied zwischen der Wissenschaftlichkeit des Medizinerberufs und dem Alltagsleben der Frauen sein.

Zu jener Zeit blieb den Frauen gar nichts anderes übrig, als ein Feld zu beackern, das für die männlichen Ärzte keine Konkurrenz darstellte. Diese hätten niemals auch nur den kleinsten Fortschritt zugebilligt, wenn sich die Frauen auf ihren grünen Weiden breitgemacht hätten. Auf diese Weise jedoch wurde ihnen nicht nur der Zugang zur Medizin möglich, es gelang ihnen auch, eine weiblichere Form des Heilens zu praktizieren. Auf lange Sicht aber war die Medizin für Frauen, von Frauen an Frauen weitergegeben, zu verletzlich, um auf sich gestellt existieren zu können.

Die Frage der biologisch begründeten Unfähigkeit der Frau mußte unbedingt gründlich untersucht werden, um hier Gegenargumente parat zu haben. Dr. E. H. Clarkes Buch hatte die Feministinnen in Boston und anderswo in Rage gebracht und hitzige öffentliche Debatten ausgelöst. Als Reaktion darauf verkündete Harvard, daß das Thema des nächsten – sehr begehrten – Boylston Medical Prize laute: «Brauchen Frauen während der Menstruation geistige und körperliche Ruhe und in welchem Maße?»

Dr. Mary Putnam Jacobi reichte ihre Untersuchung ein und gewann. Als die Jury entdeckte, daß sie es hier mit einem weiblichen Autor zu tun hatte, stritt man darüber, ob in diesem Fall mit der Tradition gebrochen werden solle, und entschied schließlich zu ihren Gunsten. Jacobi hatte 1000 Frauen untersucht sowie Stichproben unter Frauen durchgeführt, die im New Yorker Krankenhaus behandelt wurden. Ihre Ergebnisse standen im Widerspruch zu Clarkes Meinung. Sie zeigte, daß die Mehrheit der Frauen durch die Menstruation nicht behindert wurde und daß sie zudem eventuelle Schmerzen besser ertragen konnten, wenn sie ganz normal ihrer Arbeit nachgingen. Harvard veröffentlichte ihre preisgekrönte Arbeit nicht, doch ihre reiche Familie – Besitzer des Verlags G.P. Putnam – sorgte dafür, daß sie gedruckt wurde.[17]

Ihrer Arbeit folgten viele weitere Untersuchungen. 1881 veröffentlichten die am New England Hospital tätigen Ärztinnen Emily Pope, Emma Call und C. Augusta Pope eine Untersuchung von 430 Frauen, die ihr Medizinstudium absolviert hatten. Nur 13 berichteten, daß sie während der Menstruation erhebliche Beschwerden hätten, und nur 34, daß sie sich gelegentlich beeinträchtigt fühlten.[18]

Der Effekt dieser Untersuchungen ist schwer einzuschätzen. Bestenfalls nahmen sie den Argumenten von der biologischen Unterlegenheit der Frau die Spitze und verlagerten die Diskussion in andere Bereiche. Aber ihre Veröffentlichung bewirkte nicht, daß die bestehenden Barrieren auf dem Weg zum Arztberuf einfach verschwanden.

Um 1890 wurden 75 Prozent der Medizinstudentinnen an normalen (im Gegensatz zu den Sekten-)Colleges ausgebildet. Aber nur wenige Institutionen boten auch die Möglichkeit, die klinische Praxis kennenzulernen, was bedeutete, daß die Ausbildung mehr oder weniger auf die Theorie beschränkt blieb: Man konnte graduieren, ohne je einen einzigen Patienten zu Gesicht bekommen zu haben. In den Vereinigten Staaten blieben den Frauen, wenn sie ihren Doktor gemacht hatten, die regulären Wege zu einem klinischen Praktikum verschlossen, da hielten die «Jungs» den Daumen drauf. Ihnen blieben nur zwei Möglichkeiten: Nach Europa zu gehen, wie die Blackwells, oder sich ihre eigenen Möglichkeiten einer praktischen Ausbildung zu schaffen. Letztere waren ausschließlich auf die Betreuung von Frauen und Kindern beschränkt. Trotz all dieser Hürden schafften es viele Frauen, für ihresgleichen

Ausbildungsprogramme zu organisieren, die sich gegenüber denen ihrer männlichen Kollegen sehen lassen konnten.

Zwei der hervorragendsten Ärztinnen, Marie Zakrzewska und Mary Putnam Jacobi, vertraten die Ansicht, Frauen müßten ihre männlichen Kollegen überflügeln und in den Schatten stellen, falls sie in diesem Beruf überleben wollten. Wenn sie die Aufgaben übernahmen, die Männer als erniedrigend, langweilig oder irrelevant betrachteten, würde das nur dazu führen, daß sie in die unteren Ränge abgeschoben wurden. Mittelmäßige Ärztinnen schadeten ihren Zielen und Bestrebungen nur, ebenso jene, die über keine solide Grundlage in der allgemeinen medizinischen Praxis verfügten. Die Taktiken, mit denen sie das Ressentiment der Männer bis zu einem gewissen Grad besänftigt hätten, wären letztendlich ihr Untergang.

Sowohl Zak (wie sie genannt wurde) als auch Jacobi gehörten bereits der zweiten Generation von Frauen an, die den Pionierinnen wie Hunt, den Blackwells und anderen folgten. Ihr Kampf um den Zugang zum Arztberuf war schon durch die Arbeit anderer Frauen und ein gutorganisiertes, stabiles feministisches Netzwerk etwas leichter geworden. So war auch ihre Zukunftsvision von den Geburtswehen der vergangenen Jahre weniger geprägt.

Marie Zakrzewska (1829–1902)

Marie Zakrzewska wurde in Deutschland geboren und kam aus einer polnischen Familie. Ihre Geschichte dokumentiert den Beginn und das Ende der goldenen Ära der Frauen in der Medizin. Sie ist auch ein Beispiel für den Erfolg des Netzwerks der Heilerinnen und für die Bedeutung der Unterstützung durch außergewöhnliche Männer. Als sie zehn war, hatte «Zak» eine Augenentzündung, und der sie behandelnde Arzt war sehr beeindruckt von ihrem intensiven Interesse an der Medizin. Sie durfte ihn gelegentlich bei seinen Visiten im Krankenhaus begleiten, und er lieh ihr medizinische Bücher. Mit zwanzig begann sie – als Jüngste – ihre Ausbildung an der staatlichen Hebammenschule in Berlin. Bereits mit zweiundzwanzig wurde sie zur Chefhebamme und Dozentin an der Charité ernannt. Doch Stunden nach ihrer Ernennung starb ihr Hauptförderer, Dr. Joseph Schmidt. Zak trat den Posten zwar an, aber politische Intrigen und Eifersüchteleien veranlaßten sie schließlich zum Verzicht auf die Stelle und zur Emigration nach Amerika. Dort, dessen war sie sich sicher, machte die Wissenschaft keine Unterschiede zwischen den Geschlechtern. Es soll hier übrigens nicht unerwähnt bleiben, daß während ihrer Tätigkeit in Berlin kein einziger Fall von Kindbettfieber registriert wurde. Sie sorgte für einen hohen hygienischen Standard, lange bevor sich solche Normen auch in den Vereinigten Staaten und anderswo allgemein durchsetzten.

Zak träumte davon, ihre medizinische Ausbildung zu vervollständigen und ihr eigenes Hospital zu gründen. Elizabeth Blackwell, die ihre Begabung und ihren Ehrgeiz erkannte, widmete ihr eine Menge Zeit, Dr. Harriot Hunt sorgte für ein Stipendium, und Caroline Severance, Präsidentin einer physiologischen Gesellschaft für Frauen und selbst aktive Frauenrechtlerin, trieb Mittel für ihren Unterhalt auf.

Nachdem Zak 1856 ihren Doktor gemacht hatte, sah sie sich mit den Beschränkungen eines weniger freundlichen Amerikas konfrontiert. Auf der Suche nach Praxisräumen begegnete sie Hausbesitzern, die sie für eine verkappte Spiritistin hielten oder nicht glaubten, eine Ärztin könne die Miete aufbringen, oder aber eine unverschämt hohe Miete verlangten. Schließlich eröffnete sie in Elizabeth Blackwells Haus eine Praxis. Binnen eines Jahres hatte Zaks Begabung, Geld lockerzumachen, und die unermüdliche Unterstützung vieler Männer und Frauen im Nordosten der Vereinigten Staaten dazu geführt, daß das New York Infirmary for Women and Children gegründet werden konnte. Es war das erste ausschließlich von Frauen betriebene Hospital und garantierte, daß Frauen die nötige klinische Ausbildung erhielten. Zak arbeitete unentgeltlich als Chefärztin; ihr einziges Einkommen bezog sie aus ihrer Privatpraxis. Ihre Arbeit begann um halb sechs Uhr morgens, wenn sie auf den Markt ging, um Gemüse und andere Nahrungsmittel für das Krankenhaus zu kaufen und zu erbetteln. Nach einem mit Visiten, Behandlung und Beratung ausgefüllten Tag traf sie sich regelmäßig um 9 Uhr abends mit ihren Studentinnen. Und während diese ihre Lektionen einübten, schnitten, nähten, rollten und falteten sie Handtücher und andere Krankenhausmaterialien; ihr Arbeitstag endete kurz vor Mitternacht.

Zak führte die «Hygieneberaterin» ein, die in die Slums ging und den Menschen dort Behandlung sowie Information über sanitäre Einrichtungen, Ernährung, Hygiene und Belüftung anbot. Ihre Arbeit, wie auch die ihrer Kolleginnen, diente als Brücke zwischen dem «Wertkodex» der privaten Welt der Familie und der Berufswelt.

Das New Yorker Hospital prosperierte. 1863 gründete Zak das New England Hospital für Frauen und Kinder, das erste Krankenhaus in den USA, dem eine Schule für Krankenschwestern und eine Organisation für Sozialhilfe angegliedert waren. Sie bemühte sich um die Mitgliedschaft in der Massachusetts Medical Society, wozu sie von verschiedenen männlichen Mitgliedern dieser Organisation ermuntert worden war. Eine Aufnahme in diese Gesellschaft war für Frauen außerordentlich wichtig, signalisierte sie doch, daß sie nicht länger als bloße «Berufsanwärterinnen» betrachtet wurden. Zaks Bewerbung wurde aufgrund ihres Geschlechts wiederholt abgewiesen, aber nicht ohne vorhergehende monatelange Diskussionen. Erst 1884, nachdem sie bereits sechsundzwanzig Jahre praktiziert hatte, bot man ihr an, sich der für die Aufnahme erforderlichen Prüfung zu unterziehen. Sie lehnte ab. Im gleichen Jahr wurde Emma Call als erste Frau in die Society aufgenommen.

Zaks glänzende Karriere war nicht nur von feministischer Seite, sondern auch durch einige etablierte Ärzte unterstützt worden. Deshalb riet sie den Frauen, die Finger von irregulären Praktiken (vor allem der Homöopathie) zu lassen. Ihr Interesse gehörte eindeutig der körperlichen Heilung, nicht der geistigen, der sie wenig Respekt entgegenbrachte und wenig Bedeutung beimaß.

Wohl wissend, daß das Fortbestehen ihrer Kliniken von den Referenzen und der Unterstützung ihrer männlichen Kollegen abhing, hielt sie sich an die Konventionen der regulären Medizin. Sie bemühte sich um Erstklassigkeit innerhalb des bestehenden Systems, in der Hoffnung, das System so verändern zu können. Diese Frau verfügte wahrscheinlich über mehr Erfahrung in der Geburtshilfe als irgendein Mann im ganzen Land, und doch berichtete sie Dr. Lucy Sewall voller Stolz, daß ihr Kollege Dr. Samuel Cabot es nicht für notwendig hielt, daß sie ihn bei einer Zangengeburt zu Hilfe holte. «Siehst du, er geht zu Recht davon aus, daß wir mit der Geburtszange *geschickt* umgehen.»[19]

Auf dem Höhepunkt einer Kindbettfieberepidemie in Boston starb in Zaks Hospital nur eine Patientin. Im gleichen Zeitraum starben im Bostoner Entbindungshospital fünfhundert Frauen. Nachfolgende Untersuchungen ergaben, daß die Ärztinnen und Hebammen sich mehr um antiseptische Maßnahmen kümmerten und sich eingehender mit dem Zustand der Frauen befaßten als ihre männlichen Kollegen. Sie waren auch eher geneigt, bei der Geburt der Natur ihren Lauf zu lassen, und vermieden einen allzu häufigen und unnötigen Einsatz von Skalpell und Geburtszange.

Mary Putnam Jacobi (1842–1906)
Die nächste Stufe des Fortschritts – Integration ins Establishment, koedukative Ausbildung – wurde von Frauen wie Mary Putnam Jacobi initiiert. Sie war, selbst im Vergleich mit anderen Ärztinnen ihres Jahrhunderts, eine außergewöhnliche Frau. Hätte es mehr Persönlichkeiten gegeben wie sie, dann hätte es vielleicht auch noch im 20. Jahrhundert eine Chance für die Frauen und ihre Behandlungsmethoden gegeben.

Mary Putnam erhielt ihren Doktortitel im März 1864 und vervollständigte anschließend ihre Ausbildung an der École de Médicine in Paris. Sie war nicht nur die erste Frau, die an dieser angesehenen Institution ihren Abschluß machte, sie wurde auch mit hohen akademischen Ehren ausgezeichnet. Sie heiratete Abraham Jacobi, den ersten anerkannten Kinderarzt der USA, mit dem sie zwei Kinder hatte und gemeinsam für den sozialen Fortschritt arbeitete.

Mary Putnam Jacobi war eine Wegbereiterin. Unter anderem war es ihr ein Anliegen, in den Frauen das wissenschaftliche Interesse zu wecken, ein Aspekt, den sie bei den Amerikanerinnen vermißte. Auch bestand sie darauf, daß menschliches Mitgefühl und wissenschaftliche Kenntnisse für die medizinische Praxis gleichermaßen wichtig seien.

Sie organisierte Gruppen zur Unterstützung der Frauen in der Medizin, war eine beliebte Rednerin und publizierte über hundert Artikel. Sie war eine der ersten, die es für die weitere Entwicklung der Frauenmedizin abträglich hielt, daß Ärztinnen an ausschließlich weiblichen Colleges erzogen wurden. 1882 brachte sie ihren Wunsch nach einem Gleichgewicht der Geschlechter in der Medizin öffentlich zum Ausdruck, indem sie eine Dozentur an der von Männern geführten New York Post-Graduate Medical School annahm – die erste Frau, der ein solcher Posten angeboten wurde. Ganz Profi, schrieb sie noch kurz vor ihrem Tod einen Artikel über die Krankheit, an der sie litt: «Frühe Symptome des auf das Kleinhirn drückenden meningealen Tumors.»

Bei der Gedenkfeier zu ihren Ehren sagte Dr. William Osler, ein bedeutender und sehr humanitär gesinnter Arzt, daß der wissenschaftliche Charakter und die Qualität ihrer Arbeit den Frauen dieses Landes zur Ehre gereiche. Es sei weitgehend ihrem Einsatz zu verdanken, daß der Haß und die feindselige Stimmung, die die Frauen von den medizinischen Ausbildungsstätten und Institutionen ausgeschlossen hätten, nun abgeklungen sei.

Mary Putnam Jacobi hatte gehofft, es würde ganz allgemein zur Humanisierung der Gesellschaft beitragen, wenn sich in ihr mehr weibliche Werte durchsetzten. Für sie bedeutete das Vordringen der Frauen in den medizinischen Bereich ein Vehikel zur Förderung eines größeren Ideals. Frauen sollten die ihnen zustehende Anerkennung als gleichberechtigte menschliche Wesen erhalten, aber bevor dieses Ziel erreicht werden konnte, mußten sie sich ihrer Meinung nach erst selbst ändern: «Wenn ihr nicht lernen könnt, ohne Herren zu handeln», warnte sie, «werdet ihr ganz offensichtlich nie jenen wirklich ebenbürtig werden, die eben dies tun.»[20] Sie war verärgert über die ewigen Streitereien in den Reihen der Frauen. «Unglücklicherweise sind es oft die Schwächeren, die ihre eigene Schwäche durch innere Zwistigkeiten genau in dem Moment intensivieren, in dem allein unbedingte Einigkeit und offenste und schwesterlichste Freundschaft die Sache retten und einen Erfolg möglich machen könnten.»[21]

Das Thema Geld

Nicht alle Frauen teilten Jacobis Meinung, daß die Koedukation von entscheidender Bedeutung sei, aber einige der mächtigsten und eloquentesten Frauen waren sich darin einig. 1865 wurden in Boston und New York 50 000 Dollar gesammelt, um den führenden medizinischen Fakultäten Geld für Frauenstipendien anzubieten – was allerdings rundweg abgelehnt wurde. Das Geld kam schließlich dem Hospital der Blackwells zugute, doch der Kampf um die Koedukation wurde weitergeführt.[22] 1870 akzeptierte Cornell den von Frauen finanzierten Bau eines Gebäudes und eine Spende von 25 000 Dollar für Medizinstudentinnen. 1878 bot Marion Hovey aus Boston Harvard 10 000 Dollar an, wenn die Universität Frauen zum Medizinstudium zuließe. Nach langen Diskussionen über die möglichen Katastrophen, die durch eine Zulassung von Frauen über sie hereinbrechen könnten, beschloß die Administration, das Angebot abzulehnen, nicht ohne anzudeuten, die Frauen sollten doch, wenn sie sich das nächste Mal meldeten, eine besser gefüllte Geldbörse mitbringen.

Dank der Bemühungen von M. Carey Thomas, Dekan des Bryn Mawr Colleges, von Feministinnen und anderen mit der medizinischen Ausbildung befaßten Personen wurden 500 000 Dollar für die Sache der Koedukation gesammelt. Diesmal stand Harvard als Empfänger gar nicht zur Debatte – das Geld ging an die Johns Hopkins University. Diese hatte schon seit Jahren versucht, eine medizinische Fakultät zu etablieren, konnte diesen Plan aber aus finanziellen Gründen nicht durchführen. Mit dem Geld der Frauen wurde nun die angesehenste medizinische Fakultät des Landes begründet, mit der Auflage, daß Frauen dort zu denselben Bedingungen studieren konnten wie Männer. Die Zulassung der Frauen galt allgemein als eines der glücklichsten Ereignisse in der feministischen Geschichte des Landes.

Nachdem die medizinische Fakultät der Johns Hopkins University schließlich 1893 ihre Pforten geöffnet hatte, führten 75 Prozent der anderen medizinischen Fakultäten sehr rasch die Koedukation ein. Der Anteil der Studentinnen belief sich auf 25 bis 37 Prozent. 1900 waren 42 Prozent der Absolventen der medizinischen Fakultät der Tufts University Frauen.

Trotz der angeblichen intellektuellen Unterlegenheit der Frauen heimsten diese den größeren Anteil an akademischen Ehren ein. Und 90 Prozent der als Ärztin ausgebildeten Frauen arbeiteten danach auch in ihrem Beruf, wie eine Untersuchung im Jahr 1900 ergab.

Das Ende des goldenen Zeitalters

Das goldene Zeitalter für Frauen in der Medizin kam zu einem raschen und stillen Ende.

Um die Jahrhundertwende herum hatten im Zuge der Koedukationswelle, mit einer Ausnahme, alle medizinischen Colleges für Frauen geschlossen, da man wenig Grund sah, sie weiterzuführen. Sie hatten ihren Zweck erfüllt und den Frauen schließlich den bislang verwehrten Zugang zur Welt der Medizin eröffnet. Und da die Frauen in den regulären koedukativen Ausbildungsstätten so aktiv und erfolgreich waren, schienen die separaten Institutionen überflüssig geworden zu sein.

Um 1898 begannen die Ärzte, über finanzielle Schwierigkeiten zu jammern. Ein Leitartikel im *Journal of the American Medical Association* stellte klagend fest: «Der Beruf ist bis zum Punkt des Verhungerns überlaufen.»[23] Die schlimmsten Befürchtungen waren eingetroffen. Die Tatsache, daß nun auch Frauen diesen Beruf ausübten, hatte zu sinkendem Einkommen und Prestige geführt. Die American Medical Association erklärte, daß Status und Einfluß des Berufsstandes «vom materiellen Erfolg und der ökonomischen Unabhängigkeit seiner Mitglieder» abhingen,[24] und beides schien nun ernsthaft gefährdet.

Eine medizinische Fakultät nach der andern ging dazu über, Frauen die Zulassung zu verweigern oder ihnen andere, subtilere Hindernisse in den Weg zu legen, obwohl man offiziell natürlich eine Zulassungsbeschränkung für Frauen dementierte.[25] An der medizinischen Fakultät der Johns Hopkins University, die ihre Existenz dem Geld von Frauen verdankte, sank die Rate der Absolventinnen von 33 Prozent im Jahr 1896 auf 3 Prozent im Jahr 1910. Einige Universitäten gingen sogar so weit, daß sie in der Zeit, in der sich die Zahl der Studentinnen am dramatischsten reduzierte (im übrigen auch die der jüdischen und farbigen Studenten), ihre Einschreibungszahlen gar nicht mehr veröffentlichten. Unglücklicherweise hatten die Frauen nie einen ausreichend starken Stand, um Entscheidungen auf administrativer Ebene beeinflussen zu können.

Daß sie an den medizinischen Fakultäten nicht mehr zugelassen wurde, war nicht das einzige Problem einer Frau, die sich als

Ärztin niederlassen wollte. Das Netzwerk der «Jungs» war stabil und funktionierte gut, wenn es darum ging, ihre männlichen Berufsanwärter in den Kliniken unterzubringen, und so hatten die Frauen Schwierigkeiten, die nach ihrem Examen erforderlichen Ausbildungsbedingungen zu erfüllen. Das enge Beziehungsnetz unter den männlichen Ärzten arbeitete auch gegen die Frauen, die in einer privaten Praxis unterkommen wollten.

Nur wenige Jahre zuvor hatten sie ausreichende Möglichkeiten gehabt, an ihren eigenen Colleges und Hospitälern nach dem Studium ein Praktikum zu machen und genügend Erfahrungen zu sammeln. Nun, da viele von diesen Institutionen hoffnungsfroh und im Geist der Koedukation in anderen aufgegangen waren oder geschlossen hatten, verfügten die Frauen, die bereits gedacht hatten, einen gleichberechtigten Stand in der Medizin erreicht zu haben, über keine Zuflucht mehr.

Hatten die Frauen selbst zu diesem Dilemma beigetragen? Jacobi und andere waren dieser Ansicht. In einer Zeit zunehmender Wissenschaftlichkeit und Spezialisierung blieb das medizinische Interesse der Frauen weiterhin geprägt von einer überholten viktorianischen Ideologie. Auch konnten sie sich nicht auf eine effektive Vorgehensweise einigen. Sollten sie sich zusammenschließen? Oder sollten sie versuchen, sich mit Männern zusammenzutun, zu handeln, zu denken und zu sprechen wie sie, um die Unterschiede zu kaschieren? Sollten sie versuchen, etwas Neues in die Medizin einzubringen, weniger begehrte Rollen übernehmen oder ihre männlichen Kollegen auf deren Gebiet überflügeln? Fraktionen bildeten sich, wobei sich keine Position wirklich durchsetzen konnte.

Jene Frauen, die die Gefahrenzeichen hätten erkennen können, waren entweder zu alt oder bereits gestorben. Die Energie zur Entfaltung der notwendigen Aktivitäten schwand bald dahin, und es gab keine starke feministische Bewegung, die sich an die Front hätte begeben und die drohende Katastrophe aufhalten können. Die Frauen, die problemlos ihren Beruf ergriffen hatten, wußten nicht, wie man kämpft, und waren sehr wahrscheinlich auch gar nicht daran interessiert. Sie hatten ihr Ziel erreicht und merkten möglicherweise überhaupt nicht, daß die Zahl der Medizinstudentinnen so rapide abnahm.

Das alte Argument, daß nur Frauen Frauen behandeln könnten, zog nicht mehr. Die «moderne» Frau glaubte nicht mehr, ihre Tugend schützen zu müssen, indem sie eine Ärztin aufsuchte. Das heißt, dieser «Markt» war zusammengebrochen, und Frauen waren nicht mehr allein aufgrund ihres Geschlechts gefragt. Sie hatten sich auf der Basis überholter Tugenden eine Nische geschaffen. Die Gegner der unabhängig arbeitenden Frauen sahen keine Notwendigkeit, nun die alten Argumente hinsichtlich der weiblichen Biologie und Psyche neu aufzuwärmen. Das weibliche Geschlecht hatte bereits hinlänglich bewiesen, daß es robust genug war, die Aufgaben eines Arztes zu erfüllen. Statt mit Argumentieren Zeit zu vergeuden, war es viel einfacher, still und leise die Türen vor ihnen zu verschließen. Und so wurde die Medizin durch eine Reform und gestützt von einer Allianz aus Macht und Geld wieder zur Domäne des Mannes.

Nach 1900 waren Frauen, die unabhängig in den Heilberufen arbeiten wollten, selten geworden. Sie wandten sich lieber dem aufblühenden Zweig der Krankenpflege zu.

Die Krankenpflege

Krankenschwestern hatte es – ebenso wie Hebammen – schon immer gegeben. Florence Nightingale sagte oft: «Jede Frau ist eine Krankenschwester.»[26] Aber die professionelle Krankenschwester ist eine moderne Errungenschaft.

Über die Geschichte und das Wesen der Krankenpflege sowie die entsprechende Gesetzgebung kann man sich aus einer ganzen Reihe anderer Quellen informieren. Wir wollen uns hier in erster Linie mit einer Frage befassen, die sich vielen Krankenschwestern heute stellt: Wie können sie unter den gegebenen beruflichen Umständen in der Tradition der Frau als Heilerin arbeiten?

Ich glaube, daß Krankenschwestern, die sich mit dieser Tradition identifizieren, in den Blackwells, Marie Zakrzewska, Mary Putnam Jacobi und anderen Ärztinnen und Reformerinnen des 19. Jahrhunderts verwandte Seelen gefunden hätten. Diese paßten genausowenig in das herkömmliche Bild ihres Berufsstandes wie die als Heilerinnen arbeitenden Krankenschwestern der heutigen Zeit. Hier öffnet sich ein neues Feld, das die beruflichen Grenzen sowohl verwischt wie auch transzendiert. Da die Berufsstände, wie früher die Gilden, die Praxis weitgehend vorschreiben, wollen wir uns zunächst einmal die Entstehungsgeschichte der Krankenpflege als Institution näher ansehen.

Über die Krankenschwester wurde jahrhundertelang nicht viel geschrieben, da sie eine dienende Funktion ausübte. Aber wir wissen einiges über die Gründung von Orden, die sich der Krankenpflege verschrieben, einige davon wurden in diesem Buch bereits erwähnt. Diese Orden sowie die Männer und Frauen, die die Kreuzzugsteilnehmer medizinisch betreuten, leisteten einen außerordentlichen Beitrag auf dem Gebiet des Heilens. Nach der Reformation reduzierte sich der katholische Beitrag zur allgemeinen Krankenpflege, und die Protestanten zögerten, die entstandene Lücke hinsichtlich einer aufopfernden und unbezahlten Krankenbetreuung zu schließen.

Die säkulare Krankenpflege war ein zweifelhafter Ersatz. Nur Frauen der niedrigsten gesellschaftlichen Stufe – Prostituierte und Trinkerinnen – waren willens, diese Aufgaben zu übernehmen. Die Hospitalleitung war im allgemeinen vollauf damit beschäftigt, sie dazu zu bringen, nüchtern zu bleiben, die Räume sauber zu halten und nicht aufeinander loszugehen.

Zu Beginn des 19. Jahrhunderts waren aus den imposanten mittelalterlichen Hospitälern alptraumhafte Kloaken geworden, in denen sich die Ratten tummelten. Es war diese Welt, die Florence Nightingale betrat, als sie mit ihrer lebenslangen Kampagne begann, aus der Krankenpflege eine entwicklungsfähige und ehrenwerte Profession zu machen.

Florence Nightingale (1820–1910) war Engländerin, die privilegierte Tochter eines liebevollen Vaters, der dafür sorgte, daß sie Unterricht in Geschichte, Mathematik, Philosophie, Griechisch, Latein und einigen anderen Sprachen bekam. Das junge Mädchen interessierte sich außerdem für die Betreuung kranker Tiere und für alles, was mit der Pflege von Menschen zusammenhing. Später suchte sie Hospitäler auf und verbrachte einige Zeit an verschiedenen eingeführten Institutionen, um zu lernen, wie diese funktionierten. 1853 wurde sie Leiterin der Institution for the Care of Sick Gentlewomen in Distressed Circumstances (Institution zur Pflege kranker Damen in widrigen Umständen) in London, wo sie mit eiserner Hand Neuerungen durchsetzte. Dabei weigerte sie sich, für ihre Arbeit eine Bezahlung anzunehmen. Das war das wenigste, was sie für ihre Familie tun konnte, die sie mit ihrem unorthodoxen Verhalten sowieso schon ständig in Verlegenheit brachte. Diese frühen Jahre ihrer Laufbahn wirkten sich entscheidend auf ihren weiteren Lebensweg aus.

Als England 1854 Rußland den Krieg erklärte, wurde sie als Leiterin der Krankenpflegerinnenabteilung in die Türkei geschickt – die erste Engländerin, die in einem Krieg offiziell verpflichtet wurde. Sie sah sich mit schauerlichen Bedingungen konfrontiert. Das Hospital in Scutari war über einer undränierten Sickergrube errichtet worden. Die Verwundeten lagen unversorgt auf stinkenden Strohmatratzen, übersät mit kriechendem Gewürm, die Böden starrten vor schleimigem Schmutz, und es gab keine Ventilation. Es war eine Brutstätte für Krankheiten wie Cholera, an der mehr Soldaten starben als an Kriegsverletzungen.

In diesen Jahren arbeitete Florence Nightingale unermüdlich. Junge Männer, die von ihr gepflegt wurden, schrieben über sie in ihren Briefen nach Hause. Und von Longfellow verewigt als «die Dame mit der Lampe» wurde sie zu einer stark romantisierten Figur. Als ihre Forderung nach Einrichtung einer Kommission für sanitäre Maßnahmen von der britischen Regierung erfüllt wurde, sank die Sterblichkeitsrate des Hospitals binnen eines Jahres von 430 auf 22 pro Tausend.

Während ihres Aufenthalts in der Türkei entwickelte sie einen Plan zur Reorganisierung aller Militärhospitäler. Und als sie 1856 nach England zurückkehrte, begann sie eine hitzige Kampagne, die schließlich dazu führte, daß auch in diesem Bereich Reformen eingeleitet wurden.

Im Zuge ihrer Arbeit erwarb sie sich gründliche Kenntnisse über die baulichen und personellen Erfordernisse eines Hospitals, und in diesem Jahrzehnt wurde kein größeres Hospital geplant, ohne daß man ihren Rat eingeholt hätte. Trotzdem wurde sie von einem ständigen Gefühl des Mißerfolgs und des Versagens gequält und fühlte sich erschöpft von den politischen Auseinandersetzungen im Kampf um Reformen. 1857 erlitt sie einen totalen physischen und nervlichen Zusammenbruch, von dem sie sich nie wieder ganz erholte. Nightingale hatte nur drei Jahre als Krankenschwester gearbeitet. Den Rest ihres Lebens – sie wurde neunzig – verbrachte sie als Halbinvalidin mehr oder weniger im Bett und nutzte die Schreibfeder als ihre Waffe.

Sie war eine Kämpferin von Weltklasse, doch ihrer Gestalt ist etwas Paradoxes eigen. Sie konnte eloquent über das globale Leiden der Menschheit sprechen, brachte aber oft wenig Geduld oder Zuneigung im kleinen auf. Ihre Kriegserfahrungen hatten eine stetig brennende Flamme entfacht, und alles und jedes stellte sie in den Dienst ihrer Mission: Reformierung und Erweiterung der Gesundheitsfürsorge. Sich beklagend, daß ihre Forderungen von den gutbetuchten Aristokraten Englands nicht erfüllt wurden, sagte sie:

> Diese Leute haben ihre Kinder vom Schmalz des Landes ernährt und sie in Samt und Seide gekleidet ... Ich mußte mitansehen, wie sich meine Kinder nur in eine schmutzige Decke und ein Paar alte Regimentshosen hüllen konnten und sich von nichts als Pökelfleisch ernährten; und neuntausend meiner Kinder liegen in Gräbern fern der Heimat, gestorben an Ursachen, die man hätte verhindern können! Das kann ich nie vergessen![27]

Florence Nightingale hatte für andere Frauen wenig übrig und verabscheute die – zahlreichen – feministischen Schriften ihrer Zeit. Ihrer Meinung nach war der Kampf um das Wahlrecht für Frauen ohnehin vergebens, so wie die Dinge lagen. Keinesfalls sah sie sich selbst als «Missionarin für die Sache der Frauen», und die Rechte ihres eigenen Geschlechts und das Unrecht, das man ihm antat, waren ihr, wie sie selbst zugab, herzlich gleichgültig. Sie meinte, daß sich die Frauen ihre Probleme selbst eingebrockt hätten, räumte aber ein, daß sie auch ein Opfer männlicher Unterdrückung seien.

Juni 1860 schrieb sich die erste Gruppe von fünfzehn Studentinnen an der Nightingale Training School for Nurses am St. Thomas's Hospital in London ein. Sie erwartete ein einjähriger, strukturierter Studiengang, der sich von der bisherigen zufälligen Krankenschwesternausbildung, wie sie sich eben während der Ausübung des Jobs ergab, radikal unterschied. Die Absolventinnen dieser Institution leiteten bald überall andere entsprechende Ausbildungsstätten.

Florence Nightingale war eine schwierige Oberaufseherin, die harte Arbeit und fraglosen Gehorsam verlangte. Ihren Krankenschwestern sagte sie:

> Die Krankenpflege ist, wie man völlig zu Recht sagt, eine hohe Berufung, eine ehrenvolle Berufung. Aber worin besteht diese Ehre? In der harten Arbeit während eurer Ausbildung, bei der ihr lernt, alles perfekt zu tun. Die Ehre liegt nicht darin, daß ihr euch die Krankenpflege anzieht wie eure Uniform, euer Kleid ... Die Ehre besteht in der liebevollen Perfektion, in der Ausdauer und darin, daß ihr hart an euch arbeitet; daß ihr bereit seid, geduldig zu arbeiten; bereit seid, nicht zu sagen: «Wie klug und geschickt ich doch bin!» sondern: «Ich bin noch nicht würdig, und ich werde dafür leben und alles dafür tun, daß ich es verdiene, eine ausgebildete Krankenschwester genannt zu werden.»[28]

Sie schärfte ihren Schülerinnen ein, daß es ohne Kreuz auch keine Krone gäbe und daß sie arbeiten, arbeiten, arbeiten müßten.

Von Beginn an schützte die finanzielle Unabhängigkeit von Nightingales Schule, wie auch ihr Insistieren darauf, daß die leitenden Positionen des Hospitals mit Frauen besetzt sein mußten, die Studentinnen vor der Ausbeutung als bloße Krankenhausgehilfinnen. In dieser Hinsicht deckte sich ihr Wirken im Prinzip mit feministischen Zielen. Außerdem rettete sie den Beruf aus den schmutzigen Niederungen, in die die säkulare Krankenpflege abgeglitten war. Mehr und mehr Frauen suchten, der Not gehorchend, nach einer Arbeit, und die Krankenpflege bot hier eine ehrenhafte Möglichkeit.

Die Frau als Krankenschwester

Von Anfang an waren 95 bis 98 Prozent des Pflegepersonals Frauen. Sie galten als ebenso natürlich begabt für die Krankenpflege wie für den Arztberuf als untauglich. Man hielt sie für von

Natur aus menschlicher und mitfühlender, und das Pflegen für ein angeborenes Talent «der Frau und Mutter». Wenn Frauen Krankenschwestern wurden, so schien das die häusliche Sphäre nicht negativ zu berühren. Für Nightingale war die Krankenpflege so sehr Teil des Frauseins, daß sie, als man eine Prüfung zur Vergabe von Zertifikaten vorschlug, äußerst heftig reagierte. Eine Krankenschwester könne man ebensowenig examinieren wie eine Mutter, meinte sie. «Die Krankenpflege sollte kein Beruf sein, sondern eine Berufung.»[29]

Die Krankenpflege war der Sproß «einer eloquenten und selbstbewußten Elite», geistiges Kind von reformerisch gesinnten Frauen der Oberschicht wie Nightingale, die ihrerseits andere Frauen (meist schlecht ausgebildete aus den unteren Schichten) rekrutierten, um die eigentliche Arbeit zu tun.[30] Stimmt es, daß diese Frauen andere Frauen ausbeuteten? Unterdrückten die Frauen, die das Sagen hatten und über den weiblichen Mangel an Durchsetzungskraft und Kreativität klagten, eben diese Eigenschaften?

Noch ein Problem ergab sich, wie der Versuch Nightingales, «Krankenpflege» zu definieren, zeigte: Sie bestätigte die allgemein verbreitete Ansicht, daß diese sich im wesentlichen auf das Anlegen von Umschlägen und die Verabreichung der verordneten Medikamente beschränkte.

> Sie sollte bedeuten, daß auf die richtige Weise für frische Luft, Licht, Wärme, Sauberkeit, Ruhe und die korrekte Auswahl und Verabreichung der Diät gesorgt wird – all das bei größtmöglicher Schonung der Kräfte des Patienten ... Die Kunst der Krankenpflege besteht in der Unterstützung des Regenerationsprozesses.[31]

Das entsprach genau den Vorstellungen der weiblichen Reformerinnen und Ärztinnen, für die sie so wenig übrig hatte.

Der schärfste Konflikt innerhalb dieses Berufszweigs entbrannte später, als die Krankenschwestern selbst bestrebt waren, ihre Ausbildung zu verbessern und einen höheren Lohn auszuhandeln. Nightingale hatte befürchtet, daß sie, wenn aus der Berufung erst einmal ein Beruf geworden war, genau das tun würden.

Nach 1860 etablierten die größeren Hospitäler für Frauen und Kinder rasch Krankenschwestern-Ausbildungsprogramme. Die Krankenhausadministrationen entdeckten, daß sie die Auszubildenden, bei freier Unterkunft und Verpflegung – aber ohne Lohn – täglich zwölf Stunden arbeiten lassen konnten. Außerdem sanken die Sterblichkeitsraten ganz erheblich, wenn sie eingesetzt wurden. (Im Normalfall bestand das Pflegepersonal der Hospitäler aus Krankenschwestern in der Ausbildung, die danach meist in Privathaushalten arbeiteten oder Ärzten in deren Privatpraxis assistierten.)

Gelder zur Finanzierung der Ausbildung von Krankenschwestern an offiziellen Institutionen waren schwer aufzutreiben. Die Johns Hopkins University hatte allerdings im Zuge der Modernisierung der medizinischen Lehrpläne eine Krankenschwesternschule eingerichtet. Deren Leiterin, Isabel Hampton, organisierte jene erste Konferenz, die zur Gründung der National League of Nursing Education führen sollte. Diese Gesellschaft zur Ausbildung von Krankenschwestern etablierte sich 1896 und stand allen «graduierten» Krankenschwestern (das heißt jenen, die irgendeine Art von Diplom erworben hatten) offen. Aus dieser Organisation wurde die American Nurses' Association (ANA), die 1900 das *American Journal of Nursing* gründete. Im gleichen Jahr machten 3456 zukünftige Krankenschwestern in 432 Hospitälern angeschlossenen Ausbildungsstätten ihren Abschluß. Aus einer Untersuchung geht hervor, daß es 1913 mindestens neun verschiedene Typen von Pflegepersonal gab, je nach Ausbildungsniveau und Fachgebiet.

In der Krankenpflege spiegelte sich die Entwicklung der Organisation und Ausbildungsstruktur der amerikanischen Medizin wider. Konflikte, die schon die Anfänge des Berufs der Krankenschwester kennzeichneten, blieben bestehen. Die Ärzte schwankten in ihrer Einstellung gegenüber den Krankenschwestern auch schon im letzten Jahrhundert zwischen Dankbarkeit und Sorge um ihre Autonomie. Ein Artikel im Bostoner *Medical and Surgical Journal* sang das Loblied auf die Krankenschwester, die «in die Slums unserer Stadt» ging, «durch dunkle Gassen, zwischen

Aschentonnen und Abfall hindurch, die dunklen, schmutzigen, wackligen Treppen dieser Behausungen hinauf».[32] Die physische Unzulänglichkeit der Frau hatte sich offensichtlich verflüchtigt. Dem gleichen Artikel war zu entnehmen, daß die Krankenschwester idealerweise über eine gewisse Körperkraft, Kenntnisse in der Symptomatik und ein reifes Urteilsvermögen verfügte und imstande war, mit Krisensituationen fertig zu werden.

Zugleich gaben sich die Ärzte auch hin und wieder herablassend und ermahnten die Krankenschwestern, nicht zu vergessen, wo «ihr Platz» sei. Schon früh zeigte sich, daß einige Frauen die ihnen gezogenen Grenzen ignorierten. 1901 bemerkte das *Journal of the American Medical Association*, daß viele Ärzte feststellen mußten, daß die Krankenschwester «oft zu arrogant und sich des Gehorsams, den sie, als eine Art nützlicher Parasit, der ärztlichen Profession schulde, nicht bewußt sei».[33] So wollte man die Krankenschwester haben: als eine Verbindung aus «nützlichem Parasiten» und «reifem Urteilsvermögen». Auch war keinesfalls vorgesehen, daß sie durch irgendwelche Kritik die festgefügte Ordnung des medizinischen Establishments störte.

Ordensschwestern in der Krankenpflege

Wir haben uns bisher auf die Entwicklung der säkularen Krankenpflege konzentriert, um die Grundlagen, Werte und Paradoxa deutlich werden zu lassen, mit denen sich viele Frauen in den Heilberufen konfrontiert sahen. Aber auch die religiösen Orden verdienen Erwähnung. Nach einer relativ ruhigen Phase im Anschluß an die Reformation engagierte sich die katholische Kirche wieder verstärkt in der Krankenpflege. Dabei nahmen die Sœurs de la charité in Frankreich eine herausragende Stellung ein, ein Orden, der um 1800 von Elizabeth Ann Seton auch in den USA eingeführt wurde. Rose Hawthorne (die Tochter des Schriftstellers Nathaniel Hawthorne) gründete um 1850 den Dominikanerinnenorden Sisters of the Sick-Poor, und andere Orden folgten.

Die mit den Ärzten Dr. William J. und Charles H. Mayo zusammenarbeitenden Franziskanerinnen öffneten die Pforten des St. Mary's Hospital in Rochester. «Die Nonnen hatten knausernd und sparend das nötige Geld selbst aufgebracht und damit den Grundstein gelegt zu einer der größten medizinischen Einrichtungen aller Zeiten.»[34] Sie eröffneten auch eine Schule für Krankenschwestern und ließen sich sogar selbst dort ausbilden, um ihre Fähigkeiten zu erweitern. Die Brüder Mayo wußten nur Gutes über ihre Arbeit zu sagen. «Wir hatten und haben absolutes Vertrauen zu dieser Gruppe von Frauen, die nur von einem Gedanken beseelt sind: ihre Pflicht gegenüber den Kranken zu erfüllen.»[35]

Amerikanische Katholiken spendeten unerhörte Summen für die Ziegel und den Mörtel umfangreicher Krankenhauskomplexe. Innerhalb nicht ganz eines Jahrhunderts wurden Tausende von katholischen Krankenhäusern gebaut, die jedes Jahr Millionen von Menschen betreuten. Fast alle waren auf die Initiative von Frauenorden hin entstanden, die auch eine ganze Reihe von Altenheimen und Krankenschwesternschulen einrichteten.

Aber wenn sie sich auch derart professionalisiert hatten, besaß für die Schwestern und ihre Heilinstitutionen die Heilung der Seele noch eindeutig Vorrang vor der Heilung des Körpers. Sie handelten nicht aus einem rein humanitären Impuls, sondern aus der Überzeugung heraus, daß die Verrichtung leiblicher Werke des Erbarmens in erster Linie dem Seelenheil jener zugute kam, die sie verrichteten, wie sie aber auch jenen, an denen sie verrichtet wurden, eine Chance boten, der übernatürlichen Gnade teilhaftig zu werden.[36]

Der Zusammenfluß von Religion und Heilkraft: Die Frau als Prophetin

Das Heilen und das Geheiligte sind in der menschlichen Psyche durch ein so festes Band miteinander verknüpft, daß alle Fortschritte in der Medizin und alle diese Verbindung leugnende Indoktrination sie nicht voneinander trennen können. Seit den frühesten schamanistischen Kulturen bis auf den heutigen Tag glauben die meisten Menschen fast überall, daß Krankheit und Gesundheit dem beherrschenden Einfluß einer unsichtbaren Gottheit oder eines übernatürlichen Wesens unterliegen. Und daß die fürsorgliche Pflege anderer zur Sicherung des eigenen Seelenheils beiträgt.

Das Schicksal der Frau als Heilerin war durchgängig aufs engste mit dem postulierten Geschlecht Gottes verbunden. War Gott eine Frau, dann waren die vorrangigen und unabhängigen Heiler im allgemeinen Frauen. Trotz einiger tausend Jahre Unterdrükkung in unserer westlichen Zivilisation gab es immer wieder Zeiten, in denen Frauen offener und freier praktizierten als in anderen Epochen. In den frühen Tagen des Christentums, im 11. und 12. Jahrhundert, in den Zeiten von Trotula und Hildegard von Bingen zum Beispiel, wurde Gott ein sanfterer, bisexueller Charakter zugeschrieben.

Im 19. Jahrhundert hatte sich die Kosmologie der westlichen Zivilisation ein wenig verändert. Dieser Wandel war nicht unbedingt von irgendeiner Kirche ausgegangen, sondern reflektierte komplexere Strömungen und Ideen, die mit der industriellen Revolution zusammenhingen. Die gleichen gesellschaftspolitischen Veränderungen, die es den Frauen ermöglichten, den Arztberuf zu ergreifen, kratzten auch an den Bollwerken des religiösen Dogmas.

In dieser Zeit der Blüte der Frau als Heilerin nahm auch die Religion weiblichere Züge an. Die scharfe Klinge des Frauenhasses der christlichen Kirche war stumpfer geworden, und die Angst vor der Frau ein wenig besänftigt. Frauen schlossen sich den Kirchen in Massen an, unterstützten sie mit Aktionen und Geld und partizipierten ganz allgemein an der evangelistischen Wiedererweckung. Sie traten als Prophetinnen auf, als Schülerinnen und als Inspiration für so manche neue religiöse Gruppierung.

Mit viel Pomp und Spektakel verkündeten einige Evangelistinnen, daß ihr Glaube an Gott ihnen große Heilkräfte verliehen habe. Hier tat sich vor allem Maria B. Woodworth-Etter (1844–1924) hervor, Mitglied der Winebrennerian Churches of God, die in den 1880er Jahren im mittleren Westen der USA Massenheilveranstaltungen abhielt. Auf ihre Berührung hin sanken die Heilungsuchenden platt zu Boden, sie waren «gefällt im Geiste» oder «ruhten in Jesus», wie man das nannte.[37] Bei ihren Gottesdiensten ging es zu wie in «der Frauenabteilung einer Irrenanstalt», so die Formulierung eines Journalisten.

Dutzende lagen bleich und bewußtlos, starr und leblos herum, als seien sie tot. Starke Männer brüllten, bis sie heiser waren, und fielen dann ohnmächtig zu Boden. Frauen stürzten über Bänke, und man trampelte über sie hinweg... Ältere Frauen gestikulierten und schluchzten hysterisch... Männer schüttelten sich in teuflischem, unheimlichem Gelächter.[38]

Die Angehörigen der Pfingstbewegung, zu denen man im Prinzip auch Maria Woodworth-Etter zählen konnte, führten einen heiligen Krieg, wie eine ihrer Kolleginnen es nannte, gegen «Ärzte, Drogen und Teufel». Ein derartiger Feldzug gegen das Establishment wäre in früheren Jahrhunderten nicht geduldet worden. In Marias Ururgroßmutter, wäre sie mit einem solch unziemlichen Verhalten in Verbindung gebracht worden, hätte man nicht die Kämpferin gegen den Teufel, sondern eine Teufelsanbeterin gesehen, die verbrannt, gehängt oder in Öl gekocht worden wäre.

Die Verbindung zwischen Frauen, Religion und Heilen wurde an mehreren Fronten wiederhergestellt, wobei es allerdings nicht immer so dramatisch zuging wie bei Maria. Mitte des Jahrhunderts machten sich auch andere religiöse Bestrebungen bemerkbar. Eine dieser Bewegungen wurde von dem bekannten Philosophen und Psychologen William James als die bedeutendste religiöse Kraft seit der Reformation eingeschätzt, eine Bewegung, die er die Religion des gesunden Gemütszustands nannte. Sie «verschafft einigen von uns Heiterkeit, moralisches Gleichgewicht und Zufriedenheit und verhütet gewisse Krankheiten ebenso gut wie die Wissenschaft, ja bei einer bestimmten Gruppe von Menschen sogar noch besser».[39]

Nie zuvor hat es in der westlichen Zivilisation eine stärker weiblich betonte religiöse Bewegung gegeben als die, von der James hier spricht. Frauen waren nicht nur wesentlich an der Gründung von entsprechenden Kirchen und Sekten beteiligt, sie stellten (und stellen) auch die Mehrheit ihrer Mitglieder. Von Anfang an war Gott hier androgyn oder zweigeschlechtlich.

Die beteiligten Frauen betrachteten sich als Heilerinnen auf anderer Ebene – sie widmeten sich der «*mind cure*», der «Gemütskur». Die Gemütskurbewegung unterschied sich in ihrer Vorgehensweise und Philosophie ganz erheblich von der oben beschriebenen Heilung durch tiefen Glauben, der «Glaubenskur». Zudem wurde in diesem Fall auch Gedankengut der Gesundheitsreform in die religiöse Doktrin integriert.

Obwohl sie zur gleichen Zeit und oft sogar in den gleichen Städten des Nordostens lebten und wirkten, hatten die Vertreterinnen der Gemütskur und die Ärztinnen, die sich auf die körperliche Heilung konzentrierten, nur Verachtung für die Methoden der jeweils anderen Seite übrig. Die Tatsache, daß nun die Schranken für Heilerinnen aller Sparten gefallen waren, bedeutete ihnen keinen Trost. Beide Seiten hatten neue Dimensionen im Heilbereich anzubieten, die erst jetzt erkannt und wissenschaftlich überprüft werden. Das metaphysische Gedankengut der Schriftsteller/innen und Heiler/innen des letzten Jahrhunderts stellt eine bislang ungewürdigte Vorhut vieler «neuer» Richtungen im heutigen Heilwesen dar, die sich mit der Rolle des Geistes und des Bewußtseins im Hinblick auf Gesundheit und Krankheit befassen. Das Wort *Gemütskur* wird natürlich nicht gebraucht, und der Ausdruck *Glaubenskur* geflissentlich vermieden (bzw. deren Äquivalente im heutigen Sprachgebrauch). Wissenschaftler und Schulmediziner sprechen statt dessen vom Placeboeffekt, von Erwartungshaltung, der Macht positiven Denkens, von der geistigen Vorstellungskraft, von Hypnose und so weiter.

Heilen auf metaphysischer Ebene

Die meisten Sekten, die sich auf metaphysischer Ebene dem Heilen widmen, haben eine christliche Grundlage, aber einige behaupten auch, entsprechend den – die religiösen Dogmen transzendierenden – Naturgesetzen zu arbeiten. So wie sie sich herauskristallisiert haben, bestehen die Lehren dieser Kirchen und Sekten aus einer eklektischen Kombination von östlichem und westlichem religiösem Gedankengut, Elementen der Psychologie, Emersons und Whitmans Schriften sowie den Lehren Mesmers, Swedenborgs, des Hinduismus, des Buddhismus und der jüdischen esoterischen Überlieferungen. Die Bücher und Schriften einiger dieser Frauen erfreuen sich großer Wertschätzung, darunter die der Theosophinnen Annie Besant und Elena Petrovna Blavatsky.

Diese metaphysischen Theorien entstanden zwischen 1840 und 1875 im Gebiet zwischen dem Staat Maine und New York. Während dieser Zeit waren in dieser Gegend auch die allgemeine Gesundheitsbewegung und das medizinische Sektierertum besonders stark vertreten. Diese optimistische, metaphysische *Do it yourself*-Bewegung war eine Reaktion auf die in Düsternis und Verdammnis schwelgenden evangelistischen Prediger.

Aber das bedeutsamste Charakteristikum der Bewegung ist eine ganz unmittelbare Inspiration. Die Führer haben einen unmittelbar-intuitiven Glauben an die allrettende Macht geistig gesunder Gemütszustände, an die siegreiche Wirksamkeit von Mut, Hoffnung und Vertrauen und eine entsprechende Verachtung für Zweifel, Furcht, Sorge und alle Gemütszustände, die nervös auf Vorbeugen bedacht sind. (... Die Gemütskur kann geradezu als Reaktion gegen die Religion der chronischen Ängstlichkeit beurteilt werden, die zu Beginn unseres Jahrhunderts in den evangelischen Kreisen Englands und Amerikas herrschte.) Ihr Glaube ist – aufs Ganze gesehen – durch die praktische Erfahrung ihrer Jünger bestätigt worden ... Blinde sehen, Lahme gehen, und solche, die von Geburt an krank waren, sind gesund geworden. In moralischer Hinsicht sind die Resultate nicht weniger bemerkenswert.

Die bewußte Annahme einer «optimistisch-leichtmütigen» Lebensauffassung erwies sich bei vielen als möglich, die es selbst von sich nicht geglaubt hätten. Vielfach hat eine vollständige Charaktererneuerung stattgefunden, und die Freude ist in zahllose Häuser wieder eingezogen ... Man hört von dem «Evangelium der Freude», von der Bewegung «Sorget nicht», von Leuten, die sich morgens als Wahlspruch für den Tag «Jugend, Gesundheit, Kraft» zurufen. Klagen über das Wetter werden jetzt in vielen Haushaltungen verboten, und immer zahlreicher werden diejenigen, die es für unpassend halten, wenn man von unangenehmen Empfindungen spricht oder von den gewöhnlichen Unannehmlichkeiten und Lasten des Lebens viel Aufhebens macht.[40]

In Leben und Werk von Mary Baker Eddy zeigen sich vielleicht die extremsten Aspekte der Gemütskurbewegung, aber sie war sicherlich nicht die einzige, die in dieser Richtung von der religiösen Hauptströmung abwich. Ellen White, Prophetin der Adventisten vom Siebenten Tag, war zum Beispiel eine Zeitgenossin. Auch andere Frauen prägten diese Bewegung, darunter Myrtle Fillmore, die zusammen mit ihrem Mann Charles die Grundlehren der Unity Church formulierte.

Im Gegensatz zu den meisten von den Ärztinnen gegründeten Hospitälern und Schulen überdauerten die von diesen Frauen aufgebauten Institutionen. Und was ihre Persönlichkeit betraf, so unterschieden sie sich von ersteren in ihrer unverblümten Autokratie und absoluten Gewißheit, daß das, was sie anzubieten hatten, göttlicher Inspiration entsprang. Was sie anging, so handelte es sich bei ihrer aus der Intuition geborenen Überzeugung um die Wahrheit, die genausowenig angefochten werden konnte wie die Visionen einer Hildegard von Bingen oder anderer Mystikerinnen.

Zudem machten sie nicht den Versuch, ein bestehendes institutionalisiertes System zu «unterwandern». Sie hatten sich von anderen Religionen gelöst, weil diese ihre spirituellen Bedürfnisse nicht erfüllen konnten. Die neuen Kirchen zogen genug Menschen an, um sich selbst tragen zu können und sich nicht mit etablierten Kirchen verbinden zu müssen. (So existiert bis heute in den USA eine große religiöse Vielfalt, eine Heterogenität, die von der Verfassung geschützt wird. Ganz anders in der Medizin, da haben wir es mit einem monolithischen System zu tun, das durch Konvention und Gesetz vor Vielfalt und Konkurrenz geschützt wird.)

Wie original die Ideen Mary Baker Eddys waren, ist nach wie vor ein strittiger Punkt. Sie und parteiische Biographen behaupten natürlich, daß ihre der Doktrin der Christian Science, der christlichen Wissenschaft, zugrunde liegenden Materialien ausschließlich einer göttlichen Inspiration entsprungen sind. Tatsache ist allerdings, daß sie engen Kontakt hatte zu Anhängern des Mesmerismus und mit den Arbeiten von Heilern, Philosophen und sektiererischen Medizinern vertraut war, deren Gedanken den ihren vorausgegangen waren und die sich auch in ihrer Arbeit widerspiegeln.[41] Sie griff diese Ideen auf, verpackte sie neu und machte sie populär. Wie auch im Fall der männlichen Ärzte, die die Gedanken der Heilerinnen als die ihren ausgaben, bleibt es Ansichtssache, wem hier die Entdeckerehre gebührt.

Die Wahrheit, so wie Eddy sie wahrnahm, ist allerdings nur in ihren Schriften zu finden, vor allem in *Science and Health. With Key to the Scripture*, das 1875 zum erstenmal veröffentlicht wurde. Ihre Inspiration, so erklärte sie, sei allen anderen überlegen, und es müsse in jeder Kirche an einem bestimmten Sonntag aus ihren Lehren vorgelesen werden. Ihr willkürlicher und autokratischer Führungsstil war von Anfang an umstritten und führte zur Uneinigkeit unter ihren Anhängern. Nach einer tiefgehenden Spaltung im Jahre 1888 löste Eddy ihre Gruppe auf und zog sich zurück, nur um ein Jahr später mit frischer Energie wiederaufzutauchen.

Mary Baker Eddys Odyssee wurde durch ihren persönlichen Kampf mit ihrer schlechten Gesundheit bestimmt. Als Kind stellte man bei ihr Lungen- und Leberprobleme fest sowie Anfälle von Gastritis, Nervosität, Depression und eine Reihe von akuten und chronischen Störungen. Als sie acht Jahre alt war, hörte sie Stimmen, was sie als Zeichen ihrer prophetischen Gabe deutete.

Ihre Erfahrungen mit der Medizin überzeugten sie davon, daß die «heroische» Medikation und Behandlung den Körper schwächten. Durch die Spontanheilung einer schweren Rückenverletzung entdeckte sie die Prinzipien, die einer Heilung durch Geisteskraft zugrunde liegen und die sie dann für ihre vielen Anhänger aufbereitete.

Ihrer Lehre zufolge ist alles Geist und die Materie eine Illusion. Die Heilung einer Krankheit demonstriert am deutlichsten die Macht des Geistes über den Körper. Ein Sterblicher kann nur zur Harmonie der Gesundheit gelangen, wenn alle Zwistigkeiten beseitigt, die Souveränität des göttlichen Geistes anerkannt und alle materiellen Vorstellungen und Überzeugungen aufgegeben werden. Die Krankheit ist ein veräußerlichtes Abbild des Denkens, und Eddy riet ihren Anhängern, ein solches Bild auszulöschen, bevor es sich im Bewußtsein festsetzen bzw. im Körper manifest werden konnte. Sie glaubte, daß man durch Betrachtung des Körpers die Bilder des Geistes sehen kann, so wie ein Bild, das für die Sinne wahrnehmbar wird, auf der Retina erscheint.

Die nach den Lehren der Kirche der Christlichen Wissenschaft verfahrenden Heiler/innen – und in den USA kommen hier auf einen Mann acht Frauen – werden ganz besonders in Eddys Prinzipien geschult. Sie sind dazu angehalten, während der Krankheit am Bett des Patienten auszuharren, Diagnosen zu stellen, zu beten und ihn oder sie in den Lehren der Kirche zu unterweisen. Die Kirche der Christlichen Wissenschaft hält ihre Gründerin nach wie vor in Ehren und kommt noch immer, lange nach ihrem Tod, ihren Wünschen nach. Darüber hinaus beginnt die moderne Wissenschaft Eddys Prämissen hinsichtlich der engen Verbindung zwischen Geist und Körper zu bestätigen. Die Prinzipien der Quantenphysik, auf die Heilkraft angewandt, sind gar nicht soweit entfernt von ihrer Metaphysik.[42]

Diese eine Metaphysik vertretenden Kirchen und Sekten sind mit den Jahren langsam, aber stetig gewachsen. Ihre Grundsätze des positiven Denkens haben auch Eingang in das Gedankengut einiger der großen etablierten Kirchen gefunden. Und Frauen entdecken in ihnen weiterhin ein Vehikel zur Übertragung von Prinzipien der Gesundheit auf die Spiritualität – oder umgekehrt. Die metaphysische Bewegung vermittelte den Frauen ein längst überfälliges Gespür für den Aspekt ihres eigenen göttlichen Wesens.

Als Dr. Marie Zakrzewska in den Gängen von Westminster Abbey die Büsten berühmter Männer betrachtete, fragte sie sich, ob wohl je der ersten Ärztin ein Denkmal gesetzt würde.

> Weil sie die Energie, den Willen und das Talent hatte ... weil sie ein Markstein jener Ära ist, in der Frauen sich von den Fesseln des Vorurteils und des Glaubens befreiten, daß sie im Vergleich zum Manne niedrigere Wesen sind ...? Wir brauchen solche Marksteine der Zivilisation, weil die, die jetzt leben, wie auch die, die lange nach uns leben werden, der Ermutigung bedürfen ... Die Person, der ein Denkmal gesetzt wird, ist nicht von Wichtigkeit, aber die Tatsache, daß eine «Frau» arbeiten und Einfluß auf die Zivilisation nehmen kann, muß allgemein bekannt und im Gedächtnis behalten werden.[43]

Das Wirken der Heilerinnen des letzten Jahrhunderts, ob nun als Krankenschwestern, Ärztinnen, Lehrerinnen oder Geistliche, ist in der Tat ein Markstein der Zivilisation.

TEIL IV

Die Frauen des 20. Jahrhunderts und der Stand der Heilkünste und Wissenschaften

14 Die Frau und die Realitäten des Gesundheitsmarktes

Zur Jahrhundertwende war die amerikanische Medizin auf dem Weg, das am stärksten männlich dominierte Gesundheitswesen der industrialisierten Welt zu werden. Keine einzige mit diesem Bereich direkt oder indirekt verbundene und vorrangig von Frauen besetzte Berufssparte konnte vom Ärztestand unabhängig praktizieren, in dem bis vor wenigen Jahren der Anteil der Männer 95 bis 97 Prozent betrug.

Zu einem einzigen monolithischen System zusammengefaßt, waren (und sind) die Interessen der Medizin mit allopathischen Praktiken verbunden. Alle anderen Heilmethoden unterliegen scharfen Restriktionen oder sind per Gesetz verboten. Diese Exklusivität ist einmalig und charakteristisch für die USA. Andere Länder mit vergleichbarem medizinischem Standard betrachten Alternativen zur Allopathie erheblich wohlwollender (sofern sie nicht sogar offen akzeptiert werden).

Diese Aussagen sind kein Werturteil, sondern eine Tatsachenfeststellung. Ob das gegenwärtige System zum Besten des Landes – vom Standpunkt des Konsumenten wie des «Lieferanten» aus – arbeitet, ist ein ständig debattiertes Thema.

Unser Jahrhundert hat ungeheuer viele Veränderungen im Bereich des praktischen Gesundheitswesens erlebt, was auf das steigende Interesse an Naturwissenschaft und Technologie und den kometenhaften Aufstieg der Krankenhausindustrie zurückzuführen ist. Es wurden erhebliche Fortschritte in der Überwachung der Körperfunktionen, der therapeutischen und diagnostischen Technologie, in der Entwicklung eines breiten Spektrums von Antibiotika und bei der Eindämmung der bekanntesten Infektionskrankheiten erzielt. Krankheiten, die früher so manche Familie aller ihrer Kinder beraubt hatten – oft in einem einzigen Winter –, sind mittlerweile weitgehend unter Kontrolle. Fortschritte in der Pharmazeutik machen das Leben erträglich für Menschen, die unter chronischen Krankheiten wie Diabetes und Epilepsie leiden. Die plastische oder kosmetische Chirurgie kann entstellende Deformationen korrigieren und verspricht ewig jugendliches Aussehen. Die meisten würden wohl der Aussage zustimmen, daß man im Jahre 1990 mit Krankheit im allgemeinen besser fertig wird als 1890 oder je zuvor in der Geschichte.

Andererseits werden sowohl außerhalb als auch innerhalb des medizinischen Betriebs Stimmen laut, die behaupten, daß diese sogenannten Fortschritte lediglich eine von der Propaganda und den Statistiken erzeugte Illusion sind.[1] Ihre überzeugenden Argumente besagen, daß die größten Fortschritte vor allem auf Gebieten erzielt wurden, die sich wenig auf das Allgemeinwohl einer Bevölkerung auswirken, die zunehmend von chronischen und katastrophalen Alterskrankheiten geplagt wird. Selbst der angebliche Fortschritt bei der Behandlung von Krebs und Herzkrankheiten, denen heute so viele zum Opfer fallen, hat nur zur Lebensverlängerung, nicht aber zur Heilung der Krankheit geführt.[2] Neu aufkommende Infektionskrankheiten, deren tödlichste AIDS ist, stellen eine beispiellose Herausforderung für den bürokratischen Apparat, für den hinsichtlich der Ausgaben im Gesundheitswesen ohnehin schon überstrapazierten Geldbeutel und den Einsatz therapeutischer und pflegerischer Maßnahmen dar. Was das Gesundheitswesen betrifft, so hinken die USA hinter anderen Ländern der «ersten Welt» erbärmlich hinterher, vor allem was die hohe Kindersterblichkeitsrate angeht.

Ob man nun glauben will, daß die amerikanische Medizin das bestmögliche oder nur ein völlig überschätztes System darstellt, Tatsache ist, daß das Gesundheitswesen dieses Landes in einer Krise steckt. Ganz offensichtlich konzentrieren sich die Probleme auf die eskalierenden Kosten einer aufgeblähten Industrie, deren Leistungen in wachsendem Maße unerschwinglich werden. Ein solches System muß sich entweder verändern, oder es bricht zusammen.

Ernst zu nehmende Kritik an den «heroischen» Aspekten der Medizin, die erhebliche Zahl iatrogener (durch ärztliche Behandlung verursachte) Krankheiten sowie das völlige Fehlen von Fürsorglichkeit und Mitgefühl in den Heilkünsten erinnern an die Zustände des letzten Jahrhunderts. Und wie damals ist auch jetzt eine sich zunehmend ausbreitende und stetig an Einfluß gewinnende Gegenbewegung entstanden, die in vielen Zügen der allgemeinen Gesundheitsbewegung des letzten Jahrhunderts entspricht. Veränderungen im Lebensstil, was Ernährung, Körperertüchtigung usw. betrifft, sowie Heilsysteme, etwa die Homöopathie, die den menschlichen Körper weniger scharf attackieren als die Methoden der Allopathie, sind alles Elemente dieser Bewegung, die man manchmal als holistische Gesundheitsbewegung bezeichnet. (Man spricht auch von «alternativer», «beigeordneter» oder «komplementärer» Medizin, was impliziert, daß man ihr eine periphere Rolle beimißt, oder von «unorthodoxer» Medizin, was den Beigeschmack einer irgendwie anstößigen Praxis hat.) In schulmedizinischen Kreisen haben wir noch den behavioristischen Ansatz, der sich mit einer ganzen Palette von Theorien und Techniken befaßt, von Veränderungen des Lebensstils bis hin zu mentalen Techniken, wie Biofeedback und gelenkte Phantasie, um auf die Körperfunktionen einzuwirken.

Sehr weit außerhalb der Grenzen allopathischer Medizin (und in den meisten Staaten außerhalb der Legalität) finden wir zudem eine wachsende Zahl von «unorthodoxen» Therapien für bestimmte Krankheiten, zum Beispiel Krebs. Und die Öffentlichkeit demonstriert ihre Frustration angesichts der unerfüllten Versprechungen der allopathischen Medizin, indem sie sich in wachsender Zahl diesen Alternativen zuwendet.

Doch lassen sich auch einige Unterschiede zwischen den Gesundheitsbewegungen des 19. und des 20. Jahrhunderts feststellen. Mitte des letzten Jahrhunderts steckte das Land voller Opposition gegen alles Elitäre und gegen jeden Professionalismus. Die Vergabe von Lizenzen und behördlichen Genehmigungen wurde als Einschränkung des freien Wettbewerbs betrachtet, und die meisten der diesbezüglich existierenden Statuten wurden wieder aufgehoben. Ein organisiertes medizinisches System oder sonst was Organisiertes stieß auf allgemeines Mißtrauen. Die amerikanische Öffentlichkeit kaufte der American Medical Association (AMA) nicht ab, daß, wie diese behauptete, ihre Mitglieder für Wissenschaftlichkeit standen und besser waren als die Sektierer, die irgend etwas anderes vertraten – wahrscheinlich Unwissenschaftlichkeit. Vom Standpunkt der Konsumenten aus war die sektiererische Medizin so gut wie jede andere. Heute dagegen muß jeder Versuch zur Veränderung des amerikanischen Gesundheitswesens gegen fest etablierte Gesetze, Konventionen und Statuten ankämpfen, die die autokratischen Interessen der AMA vertreten.

Andererseits werden die alternativen Methoden heute durch eine wachsende, im letzten Jahrhundert nicht verfügbare Anzahl von Forschungsergebnissen gestützt, die beweisen, daß einige dieser Methoden sehr effektiv sind. Wie üblich wird diese «der Natur glaubende Häresie» von vielen Frauen unterstützt, zumal sie ja weitgehend weibliche Heilprinzipien vertritt.

Die längste Zeit dieses Jahrhunderts beschränkte sich die Rolle der Frau in den Heilkünsten auf stilles Dienen, wobei allerdings immer wieder feministische Aktivitäten aufflammten, und schließlich in den 1960er und 70er Jahren einige Fortschritte im Hinblick auf Gleichberechtigung mit den Männern erzielt wurden. Wenn wir hier von den den Frauen zugewiesenen Aufgaben sprechen, wird ihre Funktion mit dem Ausdruck *die Frau als Heilerin* unzulänglich beschrieben. Die *Frau als Gesundheitsfürsorgerin* wäre eine präzisere Definition ihrer vielfältigen Rolle. *Heilen*, was ein eigenständiges Bemühen, anderen zu helfen, «heil zu werden», impliziert, beinhaltet auch, daß Menschen durch diesen Prozeß eventuell kuriert werden. Wenn unter Heilberuf sowohl die fürsorgliche und mitfühlende Pflege wie das Kurieren verstanden werden soll, dann muß gesagt werden, daß die Frauen fast ausschließlich mit ersterem befaßt waren. Das Kurieren war allein Sache des Arztes.

Frauen haben sich aber auf zahlreichen Gebieten, die im letzten Jahrhundert noch völlig unbekannt waren, in der Kunst der Fürsorge und Pflege professionalisiert, darunter in verschiedenen Sparten der Krankenpflege, den damit verbundenen Gesundheitswissenschaften, der Sozialarbeit und den Verhaltenswissenschaften. Die wachsende Zahl sehr spezifischer Fachbereiche führte auch wieder zur Formierung von «Gilden», Gesellschaften zur Vertretung der Interessen der einzelnen Bereiche, mit genauen und gesetzlich geregelten Vorschriften für Mitgliedschaft, Ausbildungskriterien sowie Bandbreite und Grenzen des Betätigungsfeldes. Soweit sind wir dabei gar nicht vom Mittelalter entfernt, denn diese Gilden basieren noch immer auf geschlechtsspezifischen Prinzipien.

In diesem Kapitel sollen diese Punkte detaillierter untersucht werden. Wir beginnen mit den Entwicklungen um die Jahrhundertwende, die ein männlich dominiertes System des Gesundheitswesens einleiteten. Danach kommen wir auf Übergangsentwicklungen, mit denen sich die Frauen nun konfrontiert sehen, sowie auf einige Fakten und Zahlen in bezug auf die gegenwärtige Realität zu sprechen.

Reformierung und der Flexner-Report

Abraham Flexner gilt oft, wie René Descartes, als ein Mann, der der Medizin eine neue Dimension erschlossen und das Absterben der irrationalen und holistischen Heilpraktiken mit beschleunigt hat. Descartes Schriften lieferten im 17. Jahrhundert die philosophische Grundlage zur Spaltung zwischen Geist und Körper; Flexner erstellte 1910 einen Bericht, den Flexner-Report, der den Kurs der amerikanischen Medizin veränderte.[3] Beide Männer, gleichermaßen viel gerühmt und viel geschmäht, waren und blieben Galionsfiguren der jeweiligen Ideologie ihrer Zeit.

Die Reformierung des amerikanischen medizinischen Systems begann im letzten Viertel des 19. Jahrhunderts und drängte die Frauen weg vom Arztberuf hin zur Krankenpflege und zu anderen Berufen auf dem Gesundheitssektor. Sie brachte den Zwang zur akademischen Ausbildung mit sich, eine sinkende Zahl medizinischer Ausbildungsstätten, die Kontrolle über die praktische klinische Ausbildung der Medizinstudenten und die Einrichtung von Laboratorien zu Forschungszwecken als Bestandteil der medizinischen Ausbildung. Die entsprechenden Modelle in Europa, vor allem in Deutschland, waren hier angestrebtes Vorbild.

Des weiteren forderte man noch vor der Jahrhundertwende die

Einstellung von Dozenten und Fakultätsleitern, die nicht mit einer Privatpraxis belastet und zudem bereit waren, auch weiterhin auf ihr diesbezügliches lukratives Einkommen zu verzichten. Der theoretische Unterricht und die klinische Betreuung sollten gegenüber der Forschung eine sekundäre Rolle spielen. 1902 stellte Lewells Barker, der später Sir William Osler als Dekan der Johns Hopkins University nachfolgen sollte, die Behauptung auf, daß ein Dozent, der nicht zugleich auch Wissenschaftler und Forscher war, an einer medizinischen Fakultät nichts zu suchen hätte und auf die Studenten sogar einen schädlichen Einfluß ausüben könnte.

Die Studiengebühren reichten zur Aufrechterhaltung solcher Forschungs- und Weiterbildungsinstitutionen bei weitem nicht aus und machten größere Investitionen von seiten der Regierung und der Industrie notwendig.

Die AMA etablierte eine Kommission zur Formulierung eines medizinischen Ausbildungsprogramms, die die medizinischen Fakultäten bei der Entwicklung eines vernünftigen Lehrplans beraten sollte. 1905 beinhalteten ihre Empfehlungen Zulassungskriterien für die Aufnahme an der medizinischen Fakultät und ein auf mindestens fünf Jahre erweitertes Ausbildungsprogramm, das zwei Jahre Studium der Naturwissenschaften, zwei Jahre Forschungserfahrung in den Laboratorien und zwei Jahre praktische klinische Arbeit unter Supervision vorsah. Die Beratungskommission entwarf auch ein Bewertungssystem für die medizinischen Fakultäten, wonach die Absolventen entsprechend der Punktzahl beurteilt wurden, die sie in den Examina vor den staatlichen Prüfungskommissionen erreicht hatten.

Zu jener Zeit bestand bereits die Möglichkeit, über die von den neuen Milliardären eingerichteten Stiftungen an größere Geldsummen zu kommen. Vor allem die Carnegie Foundation war in ihrem philantropischen Bestreben bemüht, die akademische Ausbildung auf ein höheres Niveau zu bringen. Sie wurde von der AMA gebeten, eine Untersuchung über den Stand der medizinischen Ausbildung durchzuführen und die Position ihrer Beratungskommission zu stärken. Die Stiftung willigte ein und betraute Abraham Flexner, einen arroganten und machthungrigen Schulmeister, der nicht die geringste Erfahrung auf medizinischem Gebiet aufzuweisen hatte, mit der Aufgabe. Die Art und Weise, in der Flexner die Untersuchung durchführte und später in machiavellistischer Manier mit den Millionen von Dollar aus der Stiftungsschatulle umsprang, zeugt von seinem Dogmatismus und eifernden Ehrgeiz.

Er besuchte 155 medizinische Fakultäten und Ausbildungsstätten, wobei er verkündete, daß er nach einer halbstündigen Prüfung der Zeugnisse der Studenten beurteilen könne, ob der erforderliche Standard eingehalten wurde. Das heißt, ein paar Stunden genügten zur Entscheidung darüber, ob diese Institution einer finanziellen Unterstützung würdig war oder nicht. Die Johns Hopkins University erhielt als einzige seine uneingeschränkte Zustimmung.

Der Flexner-Report beschleunigte die reformerischen Entwicklungen. Aber wichtiger noch, er dirigierte die Richtung, in die das Geld floß. Die Allianz von Konzernen und Medizin war perfekt. Die wissenschaftliche Ausrichtung der amerikanischen Medizin erforderte große Geldsummen; medizinische Fakultäten und Ausbildungsstätten, die sie nicht bekamen, verkümmerten und gingen schließlich ein. Alle, denen ein Erreichen des Johns-Hopkins-Modells nicht zugetraut wurde, bekamen kein Geld – und natürlich auch nicht die sektiererischen und nichtallopathischen Colleges. 1907 gab es in den USA 160 medizinische Ausbildungsstätten; 1914 waren es nur noch 100. Bis auf eines hatten alle Frauencolleges geschlossen; die sektiererischen Ausbildungsstätten verschwanden rasch. Und damit war das Ende jeglicher Konkurrenz zwischen den Heilsystemen besiegelt. Der Anteil der weiblichen Medizinstudenten sank im ersten Jahrzehnt dieses Jahrhunderts auf drei Prozent und sollte sich in den nächsten sechzig Jahren nicht wieder erhöhen.

Professionelle Helferinnen

Krankenschwestern

Die medizinische Reform und der Flexner-Report fielen mit einer Professionalisierung im Bereich der Gesundheitsfürsorge zusammen. Auf diesem Gebiet hatten in der Mehrheit schon immer

Frauen gearbeitet, wobei der Spezialbereich der Krankenpflege den breitesten Raum einnahm. Der AMA war klar, daß die neue Generation von Ärzten Helferinnen brauchte. 1908 erkannten sie den Krankenschwesternberuf offiziell als den «gelehrten Berufen» (Theologie, Rechtswissenschaften und Medizin) zugehörig an (damit sollte formell eine Unterscheidung zwischen Krankenschwestern und Gewerkschaftsmitgliedern getroffen werden). 1914 hatten 40 Staaten Gesetze zur Regelung des Krankenschwesternberufs erlassen und Prüfungskomitees bzw. Qualifikationsnachweise eingeführt. Der Berufsstand erfuhr während des Krieges eine Aufwertung, aber bereits nach dem Ersten Weltkrieg herrschte jener Mangel an Krankenschwestern, der bis heute nicht behoben werden konnte.

Die Gründe für die Diskrepanz hinsichtlich Nachfrage und Angebot in der Krankenpflege sind für den ganzen medizinischen Bereich kennzeichnend.[4] Als ein Ärztemangel drohte, wurden größere Anstrengungen unternommen, Regierungszuschüsse eingeschlossen, um die medizinische Ausbildung zu fördern. Ein Mangel an Krankenschwestern rief keine derartigen Bemühungen hervor. Im Gegenteil, Krankenschwesternschulen schlossen während des größten Notstands. Warum?

Schon in den 1930er Jahren folgten die Dachverbände der Krankenschwestern, die National League for Nursing und die American Nurses' Association (ANA), dem Vorbild der Ärzte. Man verabschiedete Empfehlungen für die Anhebung des Ausbildungsniveaus und zur Qualifizierung in Fachbereichen. Die Krankenhäusern assoziierten Schulen mit Diplomabschluß wurden geschlossen – ein Kniefall vor den Universitäten und Colleges, die nun allein für die erwünschten akademischen Grundlagen sorgen konnten. Die Ärzte klagten von Anfang an darüber, daß die Krankenschwestern sich überqualifizierten, und befürworteten in Zeiten des Krankenschwesternmangels sogar die Senkung des geforderten Ausbildungsstandards.

Außer in Kriegszeiten, in denen das Krankenschwesternimage ein gewisser Glorienschein umgab, waren die Bemühungen um ihre Rekrutierung nie sonderlich erfolgreich gewesen. Ein durchwegs niedriger Lohn, verbunden mit großer Verantwortung und vielen Pflichten, waren wohl die Hauptgründe dafür. Nach 1940 wurden angesichts des Ärztemangels von den Krankenschwestern auch die Vornahme von Impfungen und die Verabreichung von intravenösen Spritzen verlangt, vormals die Domäne der Ärzte. Die Krankenhäuser reagierten sehr zögerlich, diese erweiterten Anforderungen und Dienstleistungen entsprechend zu vergüten, und die Krankenschwestern sind immer weniger davon überzeugt, daß sie um der Liebe Lohn und nicht für Geld arbeiten sollten.

Auch der Begriff der *Krankenschwester* war mit der Zeit immer unklarer definiert und umfaßt mittlerweile ein breites Spektrum an Ausbildungen und Kenntnissen. Er subsumiert sowohl die Absolventinnen der immer weniger werdenden einem Krankenhaus angegliederten Schulen mit Diplomabschluß, wie auch jene Studentinnen mit akademischen Abschlüssen verschiedenster Art – bis hin zum Doktortitel. Dazu kommen die sich ständig erweiternden Fachbereiche, die eine spezielle Zusatzausbildung erfordern.

Die Situation des Berufsstands bleibt weiterhin so paradox, wie sie es im letzten Jahrhundert war. Sie ist gekennzeichnet durch den ständigen Druck aus den eigenen Reihen, das Niveau weiter anzuheben und zugleich rasch eine große Anzahl von Krankenschwestern zu produzieren, um so der ungeheuren Nachfrage der Krankenhausindustrie Rechnung tragen zu können. Die Tatsache, daß auf Professionalität so großer Wert gelegt wurde, hat aber auch den Wunsch nach einer erweiterten und sogar unabhängigen Praxis geweckt, was dazu führt, daß die Interessen einiger Krankenschwestern mit denen des Ärztestands kollidieren. Die Krankenschwestern selbst äußerten sich besorgt über all diese Probleme und Konflikte, wozu auch die Tatsache gehört, daß immer mehr Wert auf technische Kenntnisse und Fähigkeiten gelegt wird, wodurch die «pflegerischen und fürsorglichen» Aspekte der Krankenpflege zu kurz kommen.

Gegenwärtig gibt es in den USA etwa 1 900 000 Krankenpflegende. Davon sind 97 Prozent Frauen. Sie haben es mit zwei Ebenen männlicher Autorität zu tun: jener der Krankenhausverwaltung und jener des Arztes. Und eine dritte Autoritätsebene – die der Versicherungsträger – gewinnt zunehmend an Macht. Diese Gesellschaften werden stark von den Ärzten beeinflußt, was heißt, sie neigen dazu, deren Interessen zu vertreten. Ihre Profitorientiertheit läßt allerdings nicht zu, daß sie sich ganz und gar auf die Seite eines einzigen Berufsstands schlagen.

Der Kampf der Krankenschwestern um eine legale Anerkennung ihrer Eigenständigkeit wird weitergeführt, und dabei stellt der Laverne-Pisani-Gesetzentwurf, der schließlich 1972 im Staat New York verabschiedet wurde, einen Markstein dar.[5] Dieser Gesetzentwurf zur Regelung der Krankenschwesternpraxis wurde, wie jeder andere Antrag zur Anerkennung der Eigenständigkeit dieses Berufsstands, von der Medical Society of New York und der Hospital Association of New York State blockiert. Schließlich ging das Gesetz in modifizierter Form durch, aber erst nachdem eine starke Lobby aktiviert worden war und etwa 4000 Krankenschwestern vor dem Regierungssitz in Albany aufmarschiert waren.

Die in diesem Gesetz enthaltene Definition der Krankenpflege wurde zum Modell, das auch andere Staaten übernahmen. Im Kern besagt sie, daß die ausgebildete und staatlich geprüfte Krankenschwester die Reaktion auf akute oder potentielle Gesundheitsprobleme diagnostiziert und behandelt mittels Befundaufnahme, Information und Beratung in Gesundheitsbelangen, Pflegedienste zur Unterstützung oder Wiederherstellung der Lebenskraft und des Wohlbefindens und Überwachung der korrekten Ausführung von Diätanweisungen eines amtlich zugelassenen oder anderweitig legal autorisierten Arztes oder Zahnarztes.

Damit wurde zwar die Autonomie des *Berufs* der Krankenschwester proklamiert, aber ganz gewiß nicht ihre *Eigenständigkeit* hinsichtlich ihrer Arbeit. Die konkreten Probleme, die sich daraus ergeben, daß sie im Zuge ihrer Arbeit verschiedensten Autoritätsebenen unterstellt ist, sind noch nicht einmal ansatzweise gelöst worden. Selbst das beschränkte Maß an Unabhängigkeit, das ihr in einigen Staaten eingeräumt wird, schafft keine stabile Situation. Die Krankenschwestern nahmen ursprünglich eine neue Nische für sich in Anspruch, vergleichbar den Ärztinnen im letzten Jahrhundert. Zu ihren Pflichten sollte die langfristige Überwachung chronisch kranker Patienten, die Verabreichung der ärztlich verordneten Medikation und die Durchführung allgemeiner Routineuntersuchungen gehören. 1988 erklärten die Krankenschwestern, daß «bestimmte Bevölkerungsgruppen – besonders Kinder, alte Menschen und Frauen, die alle regelmäßig untersucht werden müßten – zur natürlichen Klientel der Krankenschwester gehören».[6]

Krankenschwestern, die arbeiten, ohne direkt der Autorität eines Arztes unterstellt zu sein, riskieren stets eine Anklage wegen unerlaubter Tätigkeit im medizinischen Bereich, sollte sich jemand durch sie in seinen Interessen bedroht fühlen. Zu Beginn ihres Kampfes um die Möglichkeit, eigenständig zu arbeiten, boten die Krankenschwestern einen dringend benötigten Gesundheitsdienst an, da es in den frühen 1970er Jahren an Ärzten für eine medizinische Grundversorgung mangelte. Sie waren vor allem in den ländlichen Gebieten des Landes höchst willkommen, wo Ärzte immer rar sind. Doch man schätzt, daß es heute in den USA einen Überschuß von etwa 70000 Ärzten gibt. Und das bedeutet, daß alle Aspekte der Krankenschwesterntätigkeiten, die sich mit denen der Ärzte überschneiden, nun sehr genau unter die Lupe genommen werden.

Die Barrieren vor einer Autonomie der Krankenschwestern haben auch etwas mit deren eigener Einstellung zu tun. Bonnie Bullough, Dozentin an der University of California School of Nursing, schrieb zu Beginn der Krankenschwesternbewegung, daß «die Last der Tradition, die Unterordnung der Krankenschwestern, die Trennung der Geschlechter und das Krankenschwesternausbildungsmodell die Einstellung der heutigen Krankenschwestern bis zu einem gewissen Grad geprägt haben...»[7] Einige noch immer ihrer Tätigkeit nachgehende Krankenschwestern werden sich daran erinnern, daß man sie gelehrt hatte aufzustehen, wenn ein Arzt den Raum betrat, und ihm, wenn er wieder ging, die Tür aufzuhalten. Und einige wenige werden sich entsinnen, daß das Tee-Einschenken Teil ihres Lehrplans war.

Die Krankenschwestern sehen sich gegenwärtig mit zwei bedrohlichen Entwicklungen konfrontiert. Staatliche Behörden überprüfen erneut die sie betreffende Gesetzgebung. Der Staat New York zum Beispiel hob innerhalb eines Jahres gewisse Privilegien für eigenständig arbeitende Krankenschwestern auf, um sie ihnen dann wieder einzuräumen. Und ein ganzer Block größerer Versicherungsgesellschaften weigerte sich, sie berufsständisch zu versichern, oder setzte ihre Beiträge so hoch an, daß eine Police unerschwinglich wurde. Andererseits erhielten in einem Staat speziell in klinischer Psychiatrie ausgebildete Krankenschwestern die vorläufige Erlaubnis, psychotrope Präparate zu verabreichen; und in einem anderen Bundesstaat wurde ihnen durch ein Extragesetz, das nichts mit den Gesetzen zur Regelung der medizinischen Praxis zu tun hat, gestattet, Beratungen durchzuführen. Solche widersprüchlichen Entwicklungen weisen bestenfalls darauf hin, daß sich der ganze Bereich in einem Übergangsstadium befindet. Aus der Geschichte haben wir gelernt, daß gesetzgeberische Maßnahmen in bezug auf das weibliche Heilwesen sehr genau verfolgt werden müssen.

Die wesentlichen Fragen, die sich den Krankenschwestern, die sich selbst in der Funktion einer «Krankenschwester-Heilerin» sehen, stellen, sind: Wie lassen sich die Welt der Heilkunst und die Welt der Wissenschaft miteinander vereinbaren und wie das Pflegen mit dem Kurieren, und wie lassen sich neue Techniken entwikkeln und einführen, die ihrer eigenen Vorstellung von ihrer Rolle besser entsprechen und dienen. Wichtige Instrumente und Strategien sind hier die therapeutische Berührung, geistige Vorstellungskraft, Biofeedback und andere Methoden zur Selbstregulierung der Körperfunktionen, Entspannungsübungen und Meditation sowie natürlich eine möglichst verständliche Form der Gesundheitsaufklärung. Die Krankenschwestern betrachten eine vernünftige Krankenschwesternausbildung und klinische Praxis nicht als mit den neuen Techniken unvereinbar, sondern vielmehr als Grundlage, auf der diese erweiterten Funktionen aufbauen können. Es wurden verschiedene Organisationen zur Vertretung ihrer Interessen gegründet, darunter die Holistic Nurses Association und die Nurse Healers Cooperative.

Doch die größte Herausforderung steht ihnen noch bevor. Im Sommer 1988 beschloß die AMA ein Pilotprojekt zur Ausbildung von «staatlich geprüften Pflege-Technologen», die ein zweijähriges, auf «Arzt-Unterstützung» zugeschnittenes Ausbildungsprogramm absolvieren. Diese Entscheidung war die Reaktion auf eine lange Phase des kritischen Notstands an ausgebildetem Personal und der Experimente mit unbefriedigenden Lösungen, so etwa die Einstellung schlecht ausgebildeter «Techniker» anstelle der fehlenden Krankenschwestern. Ziel ist es, dem personellen Notstand in den Krankenhäusern abzuhelfen. Die AMA beschuldigte die Vertreterinnen der Krankenschwesternorganisationen, potentielle Kandidatinnen von einer solchen Ausbildung abzuhalten, indem sie für die vierjährige akademische Ausbildung aller Krankenschwestern eintreten.

Zum gegenwärtigen Zeitpunkt vertritt die ANA nach wie vor die Auffassung, daß der Mangel an Krankenschwestern am ehesten durch eine Verbesserung der Arbeitsbedingungen und eine Anhebung der Löhne, nicht aber durch eine Unterminierung der Ausbildungsgrundlagen zu erreichen ist. Sie macht weiterhin geschlossen Front gegen diesen Beschluß der AMA.[8]

Andere weibliche Heilberufe

Die Krankenschwestern sind nicht die einzigen, die sich in diesem Land mit den durch die männlich-dominierte Medizin verursachten Problemen herumzuschlagen haben.

Die Patientenbetreuung wurde im Laufe des 20. Jahrhunderts einer ganzen Reihe von Berufen überantwortet, in denen sich überwiegend Frauen betätigen.

Diese Vielzahl von Heilberufen hat ihre Ursache in den steigenden Anforderungen der Technologie, in der Spezialisierung auf medizinischem Gebiet und in einer Gesundheitsindustrie, die von zusätzlichen Dienstleistungsangeboten profitiert. Dazu kommt noch, daß nach dem Zweiten Weltkrieg die Notwendigkeit der Betreuung von Behinderten für eine wachsende Zahl von Rehabilitationsberufen sorgte.

Diese der Medizin assoziierten Heilberufe betonten von Anfang an Unterordnung und Konformität mit dem männlich-dominierten Ärztestand. Zum Beispiel schwor 1922 der Beschäftigungstherapeut beim Abschluß seiner Ausbildung: «Ich will in aller Gewissenhaftigkeit jenen Gehorsam erweisen, unter deren Leitung ich arbeiten werde.»[9]

Nach wie vor kommen in diesen Berufen drei Frauen auf einen Mann. Männer sind nur auf zwei Gebieten in der Überzahl: im medizinisch-technologischen Bereich der Notfallversorgung und bei der Organwäsche.[10] Spezialgebiete wie zum Beispiel Sprachtherapie, Körpertherapie und Sozialarbeit werden vom Committee on Allied Health Education and Accreditation der AMA nicht als der Medizin assoziierte Berufe anerkannt, andernfalls ergäbe sich ein noch stärkeres Übergewicht der Frauen.

Die in diesen Bereichen arbeitenden Personen sehen sich ganz ähnlichen Problemen gegenüber, wie sie die höher qualifizierten Krankenschwestern haben. Sie sind mehr oder weniger autonom, haben ihre eigenen Forschungsgrundlagen und -einrichtungen und verfügen über ausgeklügelte klinische Techniken, müssen aber unter der Anleitung von Ärzten arbeiten, die auf dem jeweiligen Gebiet weniger Ahnung haben als sie. Einige – vor allem Physiotherapeuten, Sprachtherapeuten, Sozialarbeiter – haben es geschafft, einigermaßen unabhängig arbeiten zu können, müssen aber stets Vorsicht walten lassen. Klinische Psychologen, die in ihrer Arbeit laut Gesetz unabhängig sind, müssen doch ihren Kniefall vor der Medizin (speziell der Psychiatrie) machen, wenn sie die staatliche Zulassungsprüfung bestehen wollen. Psychologen haben vermutlich hinsichtlich der therapeutischen Prozesse, der Psychodiagnostik und sogar der Psychopharmakologie mehr Kenntnisse und mehr Erfahrung als die Psychiater – trotzdem betrachtet man sie als Eindringlinge in das Territorium der Ärzte. In vielen Staaten drängen die Psychologen darauf, daß ihnen per Gesetz in gewissem Rahmen Zugang zu den Krankenhäusern gewährt wird, und andere fordern die Erlaubnis, bestimmte Medikamente verschreiben zu dürfen. In manchen Staaten dagegen bemüht sich eine starke Lobby der Psychiater darum, das Arbeitsgebiet der Psychologen einzuschränken. Man neigt zu der Auffassung, daß diese nichtärztlichen Berufe ihre Existenz der paternalistischen Gnade sowohl der Ärzte wie des Krankenhaussystems verdanken. Opposition wird als Meuterei betrachtet – die Aufmüpfigen beißen die Hand, die sie so lange so gut fütterte. Die Ärzte nahmen die ganze Bürde der Verantwortung für die Konsumenten des Gesundheitssystems auf sich und fühlen sich nun im Recht, wenn sie die Kontrolle darüber beanspruchen, wie und durch wen dieses System jemandem etwas zukommen läßt.

Die der Medizin assoziierten Gesundheitsspezialisten sind weniger dem Risiko einer Anklage wegen unerlaubter Tätigkeit im medizinischen Bereich ausgesetzt als die Krankenschwestern oder auch die klinischen Psychologen. Die mühselige Arbeit im Fürsorgebereich oder Laborarbeit war für den Medizinerstand noch nie erstrebenswert und wurde auch nicht, außer in Zeiten schlimmster finanzieller Krisen, als Konkurrenz betrachtet. Hier mag sich das Spektrum des Arbeitsgebiets dieser Spezialisten profitabel erweitern. Ein umfassenderer und effektiverer Einsatz von Gesundheitsfürsorgepersonal käme dieser Industrie insgesamt zugute, von der Reduzierung der Kosten ganz zu schweigen. Dr. Harold M. Schoolman sagt dazu: «Um den Erfordernissen der Medizin Rechnung zu tragen, müssen auch andere professionell ausgebildete Personen eingesetzt werden als nur Ärzte. Die Auffassung, nur der Doktor, der Arzt, sei ein Profi, der diesen Funktionen und Erfordernissen gewachsen ist, erscheint blödsinnig.»[11] Man schätzt, daß 75 bis 80 Prozent der Grundversorgung von erwachsenen Personen und 90 Prozent der Grundversorgung von Kindern problemlos anderen Gesundheitsspezialisten überlassen werden könnte, unter anderem den Krankenschwestern.

Ein heikleres Problem für die Interessen der amerikanischen Medizin stellen jene Ärzte und Heilkundigen dar, die ganz entschieden mit der Allopathie nicht einverstanden sind. Das Interesse an traditionellen Heilsystemen ist in letzter Zeit stark gewachsen, so etwa an östlichen Heilmethoden, der Medizin der indianischen Stammeskulturen, der Naturheilkunde und der Homöopathie, wie auch an den Techniken des «New Age» oder der holistischen Gesundheitsbewegung. Das geht vor allem auf das Konto der Frauen, die sich sowohl als «Konsumentinnen» wie als Praktizierende zu diesen «Alternativen» hingezogen fühlen, von denen viele ja auch das traditionell weibliche Interesse für gesunde Lebenshaltung, Vorbeugen und Pflanzenheilkunde als menschenwürdige und entwicklungsfähige Heilinstrumentarien ansprechen.

Wie schon früher haben auch im 20. Jahrhundert manche Frauen, die sich als Heilerinnen begreifen, beschlossen, sich nicht in die Mühlen der schulmedizinischen Ausbildung zu begeben. Sie vertrauen auf ihre natürlichen Heilfähigkeiten und bedienen sich oft ungewöhnlicher Methoden. In der Tat scheinen einige wenige über Talente zu verfügen, die sich ganz besonders gut in einer von den Zwängen herkömmlicher Professionalität unbeeinträchtigten Situation entfalten; andere mögen auf ihrem ungewissen und einsamen Weg immer wieder von Selbstzweifeln geplagt sein und vielleicht auch Selbsttäuschungen unterliegen.

Abgesehen von diesen eben erwähnten, keiner Gilde angehörenden Heilerinnen und Heilern, entstehen nun an allen Fronten so etwas ähnliches wie Heilerzünfte, zu denen sich entsprechend ausgebildete Personen zusammenschließen im Gefühl, daß das, was sie anzubieten haben, eine positive Auswirkung im Sinne eines ganzheitlichen Gesundheitsbegriffs hat. Dazu gehören Musik-, Kunst- und Tanztherapeuten, die gelegentlich auch einen Platz im etablierten medizinischen System finden.

Um zu verstehen, was unter Umständen auf diese verschiedenen Gruppen zukommt, wollen wir nun auf die Erfahrungen der Hebammen im 20. Jahrhundert eingehen. Während der Krankenschwesternberuf und die der etablierten Medizin assoziierten Heilberufe geschaffen und zugelassen wurden, um den Bedürfnissen der Ärzte Rechnung zu tragen, spielte der Hebammenberuf stets eine Sonderrolle.

Die Hebammen

In den letzten achtzig Jahren wurden die Hebammen verfolgt, ignoriert oder gegängelt, je nach Laune der medizinischen Vereinigungen des jeweiligen Staates. Wie schon im letzten Kapitel erwähnt, wurden zur Jahrhundertwende über die Hälfte der Geburten dieses Landes von Hebammen betreut, obwohl das medizinische Establishment ihren Beruf als gefährlich und archaisch betrachtete. Heute wird schätzungsweise nur noch ein Prozent der Geburten von Hebammen betreut, was heißt, daß eine kleine, aber hartnäckige Schar sich immer noch für diese Arbeit entscheidet.

Leider wußten im ersten Jahrzehnt dieses Jahrhunderts weder die Hebamme noch der Geburtshelfer viel über den Geburtsvorgang. Eine von J. Whitridge Williams, Professor für Geburtshilfe an der John Hopkins University, 1912 durchgeführte Untersuchung ergab, daß der Medizinstudent im Laufe seiner Ausbildung bestenfalls durchschnittlich vier Geburten erlebte; bei weniger anspruchsvollen Lehrplänen konnte er sich glücklich schätzen, wenn er überhaupt eine gesehen hatte.[12] Jedes Kind, das mit Hilfe einer Hebamme entbunden wurde, betrachtete die medizinische Wissenschaft als eine ihr verlorengegangene Studienchance. Hebammen, wenn sie nicht in Europa ausgebildet worden waren, galten als dreckig und inkompetent. Und so setzte sich in diesem rundum düsteren Panorama das Drama der amerikanischen Hebamme fort.

Massachusetts, schon immer eine Bastion des männlichen medizinischen Establishments in diesem Lande, verbot 1907 die Hebammentätigkeit. Der Oberste Gerichtshof des Staates entschied, daß sie sich von der Geburtshilfe nicht unterschied, somit gegen den Medical Practice Act verstieß und rechtlich nicht zulässig sei.[13] Das Resultat dieses Verbots war, daß die Mütter- und Kindersterblichkeitsrate sofort anstieg. In Boston (wo ein Verbot für Hebammen galt) belief sich 1916 die Sterblichkeitsrate von Müttern auf 6,5 pro Hundert, während sie in Newark, wo man in Verbindung mit von Hebammen betreuten Hausgeburten ein Ausbildungsprogramm eingeführt hatte, 1,7 betrug. In Washington *stieg* die Kindersterblichkeitsrate, während die Zahl der nachweislich von Hebammen betreuten Geburten *sank*.

In New York hielten die Hebammen trotz ihrer geringer werdenden Zahl das Kindbettfieber und die Fälle von Totgeburten mit größerem Erfolg niedrig als die Ärzte, eine Tatsache, die sich auch im Laufe der folgenden siebzig Jahre nicht ändern sollte.[14] Wann immer man die Resultate der von Hebammen betreuten Hausgeburten mit den Entbindungen vergleicht, die in den Kliniken von Geburtshelfern beaufsichtigt wurden, dann kommen alles in allem die Hebammen ebenso gut, wenn nicht etwas besser weg.[15] Die Hebammen dürfen natürlich nur normal verlaufende vaginale Geburten betreuen, und die Vergleiche basieren auf dieser Grundlage.

Wurde die Hebammentätigkeit verboten, dann hatte die Hebamme mehrere Optionen: Sie konnte ihre Praxis aufgeben (was viele taten), heimlich praktizieren, auf Geburtshilfe spezialisierte Krankenschwester werden und mit einem Arzt zusammenarbeiten oder sich anderen Hebammen anschließen und gegen die medizinischen Vereinigungen kämpfen. Für letzteres entschieden sie sich nicht. Die Hebammen entwickelten nie ein ausreichend starkes politisches Bewußtsein, noch organisierten sie sich so weit, daß sie mit Erfolg gegen ihre männliche Konkurrenz hätten vorgehen können.[16] Alles, was es bis vor kurzem an Netzwerk unter den Hebammen gab, lief bestenfalls auf ein freundschaftliches Verhältnis untereinander hinaus.

Der Ärztestand kämpfte gegen die nach wie vor vorhandene Präsenz der Hebammen, indem er die Geburt zur rein medizinischen Angelegenheit erklärte und die Bevölkerung davon überzeugte, daß schwangere Frauen nur in den Händen von ausgebildeten Medizinern gut aufgehoben seien. Schwangerschaft und Geburt wurden als Krankheit behandelt, und das «aktive Management» der Entbindung immer üblicher. Dieser Trend hat sich wie ein Virus ausgebreitet. Heute bewegen sich die Zahlen der aktiven Interventionen in astronomischen Höhen – etwa 20 bis 25 Prozent aller Babys werden durch Kaiserschnitt entbunden, in einigen Kliniken sind es sogar über 50 Prozent.

Gegenwärtig nehmen die Hebammen, als Alternative, eine interessante Position ein. Wie die Krankenpflege befindet sich auch ihr Bereich in einer Übergangssituation mit ungewissem Ausgang. In den letzten fünf Jahren gab es auf der legislativen Ebene so viel Hin und Her, daß jede Bestandsaufnahme sofort wieder hinfällig wird. Dazu kommt, daß die Gesetze nicht immer eindeutig formuliert sind und daß auch ein Unterschied besteht zwischen dem, was Gesetz ist, und dem, was wirklich geschieht. Es existiert eine sehr lebendige Untergrundbewegung amerikanischer Hebammen, die von einer Reihe im allgemeinen sehr gut ausgebildeter, gesundheitsbewußter und ökologisch orientierter Personen unterstützt wird. Wie weit verbreitet diese Bewegung tatsächlich ist und wie stark sie von medizinischer Seite unterstützt wird, ist nicht bekannt. Ihre Existenz muß durch Geheimhaltung geschützt werden, wie eine kurze Erläuterung der staatlichen Gesetzgebung deutlich machen wird.

Die Hebammen werden in verschiedene Kategorien eingeteilt: beglaubigte Krankenschwester-Hebammen (eingetragene Krankenschwestern mit Zusatzausbildung), staatlich anerkannte Laienhebammen (beglaubigt, konzessioniert oder eingetragen) und Laienhebammen, die ohne gesetzliche Anerkennung arbeiten.

Die beglaubigten Krankenschwesterhebammen (CNMs – *certified nurse midwives*) dürfen praktisch in allen Staaten arbeiten, allerdings unter Berücksichtigung eines Wirrwarrs von Gesetzen und der Aufsicht von etlichen Behörden, Komitees und Kollegien, die ihre Interessen vertreten oder auch nicht. Das American Council of Nurse Midwives hat Normen zur Konzessionierung vorgeschlagen, an die sich die meisten Staaten halten. Die CNMs müssen unter der Oberaufsicht eines Arztes arbeiten, der im Normalfall auch die Rechnung ausstellt und einen Teil des Honorars kassiert. Diese Praxis dürfte noch heiße Diskussionen auslösen – alle größeren Versicherungsgesellschaften weigern sich nämlich nun, die CNMs gegen Schadenersatzforderungen zu versichern. Eine ungerechtfertigte Entscheidung: Bis heute ist nur gegen 6 Prozent der CNMs eine diesbezügliche Klage angestrengt worden, während 66,9 Prozent der Geburtshelfer mindestens schon einmal verklagt wurden, so das American College of Obstetricians und Gynecologists. Die Krankenhäuser stellen niemanden ein, der nicht versichert ist. Als Notlösung haben die CNMs ihre eigene Versicherungsgesellschaft gegründet, aber die meisten können sich bei einem durchschnittlichen Jahreseinkommen von 27000 Dollar die extrem hohen Beiträge (etwa 5000 Dollar im Jahr) nicht leisten.

Auch die Laienhebammen befinden sich in einer prekären Situation. Während das American College of Obstetricians and Gynecologists offiziell gegen ihre Tätigkeit Front macht, variiert ihr tatsächlicher legaler Status von Bundesstaat zu Bundesstaat. Die meisten Laienhebammen würden, wenn sie die Wahl hätten, es vorziehen, mit anerkanntem beruflichem Status innerhalb des etablierten medizinischen Systems zu arbeiten, so wie das auch in Europa weitgehend gehandhabt wird. Sie führen als Beleg die im Vergleich zu Europa hohe Mütter- und Kindersterblichkeitsrate in den USA an. Holland, wo ein Drittel aller Geburten von Hebammen betreut wird, hat eine der niedrigsten Sterblichkeitsraten der Welt auf diesem Gebiet. (Obwohl sich im Laufe des letzten Jahrzehnts die diesbezüglichen Sterblichkeitsraten in den USA ein wenig senkten, nehmen sie unter den Industrienationen immer noch fast den letzten Platz ein hinter den europäischen Staaten, Kanada und Hongkong.)

In weiten Teilen Europas ist die Ausbildung der Hebammen schon seit Jahrhunderten außerordentlich gut. In den USA aber wird genau dieser Punkt, die Ausbildung, zur ausweglosen Falle. Die alte Geschichte. Frauen dürfen sich ohne formelle Ausbildung nicht in den Heilkünsten betätigen. Aber in den USA gibt es keine offizielle oder bevollmächtigte Ausbildungsstätte für Hebammen, und die gegenwärtig existierenden zwölf «inoffiziellen» Schulen stehen ohne offizielle Anerkennung auf schwankendem Boden. Amerikanische Hebammen bilden sich entweder dort aus oder in Europa, oder indem sie bei anderen Hebammen in die Lehre gehen. Ein paar Colleges bieten relativ technisch gehaltene Seminare zum Thema Geburt an, die für die Hebammenanwärterinnen ganz nützlich sind. Einige Laienhebammen haben eine Krankenschwesternausbildung; viele haben sie nicht. Andere erhielten, weil sie schon über eine große praktische Erfahrung verfügen, eine Konzession aufgrund bestimmter Klauseln und Paragraphen.

1987 wurde die letzte Untersuchung zur Gesetzgebung hinsichtlich der Laienhebammen veröffentlicht.[17] Daraus geht hervor, daß man in den meisten Fällen an neuen Regelungen bastelt. Die Position der einzelnen Staaten variiert vom Verbot über Reglementierungen bis hin zum Ignorieren der ganzen Angelegenheit.

Das größte Hindernis, mit dem sich Hebammen in Staaten mit einer gesetzlichen Regelung ihrer Tätigkeit konfrontiert sehen, ist die erforderliche Kooperation von medizinischer Seite. Sie brauchen offizielle medizinische Rückendeckung und sind per Gesetz von Arzt und Krankenhaussystem abhängig. Diese Rückendeckung beinhaltet die Möglichkeit einer medizinischen Versorgung in Notfällen und gewöhnlich die ärztliche Betreuung vor und nach der Geburt. Auch gibt es eindeutige Richtlinien in bezug auf das Betätigungsfeld der Hebammen. Da sie nur normale vaginale Entbindungen betreuen dürfen, sind in Fällen eines unvorhergesehenen Notfalls Leben und Gesundheit der Mutter gefährdet, weil der Hebamme untersagt ist, irgendwelche operativen Eingriffe (Vernähen eingeschlossen) vorzunehmen. In den meisten Staaten darf sie auch kein einziges blutstillendes Präparat oder entsprechende Kräuter anwenden.

Für viele Hebammen ist es ein Problem, auch nur einen Arzt zu finden, der sie bei ihrer Tätigkeit unterstützt. Ärzte, die an sich nicht abgeneigt wären, werden von ihren Kollegen unter Druck gesetzt. Das kann so weit gehen, daß sie ihre Krankenhausprivilegien und ihren Versicherungsschutz für Schadenersatzansprüche verlieren, wenn man herausfindet, daß sie auch nur einer Hebamme Rückendeckung gegeben haben. Auch das Krankenhauspersonal verhält sich nicht immer sehr freundlich Müttern gegenüber, die wegen nachgeburtlicher Komplikationen eingeliefert werden und von einer Hebamme betreut wurden. So gaben Hebammen in einer in Arizona durchgeführten Untersuchung zu Protokoll, daß ihre Patientinnen oft strenge Belehrungen über sich ergehen lassen mußten und in einigen Fällen sogar physisch malträtiert wurden. Zum Beispiel wurde eine Patientin ohne Betäubung genäht, offensichtlich um ihr eine Lehre zu erteilen. In anderen Krankenhäusern zeigte sich das Personal wiederum sehr mitfühlend und entgegenkommend.

Insgesamt lohnt es sich, die Hebammen im Auge zu behalten. Nie zuvor in der Geschichte waren sie so gut organisiert oder so auf die Nuancen der Gesetze eingestimmt. Dieser Berufsstand genießt die Unterstützung einer kleinen, aber potentiell einflußreichen Gemeinde. Hebammen sind nicht länger die «letzte Zuflucht» für die Armen und Einwanderer, sondern die bewußte Wahl gebildeter Frauen und Männer. Sie haben die AMA überlebt, die Bürokratie der Krankenhausindustrie, die Versicherungsgesellschaften, den Mangel an anerkannten Ausbildungsmöglichkeiten und die Launen der amerikanischen Konsumenten der Gesundheitsindustrie. Das ist eine reife Leistung.

Ein paar weitere Fakten und Zahlen

Was ist seit 1910 aus den Ärztinnen geworden? Es praktizieren heute mehr denn je zuvor seit ihrer Glanzzeit im letzten Jahrhundert. Zwischen 1970 und 1986 stieg ihre Zahl in den USA um 242,2 Prozent.[18] 1986 praktizierten 86670 Ärztinnen. 1987 betrug der Anteil weiblicher Medizinstudenten 27,4 Prozent, was darauf schließen läßt, daß in Zukunft noch mehr Frauen auf medizinischem Gebiet arbeiten werden. Ihre Fachbereiche verlagerten sich von der Kinderärztin und der praktischen Allgemeinmedizinerin (die Sparten, denen sich 1967 die meisten Frauen zugewandt hatten) auf die innere Medizin an erster Stelle, gefolgt von den beiden eben erwähnten Bereichen an zweiter und dritter Stelle (laut einer Erhebung im Jahre 1986).

Weniger als 10 Prozent sind als Dozentinnen, in der Administration oder in der Forschung tätig. Mehr als doppelt so viele Frauen wie Männer arbeiten in einem Angestelltenverhältnis. 1986 waren nur 23,5 Prozent der Männer bei einer anderen Person oder Gesellschaft angestellt, aber 45,5 Prozent der Frauen.[19]

Viele meinen, daß der außerordentliche Anstieg der auf medizinischem Gebiet tätigen Frauen darauf zurückzuführen sei, daß die feministischen Aktivitäten in den 60er Jahren doch einige Türen geöffnet haben. Frauen, die sich in dieser Zeit für die Medizin entschieden, waren auch «Kriegerinnen».

Andererseits mag der Anstieg heute andere Ursachen haben. Es könnte gut sein, daß Frauen gegenwärtig ein Vakuum füllen, das durch die Flucht des weißen Mannes aus einem zunehmend unattraktiv gewordenen Beruf entstanden ist. In jeder Hinsicht ist der Beruf des Mediziners einer «Feminisierung» anheimgefallen – sinkendes Prestige und Einkommen, wie immer, wenn viele Frauen auf ein Gebiet vordringen.

Auch muß gesagt werden, daß die Tatsache einer immer größer werdenden Schar von Ärztinnen allein nicht automatisch garantiert, daß die medizinische Praxis davon profitiert und einen fürsorglicheren und mitfühlenderen Charakter annimmt. Derartige Veränderungen lassen sich in den Institutionen und einzelnen Berufszweigen nur durchsetzen, wenn die Frauen ganz bewußt ihre Verantwortung wahrnehmen, worauf wir im letzten Kapitel dieses Buches näher eingehen wollen.

Und noch ein weiterer Punkt sollte in diesem Zusammenhang nicht außer acht gelassen werden: In allen Gesundheitsbereichen, in denen Frauen überwiegen, werden dort arbeitende Männer besser bezahlt. Krankenhausjobs, die vorwiegend von Frauen verrichtet werden, sind schlechter bezahlt als solche, in denen hauptsächlich Männer zu finden sind. Zum Beispiel sind 74 Prozent der Mitglieder der National Association for Social Workers Frauen. Das Jahreseinkommen dieser Sozialarbeiterinnen beträgt durchschnittlich 22 500 Dollar – das ihrer männlichen Kollegen 32 250 Dollar.[20] Je mehr Frauen auf ein bestimmtes Arbeitsgebiet drängen, desto größer ist die Wahrscheinlichkeit, daß der Lohn sinkt.

Sorgfältige Recherchen haben ergeben, daß die Lohnunterschiede in den Krankenhäusern weiterhin existieren und daß in den vorrangig von Männern besetzten Bereichen fünf Prozent mehr gezahlt wird als für typische Frauenjobs.[21] Diese Ungleichheit in der Bezahlung manifestiert sich auf zweierlei Art: Frauen bekommen weniger Geld als Männer für die *gleiche* Arbeit, oder sie werden für *vergleichbare* Arbeit schlechter bezahlt. Der erste Fall verstößt gegen das Gesetz und kann vor Gericht relativ leicht nachgewiesen werden. Im zweiten Fall sind komplizierte Analysen und Rechenexempel notwendig, um den vergleichbaren Wert der verschiedenen Jobs festzustellen.

So erhalten zum Beispiel die pharmazeutischen Chefchemiker (vorwiegend männlich) das höchste Mindestanfangsgehalt in allen untersuchten Krankenhäusern (8,74 Dollar die Stunde); die Oberschwestern in leitender Position (vorwiegend weiblich) erhielten dagegen ein Mindestanfangsgehalt von 6,75 Dollar die Stunde.[22] Eine vergleichende Beurteilung ergab, daß letztere den beanspruchenderen Job haben.

Wir brauchen auf diesem Punkt nicht weiter herumzureiten. Ganz gleich, von welcher Seite wir uns die Statistiken ansehen: Wenn die Löhne ein Kriterium sind, dann müssen wir zu dem Schluß kommen, daß die Arbeit der Frauen in den Heilberufen unterbewertet wird.

Zusammenfassung

Im wesentlichen zeigt dieses Kapitel, daß sich die Frauen und ihre Arbeitsbereiche auf dem Gebiet des Gesundheitswesens in einer Umbruchsituation befinden und überall sowohl Fortschritte wie Rückschläge zu verzeichnen sind. Was die Gesetzgebung in bezug auf die weiblich dominierten Berufe angeht, so ist man hier sehr aktiv. Mehr und mehr Frauen studieren Medizin, aber ohne Garantie, je in diesem prestigereichen und gutbezahlten Beruf, der «Arzt» immer noch ist, arbeiten zu können.

Dies ist eine Zeit der Krise, geprägt durch finanzielle Zwangslagen und Forderungen nach neuen Formen der Gesundheitsfürsorge. Heilerinnen stehen an der Schwelle zu einer Zukunft, die sowohl neue Gefahren wie auch neue Möglichkeiten verheißt. Nie zuvor waren die Frauen mit derartigen Herausforderungen konfrontiert, aber auch noch nie gab es so viel Anlaß zur Hoffnung, daß sie an der Planung der Zukunft kreativ mitarbeiten können.

15 Leben im Gleichgewicht

In den letzten Jahren hat ein neues Heilungsbewußtsein zunehmend an Bedeutung und Einfluß gewonnen. Sowohl Männer wie Frauen akzeptieren allmählich die weibliche Perspektive und integrieren sie in ihr Leben und ihre Arbeit. Diese neue Richtung entstand aus der Angst, daß die Menschheit unwiderruflich zuweit gegangen sein könnte; sie basiert aber auch auf wissenschaftlichen Erkenntnissen, die die Existenz einer wechselseitigen Beziehung zwischen Geist, Körper und Seele bestätigen und darauf verweisen, daß die dreifaltige Natur des Menschen in *jedem* Heilsystem unbedingt berücksichtigt werden muß. Dieses das Weibliche einbeziehende Heilungsbewußtsein geht davon aus, daß wir alle Teil einer lebendigen, atmenden globalen Wesenheit sind. Eine ausschließliche Konzentration auf die Gesundheit der Physis – ohne entsprechende und angemessene Berücksichtigung der Empfindungen, der Spiritualität, der zwischenmenschlichen Beziehungen und der Umwelt – zeugt nach dieser Auffassung von gefährlicher Kurzsichtigkeit.

Das außergewöhnliche, zunehmend dichter werdende Netzwerk von Heilerinnen, die den mit ihrer jeweiligen Berufspraxis verbundenen weiblichen wie auch traditionellen Tugenden und Werten mehr und mehr Bedeutung beimessen, hat mich dazu gebracht, Recherchen anzustellen und schließlich dieses Buch zu schreiben.

Allerdings sollte die Situation nicht über die gegenwärtige Realität hinaus idealisiert werden. Das würde der Tatsache nicht Rechnung tragen, daß die Stellung der Frau in der Welt des Heilwesens mindestens so schwach ist, wie sie immer war, und einer wechselnden Gesetzgebung, Ungerechtigkeiten in bezug auf Lohn und Status und anderen altbekannten Problemen und Konflikten ausgesetzt ist. Die ökonomische Krise im Gesundheitswesen sorgt an sich schon für Unsicherheit. Und das Bestreben einiger, die Spiritualität wieder in das Heilen einzubringen, hat unter den Fundamentalisten in Religion und Gesundheitswesen bereits eine starke Gegenreaktion hervorgerufen. Die übliche Meute von Opportunisten, die Macht mit Heilen und «Schamanentum» mit «Show» verwechseln, ist wie immer auf dem Sprung. Wie die Krise in eine echte Herausforderung verwandelt werden kann, das ist hier die Frage.

Ich erinnere an Elizabeth Blackwells Wort von der *bewußten Verantwortung* im Zusammenhang mit der potentiellen Macht der Frau, die Dämonen der alten Ordnung auszutreiben. Was das heißen könnte, soll auf den nächsten Seiten erörtert werden.

Eine neue Kosmologie schreiben

In England gibt es zahlreiche Stätten, wo seit der Frühzeit menschlicher Ansiedlungen religiöse Rituale vollzogen wurden. Dazu gehören auch die großen Steinkreise und Megalithbauten. Als sich die Kosmologien vor drei- bis fünftausend Jahren fast überall auf der Welt änderten, wurden auch die Steine dieser Bauten entsprechend dem neuen Glauben, daß nicht die Erde, sondern der Himmel Wohnort des Göttlichen sei, neu angeordnet. Wären diese Stätten noch heute in Gebrauch, so würden wir sicherlich ein paar Männer und Frauen bei dem monumentalen Unterfangen beobachten können, diese Steine erneut in Bewegung zu setzen. Die Kosmologie, die die Welt von morgen bestimmt, muß dem Göttlichen sowohl der Erde wie des Himmels, Mann und Frau, Achtung erweisen, damit das Leben sich behaupten kann.[1]

Natürlich wurde das Leben der Heilerinnen immer auch von Veränderungen im Ökosystem, durch Hungersnöte und Seuchen beeinflußt. Auch jetzt beobachten wir wieder Veränderungen im Ökosystem. Aber dieses Mal sind die Katastrophen und Verwüstungen durch menschliche Gier, Gedankenlosigkeit, Ignoranz und überholte Vorstellungen von Macht verursacht. Die größte Gefahr für die Erde hängt eng zusammen mit einer Kosmologie, nach der die Menschheit mit den Interessen und Bedürfnissen ihres Lebensraums nichts zu tun hat.

Als die Götter noch auf Erden lebten, wurde der ganze Planet als Manifestation des Göttlichen verehrt. Die Flüsse, die Felsen und vor allem die Menschen waren Bewohner eines heiligen Ortes. Alles, egal ob wir es nun lebendig oder unbelebt nennen, war voller Leben und miteinander verbunden. Alle Menschen atmeten den Atem des einen Geistes und tranken seine Wasser. Das war der Glaube, der in den meisten Stammeskulturen und anderen frühen Kulturen vorherrschte. In den monotheistischen Religionen von heute wird die Erde und alles, was physisch ist, entweder ignoriert oder beherrscht oder transzendiert. Es gilt jedoch, die Erde als solche zu achten und zu ehren. Das ist der Aspekt der alten Religionen, der zur Stärkung der neuen Weltsicht wieder verstanden und neu interpretiert werden muß.

Es muß das eine Philosophie sein, die uns aus der von uns selbst bewirkten Zerstörung rettet. Sie muß das ehren, was am Realsten, am Menschlichsten ist, und das, was diese Werte trägt. Sie muß der Erde Ehre erweisen und Mann und Frau und Kind gleichermaßen. Sie muß bekräftigen, daß wahre Heilung nur möglich ist, wenn Männer und Frauen zu voller Bewußtheit gelangen und jenen Dimensionen ihres Wesens zum Ausdruck verhelfen, die so lange unterdrückt waren. Die neue Kosmologie muß der Erkenntnis Raum geben, daß der Geist allem Leben immanent ist und es zugleich transzendiert.

Das neue Paradigma sollte auf dem ewigen Bedürfnis basieren, der Existenz einen Sinn zu verleihen, Ordnung aus dem Chaos zu schaffen und die Menschheit zu erhalten. Es braucht die Prinzipien religiösen Glaubens nicht auszuschließen, noch kann es die Erkenntnisse der modernen Wissenschaft ignorieren. Es müssen aber Prioritäten gesetzt und ein Gleichgewicht hergestellt werden, indem die weibliche Perspektive mit einbezogen wird. Soll dieses Leben achtende Gleichgewicht erreicht werden, müssen Frauen sich aktiv für eine solche Entwicklung einsetzen und sicherstellen, daß in dieser Kosmologie die männliche *und* die weibliche Stimme zu hören sind.

Die weibliche Perspektive und die Fusion des kulturellen Mythos

Die Geschichte der Frauen hat uns gelehrt, wie hoch der Preis für beschauliche Selbstzufriedenheit und Passivität im Hinblick auf die eigenen Interessen sind. Wir sind von der falschen Annahme ausgegangen, daß, wenn wir nur genügend bedingungslose Liebe an den Tag legen, wenn wir beten und an den moralischen Prinzipien festhalten, das Leben schon seinen gerechten Lauf nehmen und Friede und höchstes Wohlbefinden uns aufgrund irgendeines göttlichen Plans automatisch zuteil würden. Diese Annahme hat sich, wie wir alle wissen, als falsch erwiesen; die Gefahren einer passiven Haltung gegenüber der Gesundheit der Gesellschaft sind klar und deutlich erkennbar.

Das Männliche und das Weibliche werden im allgemeinen als Polaritäten begriffen, die *zusammen* das Ganze des Seinsprozesses ausmachen. Keine dieser Polaritäten ist in sich und für sich komplett; jede hängt in ihrem vollständigen Ausdruck von der Manifestation ihres Gegensatzes ab. Männer haben natürlich einen weiblichen und Frauen einen männlichen Aspekt in sich. Die entsprechenden Mythen oder Prinzipien basieren zweifellos bis zu einem gewissen Grad auf den existierenden genetischen Unterschieden, werden aber auch durch Umwelteinflüsse geprägt. Einige dieser üblicherweise mit dem «Männlichen» und dem «Weiblichen» assoziierten Merkmale wollen wir hier gegenüberstellen (siehe S. 271).[2]

Wir wurden in dem Glauben erzogen, daß die als weiblich definierten Eigenschaften dunkler, schwächer, niveauloser oder minderwertiger sind als die «männlichen». Sie galten als der häuslichen Sphäre angemessen, jedoch ungeeignet für Politik und Beruf.

Aber nun möchten viele Männer und Frauen diesem lang unterdrückten weiblichen Bewußtsein neue Geltung verschaffen. Natürlich stellt ein allein auf die weibliche Perspektive gegründetes Heilsystem keinen Fortschritt dar. Der eigentliche, wichtige Schritt muß in einer Fusion der Prinzipien männlicher und weiblicher Sichtweisen und deren Aktualisierung im praktischen Heilwesen bestehen.[3]

Der Mythos vom Männlichen und Weiblichen

Männlich	*Weiblich*
Intellekt	Intuition
Rational	Irrational
Licht/Sonne	Dunkel/Mond
Linear	Nichtlinear/Zyklisch
Rechts	Links
Wissen	Weisheit
Macht	Mitgefühl
Analyse	Synthese
Meisterschaft	Mysterium
Aktiv	Passiv
Expansiv	Zurückhaltend
Pro-aktiv	Re-aktiv
Gebend	Empfangend
Äußerlich/Öffentlich	Innerlich/Privat
Technisch	Naturhaft
Einzigartigkeit	Einheit/Harmonie
Form	Prozeß
Konkurrenz	Zusammenarbeit
Himmel	Erde
Fokus	Perspektive
Wie	Warum
Objektivität	Subjektivität
Einwirken auf	Einfühlen/Mitschwingen
Kurieren	Pflegen
Behebend/Beseitigend	Fürsorgend/Nährend
Vernunft	Gefühl/Empfindung
Physische Welt	Unsichtbare Sphäre
Entschlossen	Flexibel

Und meiner Ansicht nach sind gerade die Frauen aufgerufen, den Weg zu dieser Integration zu weisen. Wir haben durch das Einschlagen einer neuen Richtung nichts zu verlieren und weniger zu fürchten als Männer. Neuere Forschungen haben ergeben, daß Frauen im Vergleich zu Männern mit größerer Leichtigkeit vom Intellekt zur Intuition, vom linearen zum nichtlinearen Denken überwechseln können, was möglicherweise mit der breiteren Brücke zwischen den beiden Gehirnhälften bei der Frau zu tun hat. Frauen sind weniger geneigt, das Leben nur schwarz oder weiß zu sehen. Für sie stellt es mehr ein Kontinuum dar, und sie sind auch fähiger als Männer, sich bei einer Kontroverse in alle beteiligten Seiten oder Aspekte einzufühlen.[4]

Wenn wir davon ausgehen, daß jeglicher Anspruch auf absolute Wahrheit sich letztlich als Begrenztheit, Irrtum oder schlichtweg Ignoranz erweisen muß, dann wird flexibles (weibliches) Denken im Heilbereich mehr Fortschritte zeitigen als irgendwelche Täuschungen darüber, was nun «wahr» ist und was nicht.

Historisch gesehen wurden Frauen immer dann im Heilbereich willkommen geheißen, wenn sie das «Kurieren» durch «Pflegen» unterstützen sollten, wobei ersteres immer mit Männern und mit Macht assoziiert wurde. Der pflegende Aspekt besaß stets einen geringen Status und wurde schlecht bezahlt.

Aber immer mehr Menschen beginnen in dieser Hinsicht umzudenken. Die mit dem Pflegen verbundenen Elemente des Heilens – Hoffnung, Liebe, Freude, Erwartung – tragen nachweislich entscheidend zur Gesundung bei. Außerdem hat man festgestellt, daß negative Einflüsse wie Hoffnungs- oder Liebesverlust und das Unvermögen, mit Streß richtig umzugehen, Faktoren sind, die sowohl zum Ausbruch wie zur Verschlimmerung der Symptome von Krankheiten führen. Kurz gesagt, der Mangel an fürsorglicher Pflege oder liebevoller Zuwendung könnte einer der sich auf die Krankheit negativ auswirkenden Hauptfaktoren sein, und die «Pflegenden» nehmen so ganz direkt auf den Heilungsprozeß Einfluß.[5]

Die veränderten Bedürfnisse im Gesundheitswesen der Industrienationen machen ebenfalls eine Integration der weiblichen Prinzipien in das männliche medizinische Modell notwendig. Zunehmend mehr Patienten sind chronisch krank oder behindert oder leiden an unheilbaren Krankheiten. Das heißt, ein System, das einzig darauf abgestellt ist, mit Hilfe einer fortgeschrittenen Technologie den Menschen zu «reparieren» oder auf andere Weise wieder in einen normalen Gesundheitszustand zu versetzen, geht an den Bedürfnissen eines Großteils der Bevölkerung vorbei. Der Anteil immer älter werdender Menschen nimmt zu, was mehr denn je eine langfristige pflegerische Betreuung notwendig macht. Und das bedeutet, daß durch die schwerpunktmäßige Verlagerung von der Behandlung akuter Krankheit zur Betreuung chronisch kranker oder behinderter Menschen die Einführung weiblicher Prinzipien unerläßlich ist, soll hier ein angemessener Standard erreicht werden.

Die Heiler/innen und das Heilsystem

Ein sowohl die männliche wie die weibliche Perspektive berücksichtigender, ausgewogener Standpunkt bedeutet, daß das Heilen nicht als punktuelle technische Angelegenheit, sondern als Prozeß begriffen wird. Er bedeutet ein Hinausgehen über die beschränkte intensive Konzentration auf die Molekularbiologie und die Einbeziehung von Faktoren wie Gemeinschaft und Umwelt sowie die Berücksichtigung geistig/seelischer Bedürfnisse.

Heilen: eine Neudefinition

Der Begriff des Heilens bedarf, gerade auch in den USA, einer Neudefinition. Spricht man heute von «Heilkräften», dann ruft das schnell die Assoziation mit Quacksalbern, Evangelisten oder anderen Personen hervor, die sich nicht der gängigen allopathischen Behandlungsmethoden bedienen. Die Wissenschaft schenkt selbst in dramatischen Fällen dem Phänomen der Selbstheilung wenig Aufmerksamkeit. Die inneren Mechanismen von Geist und Körper (zum Beispiel das Immunsystem), die dafür ausgerüstet sind, praktisch alle Arten von Trauma oder Krankheit zu heilen, sind erst in jüngster Zeit von der medizinischen Wissenschaft ein wenig erforscht worden. Über die Heilkräfte oder das Heilen weiß man weit weniger als über die Pathophysiologie der Krankheit.

Die Technologie des Kurierens dagegen, die Labor- und Apparatemedizin, genießt im allopathischen System hohes Prestige. Sie impliziert, daß der, der kuriert, aktiv und der, der kuriert wird, passiv ist – auch hier die Dichotomie von männlich und weiblich.

In einem ausgewogenen System ist weder das Heilen noch das Kurieren etwas, das eine Person mit der anderen *macht* oder für sie *tut*. Beide Begriffe beziehen sich auf einen inneren Prozeß, der von einem tieferen, Harmonie und Ganzheit implizierenden Gesundheitsverständnis ausgeht. Von daher mag sich der Begriff der physischen Gesundheit – oder die Molekularbiologie – verändern oder im Zusammenhang mit dem Begriff von Ganzheit relevant werden (oder auch nicht). Was «geheilt» oder «ganz» werden bedeutet, ist letzten Endes eine Sache persönlicher Anschauung und nicht der Resultate einer Urinanalyse oder eines psychologischen Tests oder der Gesundheitskriterien einer anderen Person. Auch mag sich ein Mensch durch den Heilungsprozeß in einem ganzheitlicheren, harmonischeren oder «besseren» Zustand befinden, weil er an innerer Stärke und Einsicht gewonnen hat. Krankheit oder Leiden kann sehr wohl als kritisches und entscheidendes Ereignis auf dem Weg zu persönlicher Transformation begriffen werden.

Meiner Ansicht nach gehören zu einer ausgewogenen Anschauung vom Heilen folgende Konzeptionen:

1. Heilen bedeutet eine lebenslange Reise zur Ganzheit.
2. Heilen bedeutet ein Sich-Erinnern an das, was über die Verbindung, die Einheit und die wechselseitige Abhängigkeit zwischen allen lebendigen und unbelebten Dingen vergessen wurde.
3. Heilen bedeutet eine Umarmung dessen, was am meisten gefürchtet wird.
4. Heilen bedeutet ein Öffnen dessen, was verschlossen wurde, ein Erweichen dessen, was sich bis zur Behinderung und zum Hemmnis verhärtet hat.
5. Heilen bedeutet ein Eintreten in das transzendente, zeitlose Moment, in dem das Göttliche erfahren wird.
6. Heilen bedeutet Kreativität und Leidenschaftlichkeit und Liebe.
7. Heilen bedeutet das Streben nach Selbst-Erkenntnis und Selbst-Ausdruck in seiner ganzen Fülle, seinen Licht- und Schattenseiten, seinen männlichen und weiblichen Aspekten.
8. Heilen bedeutet lernen, dem Leben zu vertrauen.

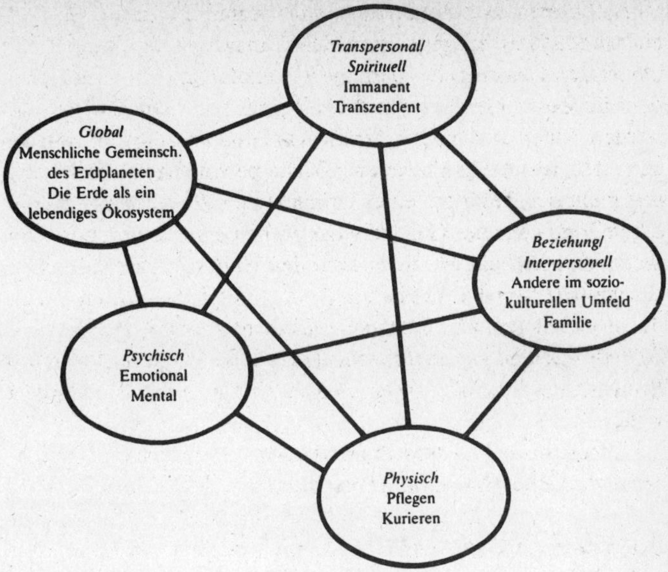

Das Heilsystem
Ein Netz wechselseitiger Beziehungen

Das Heilsystem
Ein System, das einem ganzheitlicheren Gesundheitsbegriff zum Ausdruck verhilft, hat viele Facetten: Es wird verstanden als ein Geflecht von Individuen, deren Beziehungen zueinander und zu ihrer Umwelt (siehe graphische Darstellung oben). Ein Geflecht, das man sich wie ein Netz vorstellen sollte, nicht als eindimensionale hierarchische Ordnung. Jede Ebene berührt alle anderen Ebenen, und die Beziehungen sind sowohl komplex wie unendlich. Heilung, Krankheit, ein Bruch an irgendeiner Stelle des Systems – alles ruft ein Echo auf allen Ebenen hervor. Das Modell des Netzes gehört zur weiblichen Bilderwelt im Gegensatz zur männlichen Denkweise in Modellen von linearen, hierarchischen Beziehungen.

Die Bindungen zwischen den und innerhalb der einzelnen Ebenen sind unsichtbar und immateriell. Sie umfassen bewußtes und unbewußtes Denken, Motivation, Liebe und Willen. Tatsächlich scheint sich mehr und mehr zu erweisen, daß alles Physische in einem unsichtbaren Netzwerk wurzelt. Diese Erkenntnisse aus der Welt der Quantenphysik rütteln an den Grundfesten einer rein materiellen und physisch orientierten Weltsicht. Um ganzheitliche Gesundheit verstehen und anstreben zu können, brauchen wir die Polaritäten sowohl des Sichtbaren wie des Unsichtbaren, des Physischen wie des Nichtphysischen.

Jede Ebene des Heilsystems verlangt eine ihr angemessene Technologie und Datenbasis. Das, was sich auf physischer Ebene manifestiert, braucht Aufmerksamkeit und Behandlung auf physischer Ebene. Was sich auf psychischer Ebene manifestiert, erfordert Kenntnisse über Psychopathologie und normale psychische Abläufe und Mechanismen. Die Lektionen, die Botschaft und die Bedeutung einer Krankheit mögen sich auf das Erkennen und Akzeptieren der von den Eltern ererbten genetischen Strukturen, auf Aspekte der Lebensführung oder auf esoterische Themen beziehen. Sie alle sind gleichermaßen gültig und bedeutungsvoll und verdienen gleich viel Beachtung.

In einem vielschichtigen ausgewogenen Heilsystem kann man nicht davon ausgehen, daß eine einzige Sichtweise die primären Ursachen von Leiden oder Krankheit zu erklären vermag, noch kann es als wünschenswert betrachtet werden, daß die Behandlung nur durch Vertreter einer einzigen medizinischen Richtung erfolgt. Für einen Psychologen mag die Annahme verführerisch sein, daß die «wirklichen» Ursachen einer Krankheit emotionale Unausgeglichenheit oder nichtfunktionierende Beziehungen sind. Schulmediziner neigen dazu, die Ursachen genetisch oder anderweitig physisch zu definieren. Wiederum andere sehen die primären Ursachen und damit Ansätze für eine Behandlung in blockierten Energiezentren, Problemen der Wirbelsäule, Streß, karmischen Verfehlungen oder falschen spirituellen Praktiken.

Die Probleme von Ursache und Heilung können in diesem Heilsystem nicht mit simplen Antworten oder engstirnigen Ansätzen gelöst werden. Die Herausforderung besteht darin, daß weibliche Werte mit männlichen Prinzipien sinnvoll verbunden werden: Flexibilität mit Entschlußkraft, Perspektive mit Fokus, Synthese mit Analyse.

Die Heiler/innen

Wer einen Heilberuf im Rahmen eines ausgewogenen Heilsystems anstrebt, muß sich ein detaillierteres und umfassenderes Wissen aneignen als je zuvor, was nicht unbedingt nur auf dem Weg über eine *akademische* medizinische Ausbildung zu erreichen ist.

Die Erfahrungen der Vergangenheit und Gegenwart lassen es jedoch ratsam erscheinen, daß gerade Frauen sich auf vielen Ebenen sachkundig machen. Der Wunsch zu heilen und das Bewußtsein, über eine heilerische Gabe (was immer das im einzelnen heißen mag) zu verfügen, mag eine «Berufung» sein, wie Florence Nightingale behauptete, aber es ist zweifellos auch ein Beruf. Die Frau, die wirklich daran mitwirken will, das menschliche Leben in andere Bahnen zu lenken, braucht vielleicht Hände, von denen heilendes Licht ausgeht, und ein Herz voller Liebe, aber das ist nicht genug. Der Weg des Heilens ist lang und verlangt einen hohen Preis, wie uns die Biographie Trotulas, Hildegards, Mary Putnam Jacobis und anderer Frauen lehrt. In den Stammeskulturen kündigt sich die Befähigung zum Heilen im Laufe einer Visionssuche an, die meist in der Adoleszenz unternommen wird. Der oder die zukünftige Heiler/in geht dann für den größten Teil seines oder ihres Erwachsenenlebens bei einem Meister oder einer Meisterin in die Lehre. Sie üben ihren Beruf erst dann wahrhaft und eigenständig aus, wenn sich im Haar die ersten silbernen Fäden zeigen.

Der gegenwärtige «New Age»-Glaube, daß Heiler sich lediglich in ihre Intuition einzuklinken und um die Welt der archivierten Informationen nicht zu kümmern bräuchten, stellt eine Gefahr für ein ausgewogenes Heilsystem dar. Das Vertreten weiblicher Prinzipien allein – unter Ausschluß dessen, was andere Gedankengebäude an Bewundernswertem und Effektivem anzubieten haben – bedeutet kein bewußtes Ausüben von Verantwortlichkeit.

Auch der Begriff vom «verwundeten Heiler» ist für die Entwicklung eines ausgewogenen Heilsystems relevant. Er impliziert, daß sich jemand dem eigenen Transformationsprozeß, der inneren Arbeit oder einer Krise stellt, um durch diese Erfahrung für andere leidende Menschen mehr tun und ihnen auf ihrer Suche nach Linderung oder Heilung besser beistehen zu können.[6]

Die starke Betonung von Objektivität dagegen, die in allen Professionen zu beobachten ist, sorgt dafür, daß man bei der Ausübung des Berufs distanziert, nüchtern und von der Arbeit unberührt bleibt. Der «verwundete Heiler» ist eine passende Metapher für die Empathie, das Verständnis und eine gewisse Charaktertiefe, die im gegenwärtigen Gesundheitssystem so rar sind.

Intensives Befaßtsein mit dem Heilen bedeutet eine Herausforderung für das eigene Leben. Die Initiationsreise des verwundeten Heilers, die persönliches Wachstum und Transformation impliziert, stellt ganz klar eine Parallele zur «Heilungsreise» des Kranken dar. Heiler und Heilung Suchender können auf dem Weg zu Selbst-Bewußtheit und Persönlichkeitsentfaltung zueinander finden; jeder kann zutiefst durch die Präsenz und Erfahrung des anderen beeinflußt werden.

Die weiblichen Prinzipien des Heilens – Subjektivität, Vernetzung, Verstehen – *sind* die Qualitäten des verwundeten Heilers. Eine Entscheidung, diese Prinzipien zu akzeptieren, sollte mit Ernst und großer Zurückhaltung getroffen werden. Die Menschen, die die Wahl treffen oder auserwählt sind, in dieser Weise zu arbeiten, fühlen sich geehrt und voller Demut zugleich, Teil eines transzendenten Prozesses zu sein, und sie wissen sehr wohl, daß die Anforderungen gewaltig, manchmal überwältigend sein werden. Der verwundete Heiler nimmt ganz bewußt am Leben eines anderen Menschen teil, begleitet ihn in die Reiche von Geist und Seele und fängt mit ihm gemeinsam verlorengegangenes Wissen wieder ein, die Erinnerungen des Unendlichen.

Die von mir bereits beschriebene Arbeit des Schamanen ist die Arbeit des verwundeten Heilers.

> Schamanen können im kollektiven Unbewußten nach Perlen tauchen und die Informationen abrufen, die in ihre Organe und Knochen eingeschrieben sind, sie verstehen es, die Melodie des Blutes auf der Saite ihrer Seele zum Erklingen zu bringen ... Der Schamane hat, wie Platons Philosoph, das Sonnentor gefunden und ist aus der Höhle herausgetreten, hat in den Tiefen der Höhle gegraben und auch dort diese Tür gefunden. Seine

> (oder ihre) Aufgabe ist es, Bilder zurückzubringen, die die Seele heilen.[7]

Auf diese Rolle haben Priester, Ärzte, Therapeuten und auch Künstler schon lange verzichtet, da sie die Heilfunktion ihres Mediums vergessen haben.

Doch wird diese Arbeit reichlich vergolten. Denn wenn es stimmt, daß Arbeit manifestierte Liebe ist, dann gibt es keinen Bereich oder keine Aufgabe, die mehr Gelegenheit zur Manifestation von Liebe bietet. Sie ist ein Weg, um verstehen zu lernen, wer wir sind.

> Verantwortungsbewußte Arbeit ist die Verkörperung von Liebe, und Liebe ist die einzige Disziplin, die der Formung der Persönlichkeit dient, die einzige Disziplin, die Geist und Gemüt zu der für ein Leben stetigen Bemühens erforderlichen Ganzheit und Beständigkeit bringt. Ein Schimmer innerster Berufung scheint hier auf, jenes Paradox aller wahren Selbsterkenntnis – die Tatsache, daß wir uns finden, indem wir uns verlieren. Wir verlieren uns selbst in der Liebe zur uns gestellten Aufgabe und erfahren in diesem Moment eine Identität, die sowohl in uns als auch über uns hinaus existiert.[8]

Die Stimme erheben / Zum Gleichgewicht beitragen

Die Stimmen der Heilerinnen vergangener Generationen haben uns viel darüber zu sagen, wie wir am besten zu einer Ausgewogenheit in den Heilkünsten und Wissenschaften kommen können. Aus ihren Erfahrungen haben wir nun folgende Punkte herausgefiltert, damit wir aktiv und bewußt über unsere Erfahrungen bestimmen können.

Das Leben in Ehren halten

Der Respekt vor dem Leben ist die Essenz der Heilkünste, das Herz des ärztlichen Eids, wie er zu allen Zeiten geleistet wurde. Im Vergleich damit kommt allen anderen Aspekten eine geringere Bedeutung zu. Das soll aber nicht heißen, wie gemeinhin angenommen wird, daß man um jeden Preis versuchen sollte, den Tod aufzuhalten. Respekt vor dem Leben bedeutet auch Respekt vor dem Tod. Dem Leben Ehre erweisen heißt, seinen Reichtum und seine Vielfalt hochschätzen im Wissen, daß viele Wege zur Ganzheit führen. Dies wird die Heilerin berücksichtigen, wenn sie ihre beruflichen Fähigkeiten entwickelt.

Der Appell an die Heilerinnen, die Achtung vor dem Leben zu bewahren, bedeutet keine Stellungnahme zur gegenwärtigen Abtreibungsdebatte, sondern eine Warnung vor den verheerenden Auswirkungen, die es hat, wenn Frauen ihrer Eigenverantwortlichkeit beraubt werden. Wenn die Regierungen oder andere gesellschaftliche Institutionen die Kontrolle über die Reproduktion ausüben, dann können Abtreibungen, Geburtenkontrolle, das Töten oder «Aussetzen» von Neugeborenen ebenso leicht verfügt werden wie ein Abtreibungsverbot. Wird in einer Nation aus irgendeinem Grund die strikte Geburtenkontrolle eingeführt, dann sind es gewöhnlich die Mädchen, die nach der Geburt stillschweigend umgebracht werden.

Ich glaube, daß Frauen, sofern sie die Chance dazu erhalten, dafür sorgen können, daß das Lebengeben wieder als das Wunder betrachtet wird, das es ist. Die Geburtsrituale werden dann wenig Ähnlichkeit mit den Aktivitäten aufweisen, die sich heutzutage in den Kreißsälen abspielen. In den letzten beiden Jahrzehnten konnten wir schon die Anfänge einer solchen Bewegung beobachten, vor allem ein verstärktes Interesse an natürlicher Geburt und an Hausgeburten unter Hinzuziehung einer Hebamme.

Das größte Unheil in der Medizin wurde aus mangelnder Achtung vor dem Leben ausgerichtet. Frauen wurden der Verfügungsgewalt über ihren eigenen Körper beraubt, und die natürlichen Vorgänge des Lebens – Gebären, Menstruation, Menopause – als Krankheit behandelt.

Unseren Pflichten nachkommen

Gute Heilerinnen müssen sowohl die «weiblichen» wie die «männlichen» Prinzipien in sich vereinen. Aus den verschiedensten Gründen sind die Frauen nicht «mit der Zeit gegangen», was die Intellektualisierung und Technologisierung in der Medizin angeht. Gewiß war ein Interesse von ihrer Seite gar nicht erwünscht, aber sie fühlten sich auch in unserem westlichen aggressiven Heilsystem meist nicht wohl.

Doch wie schon die Gesundheitsreformerinnen des 19. Jahrhunderts erkannten, müssen die Frauen versuchen, eine Brücke zu schlagen zwischen ihrer «geistigen» Welt und der Welt fortgeschrittener Technologie, wenn sich in der Gesellschaft etwas ändern soll – und das heißt, sie müssen in den Institutionen arbeiten. *Unseren Pflichten nachkommen* heißt, wir dürfen uns nicht länger vor Führungsaufgaben drücken. Wie wir immer wieder beobachten konnten, schwächte die Tatsache, daß keine weiblichen Heiler führende Positionen in Instituten, Fakultäten, Kommissionen und Komitees innehatten, den ganzen Berufsstand. Auf diese Weise konnten die medizinischen Ausbildungsstätten fast über Nacht ihre Tore vor Frauen verschließen, konnten Gehälter und Prestige auf niedrigem Niveau gehalten und Frauen aus den Prüfungskommissionen für ihren eigenen Berufsbereich ausgeschlossen werden.

Zu allen Zeiten haben sich Frauen immer wieder für die unmittelbare und konkrete Heilarbeit entschieden. So blieb das mit den Heilberufen verbundene Umfeld, zu dem auch Forschung und Administration gehören, den Männern überlassen. Die Geschichte zeigt, daß sich diese Arbeitsteilung für die Frauen nicht ausgezahlt hat. Es sollten daher jene Frauen ermuntert und unterstützt werden, die bereit sind, sich auf diesen Gebieten zu betätigen.

In den letzten beiden Jahrzehnten hat sich ein ungewöhnlich gutes Klima für «Bewußtseinserweiterung» und Selbstreflexion entwickelt, was dazu führte, daß viele Frauen – Mütter, Ehefrauen, Berufstätige, Mitglieder von spirituellen Gemeinden – nach Wegen der Selbstverwirklichung suchten. Heute haben sie ein Gespür dafür, woher sie kommen, wer sie sind und was sie werden können, um ihrem Leben Schwung und Sinn zu geben. Männer haben sich diesen Luxus seltener geleistet. Doch jetzt ist es an der Zeit, den nächsten Schritt zu tun, nämlich auch außerhalb der privaten Sphäre, im öffentlichen Leben, für eine ausgeglichene Situation zu sorgen.

Ganz wichtig ist dabei, daß Frauen über ihre Gedanken, ihre Leistungen und ihr Weltbild berichten und schreiben. Denn wie schon im alten Sumer, so müssen wir auch heute wieder beobachten, daß die Beiträge und Leistungen der Frauen ganz gezielt verschwiegen oder heruntergespielt werden.

Schriftliche Werke sind das Erbe, das wir unseren Töchtern – und deren Töchtern –, die den Weg des Heilens anstreben, hinterlassen. Sie garantieren die Kontinuität weiblichen Denkens, halten das Netzwerk weiblicher Solidarität aufrecht und bringen die weibliche Stimme leidenschaftlich und unerschrocken zum Ausdruck. Daher ist es ungeheuer wichtig, alle nur möglichen Mittel und Wege zu finden und auszuschöpfen, um unsere Gedanken veröffentlichen zu können. Denn der Zusammenhalt der Frauen untereinander ist für ihre Ziele in mehr als einer Hinsicht von entscheidender Bedeutung.

Die Schwesternschaft

Die Schwesternschaft ist das Band, das die Heilerinnen in den dunkelsten Tagen der westlichen Zivilisation zusammenhielt. Als eine formelle Ausbildung verboten und die Gilden ihnen verschlossen waren, unterrichteten sich die Heilerinnen und Hebammen gegenseitig in ihrer Kunst.

Die Heilkünste florierten immer dann, wenn Frauen sich offen und ungehindert treffen konnten. Die größten Fortschritte in den weiblichen Heilberufen wurden erzielt, als die feministische Bewegung in der zweiten Hälfte des letzten Jahrhunderts und in den 60er und 70er Jahren dieses Jahrhunderts auf ihrem Höhepunkt war. Wenn sich heute Gruppen, die vorwiegend aus Frauen bestehen, für ein bestimmtes Ziel einsetzen, können sie außerordentlich erfolgreich sein. Die Probleme, die sich im Zusammenhang mit einem solchen Netzwerk ergeben, sind beträchtlich, aber nicht unüberwindlich. Frauen haben wenig Teamerfahrung. Das typische Taktieren und Manipulieren innerhalb der Gruppe, um Ziele zu definieren und durchzusetzen, liegt ihnen wenig. Und sie konnten sich in der Vergangenheit auch nicht auf eine Strategie einigen. Sollten sie sich, um stark zu werden, von den Männern separieren? Oder sollten sie sich so vollständig integrieren, daß sie sich in Erscheinungsbild und Redeweise nicht mehr von den Männern unterschieden? Die Unentschlossenheit und Fraktionierung unter den Frauen schwächte natürlich deren Anliegen und Ziele. Durch eine massive Lobby dagegen erreichten Krankenschwestern und Sozialarbeiterinnen (von Frauen dominierte Berufszweige) schon manches. Medizinstudentinnen und weibliche Fakultätsmitglieder setzten an einigen Universitäten durch, daß der Unterricht in holistischen und humanen Praktiken in den Lehrplan aufgenommen wurde. Heilerinnen aus vielen Sparten bringen nun mit Macht den weiblichen Standpunkt ein. Der potentielle Einfluß von Frauen in den Institutionen wächst und läßt sich zur Zeit noch gar nicht abschätzen.

Den in letzter Zeit veröffentlichten Schriften von Heilerinnen ist zu entnehmen, daß die Gleichberechtigung der Frauen im Rahmen des westlichen Gesundheitswesens gar nicht mehr das Hauptkampfziel ist. Sie finden das System an sich unbefriedigend; sie wollen keine Gleichberechtigung innerhalb dieser Struktur, sondern eine massive Veränderung und Erneuerung der verschiedenen Institutionen.

Wir könnten Fonds zu unserer gegenseitigen Unterstützung einrichten. Wir müßten sie mit entsprechenden Bedingungen verknüpfen, etwa, daß bevorzugt Frauen eingestellt und gefördert werden. Wir selbst sollten die Aufsichtsgremien besetzen, die über die mit unserm Geld errichteten Institutionen und Organe wachen, damit unseren Wünschen auch wirklich entsprochen wird. Wir könnten unsere Gelder den medizinischen Fakultäten und anderen Ausbildungsstätten entziehen, die weiterhin durch ihr Ausbildungssystem zur Ausbeutung der Frauen beitragen. Bewußte Verantwortung übernehmen bedeutet auch, daß wir in Regierung und Industrie Positionen auf Entscheidungsebene einnehmen. Hier könnten wir nachdrücklich darauf bestehen, daß Organisationen oder Personen, die gegen die Menschenrechte verstoßen, keine finanziellen Mittel oder sonstige Unterstützung erhalten. All das können wir jetzt und in Zukunft tun, aber nur, wenn wir gemeinsam handeln und mit einer Stimme sprechen.

Konfrontation mit dem Schatten

Bei meiner Suche nach historischen Vorbildern für die Heilerinnen hoffte ich, eine durchgängige Tradition zu entdecken, auf die wir uns berufen können. Heilerinnen können natürlich auf eine respektable Geschichte zurückblicken, doch zum Vorschein kam vor allem auch ein übermächtiges Gespenst: Die Heilerinnen trugen und tragen noch immer die Last männlichen Versagens und männlicher Unsicherheit in den Heilberufen, denn:

1. Die Leistungen der Frauen in den Heilkünsten wurden heruntergespielt, trivialisiert oder schlicht vergessen.
2. Erfindungen von Frauen, ihre Schriften und ihr medizinisches Wissen im Bereich der häuslichen Krankenpflege wurde von Männern gestohlen oder abgekupfert – ohne die Quellen zu nennen, versteht sich.
3. Frauen wurden völlig irrational für die Fehlschläge männlicher Ärzte verantwortlich und zu Sündenböcken gemacht für so verschiedene Probleme wie ökologische Krisen, unzulängliche medizinische Praktiken und das Böse, das angeblich der Menschheit angeboren ist.
4. Die weiblichen Heilkünste oder weiblich dominierte Heilberufe wurden ohne rationalen Grund verboten bzw. durch gesetzliche Maßnahmen behindert; sie waren das Ziel von Verfolgungen, und sie wurden einer direkten männlichen Kontrolle unterstellt.
5. Frauen wurden in den mit der Gesundheitsfürsorge assoziierten Berufen ausgebeutet.

Nichts davon gehört der Geschichte an. Alle Punkte treffen auch heute noch im wissenschaftlichen und medizinischen Bereich zu. Die Unterdrückung findet offen statt – in Form von ungleicher Bezahlung und gesetzlichen Restriktionen – oder läuft etwas subtiler auf der Verhaltensebene ab.

Jene von uns, die es zu einer autonomen und unabhängigen Praxis oder in einem männlich dominierten Bereich zu einer leitenden Position gebracht haben oder maßgeblich an wissenschaftlichen Entdeckungen beteiligt sind, haben einen Preis dafür bezahlt. Wir haben uns an den Männern orientiert. Wir haben gelernt, wie Männer zu sprechen, zu denken, zu handeln. Dabei haben wir versäumt, die Aspekte unserer Weiblichkeit zu kultivieren, ja oft genug wurde uns nicht einmal bewußt, daß wir die eine Hälfte von uns selbst verloren hatten. Jetzt, da so viele von uns, Frauen wie Männer gleichermaßen, einen ausgewogeneren Kurs ansteuern, müssen wir uns ohne Landkarte in unerkundetes Gelände vorwagen und dabei Orte und Hindernisse, Pfade, Kreuzungen und Abzweigungen selbst kartographieren.

Das Heilsystem von morgen

Frauen müssen sich bewußt und aktiv und nicht nur reagierend dafür einsetzen, daß sich die Geschichte nicht wiederholt.

Die Entwicklungen und Veränderungen in der Gesundheitsfürsorge hängen ganz offensichtlich vom Einsatz unserer Energien und der Bandbreite unserer Kreativität ab. Wenn Frauen ganz bewußt ihre Verantwortung wahrnehmen, dann wird sich wahrscheinlich unter anderem folgendes ändern:

1. Die medizinische Ausbildung und Praxis werden anders aussehen.
2. Das hierarchische und machtorientierte Gesundheitssystem wird eine egalitärere Struktur annehmen.
3. Die weiblich dominierten Berufe werden hinsichtlich Kompetenz und Verantwortung ein höheres Niveau erreichen, und es wird ihnen mehr Respekt entgegengebracht werden.
4. Umfassenderen Gesundheitssystemen, die auch die Ökologie berücksichtigen, wird mehr Aufmerksamkeit geschenkt werden.
5. Therapeuten, die sich den mentalen und spirituellen Gesundheitsaspekten widmen, werden in das Gesundheitswesen einbezogen.
6. Ein in erster Linie an den Bedürfnissen des einzelnen orientiertes Heilsystem wird sich herausbilden, in dem auch die weiblichen Aspekte der Fürsorge und des Pflegens ihren festen Platz haben.

All das deutet auf einschneidende Veränderungen in der Kunst und Wissenschaft des Heilens hin. Wenn wir schließlich dieses angestrebte Gleichgewicht erreicht haben und die weibliche Stimme gehört wird, dann wird vieles von dem, was heute im Namen der Gesundheitsfürsorge praktiziert wird, als unethisch betrachtet werden.

Wir müssen furchtlos bereit sein, das in unserem Leben und in der Heilkunst zu manifestieren, was Frauen schon immer gewußt haben: daß es eine Einheit allen Seins gibt und eine Realität der unsichtbaren Sphären. Wir sollten weder die Intuition noch den Intellekt ausschließen, noch das eine oder andere bedingungslos und allein gelten lassen; vielmehr müssen wir diese Dualität und alle anderen Polaritäten, die für unsere Spaltung kennzeichnend sind, miteinander vereinen. Die weibliche Stimme kann nur dann voll zum Tragen kommen, wenn auch das Männliche als Bestandteil unserer eigenen Totalität anerkannt wird. Die Qualitäten «Macht» und «Mitgefühl» sind nicht unvereinbar, sondern gehören zur Ganzheitlichkeit und Vervollkommnung.

Natürlich sollten sich Frauen, die ein ausgewogenes weiblich-männliches Prinzip im Heilbereich vertreten, mit ähnlich denkenden Männern zusammentun. Allerdings sind das (noch) nicht allzu viele, die sich offen zu einer solchen Anschauung bekennen, entweder aus persönlichen Ängsten heraus oder weil Männer, die in diesen Berufen auch ihre weibliche Seite zeigen, nur wenig Unterstützung erwarten können.

Doch zusammen werden wir allmählich lernen, auf kreative und nichtdestruktive Weise zusammenzuarbeiten. Wir werden lernen, einander zu lieben, und dann wird es uns gelingen, den Hauptauftrag der Heilerin und des Heilers zu erfüllen: das Leben zu ehren, zu achten und zu respektieren.

Dank

Das Recherchieren und Schreiben dieser Geschichte der Frau als Heilerin war eine sehr persönliche Reise, die eine dramatische Transformation in der Mitte meines Lebens und meiner Karriere erleichterte. Es war für mich notwendig geworden, Vergangenheit, Gegenwart und Potential der Heilerinnen tiefer und umfassender zu verstehen sowie mir die Zeit zu nehmen, meine eigenen Erfahrungen als Frau, Heilerin und Wissenschaftlerin verstehen zu lernen. Informationen zu erhalten war schwierig, und das, was ich entdeckte, hat mir zugleich Kraft gegeben und mich verstört. Der stark emotional besetzte Aspekt dieses Projekts, sein Umfang und seine Komplexität erforderten Disziplin, Inspiration und das kompetente Wissen vieler Personen.

Mein Mann Frank zeigte die ganze Zeit Anteilnahme und unendliche Geduld und machte es möglich, daß ich meine anstrengende akademische Arbeit zurückstellen und diese Aufgabe vollenden konnte. Über längere Perioden hinweg erleichterte er mir in der majestätischen Einsamkeit von Big Sur das Leben und Schreiben, und dort war es, wo ich jene Heilung erfuhr, die aus dem Kontakt mit der Erde entsteht – eines der unterschwelligen Themen dieses Buches. Während in diesen Jahren der Lebensveränderungen unsere Verbundenheit wuchs und tiefer wurde, kam mir immer wieder deutlich zu Bewußtsein, daß die Heilung der Menschen, unserer Beziehungen und Institutionen, ja unserer Welt überhaupt von der liebenden Partnerschaft zwischen Männern und Frauen abhängt sowie davon, daß wir die mit beiden Geschlechtern assoziierten traditionellen Werte achten.

Die Arbeit an diesem Buch wurde bereichert durch Heilerinnen – Studentinnen, Mentorinnen, Kolleginnen –, mit denen ich im Laufe der Jahre in Kontakt kam. Viele Frauen nahmen mit mir Verbindung auf, nachdem sie von meiner Arbeit an diesem Buch erfahren hatten. Ich bin tief berührt von ihrer Stärke, ihren Geschichten und ihrer Weisheit. Mich erstaunt immer wieder unser spontanes gegenseitiges Erkennen, egal, welchen Beruf wir ausüben. Ganz besonderen Dank schulde ich Mary Stowell, Gail Swift und Susan Luck, die die ersten Entwürfe durchsahen und mich immer wieder auf neues Material zum Thema aufmerksam machten. Sie, Rachel Naomi Remen, Angie Arrien, Marion Woodman, Joan Borysenko, Stephanie Simonton, Barbie Dossey, Dee Krieger und ganze Legionen von Krankenschwesternheilerinnen inspirierten mich durch ihr Beispiel.

Weiterhin verdanke ich viel dem Wissen einer ganzen Reihe von zeitgenössischen Schriftstellerinnen und Schriftstellern, wie auch mancher gelehrter Frauen und Männer vergangener Jahrhunderte, die bestrebt waren, die Erfahrungswelt der Frauen zu vermitteln. Auf ihre Arbeit und Werke habe ich im Buch hingewiesen. Besondere Anerkennung verdienen die engagierten und sorgfältigen Arbeiten von Jules Michelet, Matilda Gage, Katherine Hurd-Mead und Lynn Thorndike, die heute leider oft schon wieder vergessen sind. Es bleibt zu hoffen, daß die Erfahrungen der Frauen nicht immer in staubigen Archiven oder obskuren Folianten begraben sein werden.

Die Einsicht, daß im Hinblick auf eine größere Ausgewogenheit im Heilbereich die traditionellen weiblichen Prinzipien und Praktiken einbezogen werden müssen, wurde auch von einigen Männern geteilt und unterstützt. Meinen besonderen Dank möchte ich Andrew Weil für die Überprüfung der botanischen Aspekte im Manuskript aussprechen, und Michael Samuels und Larry Dossey für ihre ständige Ermutigung und ihre ausgezeichneten und ausgewogenen Kommentare auf medizinischem Gebiet.

Schließlich danke ich Emily Hilburn Sell für ihre luzide Redaktion. Wir haben nun an zwei Büchern zusammengearbeitet, und beide wurden sie durch ihren ausgezeichneten Rat sehr bereichert und gefördert.

Anmerkungen

Einleitung

1 Zitiert in R. M. Morantz, C. S. Pomerleau und C. H. Fenichel, Hrsg., *In Her Own Words*, Vorwort.

Teil I/Kapitel 1

1 Informationen und Quellenmaterial zu den Göttinnenfiguren finden sich in: F. Hancar, «Zum Problem der Venusstatuetten in eurasiatischen Jungpaläolithikum», *Prähistorische Zeitschrift* Bd. 30/31, Heft 1/2, 1939/40; M. Gimbutas, *The Goddesses and Gods of Old Europe;* B. Johnson, *Lady of the Beasts: Ancient Images of the Goddess and Her Sacred Animals.*

2 W. Schmidt, *Der Ursprung der Gottesidee*; und W. Schmidt, «The Position of Women with Regard to Property in Primitive Society», *American Anthropologist*, Bd. 37, 1935, S. 244–256. J. Campbell, *Primitive Mythology: The Masks of God*; eine kenntnisreiche Informationsquelle über paläolithische und neolithische Mythen.

3 J. E. Harrison, *Themis*, S. 459.

4 J. Campbell, *Occidental Mythology: The Masks of God*, S. 86.

5 G. Lerner, *The Creation of Patriarchy*, S. 223.

6 J. Campbell, *Occidental Mythology*, S. 26–27.

7 Ebd., S. 70.

Kapitel 2

1 J. Campbell, *Primitive Mythology*, S. 143–150.

2 D. Wolkenstein und S. Kramer, *Inanna: Queen of Heaven and Earth.*

3 Ebd., S. 4.

4 J. Ochshorn, «Ishtar and Her Cult», in C. Olson, Hrsg., *The Book of the Goddess.*

5 H. Zimmern, «Babylonische Hymnen und Gebete in Auswahl», *Der Alte Orient*, 7. Jg., Heft 3, 1905.

6 B. Landsberger und M. Reiner, Hrsg., «Old Babylonian Proto-Lu List», *Materials for the Sumerian Lexicon*, Bd. 12, 1969.

7 R. C. Thompson, «Assyrian Medical Texts», *Proceedings of the Royal Society of Medicine* 17, 1924, S. 1–34.

8 Siehe zum Beispiel G. Majno, *The Healing Hand: Man and Wound in the Ancient World.*

9 S. N. Kramer, «Poets and Religions and Anthropological Aspects of the Legacy of Sumer», in D. Schmandt-Besserat, Hrsg., *The Legacy of Sumer: Invited Lectures on the Middle East.*

10 A. S. Lyons und R. J. Petrucelli, *Medicine: An Illustrated History*.
11 K. C. Hurd-Mead, *A History of Women in Medicine*. Dieses mittlerweile vergriffene Buch ist das gründlichst dokumentierte Kompendium englischer Sprache über Heilerinnen vor dem 19. Jahrhundert.
12 G. Majno, *The Healing Hand*, S. 29–68.
13 Ebd., S. 54.

Kapitel 3

1 Unter denselben geologischen Bedingungen hat man kürzlich auch Funde in England, Norddeutschland und in den Niederlanden gemacht. Siehe D. Brothwell, *The Bog Man and the Archaeology of People*. In meinem Buch habe ich mich auf das Gebiet und die Kultur Dänemarks beschränkt.
2 P. V. Glob, *The Mound People*, S. 70.
3 P. V. Glob, *Denmark*; und E. Roesdahl, *Viking Age Denmark*. Beide Publikationen liefern eine exzellente Beschreibung vom Leben im alten Dänemark, auf die ich mich hier und im folgenden stütze.
4 P. V. Glob, *The Mound People*, S. 116.
5 S. Odman, «An Attempt to Explain the Berserk-Raging of Ancient Nordic Warriors through Natural History», *Nya Handlingar*, Bd. 5, 1784, S. 240–247. Gordon Wasson bestreitet allerdings, daß die Pilze dieses beobachtete Berserkertum auslösten. Siehe R. G. Wasson, *Soma: Divine Mushroom of Immortality*.
6 H. R. E. Davidson, *Gods and Myths of Northern Europe*.
7 P. V. Glob, *The Bog People*.
8 D. Brothwell, *The Bog Man*, S. 56–76.
9 P. V. Glob, *The Mound People*, S. 162–164.
10 P. V. Glob, *The Bog People*, S. 159.
11 Tacitus, *Germania*.
12 P. V. Glob, *The Bog People*.
13 D. Brothwell, *The Bog Man*.
14 P. V. Glob, *The Bog People*, S. 162.
15 M. Eliade, *Shamanism*; und M. Harner, *The Way of the Shaman*.
16 P. V. Glob, *The Bog People*, S. 157.
17 S. Sturluson, *Prose Edda*. Zitat aus H. R. E. Davidson, *Gods and Myths of Northern Europe*, S. 114.
18 Davidson, ebd., meint, daß die schädlichen Aspekte von *seidhr* heruntergespielt wurden; H. P. Duerr, *Traumzeit*, glaubt, daß die Praktizierenden oft verfolgt oder hingerichtet wurden und folglich diese Praktiken nicht allzu sehr romantisiert werden sollten. Während die meisten Autoren von einem Schamanentum der Wanenpriesterinnen ausgehen, glaubt M. Eliade (*Shamanism*), daß sie kein klassisches Schamanentum praktizierten, da sie sich auf ihren schamanistischen Reisen nicht in die «Unterwelt» begaben. Ich vertrete die These, daß die meisten europäischen Schamaninnen, im Ge-

gensatz zu den Männern, im Trancezustand in «höhere Sphären» reisten. Das schließe ich zum Teil aus den Anklagen gegen die Hexen, auf die in Kapitel 10 eingegangen wird.

19 H. R. E. Davidson, ebd.

20 Tacitus, *Germania*.

21 Strabo, *Geographica*, zitiert in P. V. Glob, *The Bog People*, S. 176.

22 W. Alexander, *The History of Women: From the Earliest Antiquity to the Present Time Giving Some Account of Almost Every Interesting Particular Concerning That Sex, Among All Nations, Ancient and Modern*.

23 Ebd., S. 58. «Thorbioga», war möglicherweise Thorgerda, eine legendäre dänische Frau, die mit den Wanenpriesterinnen der nordischen Sagen in Verbindung gebracht wird.

24 P. V. Glob, *Denmark*, S. 167.

Kapitel 4

1 Dieses Material aus Homers *Odyssee* (ca. 700 v. Chr.) wurde H. Horowitz und C. Palmer, *Shaman Woman, Mainline Lady*, entnommen; dieses Buch schildert auf faszinierende Weise, welchen Gebrauch von Drogen Frauen in den Heilkünsten machten.

2 J. H. Baas, *History of Medicine*.

3 K. C. Hurd-Meads *History of Women in Medicine* liefert die ausführlichste Kategorisierung der Heilerinnen alter Zeit im Mythos und listet auch die Beiträge der Frauen im Bereich der Heilkünste auf. Sie spürte ihre Informationen auf Grabsteinen und Epitaphen sowie in obskuren, vergessenen Büchern auf. Klassische Mythologen wie T. Bulfinch, *Myths of Greece and Rome*, gehen nur auf das Olympische Pantheon und eine Zeit ein, in der die Göttinnen sich bereits mit dem Krieg und der Jagd befaßten und ihre heilerischen Aspekte praktisch keine Rolle mehr spielten. Ein früheres Werk von J. E. Harrison, *Myths of Greece and Rome*, konzentriert sich auf die prähellenistische Mythologie und widmet sich auch dem weiblichen Heilerpantheon. Ein neueres lesenswertes Buch zu diesem Thema ist C. Spretnak, *Lost Goddesses of Early Greece*.

4 H. Kursh, *Cobras in the Garden*, zusammenfassend zitiert in M. Stone, *When God Was a Woman*.

5 M. Stone, *When God Was a Woman*, S. 203.

6 Schon immer war das Menstruationsblut mit Urängsten wie auch mit Verehrung verbunden. Es wurde als Allheilmittel verwendet, als wesentliches Element bei Zauberpraktiken und sogar als Pestizid. Menstruierende Frauen rannten mit hochgerafften Röcken über die Felder, um mit ihrem Blut Schädlinge zu töten. Plinius glaubte, daß das Menstruationsblut Männer und Hunde verrückt machen kann.

7 Eine ausführliche Aufzählung findet sich in K. C. Hurd-Mead, *History of Women in Medicine*.

Kapitel 5

1 Eine ausführliche Erwähnung der römischen Heilgöttinnen findet sich in K. C. Hurd-Mead, *History of Women in Medicine*, S. 48–50.
2 M. R. Salzman, «Magna Mater: Great Mother of the Roman Empire», in C. Olson, Hrsg., *The Book of the Goddess*, S. 60–67.
3 Zitiert in K. C. Hurd-Mead, *History of Women in Medicine*, S. 41.
4 Soranus, *Gynaecologia*.
5 Celsus, *De Medicina*.
6 Scribonius Largus, «De compositione medicamentorum liber», zitiert in K. C. Hurd-Mead, *History of Women in Medicine*, S. 59–60.
7 Ebd., S. 62–64.
8 Ebd., S. 64–65.
9 Ebd., S. 69.

Kapitel 6

1 M. Fox, *The Coming of the Cosmic Christ*.
2 E. S. Fiorenza, «Women in the Early Christian Movement», in C. P. Christ und J. Plaskow, Hrsg., *Womanspirit Rising*.
3 E. Pagels, «What Became of God the Mother?», in Christ und Plaskow, Hrsg., *Womanspirit Rising*.
4 Diese Zusammenfassung stammt aus E. Pagels, ebd.
5 F. Heer, *Mittelalter*, S. 527.

Kapitel 7

1 F. Heer, *Mittelalter*; J. Huizinga, *Herbst des Mittelalters*. Beide Autoren beschreiben sehr anschaulich das Leben im Mittelalter. Zwar sind sie nicht gerade als feministische Historiker zu bezeichnen, doch schreiben sie mit ungewöhnlicher Sensibilität über die Rolle der Frau und die Verknüpfungen zwischen Religion und Weiblichkeit in jener Zeit, da die Kirche zur Institution und ihre Lehren zum Dogma wurden. Beide gelten als Autoritäten, was diese Epoche angeht.
2 D. R. Hopkins, *Princes and Peasants: Smallpox in History*.
3 M. Bishop, *The Middle Ages*.
4 B. S. Anderson und J. P. Zinsser, *A History of Their Own: Women in Europe*. Ein neueres Werk, gründlich, anregend und außergewöhnlich in seiner Darstellung weiblicher Geschichte.
5 Eine besonders umfassende Informationsquelle über Rezepte aus dem Mittelalter ist L. Thorndike, *Magic and Experimental Science During the First 13 Centuries of Our Era*.
6 F. Gies und J. Gies, *Life in a Medieval City*.
7 F. Gies und J. Gies, *Women in the Middle Ages*.
8 F. Gies und J. Gies, *Life in a Medieval City, S. 53*.

9 M. Bishop, *The Middle Ages*. Ein präziser Überblick über die Krankheiten der mittelalterlichen Bevölkerung und deren Auswirkungen.

10 S. de Renzi, Hrsg., *Collectio salernitana*.

11 Die Geschichte lehrt uns, nicht allzu schnell zu beurteilen, was abergläubische Medizin und was «real» ist. Durch die moderne Forschung wurde die Macht der Imagination und des Placeboeffekts hinlänglich dokumentiert. Weiterhin hat die Erforschung der Ingredienzen pflanzlicher Präparate und der psychophysiologischen Effekte alter Rituale ergeben, daß sie möglicherweise signifikant heilwirksam sind. Siehe dazu: J. Achterberg, *Imagery in Healing: Shamanism and Modern Medicine*.

12 S. de Renzi, *Collectio salernitana*, Bd. IV, S. 23.

13 M. A. Nutting und L. L. Dock, *History of Nursing, Bd. 1, S. 260–265.*

14 M. Bishop, *The Middle Ages*, S. 146–148. Eine weitere Informationsquelle über Relikte ist: E. Maple, *Magic, Medicine and Quackery.*

15 S. de Beauvoir, *Das andere Geschlecht*, S. 298.

16 M. Fox, *The Coming of the Cosmic Christ.*

17 C. Singer, «The Scientific Views and Visions of Saint Hildegard (1098–1180)», in C. Singer, Hrsg., *Studies in the History and Method of Science.*

18 Über Hildegard gibt es verschiedene Biographien, unter anderem C. Singer, ebd.; L. Thorndike, *Magic and Experimental Science*, enthält einen Überblick über ihre medizinischen Werke; F. Gies und J. Gies, *Women in the Middle Ages*, enthält ein zusammenfassendes Kapitel; S. Flanagan, *Hildegard von Bingen, 1098–1179* liefert eine interessante Lebensbeschreibung. Andere Quellen sind: G. Uhlein, *Meditation with Hildegard von Bingen*; M. Fox, *Illuminations of Hildegard of Bingen.*

19 Hildegard von Bingen, *Causae et Curae*, S. 183.

20 L. Thorndike, *Magic and Experimental Science*, Bd. 2, S. 154.

21 F. Heer, *Mittelalter*, S. 192.

22 Ebd., S. 528.

Teil II

1 S. Griffin, *Woman and Nature.* Dieses Buch ist ein Schatz an Informationen über die Verbindung zwischen Frau und Natur; Griffin verknüpft in ihrer hervorragenden Arbeit zur Untermauerung ihrer Thesen Geschichte, Dichtung, Wissenschaft und kulturelle Aspekte miteinander.

Kapitel 8

1 J. Campbell, *Occidental Mythology*, S. 13–14.

2 J. Michelet, *Die Hexe*, S. 90.

3 Thomas von Aquin, *Summa theologica.*

4 J. B. Russell, *History of Witchcraft.* Russell, Professor für Geschichte an der University of California, Santa Barbara, schreibt hier auf sehr präzise

Weise über das Monismus- Dualismusproblem, das bei der Verfolgung der Häretiker eine so große Rolle spielte und auch heute noch Stoff zu religiösen Auseinandersetzungen liefert.
5 Ebd., S. 33.
6 R. H. Robbins, *Encyclopedia of Witchcraft and Demonology.*
7 Dr. Lynn Thorndikes Arbeit, *History of Magic and Experimental Science*, zwei Bände, war die erste und gründlichste Darlegung der Verbindungen zwischen Magie und Wissenschaft und ist eine erstklassige Informationsquelle in bezug auf diese frühen Wissenschaftler. Obwohl sich mein Forschungsansatz im vorliegenden Buch etwas von Dr. Thorndikes Arbeit unterscheidet, habe ich ihr doch viel zu verdanken.
8 Arnald von Villanova, *Antidotarium*, Kap. 3.
9 Arnald von Villanova, *De epilepsia*, Kap. 25; *Brevarium*, III,4 und II,45.
10 Michael Scotus, *Physionomia* (oder *De secretis natural*), Kap. 46–50.
11 Michael Scotus, *Liber introductorius.*
12 Albertus Magnus, *Sleep and Waking*, Kap. 12.
13 L. Thorndike, *History of Magic and Experimental Science*, gibt einen Überblick über das Werk von Albertus Magnus.
14 R. Bacon, *Opus tertium.*
15 Thomas von Aquin, *Quodlibet* und *Opera omnia*, Kap. 11.
16 Thomas von Aquin, *Contra gentiles*, III, 103, *Opera omnia.*
17 Arnald von Villanova und Roger Bacon sahen sich selbst wiederholte Male mit der Inquisition konfrontiert, weil sie sich über strittige Themen in bezug auf das Heilen und die Theologie geäußert hatten.

Kapitel 9

1 J. Huizinga, *Herbst des Mittelalters*, beschreibt die Schizophrenie und Zerrissenheit jener Zeit, in der, wie er feststellt, der Geruch von Blut und der Duft von Rosen in der Luft lagen.
2 F. Braudel, *The Structure of Everyday Life: The Limits of the Possible.*
3 M. Bishop, *The Middle Ages*, S. 306.
4 J. B. Russel, *History of Witchcraft.*
5 M. Bishop, *The Middle Ages*, S. 313.
6 E. Power, «Some Women Practitioners of Medicine in the Middle Ages», *Proceedings of the Royal Society of Medicine* 1922, History of Medicine Section, S. 6, 22.
7 Ebd., S. 22.
8 Ebd., S. 22.
9 K. Bücher, *Die Frauenfrage im Mittelalter.*
10 E. Maple, *Magic, Medicine and Quackery*, S. 64.
11 Ebd.
12 Ebd., S. 66.
13 E. Boulding, *The Underside of History.*

14 J. Michelet, *Die Hexe*, S. 27.
15 R. H. Robbins, *Encyclopedia of Witchcraft*, S. 3.
16 C. Larner, *Enemies of God*, S. 100.
17 Ebd., B. Walker, *The Crone*;, B. Walker, *The Women's Encyclopedia of Myths and Secrets*; B. Ehrenreich und D. English, *Witches, Midwives and Nurses: A History of Women Healers*; M. Daly, *Gynaecology: The Metaethics of Radical Feminism*; M. Daly, *The Church and the Second Sex*.
18 W. Pressel, *Hexen und Hexenmeister*, Reprint in R. H. Robbins, *Encyclopedia of Witchcraft*, S. 510.
19 M. Gage, *Women, Church and State*.
20 Diese Geschichten von Kindern, die gezwungen wurden, an Praktiken eines Satanskults teilzunehmen, ähneln den Aussagen jener Kinder, die kürzlich in den USA Erwachsene derselben Verbrechen bezichtigten.
21 J. B. Russell stellt in *History of Witchcraft* fest, daß die meisten Anklagen dieser Art ursprünglich in den Prozessen gegen die Häretiker erhoben wurden und insofern keine neuen Erfindungen der Hexenjäger darstellen.
22 Die Zahlen sind, falls nicht anders vermerkt, R. H. Robbins, *Encyclopedia of Witchcraft*, entnommen. N. Cohn, *Europe's Inner Demons*, hat in einigen Sekundärquellen Übertreibungen festgestellt, was die Zahl der Opfer angeht, und ist der Ansicht, daß in einigen Regionen die Prozesse weniger Opfer forderten, wie behauptet wird. Wenn Cohn die Zahlen nach unten korrigiert, so mindert das nicht die Abscheulichkeit der Verbrechen. Für weitere Zahlen und Informationen siehe auch: G. Heinsohn und O. Steiger, *Die Vernichtung der weisen Frauen*.
23 R. H. Robbins, *Encyclopedia of Witchcraft*, S. 551.
24 M. Gage, *Women, Church and State*.
25 J. Sprenger und H. Institoris, *Der Hexenhammer*.
26 E. Clark und H. Richardson, *Women and Religion*, S. 120.
27 J. Sprenger und H. Institoris, *Der Hexenhammer*, Teil I, Frage 6, S. 107.
28 Ebd., S. 109ff.
29 Ebd., Teil II, S. 76.
30 Ebd., Teil II, S. 85f.
31 Summers in der engl. Ausgabe des Hexenhammers, S. XVIII.
32 Thomas von Aquin, *Quodlibet*. Die Inquisition zitierte hier oft die Kirchenväter, die glaubten, daß Frauen (oder Hexen) Gewalt über die «Zeugungskräfte» hätten.
33 Die Untersuchungen werden in D. O'Keefe, *Stolen Lightning*, aufgeführt. Diese soziologische Analyse des Hexenphänomens liefert, wenn auch indirekt, präzisere Informationen als die meisten anderen Ansätze.
34 V. Bullough, *The Subordinate Sex*.
35 William Perkins, *A Discourse of the Damned Art of Witchcraft*. Der Gebrauch des männlichen Pronomens war üblich, wenn beide Geschlechter gemeint waren, so wie das auch heute häufig der Fall ist.

36 G. Gifford, *A Dialogue Concerning Witches and Witchcraft*, hrsg. von Beatrice White.
37 C. L. Ewen, *Witchcraft and Demonism.*
38 J. Sprenger und H. Institoris, *Der Hexenhammer.*
39 R. Scotus, *The Discovery of Witchcraft*, 6,1.
40 Zitiert in M. Gage, *Women, Church and State*, S. 281.
41 H. P. Duerr, *Traumzeit*, Kap. 1.
42 R. H. Robbins, *Encyclopedia of Witchcraft.*
43 F. Bacon, *Works*, Bd. 2, S. 664.
44 J. F. Rübel, zitiert in H. P. Duerr, *Traumzeit*, S. 226.
45 J. Harttliepp, zitiert ebd., S. 19f.
46 M. Harner, *Hallucinogens and Shamanism.*
47 C. Larner, *Enemies of God*, S. 129.
48 M. Harries, *Cows, Pigs, Wars and Witches: The Riddles of Culture.*
49 M. Murray, *The God of the Witches*; J. G. Frazier, *The Golden Bough.*
50 Meyers Arbeit und These wird in J. B. Russell, *History of Witchcraft*, besprochen.
51 J. Michelet, *Die Hexe*, S. 91.
52 G. Zilboorg, *The Medical Man and the Witch During the Renaissance.*
53 Ebd., S. 58.
54 Ebd., S. 73.
55 Ebd., S. 63.
56 C. Larner, *Enemies of God*, S. 195.
57 H. Leventhal, *In the Shadow of the Enlightenment.* Er zitiert Samuel Johnson: «Nein Sir, die Hexerei hat aufgehört; und deshalb hat das Parlament ein Gesetz verabschiedet, das die Verfolgung von etwas, das gar nicht Hexerei ist, unterbindet. Warum sie aufhörte, können wir nicht sagen, wie wir uns auch so viele andere Dinge nicht erklären können.»

Kapitel 10

1 M. Hooker, Hrsg., *Descartes.*
2 D. J. Boorstin, *The Discoverers*, S. 347.
3 F. Yates, *The Rosicrucian Enlightenment*, S. 190.
4 E. F. Keller, *Reflections on Gender and Science.*
5 Ebd., S. 47.
6 J. H. Robertson, «Valerius Terminus on the Interpretation of Nature», in *The Philosophical Works of Francis Bacon*, S. 188.
7 B. Farrington, *The Philosophy of Francis Bacon*, S. 197.
8 Zitiert aus E. F. Keller, *Reflections on Gender and Science*, S. 36.
9 B. Farrington, *The Philosophy of Francis Bacon*, S. 194.
10 C. Merchant, *The Death of Nature.*
11 Ebd., S. 3.
12 Agrippa von Nettesheim, *De occulta philosophia.*

13 F. Hartman, *Paracelsus: Life and Prophecies*, S. 111–112.
14 J. Achterberg, *Imagery in Healing.*
15 M. Lipinska, *Histoire des femmes médicine*, S. 58.
16 A. S. Lyons und R. J. Petrucelli, *Medicine: An Illustrated History*, S. 454.
17 F. B. Rogers, *A Syllabus of Medical History.*
18 M. Wortley Montagu, *Letters of the Right Honourable Lady Mary Wortley Montagu: Written During Her Travels in Europe, Asia and Africa to Persons of Distinction, Men of Letters, etc. in Different Parts of Europe.*
19 G. Miller, «Putting Lady Mary in Her Place: A Discussion of Historical Causation», *Bulletin of the History of Medicine*, 1981/55, S. 2–16.
20 Sophia, a Person of Quality, *Woman Not Inferior to Man.*
21 D. Hopkins, *Princes and Peasants.*
22 R. P. Stearns, «Remarks upon the Introduction of Inoculation for Smallpox in England», *Bulletin of the History of Medicine*, 1950/24, S. 103–122; 115.
23 A. Corbin, *The Foul and the Fragrant.* In seinem gut dokumentierten Buch beschreibt Corbin die Rolle, die der allgemeine Gestank bei der Einführung von sanitären und öffentlichen Gesundheitsmaßnahmen spielte.
24 R. Dubos, *The Mirage of Health: Utopias, Progress and Biological Change.*

Teil III

1 R. M. Morantz, Einleitung zu Morantz, Pomerleau und Fenichel, *In Her Own Words.*
2 M. R. Walsh, *Doctors Wanted, No Women Need Apply.*

Kapitel 11

1 J. Donnison, *Midwives and Medical Men.* Ein exzellenter Überblick über das Hebammentum in England.
2 P. Willughby, *Observations on Midwifery. As Also the Countrey Midwifes Opusculum or Vade Mecum*, H. Blenkinsop, Hrsg.
3 E. Röesslin, *The Byrthe of Mankynd, Otherwyse Named the Woman's Boke.*
4 J. B. Donegan, *Women and Men Midwives: Medicine, Morality and Misogyny in Early America.*
5 B. Rowland, *Medieval Woman's Guide to Health: The First English Gynecological Handbook.*
6 Ebd., S. XIII.
7 Ebd., S. 14.
8 J. Michelet, *Die Hexe.*
9 Beim Räuchern mußte sich die Frau über einen Topf setzen, in dem Kräuter, vorzugsweise solche, die einen angenehmen Geruch verbreiteten, verbrannt oder gedämpft wurden. Einige Rezepte verlangten aber auch, daß sie sich gleichzeitig weniger wohlriechenden Düften (etwa verbranntem Hundehaar) aussetzte, die die Ausdünstungen der Krankheit vertreiben sollten.

10 J. Sharp, *The Midwives Book or the Whole Art of Midwifery,* zitiert von H. Smith, «Gynecology and Ideology in Seventeenth Century England», in B. A. Carroll, Hrsg., *Liberating Women's History: Theoretical and Critical Essays.*

11 Ebd., S. 112.

12 Dieser Eid wird in vielen Texten erwähnt, unter anderem in J. Donnison, *Midwives and Medical Men.* Zum erstenmal scheint er in einem anonymen Buch über Eide erwähnt worden zu sein, das im 16. Jahrhundert in London veröffentlicht wurde.

13 J. H. Aveling, *English Midwives: Their History and Their Prospects,* S. 125–126.

14 P. Willughby, *Observations in Midwifery.*

15 E. McGrew und M. P. McGrew, *Encyclopedia of Medical History,* S. 205.

16 H. Spencer, *The History of British Midwifery from 1650–1800,* zitiert in K. C. Hurd-Mead, *History of Women in Medicine,* S. 463.

17 W. Smellie, *A Treatise on the Theory and Practice of Midwifery.*

18 B. A. Pugh, *Treatise of Midwifery, Chiefly with Regard to the Operation, with Several Improvements in That Art,* S. 64–65.

19 W. Harvey, *Anatomical Exercitations, Concerning the Generation of Living Creatures,* S. 488.

20 C. White, *Treatise on the Management of Pregnant and Lying-in Women.*

21 Das Zahlenmaterial stammt von Dr. Farr vom Registrar General's Office in England, 1876, zitiert in J. Donnison, *Midwives and Medical Men.*

22 J. M. Duncan, *Mortality of Childbed.*

23 Bericht des College of Physicians, 15. November 1835, in W. R. Penman, *The Public Practice of Midwifery in Philadelphia,* S. 129.

24 J. Donnison, *Midwives and Medical Men,* S. 92.

25 J. van Pelt Quackenbush, Vortrag, gehalten vor den Studenten des Albany Medical College, «Introductory to the Course on Obstetrics», 5. November 1855, S. 7.

26 H. Graham, *Eternal Eve.* Das zitierte Material stammt aus einer Abhandlung über C. Meigs' Philosophie über Frauen.

27 C. Meigs, *Females and Their Diseases,* S. 19–21.

28 C. Meigs, «Lecture on some of the distinctive characteristics of the female», Vortrag vom 5. Januar 1847 am Jefferson Medical College, S. 6–17.

29 T. Ewell, *Letters to Ladies, Detailing Important Information Concerning Themselves and Infants.*

30 J. Maubry, *The Female Physician,* zitiert in J. S. Cutter und H. R. Viets, *A Short History of Midwifery,* S. 12.

31 M. Stephens, *Domestic Midwife: or the Best Means of Preventing Danger in Childbirth considered.*

32 P. Thicknesse, *Man-Midwifery Analysed, and the Tendency of that Practice Detected and Exposed.*

33 V. Seaman, *The Midwives' Monitor and Mother's Mirror.*
34 A. Johnson, Hrsg., *Dictionary of American Biography.*

Kapitel 12

1 N. Cott, *The Bonds of Womanhood.*
2 R. M. Morantz, Einleitung zu Morantz, Pomereau und Fenichel, *In Her Own Words*, S. 8.
3 K. Moore, *Victorian Wives*, S. 4.
4 N. Cott, «Passionlessness: An Interpretation of Victorian Sexual Ideology, 1790–1850», *Signs: A Journal of Women in Culture and Society*, Bd. 4/21, 1978, S. 219–236.
5 H. C. Wood, «The Heroic Treatment of Idiopathic Peritonitis», *Boston Medical and Surgical Journal*, 98, S. 555–560.
6 C. Wilder, «Pulmonary Consumption, its Causes, Symptoms and Treatment», *Medical Communications of the Massachusetts Medical Society* 7, 2. Folge, Bd. 3, 1848.
7 R. Morantz, «Making Women Modern: Middle Class Women and Health Reform in Nineteenth Century America», *Journal of Social History* 10, Sommer 1977, S. 490–507.
8 S. E. Selby, «A Bloomer to her Sisters», *Water Cure Journal* 15, 1853, S. 131.
9 M. G. Nichols, «To the Women Who Read the Water Cure Journal», *Water Cure Journal* 14, 1852, S. 68.
10 M. G. Nichols, «Old School Medical Journals», *Water Cure Journal* 9, 1850, S. 181.
11 M. G. Nichols, «Woman, the Physician», *Water Cure Journal* 12, 1851, S. 73–74.
12 M. G. Nichols und T. L. Nichols, *Marriage: Its History, Character and Results.*
13 Wie versprochen, hat weder Pinkham noch irgend jemand aus ihrem Kreis die anvertrauten Geheimnisse je preisgegeben.
14 R. L. Numbers, «Do-it-yourself the Sectarian Way», in G. B. Risse, R. L. Numbers und J. W. Leavitt, Hrsg., *Medicine Without Doctors: Home Health Care in American History.*
15 A. Berman, *The Impact of the Nineteenth Century Botanico Medical Movement on American Pharmacy and Medicine.*
16 Aus dem *Thomsonian Recorder* of Ohio, Vorwort zu Bd. 2, 1833, S. V.
17 O. W. Holmes, zitiert in H. L. Coulter, *Divided Legacy.*
18 R. L. Numbers, *Do-it-yourself the Sectarian Way.*

Kapitel 13

1 The Women's Medical Association of New York City, Hrsg., *Mary Putnam Jacobi, M. D.: A Pathfinder in Medicine*, S. 397.
2 H. S. Hunt, *Glances and Glimpses.*
3 Ebd., S. 270.
4 Ebd., S. 272.
5 Ebd., S. 217. Zitat aus *Boston Medical and Surgical Journal.*
6 E. T. James, *Notable American Women*, S. 165.
7 Woman's Medical College of Pennsylvania, S. 61.
8 Aus dem *Philadelphia Evening Bulletin*, zitiert von G. F. Alsop in *History of the Woman's Medical College*, S. 54–55.
9 R. Morantz, «The Connecting Link: the Case for the Woman Doctor in Nineteenth Century America», in J. W. Leavitt und R. L. Numbers, Hrsg., *Sickness and Health in America*, S. 118.
10 Ebd.
11 E. H. Clarke, *Sex in Education: or, A Fair Chance for the Girls*, S. 41.
12 R. Morantz in *Sickness and Health in America*, S. 119.
13 H. Storer und R. J. Abram, «Will There Be a Monument?» in R. J. Abram, Hrsg., *Send Us a Lady Physician.*
14 R. Morantz, «Female Student Has Arrived», in R. J. Abram, Hrsg., *Send Us a Lady Physician.*
15 E. Blackwell, *Address on the Medical Education of Women*, S. 8–9.
16 J. P. Chesney, «Woman as a Physician», in *Richmond and Louisville Medical Journal* 11, 1871, S. 4.
17 M. P. Jacobi, *The Question of Rest for Women During Menstruation.*
18 E. Pope, E. L. Call und C. A. Pope, *The Practice of Medicine by Women in the United States.*
19 M. R. Walsh, *Doctors Wanted, No Women Need Apply*, S. 85.
20 M. P. Jacobi, «An Address Delivered at the Commencement of the Women's Medical College of the New York Infirmary», 1883.
21 Women's Medical Association of New York City, Hrsg., *Mary Putnam Jacobi*, S. 494.
22 Die Grundlagen zur Besprechung dieses Themas habe ich den Informationen in M. R. Walsh, *Doctors Wanted, No Women Need Apply* entnommen.
23 «Leitartikel», *Journal of the American Medical Association* 31, 1898, S. 932–933.
24 «Leitartikel», *Journal of the American Medical Association* 44, 1905.
25 M. R. Walsh, *Doctors Wanted, No Women Need Apply.*
26 F. Nightingale, «Notes on Nursing: What It Is, and What It Is Not», S. 3. Siehe auch das Kapitel von B. Melosh, «Every Woman is a Nurse: Work and Gender in the Emergence of Nursing», in R. J. Abram u. a., Hrsg., *Send us a Lady Physician.*
27 R. F. Hume, *Great Women of Medicine*, S. 71.

28 F. Nightingale, *Florence Nightingale to Her Nurses: A Selection from Miss Nightingale's Addresses to Probationers and Nurses of the Nightingale School at St. Thomas's Hospital*, S. 303.
29 R. H. Shryock, «Nursing Emerges as a Profession», *Clio Medica* 3, S. 131, 147.
30 B. Melosh, *Every Woman is a Nurse*, S. 121.
31 G. E. Wolstenholme, «Florence Nightingale: New Lamps for Old», *Proceedings of Royal Society of Medicine* 63, 1970, S. 1283.
32 *Boston Medical and Surgical Journal* 76, 1897, S. 214.
33 Zitiert in M. R. Walsh, *Doctors Wanted, No Women Need Apply*, S. 142, aus F. A. Washburn, *The Massachusetts General Hospital: Its development 1900–1935*, S. 443–444.
34 M. R. O'Connell, «The Roman Catholic Tradition Since 1545», in R. L. Numbers und D. W. Amundsen, Hrsg., *Caring and Curing*, S. 136.
35 Ebd.
36 Ebd., S. 137.
37 G. Wacker, «The Pentecostal Tradition», in R. L. Numbers und D. W. Amundsen, Hrsg., *Caring and Curing*, S. 519.
38 Zitiert von G. Wacker, ebd.
39 W. James, *Varieties of Religious Experience*, S. 110.
40 Ebd., S. 90–91.
41 R. B. Schoepflin, «The Christian Science Tradition», in R. L. Numbers u. a., Hrsg., *Caring and Curing.*
42 L. Dossey, *Space, Time and Medicine.*
43 A. Vietor, *A Woman's Quest: The Life of Marie E. Zakrzewska, M. D.*, S. 84–85.

Teil IV/Kapitel 14

1 J. H. Knowles, Hrsg., *Doing Better, and Feeling Worse: Health in the United States*; und D. S. Sobel, Hrsg., *Ways of Health.*
2 G. Null, *Healing Yourself Naturally.*
3 G. S. King, «The Flexner Report of 1910», *Journal of the American Medical Association* 251, Nr. 8, 24. Febr. 1984.
4 R. H. Shryock, «Nursing Emerges as a Profession», S. 131–147.
5 V. M. Driscoll, «Movement to Secure Legal Recognition of Nursing as an Independent Profession», *Journal, New York State Nurses Association* 19, Nr. 1, März 1988.
6 C. Crossen, «Nurses, tired of answering to doctors, begin to treat patients on their own», *Wall Street Journal* 7, Jan. 1986, S. 31.
7 B. Bullough, «Barriere to the nurse practitioner movement: Problems of women in a woman's field», *International Journal of Health Services* 5, Nr. 2, 1976, S. 229–230.
8 Berichtet in Nursing News, *Nursing 88*, Aug. 1988, S. 10.

9 Zitiert in B. Rider und R. M. Brashear, «Men in Occupational Therapy», *The American Journal of Occupational Therapy* 42/4, April 1988, S. 232.
10 *Allied Health Education Directory.*
11 Zitiert in C. B. Inlander, L. S. Levin und E. Weiner, Hrsg., *Medicine on Trial.*
12 F. E. Korbin, «The American Midwife Controversy: A Crisis of Professionalization», *Bulletin of the History of Medicine* 40, 1966, S. 350–363.
13 E. Declercq und R. Lacroix, «The Immigrant Midwives of Lawrence: The Conflict between Law and Culture in Early Twentieth Century Massachusetts», *Bulletin of the History of Medicine* 59, 1985, S. 232–246.
14 J. Baker, «The Function of Midwife», *Woman's Medical Journal* 23, 1913, S. 197.
15 R. Goodell und J. Gurin, «Where Should Babies Be Born?», *American Health*, Jan./Febr. 1984.
16 E. Declercq und R. Lacroix, «The Immigrant Midwives», S. 233.
17 I. H. Butter und B. J. Kay, «State Laws and the Practice of Lay Midwifery», *American Journal of Public Health* 78, Sept. 1988, S. 9.
18 Zahlenmaterial aus *Physician Characteristics and Distribution in the U. S.*
19 M. L. Gonzales und D. W. Emmons, Hrsg., *Socioeconomic Characteristics of Medical Practice.*
20 Audrey Fried, Employment Coordinator, National Association for Social Workers, führte von Juli 1986 bis Juni 1987 eine Untersuchung über die Gehälter durch; persönliches Gespräch mit der Autorin.
21 A. Muller, J. J. Vitali und D. Brannon, «Wage Differences and the Concentration of Women in Hospital Occupations», *Health Care Management Review* 12, 1987, S. 61–70.
22 Ebd., S. 64.

Kapitel 15

1 Schwester Miriam Theresa McGillis, Leiterin der Genesis Farm, äußert sich sehr beredt zu diesen Punkten, die einer Tonbandaufnahme ihres Vortrags «Fate of the Earth» entnommen sind. Ihre Arbeit basiert auf den Schriften von Thomas Berry, *Dream for the Earth.* Gleichermaßen wichtig ist in diesem Zusammenhang die Arbeit von Matthew Fox.
2 Neben den genannten Quellen kamen viele Vorschläge zur Beschreibung der hier erwähnten männlichen und weiblichen Prinzipien von Teilnehmerinnen an den «Woman as Healer»-Seminaren, vor allem von Dr. Rachel Naomi Remen und Marion Woodman.
3 Dies erinnert an die Konzeption von «Partnerschaft», wie sie Riane Eisler in *The Chalice and the Blade* beschreibt.
4 C. Gilligan, *In a Different Voice.*
5 Die Flut der sowohl von Fachleuten wie von Laien verfaßten Bücher zur Rolle der geistigen Kräfte beim Heilen läßt darauf schließen; siehe dazu

J. Achterberg, *Imagery in Healing*; E. Rossi, *The Psychobiology of Mind-Body Healing*; B. Justice, *Who Gets Sick?*; und viele andere.

6 J. Achterberg, «The Wounded Healer: Transformational Journeys in Modern Medicine», in G. Doore, Hrsg., *Shaman's Path: Healing, Personal Growth, and Empowerment.*

7 T. McClellan, «Whether Art is Useful», unveröffentlichtes Manuskript (Dallas/Tex.), S. 4.

8 T. Roszak, *Person, Planet. The Creative Disintegration of Industrial Society.*

Bibliographie

Abram, R. J., Hrsg., *Send Us a Lady Physician.* New York: W. W. Norton & Co., 1985.

Achterberg, J., *Imagery in Healing: Shamanism and Modern Medicine.* Boston: Shambala, 1985 (dt. *Heilung durch Gedankenkraft. Die heilende Kraft der Imagination*, Bern/München/Wien 1989).

–, «The Wounded Healer: Transformational Journeys in Modern Medicine.» In *Shaman's Path: Healing, Personal Growth, and Empowerment*, hrsg. von G. Doore. Boston: Shambhala 1988.

Agrippa von Nettesheim, *De occulta philosophia*, Köln 1510 (dt. *Magische Werke*, Berlin 1921).

Albertus Magnus, *Ausgewählte Texte.* Hrsg. von Albert Fries, Darmstadt [2]1987.

Alexander, W., *The History of Women: From the Earliest Antiquity to the Present Time Giving Some Account of Almost Every Interesting Particular Concerning That Sex, Among All Nations, Ancient and Modern.* London: W. Strahan & T. Cadell in the Strand, 1779.

Allied Health Education Directory. Chicago: American Medical Association, 1988.

Alsop, G. F., *History of the Woman's Medical College*, Philadelphia, Pennsylvania, 1850–1950. Philadelphia: J. B. Lippincott Company, 1950.

Anderson, B. S., und Zinsser, J. P., *A History of Their Own: Women in Europe.* New York: Harper & Row, 1988.

Arnald von Villanova, *Antidotarium, Brevarium, De epilepsia.* Aus seinen gesammelten Werken, hrsg. in Lyon 1532.

Aveling, J. H., *English Midwives: Their History and Their Prospects.* London: Churchill, 1872.

Baas, J. H., *History of Medicine.* 2 Bde., Huntington, N. Y.: R. E. Krieger Co., 1971.
Bacon, R., *Opus tertium.* Hrsg. von A. G. Little, Aberdeen, 1912.
Baker, J., «The Function of the Midwife». *Woman's Medical Journal* 23 (1913): 197.
Beauvoir, S. de, *Das andere Geschlecht.* München/Zürich 1961.
Berman, A., *The Impact of the Nineteenth Century Botanico Medical Movement on American Pharmacy and Medicine.* Ph. D. Dissertation, University of Wisconsin, 1954.
Berry, T., *Dream from the Earth.* San Francisco: Sierra Club, 1988.
Bishop, M., *The Middle Ages.* New York: American Heritage, 1985.
Blackwell, E., *Address on the Medical Education of Women.* New York, 1856.
Boorstin, D. J., *The Discoverers.* New York: Random House, 1983.
Boulding, E., *The Underside of History.* Boulder: Westview Press, 1976.
Braudel, F., *Sozialgeschichte des 15.–18. Jahrhunderts, Band I: Der Alltag*, München 1985.
Brothwell, D., *The Bog Man and the Archaeology of People.* London: British Museum Publications, 1986.
Bulfinch, T., *Myths of Greece and Rome.* New York: Penguin, 1979.
Bullogh, B., «Barriers to the Nurse Practitioner Movement: Problems of Women in a Women's Field». *International Journal of Health Services* 5, Nr. 2 (1975): 229–230.
Butter, I. H.. und Kay, B. J., «State Laws and the Practice of Lay Midwifery». *American Journal of Public Health* 78 (September 1988).
Bücher, K., *Die Frauenfrage im Mittelalter.* Tübingen 1910.

Campbell, J., *Occidental Mythology: The Masks of God.* New York: Penguin, 1987 (dt. *Mythology des Westens. Die Masken Gottes.* Band 1, Basel 1991).
–, *Primitive Mythology: The Masks of God.* New York: Penguin, 1964 (dt. *Die Mythologie der Urvölker. Die Masken Gottes.* Band 3, Basel 1992).
Caroll, B. A., Hrsg., *Liberating Women's History: Theoretical and Critical Essays.* Urbana, Chicago und London: University of Illinois Press, 1976.
Celsus, *De medicina* (dt. *Cornelius Celsus über die Grundfragen der Medizin*, Leipzig 1912).
Chesney, J. P., «Woman as a Physician». *Richmond and Louisville Medical Journal* 11 (1871): 4.
Christ, C. P., und Plaskow, J., Hrsg., *Womanspirit Rising.* San Francisco: Harper & Row, 1979.
Clark, E., und Richardson, H., *Women and Religion.* New York: Harper-& Row, 1977.
Clarke, E. H., *Sex in Education: or, A Fair Chance for the Girls.* Boston 1873.
Cohn, N., *Europe's Inner Demons.* London: Paladin, 1975.
Corbin, A., *The Foul and the Fragrant.* Cambridge: Harvard Univ. Press, 1986.

Cott, N., «Passionlessness: An Interpretation of Victorian Sexual Ideology, 1790–1850». *Signs: A Journal of Women in Culture and Society* Bd. 4, 21 (1978): 219–236.

Cott, N., *The Bonds of Womanhood.* New Haven: Yale University Press, 1977.

Coulter, H. L., *Divided Legacy.* Washington, D. C.: McGrath Publishing Company, 1973.

Crossen, D., «Nurses, Tired of Answering to Doctors, Begin to Treat Patients on Their Own». *Wall Street Journal* (7. Januar 1986).

Cutter, J. S., und Viets, H. R., *A Short History of Midwifery.* Philadelphia: W. B. Sanders, 1964.

Daly, M., *Gynecology: The Metaethics of Radical Feminism.* Boston: Beacon Press 1970 (dt. *Gyn/Ökologie. Eine Meta-Ethik des radikalen Feminismus*, München 1981).

–, *The Church and the Second Sex.* Boston: Beacon Press, 1985 (dt. *Kirche, Frau und Sexus*, Freiburg 1970).

Davidson, H. R. E., *Gods and Myths of Northern Europe.* New York: Penguin Books, 1964.

Declercq, E., und Lacroix, R., «The Immigrant Midwives of Lawrence: The Conflict between Law and Culture in Early Twentieth Century Massachusetts». *Bulletin of the History of Medicine* 59 (1985): 232–246.

Donegan, J. B., *Women and Men Midwives: Medicine, Morality and Misogyny in Early America.* Westport, Conn.: Greenwood Press, 1978.

Donnison, J., *Midwives and Medical Men.* New York: Schocken Books, 1977.

Doore, G., Hrsg., *Shaman's Path: Healing, Personal Growth, and Empowerment.* Boston: Shambhala, 1988.

Dossey, L., *Space, Time and Medicine.* Boston: Shambhala, 1982 (dt. *Die Medizin von Raum und Zeit. Ein Gesundheitsmodell*, Basel 1984).

Driscoll, V. M., «Movement to Secure Legal Recognition of Nursing as an Independent Profession». *Journal, New York State Nurses Association* 19, Nr. 1 (März 1988).

Dubos, R., *The Mirage of Health: Utopias, Progress, and Biological change.* New York: Harper & Row, 1959.

Duerr, H. P., *Traumzeit. Über die Grenze zwischen Wildnis und Zivilisation.* Frankfurt a. M. 1984.

Duncan, J. M., *Mortality of Childbed.* London 1870.

Ehrenreich, B., und English, D., *Witches, Midwives, and Nurses: A History of Women Healers.* Old Westbury, N. Y.: The Feminist Press, 1973 (dt. *Hexen, Hebammen und Krankenschwestern*, München 1975).

Eisler, R., *The Chalice and the Blade.* San Francisco: Harper & Row 1987 (dt. *Von der Herrschaft zur Partnerschaft: weibliches und männliches Prinzip in der Geschichte*, München 1989).

Eliade, M., *Shamanism*. New York: Pantheon, 1964 (dt. *Schamanismus und archaische Ekstasetechnik*, Frankfurt a. M. 1975).
Ewell, T., *Letters to Ladies. Detailing Important Information Concerning Themselves and Infants*. Philadelphia: W. Brown, 1817.
Ewen, C. L., *Witchcraft and Demonism*. London: Heath Cranton, Ltd., 1933.

Farrington, B., *The Philosophy of Francis Bacon*. Chicago: Phoenix, 1964.
Fiorenza, E. S., «Women in the Early Christian Movement». In *Womanspirit Rising*. Hrsg. von C. P. Christ und J. Plaskow. San Francisco: Harper-& Row, 1979.
Flanagan, S., *Hildegard von Bingen, 1098–1179*. London/New York: Routledge, 1989.
Fox, M., *Illuminations of Hildegard of Bingen*. Santa Fe: Bear & Co., 1985.
–, *The Coming of the Cosmic Christ*. San Francisco: Harper & Row, 1988.
Frazier, J. G., *The Golden Bough*, New York: Avenel Books, 1981 (dt. *Der goldene Zweig*, Köln 1977).

Gage, M., *Women, Church and State*. 1893. Watertown, Mass.: Persephone Press, 1980.
Gies, F., und Gies, J., *Life in a Medieval City*. New York: Harper & Row, 1969.
–, *Women in the Middle Ages*. New York: Barnes & Noble, 1978.
Gifford, G., *A Dialogue Concerning Witches and Witchcraft*, 1593, 1603, 1842. Hrsg. von Beatrice White, Oxford: Oxford University Press, 1931.
Gilligan, C., *In a Different Voice*. Cambridge: Harvard University Press, 1982 (dt. *Die andere Stimme. Lebenskonflikte und Moral der Frau*, München 1984).
Gimbutas, M., *The Goddesses and Gods of Old Europe*. Berkeley: University of California Press, 1982.
Glob, P. V., *Denmark*. Ithaca, N. Y., und London: Cornell Univ. Press, 1967.
–, *The Bog People*. London: Faber and Faber, 1969.
–, *The Mound People*. London: Paladin Books, 1983.
Gonzalez, M. L., und Emmons, D. W., Hrsg., *Socioeconomic Characteristics of Medical Practice*. Center for Health Policy Research, 1986.
Goodell, R., und Gurin, J., «Where Should Babies Be Born?» *American Health* (Januar–Februar 1984).
Graham, H., *Eternal Eve*. London: W. Heinemann, 1950.
Griffin, S., *Woman and Nature*, New York: Harper & Row, 1978 (dt. *Frau und Natur*, Frankfurt a. M. 1987).

Hancar, F., «Zum Problem der Venusstatuetten im eurasiatischen Jungpaläolithikum.» *Prähistorische Zeitschrift* XXX–XXXI Band, 1/2 Heft, 1939–1940.
Harner, M., *Hallucinogens and Shamanism*. New York: Oxford University Press, 1973.

–, *The Way of the Shaman*. San Francisco: Harper & Row, 1980 (dt. *Der Weg der Schamanen. Ein praktischer Führer zu innerer Heilkraft*, Reinbek 1986).

Harris, M., *Cows, Pigs, Wars and Witches: The Riddles of Culture*. New York: Vintage Books, 1987 (dt. *Kannibalen und Könige. Aufstieg und Niedergang der Menschheitskulturen*, Frankfurt a. M. 1987).

Harrison, J. E., *Myths of Greece and Rome*. London: Earnest Benn Ltd., 1927.

–, *Themis*. 2. überarbeitete Auflage, Cambridge: The University Press, 1927.

Hartman, F., *Paracelsus: Life and Prophecies*. Blauvelt, N. Y.: Rudolf Steiner, 1973 (dt. *Theophrastus Paracelsus von Hohenheim*, München 1977).

Harvey, M., *Anatomical Exercitations, Concerning the Generation of Living Creatures*. London 1653.

Heer, F., *Mittelalter*. Zürich 1961.

Heinsohn, G., und Steiger, O., *Die Vernichtung der weisen Frauen*. Herbstein 1985.

Hildegard von Bingen, *Ursachen und Behandlung der Krankheiten (causae et curae)*. Übersetzt von Hugo Schulz. München 1933.

Hooker, M., Hrsg., *Descartes*. Baltimore: Johns Hopkins University Press, 1978.

Hopkins, D., *Princes and Peasants: Smallpox in History*. Chicago: University of Chicago Press, 1983.

Horowitz, M., und Palmer, C., *Shaman Woman, Mainline Lady*. New York: Quill, 1982.

Huizinga, J., *Herbst des Mittelalters*. Stuttgart 1961.

Hume, R. F., *Great Women of Medicine*. New York: Random House, 1964.

Hunt, H. S., *Glances and Glimpses*. Boston: John P. Jewett & Co., 1856.

Hurd-Mead, K. C., *A History of Women in Medicine*. Haddam, Conn.: Haddam Press, 1938.

Inlander, C. B., Levin, L. S., und Weinder, E., Hrsg., *Medicine on Trial*. New York, Prentice Hall, 1988.

Jacobi, M. P., *The Question of Rest for Women During Menstruation*. New York: G. P. Putnam's Sons, 1877.

James, E. T., *Notable American Women*. Cambridge: The Belknap Press of Harvard University Press, 1971.

James, W., *Varieties of Religious Experience*. London/New York: Collier Books, 1961 (dt. *Die religiöse Erfahrung in ihrer Mannigfaltigkeit*, Leipzig 1907; neuere Ausgabe: *Die Vielfalt religiöser Erfahrung*, Olten 1979).

Johnson, A., Hrsg., *Dictionary of American Biography*. 2 Bände. New York, 1951.

Johnson, B., *Lady of the Beasts: Ancient Images of the Goddess and Her Sacred Animals*. San Francisco: Harper & Row, 1981.

Justice, B., *Who Gets Sick?* Los Angeles: Jeremy P. Tarcher, 1988.

Keller, E. F., *Reflections on Gender and Science*. New Haven: Yale University Press, 1985.

King, G. S., «The Flexner Report of 1910». *Journal of the American Medical Association* 251, Nr. 8 (24. Februar 1984).

Knowles, J. H., Hrsg., *Doing Better and Feeling Worse: Health in the United States*. New York: W. W. Norton & Company, 1977.

Korbin, F. E., «The American Midwife Controversy: A Crisis of Professionalization». *Bulletin of the History of Medicine* 40 (1966): 350–363.

Kramer, S. N., «Poets and Religious and Anthropological Aspects of the Legacy of Sumer». In *The Legacy of Sumer: Invited Lectures on the Middle East*. Hrsg. von D. Schmandt-Besserat. Der Vortrag wurde 1976 an der University of Texas in Austin gehalten.

Kursh, H., *Cobras in the Garden*. Wisconsin: Harvey Press, 1965.

Landsberger, B., und Reiner, M., Hrsg., «Old Babylonian Proto-Lu List». *Materials for the Sumerian Lexicon*. 12 Bände. Rom 1969.

Larner, C., *Enemies of God*. Baltimore: Johns Hopkins University Press, 1981.

Leavitt, J. W., und Numbers, R. L., Hrsg., *Sickness and Health in America*. Madison: The University of Wisconsin Press, 1977.

Lerner, G., *The Creation of Patriarchy*. New York: Oxford University Press, 1987.

Leventhal, H., *In the Shadow of the Enlightenment*. New York: New York University Press, 1976.

Lipinska, M., «Histoire des femmes médicine». Doktorarbeit: Ecole Paris, 1900.

Lyons, A. S., und Petrucelli, R. J., *Medicine: An Illustrated History*. New York: Harry N. Abrams, Inc., 1978 (dt. *Die Geschichte der Medizin im Spiegel der Kunst*, Köln 1980).

Maple, E., *Magic, Medicine and Quackery*. New York: A. S. Barnes & Co, 1968 (dt. *Hexensabbat, Schwarze Kunst und Zauberei im Spiegel der Jahrtausende*, Eltville/Rh. 1978).

Maubry, J., *The Female Physician*. London: James Holland, 1724.

Majno, G., *The Healing Hand: Man and Wound in the Ancient World*. Cambridge: Harvard University Press, 1975.

McGrew, E., und McGrew, M. P., *Encyclopedia of Medical History*. New York: McGraw-Hill, 1985.

Meigs, C., *Females and Their Diseases*. Philadelphia: Lea & Blanchard, 1848.

–, «Lecture on some of the distinctive characteristics of the female». Vorlesung am Jefferson Medical College, 5. Januar 1847. Philadelphia: Collins, 1847.

Melosh, B., «Every Woman is a Nurse: Work and Gender in the Emergence of Nursing.» In *Send us a Lady Physician*. Hrsg. von R. J. Abram. New York: W. W. Norton, 1985.

Merchant, C., *The Death of Nature*. New York: Harper & Row, 1980 (dt. *Der Tod der Natur: Ökologie, Frauen und neuzeitliche Naturwissenschaft*, München 1987).
Michelet, J., *Die Hexe*. München 1984.
Miller, G., «Putting Lady Mary in Her Place: A Discussion of Historical Causation». *Bulletin of the History of Medicine* 55 (1981): 2–16.
Miriam Theresa, Schwester, «Fate of the Earth». Tonbandaufnahme des Vortrags, gehalten anläßlich der Wellness Conference, University of Wisconsin, Stevens's Point, Juli 1988.
Moore, K., *Victorian Wives*. London/New York: Allison & Busby, 1974.
Morantz, R., «Female Student Has Arrived». In *Send Us a Lady Physician*. Hrsg. von R. J. Abram. New York: W. W. Norton & Co., 1985.
–, «Making Women Modern: Middle Class Women and Health Reform in 19th Century America». In *Sickness and Health in America*. Hrsg. von J. W. Leavitt und R. L. Numbers. Madison: The University of Wisconsin Press, 1977.
Morantz, R. M., Pomerleau, C. S., und Fenichel, C. H., *In Her Own Words*. New Haven: Yale University Press, 1982.
Muller, A., Vitali, J. J., und Brannon, D., «Wage Differences and the Concentration of Women in Hospital Occupations». *Health Care Management Review* 12 (1) (1987): 61–70.
Murray, M., *The God of the Witches*, Oxford: Oxford University Press, 1970.

Nichols, M. G., «Old School Medical Journals». *Water Cure Journal* 9 (1850): 181.
–, «To the Women Who Read the Water Cure Journal». *Water Cure Journal* 14 (1852): 68.
–, «Woman, the Physician». *Water Cure Journal* 12 (1851): 73–74.
Nichols, M. G., und Nichols, T. L., *Marriage: Its History, Character and Results*. New York: T. L. Nichols, 1854.
Nightingale, F., *Florence Nightingale to Her Nurses: A Selection from Miss Nightingale's Addresses to Probationers and Nurses of the Nightingale School at St. Thomas's Hospital*. 1915.
–, *Notes on Nursing: What It Is, and What It Is Not*. New York: Appleton, 1860.
Null, G., *Healing Yourself Naturally*. New York: McGraw-Hill, 1988.
Numbers, R. L., «Do-it-yourself the Sectarian Way.» In *Medicine Without Doctors: Home Health Care in American History*. Hrsg. von G. B. Risse, R. L. Numbers und J. W. Leavitt. New York: Science History Publications, 1977.
Numbers, R. L., und Amundsen, D. W., Hrsg., *Caring and Curing*. New York: Macmillan, 1986.
Nursing News, *Nursing 88*. August, 1988.
Nutting, M. A., und Dock, L. L., *History of Nursing*. Band 1. New York: Putnam, 1907.

O'Connell, M. R., «The Roman Catholic Tradition Since 1545». In *Caring and Curing*. Hrsg. von R. L. Numbers und D. W. Amundsen. New York: Macmillan, 1986.

O'Keefe, D., *Stolen Lightning*. New York: Vintage, 1983.

Ochshorn, J., «Ishtar and Her Cult». In *The Book of the Goddess*. Hrsg. von C. Olsen. New York: Crossroad, 1983.

Odman, S., «An Attempt to Explain the Beserk-Raging of Ancient Nordic Warriors through National History». In *Nya Handlingar*, 5 Bände (Kungliga Vetenskaps Akademien: Stockholm 1784): 240–247.

Olson, C., Hrsg., *The Book of the Goddess*. New York: Crossroad, 1983.

Pagels, E., «What Became of God the Mother?» In *Womanspirit Rising*. Hrsg. von C. P. Christ und J. Plaskow. San Francisco: Harper & Row, 1979.

Penman, W. R., *The Public Practice of Midwifery in Philadelphia*. Transactions of the College of Physicians of Philadelphia 37 (Oktober 1869).

Perkins, W., *A Discourse on the Damned Art of Witchcraft*. Cambridge 1608, 1610.

Physician Characteristics and Distribution in the U. S. Department of Data. American Medical Association 1987.

Pope, F., Call, E. L., und Pope, C. A., *The Practice of Medicine by Women in the United States*. Boston 1881.

Pressel, W., *Hexen und Hexenmeister*. Stuttgart 1860. Nachdruck in Robbins, R. H., *Encyclopedia of Witchcraft*.

Pugh, B. A., *Treatise on Midwifery, Chiefly with Regard to the Operation, with Several Improvements in That Art*. London: J. Buckland, 1754.

Quackenbush, J. van Pelt, Vortrag vor den Studenten des Albany Medical College, «Introductory to the Course on Obstetrics», 5. November 1855. Albany: B. Taylor, 1855.

Renzi, S. de, Hrsg., *Collectio salernitana*. 5 Bände. Neapel 1852–59.

Rider, B., und Brashear, R. M., «Men in Occupational Therapy». *The American Journal of Occupational Therapy* 42 (4), (April 1988).

Risse, G. B.; Numbers, R. L., und Leavitt, J. W., Hrsg., *Medicine Without Doctors: Home Health Care in American History*. New York: Science History Publications, 1977.

Robbins, R. H., *Encyclopedia of Witchcraft and Demonology*. 1959. New York: Bonanza Books, 1981.

Robertson, J. H., «Valerius Terminus on the Interpretation of Nature». In *The Philosophical Works of Francis Bacon*. London: Routledge & Sons, 1905.

Roesdahl, E., *Viking Age Denmark*. London: British Museum Publications, 1982.

Rösslin, E., *The Byrthe of Mankynd, Otherwyse Named the Woman's Boke*.

London 1545 (dt. *Der Swangern Frawen und Hebammen Rosengarten*, 1513).
Rogers, F. B., *A Syllabus of Medical History.* Boston: Little, Brown, 1962.
Rossi, E., *The Psychobiology of Mind-Body Healing.* New York: W. W. Norton, 1986.
Roszak, T., *Person, Planet, The Creative Disintegration of Industrial Society.* New York: Doubleday 1978 (dt. *Mensch und Erde auf dem Weg zur Einheit*, Soyen 1982).
Rowland, B., *Medieval Woman's Guide to Health: The First English Gynecological Handbook.* Kent, Ohio: Kent State University Press, 1981.
Russell, J. B., *History of Witchcraft.* London: Thames & Hudson, 1980.

Salzman, M. R., «Magna Mater: Great Mother of the Roman Empire». In *The Book of the Goddess.* Hrsg. von C. Olson, 60–67.
Schmidt, W., *Der Ursprung der Gottesidee.* 12 Bände. Münster 1912–1955.
–, «The Position of Women with Regard to Property in Primitive Society». *American Anthropologist* 37 (1935): 244–56.
Schoepflin, R. B., «The Christian Science Tradition». In *Caring and Curing.* Hrsg. von R. L. Numbers und D. W. Amundsen. New York: Macmillan, 1986.
Scot, R., *The Discovery of Witchcraft.* 1584.
Scotus, M., *Liber introductorius.* Bodlein 266 Manuskript, 15. Jahrhundert.
–, *Physionomia* (oder *De secretis natural*). Amsterdam 1740.
Seaman, V., *The Midwives' Monitor and Mother's Mirror.* New York: Isaac Collins, 1800.
Selby, S. E., «A Bloomer to Her Sisters». *Water Cure of Journal* 15 (1853): 131.
Sharp, J., *The Midwives Book or the Whole Art of Midwifery.* London 1671.
Shryock, R. H., «Nursing Emerges as a Profession». *Clio Medica* 3 (1968): 131, 147.
Singer, C., «The Scientific Views and Visions of Saint Hildegard (1098–1180)». In *Studies in the History and Method of Science.* Hrsg. von C. Singer, Oxford: Clarendon, ³1917.
Smellie, W., *A Treatise on the Theory and Practice of Midwifery.* London: D. Wilson & T. Durham, ³1756.
Smith, H., «Gynecology and Ideology in Seventeenth Century England.» In *Liberating Women's History: Theoretical and Critical Essays.* Hrsg. von B. A. Carroll. Urbana/Chicago/London: University of Illinois Press, 1976.
Sobel, D. S., Hrsg., *Ways of Health.* New York: Harcourt Brace Jovanovich, 1979.
Sophia, a Person of Quality (Lady Mary Wortley Montagu). *Woman Not Inferior to Man* (1739). Faksimile-Ausgabe London: Bentham Press, 1975.
Soranus, *Über die Gebärmutter*, Berlin 1841; *Über Frauenkrankheiten*, Königsberg 1838.

Sprenger, J., und Institoris, H., *Der Hexenhammer (Malleus maleficarum)*. Aus dem Lateinischen übertragen und eingeleitet von J. W. R. Schmidt. 1906. Nachdruck München 1982.
–, *Malleus maleficarum*. Übersetzt von Montague Summers. London: Pushkin, 1948.
Spretnak, C., *Lost Goddesses of Early Greece*. Boston: Beacon, 1981.
Stearns, R. P., «Remarks upon the Introduction of Inoculation for Smallpox in England.» *Bulletin of the History of Medicine*. 24: 103–122. 1950.
Stephens, M., *Domestic Midwife, or the Best Means of Preventing Danger in Childbirth Considered*. London 1795.
Stone, M., *When God Was a Woman*. New York: Harcourt Brace Jovanovich, 1976 (dt. *Als Gott eine Frau war*, München 1989).
Storer, H., und Abram, R. J., «Will There Be a Monument?» In *Send Us a Lady Physician*. Hrsg. von R. J. Abram. New York: W. W. Norton, 1985.
Sturluson, S., *Edda Snorra: Die erzählende Edda, ins Hochdeutsche übertragen von F. Gorsleben*, Pasing 1924.

Tacitus, *Germania/Bericht über Germanien*. Lat./dt. Ausgabe. München 1975.
Thicknesse, P., *Man-Midwifery Analysed and the Tendency of that Practice Detected and Exposed*. London: R. Davis, 1764.
Thomas von Aquin, *Contra gentiles* und *Quodlibet*. Übersetzt von E. Frettle und P. Mare. *Opera Omnia*. Paris, 1871–1880. (Lat./dt. *Summa contra gentiles*, Darmstadt 1974).
–, *Opus tertium*. Herausgegeben von A. G. Little. Aberdeen, 1912.
–, *Summa theologica*. 22 Bände. London 1916–1938 (lat./dt. *Summa theologica*, Salzburg 1933).
Thompson, R. C., «Assyrian Medical Texts». *Proceedings of the Royal Society of Medicine* 17 (1924): 1–34.
Thorndike, L., *Magic and Experimental Science During the First 13 Centuries of Our Era*. 2 Bände. New York 1923.

Uhlein, G., *Meditation with Hildegard of Bingen*. Santa Fe, New Mexico: Bear & Co., 1982.

Vietor, A., *A Woman's Quest: The Life of Marie E. Zakrzewska, M. D.* New York/London: D. Appleton, 1945.

Wacker, G., «The Pentecostal Tradition». In *Caring and Curing*. Hrsg. von R. L. Numbers und D. W. Amundsen. New York: Macmillan, 1986.
Walker, B., *The Crone*. New York: Harper & Row, 1985 (dt. *Die Weise Alte*, München 1986).
–, *The Women's Encyclopedia of Myths and Secrets*. San Francisco: Harper & Row, 1983.

Walsh, M. R., *Doctors Wanted, No Women Need Apply.* New Haven: Yale University Press, 1977.

Wasson, R. G., *Soma: Divine Mushroom of Immortality.* New York: Harcourt Brace Jovanovich, 1968.

White, C., *Treatise on the Management of Pregnant and Lying-In Women.* London, 1773.

Wilder, C., «Pulmonary Consumption, Its Causes, Symptoms and Treatment». *Medical Communications of the Massachusetts Medical Society* 7, 2nd series. Band III. Boston, 1848.

Willughby, P., *Observations in Midwifery. As Also the Countrey Midwifes Opusculum or Vade Mecum.* Hrsg. von H. Blenkinsop. Warwick, England, 1863.

Wolkstein, D. und Kramer, S., *Inanna: Queen of Heaven and Earth.* New York: Harper & Row, 1983.

Wolstenholme, G. E., «Florence Nightingale: New Lamps for Old». *Proceedings of Royal Society of Medicine* 63 (1970): 1283.

Woman's Medical College of Pennsylvania, *Transactions of the Alumnae Association*, 1906.

Women's Medical Association of New York City, The, Hrsg., *Mary Putnam Jacobi, M. D.: A Pathfinder in Medicine.* New York: Putnam, 1925.

Wood, H. C., «The Heroic Treatment of Idiopathic Peritonitis.» *Boston Medical and Surgical Journal* 98 (1878): 555–560.

Wortley Montagu, M., *Letters of the Right Honourable Lady Mary Wortley Montagu: Written During Her Travels in Europe, Asia and Africa to Persons of Distinction, Men of Letters, etc., in Different Parts of Europe.* 3 Bände. London: T. Beckett, 1717.

Yates, F., *The Rosicrucian Enlightenment.* Boston: Shambhala, 1978.

Zilboorg, G., *The Medical Man and the Witch During the Renaissance* (1935). New York: Cooper Square, 1969.

Zimmern, H., «Babylonische Hymnen und Gebete in Auswahl». *Der Alte Orient.* 7. Jahrgang, Heft 3, Leipzig 1905.

Personen- und Sachregister

Abälard, Peter, 81, 88f.
Abtreibung 49, 56, 64, 171, 174, 280
Aderlaß 38, 48, 69, 74, 111, 137, 152, 195
Ärztin(nen) 23, 28, 49, 60, 71, 88 114f., 166, 187, 202, 205–211, 214f., 217ff., 221, 223, 225f., 231, 237, 239, 241, 253, 264f.
Äskulap (Asklepios) 46ff., 52
Äther 157f.
Agnes, Ordensschwester 77
Agnodice, Ärztin 49f.
Agrippa von Nettesheim 133, 152
AIDS 245
Albertus Magnus 87, 101, 105f., 158
Alchimie 102, 105, 107
Alexander, William 43
Alkoholismus 197
Alletius 56
Aloe 74
Alraune 46, 74, 84, 134, 136
Alterskrankheiten 245
Ampfer 72
Anämie 179
Angina, Göttin 53
Angina, Krankheit 137
Anis 54
Antibiotika 244f.
Antiochis 56
Antonia 55
Antoniusfeuer 70
Apollo(n) 19, 46, 48
Apollonia, Heilige 78
Aristoteles 25, 49f., 72, 152
Arnald von Villanova 101–104, 158
Arrien, Angie 288
Artemis 49
Artemisia (griech. Königin) 49
Arthritis 35, 56
Aschipu 28f.
Aspasia 56
Asthma 136
Astrologie 86, 101f., 105, 107, 152
Asu 28f.
Athene 46
Attis 53
Augenentzündung 29
Augenkrankheiten 70, 78, 115
Augustinus 96
Augustus 55, 73
Avicenna 152

Bacon, Francis 133f., 148f.
Bacon, Roger 87, 101, 106, 158
Bäder → Heilbäder
Bakterien 69, 158f., 180
-theorie 160
Barker, Lewells 249
Barrett-Browning, Elizabeth 198
Bauchfellentzündung 195
Beauvoir, Simone de 80
Behandlungsmethoden → Heilmethoden
Beifuß 56
Belladonna 135ff., 172
Beobachtung 9, 11, 16, 49, 66, 106, 147f., 153, 156, 159, 165, 169f.
Besant, Annie 237
Besessenheit 35
Beulenpest → Pest
Bewußtseinserweiterung 281
Bewußtsein(sstrang, -sstrom) 9, 11ff., 40, 76, 106, 149f., 153, 166, 170, 190, 197, 209, 237, 240, 260, 270, 277
Bilsenkraut (Hyoscyamus) 33f., 74, 134, 136, 172
Biofeedback 246, 255
Blackwell, Elizabeth 14, 208, 210f., 215–219, 223, 226, 268
Blackwell, Emily 208, 210f., 216ff., 223, 226
Blanca von Kastilien 68
Blavatsky, Elena Petrovna 237
Bluthochdruck 69
Blutvergiftung 110, 156, 160
Borysenko, Joan 288
Browning, Robert 191
Bruno, Giordano 118
Brustschmerzen 56
Buddhismus 237
Bullough, Bonnie 254

Cabot, Samuel 220
Cäsar (Gajus Julius C.) 42
Calancha, Antonio de la 154
Call, Emma 217, 220
Campbell, Joseph 20
Carlyle, Thomas 191
Cato der Ältere 52, 93
Celsus, Aulus Cornelius 54
Chamberlen der Ältere, Peter 179
Chaos 27, 109, 269
Chapman, Edmund 179
Chauliac, Guy de 113
Chesney, J. P. 215
Chinarinde 154
Chiswell, Sarah 155
Chloroform 157
Cholera 151, 228
Christentum 10, 60, 66f., 95, 99, 122, 139, 141, 192, 235
Circe 46
Clarke, E. H. 213, 216f.
Claudius, röm. Kaiser 55
Cosmas (Heilerin) 60
Curie, Marie 154

Dämonen 10, 19, 85, 103, 105ff., 121, 125, 131, 133

Dalton, Michael 131
Daly, Mary 118
Dame Julian 93
Damian (Heiler) 60
Delirium 65
Demeter 46
Descartes, René 144f., 248
Diabetes 84, 245
Diana 53, 67
Diokletian 60
Dioscordes 45
Diphtherie 70, 151
Divination 39, 43, 66, 102, 105f.
Dock, Lavinia 77
Dogmen, religiöse 7
Donaly, Mary 177f.
Dossey, Barbie 288
Dossey, Larry 288
Duncan, James Matthews 180
Durchfall 55

Ea (Gott) 26, 30
Eberraute 171
Eddy, Mary (geb. Baker) 203, 206f., 239ff.
Ehebruch 32
Ehrenreich, Barbara 118
Eileithyia (Göttin) 46
Eingeweidebrüche 56
Eisenhut 134ff.
Eleonore von Aquitanien 68
Elephantis 49
Elisabeth I. 116, 118
Elisabeth von Schönau 81
Embryotomie 50, 71, 178
Emerson, Ralph Waldo 237
English, Deidre 118
Enki (Gott) 26
Entmannung 38
Epilepsie 70, 136, 245
Epione (Göttin) 46
Erbsünde 95f., 98
Erdbestattung 36
Eros 73
Erschöpfungskrankheiten 70
Eugerasia (Heilerin) 55
Exkommunikation 95
Eymeric (Inquisitor) 100

Fabiola, Heilerin 60, 64
Facharztberufe 113
Farn(kraut) 33, 134, 137
Fecunditas (Göttin) 53
Fehlgeburt 49, 56
Feminismus/Feministinnen (Bewegung, feministische/Emanzipation/Frauenbewegung, -emanzipation, -rechtsbewegung/Tendenzen, feministische) 61, 77, 92, 187f., 191, 193, 197ff., 208f., 216, 223, 282
Fettsucht 69
Feuerbestattung 36, 38
Fillmore, Myrtle 239
Fingerhut 154
Fingerkraut 134, 137
Fleckfieber 151
Flexner, Abraham 148ff.
Flexner-Report 248, 250
Fliegenpilz 35
Flugsalbe → Salben
Foltermethoden 100, 120f., 124, 148
Frauenhaß 235
-jagd 117, 141f.
-krankheiten 54, 79, 197
Frazier, J. G. 139
Freyja (Göttin) 41
Fruchtbarkeit 20, 34, 53
Fruchtbarkeitskult 139
Fürsorge/Fürsorglichkeit 11, 145
Furunkel 72
Fußwendung 177f., 186

Gage, Matilda 288
Gaia 48
Gale, Thomas 116
Galen 45, 50, 55, 57, 65, 72, 83, 146f., 152, 156
Galilei, Galileo 118, 143
Ganzheit(lichkeit) 12, 274, 279f., 286
Gartenraute 56, 134, 171
Gebärmuttertumore 167
Geburt 24f., 28, 34f., 53, 68, 70f., 79, 84, 96f., 102, 104, 113, 127, 151, 165, 169ff., 174ff., 178, 181f., 184ff., 193, 197, 221, 259, 261ff., 280
Geburtenkontrolle 193, 197, 280
Geburtshilfe 73, 84, 94, 168, 172, 176, 178f., 181, 183, 215, 259f.
-zange 179, 184, 220f.
Gehirnentzündung 103
Geist 12, 16, 22, 26, 66, 83, 89, 98, 100, 144ff., 148f., 153, 166, 196, 198, 237, 240f., 248, 267, 269, 273, 278
Geisteskrankheit 35
Gelbsucht 151
Gemütskur 236ff.
-bewegung 236, 239
Genetyllis (Göttin) 46
Genitamana (Göttin) 53
Geomantie 102
Gerstenkorn 65
Gerstenmehl 54
Geschlechterrollen 148
Geschlechtskrankheiten 65
Gesundheit(s) 8f., 13, 18, 29, 34f., 63, 69, 75, 79, 83, 85f., 116, 141, 146, 152f., 156, 164, 196–199, 215, 235, 237, 240f., 263, 267, 270, 274, 276,
-aufklärung 255
-bewegung 164, 187ff., 195–198, 238, 246, 258
-dienst 254
-erziehung 215
-fürsorge 13, 207, 215, 229, 250, 258, 266, 284ff.
-krise 11
-reformen 190, 197ff., 204, 237
-system 257, 278, 285
-verständnis 274
-wesen 7, 78, 160, 177, 180, 189, 194, 244f., 247f., 266, 268, 272, 283, 285
Gicht 56, 69
Gifford, George 128
Glaubenskur 237
Gleichgewicht 109, 165, 221, 236, 269, 286
Goethe, Johann Wolfgang von 88
Graham, Sylvester 200
Grahamismus 200

Gregory, Samuel 186f.
Grippe 70
Grundversorgung, medizinische 254, 258
Gruner, Christian Godfred 73
Gula (Göttin) 26

Häretiker → Ketzer/-innen
Häuslichkeitskult 189ff., 194, 260
Halsentzündung 54, 103
Hampton, Isabel 232
Hanftabak 134
Harner, M. 135
Harrison, J. E. 19
Harvey, William 84, 147, 153, 177, 180
Haschisch 134, 137
Hautkrankheiten/-leiden 65, 70, 116
Hawkins, Jane 166
Hawthorne, Nathaniel 233
Hawthorne, Rose 233
Hebammen 28, 50, 54, 68, 70f., 101, 113, 125, 127, 158f., 161, 165–188, 212, 218, 221, 226, 259–264, 280, 282
Hedwig von Schlesien 82
Heilbäder (Bäder) 48, 73, 75, 80
-bereiche 28, 151, 189, 204, 237, 272, 286, 288
-berufe 7, 13, 54, 57, 117, 142, 161, 164, 167, 173f., 189, 204f., 208, 226, 233, 247, 256, 259, 266, 277, 281f., 284
-fähigkeiten, -kräfte 12, 44, 60, 79f., 149, 164, 235, 241, 258, 273
-kräuter, -pflanzen → Kräuter(essenzen)
-künste 10, 16, 21, 27f., 30, 44f., 48f., 54, 60, 65, 67, 81, 87ff., 92f., 101, 104, 107, 109, 115, 119, 128f., 138, 143ff., 152, 157f., 164, 166, 246f., 255, 262, 279f., 282, 284, 286
-magie → Magie
-methoden (Behandlungsmethoden), -systeme, -techniken, -verfahren 8, 11, 13f., 23, 29, 54, 56, 65, 72, 74, 92, 103, 105, 108, 150, 152, 156, 164, 196f, 200f., 244, 250, 258, 270, 276ff., 281, 285
-mittel, -präparate 11, 16, 29, 47, 65ff., 79, 84, 102f., 105, 107, 116, 129, 137, 143, 154, 166, 204
-rezepte 28, 54
-rituale 16, 34, 39
-traditionen 8, 45, 48
-wesen 30f., 52f., 66, 78, 144, 155, 167, 237, 255, 267, 271
-wissen 164
Heilung(s) 11, 13, 29, 39, 58, 64, 83, 114, 116, 141, 220, 234, 237, 240, 245, 275, 277f., 287
-bewußtsein, neues 267
Heinrich VIII. 174
Hekate (Göttin) 46
Helena (Königin von Sparta) 45, 49, 55
Hellsehen → Prophetie/ Prophezeiung
Hellseherin → Prophetin(nen)
Héloise 81, 88
Hera 46
Herolt, Johann 128
Herophilos 50
Herrad (Ordensfrau) 81
Herzkrankheiten 69, 78, 245
Herzrhythmusstörungen 136, 154
Hexen 106f., 116ff., 122f., 126–129, 132ff., 138–142, 157, 166f.
-Holocaust 92
-jagd, -verfolgung 87, 97f., 117f., 122f., 127, 129, 132, 139, 141f., 161, 165ff., 176, 190, 192
-kunst 44, 118, 139
-mal 121, 130f.
-prozesse 117f., 132f., 149
-wahn 138
Hexerei 101, 103, 107, 116–120, 122, 124f., 127ff., 132, 139, 141, 170f., 173f.,
Hieronymus 60
Hilda von Whitby 81
Hildegard von Bingen 82ff., 86f., 145, 153, 171, 235, 239, 277
Hinduismus 237
Hippokrates, 46, 49f., 72, 74, 152, 156
Holmes, Oliver Wendell 196, 203, 208
Homer 45
Homöopathie 187, 201, 203, 220, 246, 258
Horaz 57
Hovey, Marion 223
Hubbard, Louisa 185
Hunt, Harriot 166, 208f., 215, 218f.
Hunter, William 176
Hurd-Mead, Katherine C. 30, 288
Husten 65
Hydrotherapie (Wasserkur) 200ff.
Hygieia (Göttin) 46ff.
Hygiene (Reinheit, Sauberkeit) 48, 54, 63, 66, 75, 196f., 199, 20, 220
-beraterin 219
Hyoscyamus → Bilsenkraut
Hypnose 237

Immunität 111
Impfung/Impfmethode, -technik 154ff., 252
Impotenz 127
Inanna (Göttin) 24ff., 36, 53
Individualismus 189
Industrialisierung 190
Infektionskrankheiten 196, 245
Innozenz III. 100
Innozenz VIII. 123
Inquisition (Heilige) 87, 97–102, 119, 122ff., 126, 133, 141f.
Institoris, Heinrich 124
Intuition 9, 11, 66, 82, 93, 145, 239, 271f., 277, 286
Iris(wurzel) 55f., 74, 171
Ischias 56
Ischtar (Göttin) 24, 26f., 36

Ischtaritu (Tempelpriesterinnen) 27
Isis (Göttin) 46

Jacoba (Jacobina) Felicie, Hebamme 113ff.
Jacobi, Abraham 221f., 225
Jacoby, Mary P. 206, 208, 216ff., 221f., 226, 277
Jahwe, Gott 19
James I. 130, 149
James, William 236
Jason, Gott 19
Jenner, Edward 154, 157
Johannes von Burgund 111
Johnson, Samuel 142
Jones, Margaret 166
Jutta von Spanheim 82

Kaiserschnitt 50, 71, 74, 177, 261
Kalmus 134
Kamille 33
Kardamomsamen 55
Keller, Elizabeth 212
Keller, Evelyn F. 147
Kellog, John Harvy 201
Kempe, Margery 92
Kepler, Johannes 143
Kerbel 33
Ketzerei 83, 87, 101f., 118
Ketzer/-innen (Häretiker) 89, 98ff., 126, 139f.
Ketzerprozesse 99, 117
Kindbettfieber 127, 159f., 179f., 219, 221, 260
Kinderkrankheiten 69, 75, 151
Kindersterblichkeit(srate) 69, 160, 181, 188, 245, 260, 262
Kindstötung 63
Kleopatra (Heilerin) 50f., 74
Klerus 99, 112, 115, 124, 138, 192
Klitoridektomie 193
Knut der Große 41
Koch, Robert 158
Koeduktion 222–225
Körper 12, 17, 36, 41, 85, 144f., 149, 152f., 166, 196, 198, 234, 240f., 248, 267, 273
Koma 134
Kopernikus, Nikolaus 143
Kopfschmerzen 35
Kosmologie 9f., 18–21, 30, 39, 46, 53, 59, 62, 66, 79, 92, 143, 146, 150, 165, 235, 268f.
Krämpfe 65
Kräuter[essenzen] (Heilkräuter/-pflanzen, Kräutermedizin, Pflanzenheilmittel) 16, 28f., 33, 48, 56, 64, 66, 71f., 75, 80, 84ff., 101, 104f., 107, 113, 116, 125, 129, 158, 201, 263
Kramer, Samuel Noah 30
Krankenhausreformen 207
Krankenpflege 77, 88, 119, 137, 205, 207, 226f., 230–233, 247f., 251ff., 261, 284
Krankenschwester(n) 28, 77f., 206, 213f., 220, 226f., 229–234, 251–260, 283
-bewegung 254
-hebammen 261
Krankheit(en) 12, 21, 27ff., 43f., 49, 55, 62f., 66, 73, 76, 83f., 86, 110f., 113–116, 125, 129, 141, 146, 150–153, 156f., 159f., 171, 186, 188, 194, 196, 199, 201f., 214, 228, 234, 236f., 240f., 245f., 261, 272–276, 280
Krebs 98, 245f.
Krieger, Dee 288
Kümmel 54
Kunst, magische → Magie
Kybele (Magna Mater) 53

Lachgas 157
Laienhebammen 261ff.
Lais 49
Larner, Christine 118, 138
Lavendlöl → Öl(präparate)
Leben 7, 16f., 22, 35, 48, 53, 64, 96, 147, 263, 270, 272, 275, 278, 280
Leinsamen 56
Leonardo da Vinci 146
Lepra 70, 78, 81, 111, 151
Leto (Göttin) 46
Lewis, Edmonia 210
Liebe 13, 24f., 60
Lindow-Mann 37f.
Lipinska, Melanie 154
Lister, Joseph 158
Livia 55
Löwenherz 84
Longfellow, Henry Wadsworth 228
Lucia, Heilige 78
Luck, Susan 288
Ludwig IX. (L. der Heilige) 77
Ludwig XV. 132
Lukas (Evangelist) 58
Lungenentzündung 110
-pest → Pest
-tuberkulose 195
Lyons, A. S. 30

Macht 9f., 12, 16, 18f., 21f., 26, 28, 44, 46, 53, 66, 83, 87f., 94, 96f., 99f., 106, 125, 132f., 137–140, 142f., 148, 150, 153, 172, 174, 190, 205, 207, 226, 237f., 240, 268f., 271f., 283
Männerbünde 18
Männlichkeitsmythos 20
Magie (Heilmagie/Kunst, magische) 7, 16ff., 29, 49f., 71, 76, 85, 87, 102, 105ff., 111, 133, 137f., 141, 143f.
-, schwarze 41, 138
-, weiße 128, 138
Magier → Zauberer/-in
Magna Mater → Kybele
Majno, Guido 31
Malaria 28, 49, 55, 70, 151, 153
Malve(nwurzel) 56, 85
Mandelentzündung 103
Mandelöl → Öl(präparate)
Margareta, Armeechirurgin 56
Marguerite von Bourgogne 77
Mark Anton 54
Masern 111, 151
Masturbation 194, 200
Materialismus 67
Mater Matuta 53

Matilda (Ordensfrau) 81
Matriarchat 17
Mayo, Charles H. 233f.
Mayo, William J. 233f.
Medea (Göttin) 46
Meditation 255
Medizinmänner 16, 38
Meigs, Charles 182f.
Menstruation(s) 49, 97, 171, 214, 216f., 280
-störungen 167
Mesmer, Franz Anton 237
Mesmerismus 187, 201, 239
Messalina 55
Metrodora 51
Metrodorus 51
Meyer, Anton 139
Michael Scot(us) 101f., 104
Michelet, Jules 139, 288
Millais, Sir John Everett 191
Miller, Genevieve 155
Minerva (Göttin) 53, 67
Mistel 37
Mitgefühl 11, 24, 76, 145, 204, 221, 246, 271, 286
Mohnsaft → Opium
Monotheismus 20
Montagu, Lady Mary 154f.
Moschion 51
Müttersterblichkeit(srate) 160, 188, 260, 262
Murray, Margaret 139
Myrrhe 54, 56
Myrtle, Charles 239

Nachtkerze 45
Nachtschatten 172
Namu (Göttin) 30
Napoleon I. 73
Narkose 158
Nascia (Göttin) 53
Natur 10f., 16, 21f., 44, 84, 88, 92, 104, 109, 132, 144, 146–150, 159f., 165f., 189, 196, 221, 247, 267
-heilkunde 258
Nekromantie 102
Nepenthes 45
Nero 53
Nerthus (Göttin) 36f., 39ff., 53
Newton, Sir Isaac 144
Nicerato (Heiler) 60
Nichols, Mary G. 198–201
Nierenentzündung 55
Nieswurz 46
Nightingale, Florence 198, 207, 226–231, 277
Njörd (Gott) 40
Nutting, Adelaide 77
Octavia 54f.
Odin 35, 40
Ökologie/Ökosystem 17, 27, 109, 150, 285
Öl[präparate] (Lavendel-, Mandel-, Olivenöl) 54ff., 74, 129, 133
Offenbarung, göttliche 9
Oldenburg, Henry 147
Olivenöl → Öl(präparate)
Opium (Mohnsaft) 29, 45, 54, 65, 74, 134, 136, 158, 195, 198
Origenia (Heilerin) 55
Osler, Sir William 222, 249

Panakeia, Göttin 46
Pappelblätter 134
Paracelsus 146, 152f., 158
Paré, Ambroise 177
Pasteur, Louis 158
Patmore, Coventry 191
Patmore, Emily 191f.
Paula (Heilerin) 60
Paulus (Apostel) 50, 58, 124
Peirsoun, Alison 130
Perkins, William 128
Persephone 46
Pest (Beulen-, Lungenpest/Schwarzer Tod) 62f., 65, 110, 112, 132, 151
Petronilla (Ordensfrau) 81
Petrucelli, R. J. 30
Petrus (Apostel) 58, 124
Pfeffer(körner) 55, 72, 104
Pflanzenheilmittel → Kräuter(essenzen)
Phrenologie 201
Pinkham, Lydia 200
Pisan, Christine de 92
Placeboeffekt 237
Platon 279
Plinius der Ältere 49f., 52, 54, 152
Plutarch 45
Pocken 62, 70, 111, 151, 154–157
Polydamna (Königin von Ägypten) 45
Pope, Augusta C. 217
Pope, Emily 217
Pornographie 194
Porta, Giambattista della 134
Preston, Ann 208, 211
Prophetie/Prophezeiung (Hellsehen/Visionen/Voraus-, Vorhersage/Wahrsagerei) 26, 42f., 48, 58, 82f., 86f., 107, 131, 136, 152
Prophetin[nen] (Hellseherin) 42, 105, 235
Pugh, Benjamin 178f.
Pythia 48
Pythias 49f.

Quacksalber(ei) 52, 111, 115, 118, 174, 273

Rachitis 35, 151
Reformation 98, 141, 227, 233, 236
Rehabilitationsberufe 256
Remen, Rachel Naomi 288
Renzi, Salvatore de 73, 75
Revolution, industrielle 235
-, wissenschaftliche 143, 149, 160f.
Rhabarber 56
Rosenblätter, -blüten 55, 71, 111
Rübel, J. F. 134
Ruhr 70
Ruskin, John 191

Säuglingssterblichkeit → Kindersterblichkeit(srate)
Safran 54, 134
Salben (Flugsalbe) 55, 71, 122, 129, 133f., 137, 157
Samuels, Michael 288
Saur, Prudence 215
Scabies (Göttin) 53
Schafgarbe 33
Schamanen/-innen 9, 34, 38f., 131f., 135, 137, 278f.

Schamanentum/Schamanismus 132, 135, 268
Scharlach 151
Schierling 74, 134f.
Schmidt, Joseph 218
Schöpfungsmythos 24
Schoolman, Harold M. 258
Schubad von Ur 28
Schwangerschaft(s) 35, 53, 74, 79, 81, 97, 151, 165, 167, 179, 186, 193, 197, 261
-verhütung 56
Schwesternschaft 282
Schwindelgefühl 137
Schwindsucht 192
Schwitzkrankheit 111, 151
Scot, Reginal 130
Scribonius Largus 55
Seaman, Valentine 186
Seaton, David 130
Seekrankheit 137
Seele 12, 16, 36, 41, 83, 85, 89, 107, 149, 152f., 166, 234, 267, 278f.,
Selbstdiagnose 197
Selbstheilung, -hilfe 197, 215, 273
Selbstverwirklichung 281
Sell, Emily Hilburn 288
Sellerie 54, 134
Semmelweis, Ignaz Philipp 159
Seneca 50
Seton, Elizabeth Ann 233
Severance, Caroline 219
Sewall, Lucy 220
Sexualität 148, 192, 199
Sharp, Jane 172f.
Simonton, Stephanie 288
Sittsamkeit 182, 194, 209, 213, 216
Skorbut 151
Sloane, Sir Hans 155
Smellie, William 179
Soranus 54, 171
Sozialhilfe 220
Spencer, Herbert 177
Spiritualität 60, 241, 267f.
Sprenger, Jakob 124
Stechapfel 45, 134
Stephen, Margaret 184
Storer, Horatio 214
Stowell, Mary 288
Strabo 42, 49
Sturluson, Snorri 41
Sumach 75
Summers, Montague 126
Swedenborg, Emanuel von 237
Swift, Gail 288
Sydenham, Thoma 154
Syphilis 74, 111, 151

Tacitus, Cornelius 37, 42
Technologie 13, 143, 244
Tennyson, Alfred Lord 191
Teresa (Heilige) 78
Teufel(s) 19, 60, 84, 86f., 96, 98ff., 102–106, 108, 117, 119, 122f., 128–131, 133, 138–141, 150, 158, 165, 236
-anbeterin/-anbetung 95, 101, 236
-austreibungen 129
Thekla (Heilerin) 60
Theodosia (Heilerin) 60
Theophrastus 49
Theriak 65
Thicknesse, Philip 184
Thomas, M. Carey 223
Thomas von Aquin 25, 87, 97f., 101f., 106f., 127
Thomson, Samuel 201f.
Thor (Gott) 40
Thorbioga, Zauberin 43
Thorndike, Lynn 86, 288
Tiertotem 39
Tod 7, 22, 26, 32, 34f., 53, 76, 109–113, 120f., 124f., 128, 134, 136, 156, 167, 169, 178f., 202, 280
Tollund-Mann 37f.
Totgeburten 260
Träume 16, 105
Transzendenz 149
Trauma 35, 273
Traumdeutung 102
Tripper 151
Trotula von Salerno 73f., 75f., 104, 136, 169, 171, 235, 277
Tumor 56
Typhus 70, 151

Ubaldina (Ordensschwester) 77
Übelkeit 65
Unfruchtbarkeit 46, 74
Universum 9, 18, 24, 30, 143–146, 148, 150

Veilchen 111
Veitstanz 111
Verbene 105
Vergiftung 65
Vernunft 66, 150, 160
Vertrauen 13
Vesalius, Andreas 146f.
Vier-Temperamente-Theorie 83
Visionen → Prophetie/Prophezeiung
Voraus-, Vorhersage → Prophetie/Prophezeiung
Vorbeugung/-sorge 11, 46, 48, 66, 111, 166, 204

Wacholder 111, 171
Wagstaffe, William 156f.
Wahrsagerei → Prophetie/Prophezeiung
Walker, Barbara 118
Wasserkur → Hydrotherapie
Wassersucht 154
Wegerich(wurzeln) 75, 85
Weiblichkeitsmythos 11, 13, 23, 153
Weier, Johannes 133f., 137
Weil, Andrew 288
Weise Frauen 64, 66, 80, 128ff., 133, 152, 154, 156, 158
Wermut 49, 56
White, Charles 180
White, Ellen 201, 206, 239
Whitman, Walt 237
Wilder, Charles W. 195
Williams, J. Whitridge 259
Willughby, Percivall 168f., 176ff.
Wintergrün 55
Wissenschaft, experimentelle 94, 102
Withering, William 154
Wolfskraut 134
Wood, George B. 195
Wood, H. C. 195
Woodman, Marion 288
Woodworth-Etter, Maria B. 235f.
Wundrose 111

Yang 59
Yates, Frances 147
Yin 59
Zahnschmerzen 54, 78, 136
Zahnverfall 69
Zakrzewska, Marie 187, 208, 218–221, 226, 241
Zangengeburt 220
Zauber(ei) 32, 43, 80, 101 f., 106, 116, 141
Zauberer/-in 28, 41, 43, 101, 104 ff., 140, 153, 174
Zaubermittel 106, 128, 174
-sprüche 85, 106, 128 f.
Zedernbeeren 55
Zehrkraut 105
Zeugung 18 f., 24, 28, 37, 98, 193
Zeus, Gott 19
Zilboorg, Gregory 140
Zimt 55
Zivilisation(s) 26, 148, 182, 212, 241
-krankheiten 69
-, sumerische 27
-, westliche 8, 12, 21, 92, 117, 235 f., 282
Zypresse 55